Joseph Jurt

Das literarische Feld

Joseph Jurt

Das literarische Feld

Das Konzept Pierre Bourdieus
in Theorie und Praxis

Wissenschaftliche Buchgesellschaft
Darmstadt

Einbandgestaltung: Neil McBeath, Stuttgart.

Einbandmotiv: Max Ernst, Rendez-vous der Freunde, 1922.
© VG Bild-Kunst, Bonn 1995.

Die Deutsche Bibliothek – CIP-Einheitsaufnahme

Jurt, Joseph:
Das literarische Feld: das Konzept Pierre Bourdieus
in Theorie und Praxis / Joseph Jurt. – Darmstadt:
Wiss. Buchges., 1995
ISBN 3-534-11573-2

Bestellnummer 11573-2

© 1995 by Wissenschaftliche Buchgesellschaft, Darmstadt
Gedruckt auf säurefreiem und alterungsbeständigem Offsetpapier
Reproduktionsfähige Druckvorlagenerstellung: Michael Einfalt
Druck und Einband: Wissenschaftliche Buchgesellschaft, Darmstadt
Printed in Germany

ISBN 3-534-11573-2

Inhalt

Vorwort

Pierre Bourdieu hat sich als Soziologe seit der Mitte der sechziger Jahre mit Fragen der literarischen Produktion auseinandergesetzt. Das ist kein Zufall. Denn innerhalb seines theoretischen Ansatzes kommt nicht nur materiellen Fakten, sondern auch insbesondere der symbolischen Dimension eine eminente soziologische Bedeutung zu. Es folgten in regelmäßigem Rhythmus literaturrelevante Studien, die stets mit dem schon 1966 eingeführten Feldbegriff operierten. Diese Studien fanden 1992 ihren vorläufigen Abschluß in dem umfangreichen Werk *Les règles de l'art*. Aber auch in den letzten beiden Büchern *Libre-échange* und *Raisons pratiques* aus dem Jahre 1994 spielen Fragen der Kunst, der Literatur und ihrer Autonomie eine wichtige Rolle.

Der Ansatz von Bourdieu setzt sich ab vom wissenschaftlichen Erklärungsmodell des 'schöpferischen' Individuums, das nur Vorstellungen einer Literaturideologie in eine eigene Begrifflichkeit übersetzt; die Betrachtungsweise setzt sich auch ab von der werkimmanenten Methode, die das Werk als ein unrückführbares System behandelt, das in seiner eigenen Kohärenz die Prinzipien seiner Entschlüsselung enthalte und die sich so versagt, das literarische Produkt in einem globaleren System zu situieren, zu dem es sozio-logisch gehört. Traditionelle literatursoziologische Ansätze versuchten wohl, die Werke einer umfassenderen Struktur zuzuordnen, zogen sich aber oft den Vorwurf des Reduktionismus zu, weil sie über ein zu unmittelbares Zurechnungsparadigma die kulturellen Produkte auf eine undifferenzierte Kategorie wie die der sozialen Klasse bezogen.

Die Feldtheorie nimmt den historischen Autonomisierungsprozeß der Literatur ernst und versucht, die literarische Produktion zu erklären aus der Dynamik der Auseinandersetzung der Kräfte im Feld, die entweder die bestehenden literarischen Normen verteidigen oder sie in Frage zu stellen trachten. Durch das Postulat einer Korrelation zwischen dem Habitus der Akteure und den Strukturen des Feldes wird die Antinomie zwischen einer subjektzentrierten und einer systemdeterministischen Sichtweise überwunden. Die Strukturen des Feldes werden aber nicht als transhistorische Universalien gesehen, sondern erscheinen stets als ein Produkt einer historischen Konfiguration.

Die Studien zum literarischen Feld wurden von den Soziologen nicht intensiv rezipiert, weil die Literatur und das literarische Leben bloß einen marginalen Gegenstand innerhalb der Soziologie darstellen. Sie fanden aber auch bei den Literaturwissenschaftlern nicht die Beachtung, die sie verdienten, weil sie oft in soziologischen Zeitschriften veröffentlicht wurden. Der vorliegende Band versucht erstmals, nicht nur die Grundkonzepte der Theorie des literarischen Feldes, sondern auch das Gesamt der empirischen Untersuchungen vorzustellen, die von diesem Ansatz ausgehen. In der Tat wird die Fruchtbarkeit dieser Betrachtungsweise durch die stattliche Zahl von konkreten Studien belegt, die über den Feldbegriff die literarische Produktion einer Periode überzeugend zu erhellen verstanden. Die empirischen Arbeiten sind auch darum so bedeutsam, weil für Bourdieu und seine Schule Theorie sich notwendigerweise an der Empirie orientieren soll. Im Bemühen, sowohl den reinen Empirismus als auch die axiomatische Groß-Theorie zu überwinden, gilt es, – partielle – Theorien stets aus der konkreten Analyse von Teilbereichen zu entwickeln.

Um das Profil der Feldtheorie klarer hervortreten zu lassen, wurde diese innerhalb der wichtigen literaturtheoretischen Ansätze in Deutschland und Frankreich situiert, die sich – mittelbar oder unmittelbar – mit den sozialen Bedingungen der literarischen Produktion auseinandersetzen. Die relativ breite wissenschaftsgeschichtliche Rekonstruktion der literaturtheoretischen Ansätze seit den sechziger Jahren beansprucht aber auch einen eigenständigen Informationswert. Die Fokussierung auf deutsche und französische Ansätze rechtfertigt sich in einer Studie, die sich an ein deutschsprachiges Publikum richtet, jedoch von einer Theorie ausgeht, die im wesentlichen in Frankreich entwickelt wurde. Die parallele Betrachtung der beiden Traditionen ist indes keineswegs willkürlich; sie ist auch Ausdruck des besonders intensiven französisch-deutschen Theorie-Transfers, der sich auch in anderen humanwissenschaftlichen Bereichen feststellen läßt. Die empirischen Untersuchungen behandeln ausschließlich das literarische Feld in Frankreich. Dieser Befund verdankt sich auch kontingenten Bedingungen. Daß das Konzept des literarischen Feldes auf andere Kontexte anwendbar ist, wurde von zwei Freiburger Dissertationen belegt. Für Ottmar Ettes Untersuchung der Rezeption von José Martí (*José Martí. Apostel – Dichter – Revolutionär. Eine Geschichte seiner Rezeption* [1991]) war das Konzept eines innerkubanischen und eines exilkubanischen literarischen Feldes wegweisend. Mechtild Rahner operierte ihrerseits mit der Kategorie des kulturellen Feldes in ihrer Arbeit *"Tout est neuf ici, tout est à recommencer..." Die Rezeption des französischen Existentialismus im kulturellen Feld Westdeutschlands (1945-1949)* (1993).

Die Darstellung der empirischen Untersuchungen zum literarischen

Feld in Frankreich von der Klassik bis zu *Tel Quel* versteht sich nicht als
eine systematische Sozialgeschichte der französischen Literatur. Es bestehen noch eine ganz Reihe von Lücken, vor allem für die Zeit der Aufklärung. Es werden die Resultate schon vorliegender Arbeiten aufgenommen und manchmal erweitert; zurückgegriffen wird auch auf eigene
Untersuchungen, etwa zum Symbolismus, zur Décadence und zum Umfeld
der Dreyfus-Affäre. Die vorliegende Darstellung möchte so auch anregen,
bestehende Lücken zu füllen und den Ansatz in weiteren Bereichen zu
erproben. Wenn in einem ersten Schritt vor allem die institutionelle Dimension im Vordergrund steht, so steht dem nichts im Wege, vom Feld-
und Habituskonzept her in Feinanalysen noch vermehrt Einzelwerke
exemplarisch zu untersuchen.

In Kontakt mit der Theorie des literarischen Feldes kam ich eher
zufällig Ende der siebziger Jahre bei einer Arbeit über die Intellektuellen
und die Dreyfus-Affäre. Ich begegnete Pierre Bourdieu Anfang der achtziger Jahre und stehe seitdem in regem Austausch mit ihm, unter anderem
auch während mehrerer Forschungsaufenthalte an der Maison des Sciences
de l'Homme. Anregend waren zahlreiche freundschaftliche Gespräche mit
Forschern dieser 'Schule' wie Anna Boschetti (Venedig), Christophe
Charle (Paris), Dario Gamboni (Lyon), Mihai Gheorghiu (Paris/Berlin),
Rémy Ponton (Paris), Anne-Marie Thiesse (Paris), Alain Viala (Paris)
sowie mit Jacques Dubois und Pascal Durand (Liège). Ich denke auch an
die Diskussionen über diese Art der Literaturbetrachtung mit meinen
Studenten. Ein ganz besonderer Dank gilt meinen Mitarbeitern Wolfgang
Reinbold, Dorothea Schmidt und Kirsten Wörnle sowie Michael Einfalt,
Almut Lindner und Annette Schilling, die das Typoskript schrieben und
eine reproduktionsfähige Vorlage erstellten. Danken möchte ich auch der
Wissenschaftlichen Buchgesellschaft, vor allem Frau Petra Glockner, für
ihre Geduld.

Freiburg, Ende Januar 1995   Joseph Jurt

ERSTER TEIL

Kontexte

1

Deutsche Ansätze einer historisch-soziologischen Literaturbetrachtung

Der literatursoziologische oder sozialgeschichtliche Ansatz der Literaturbetrachtung hat in Frankreich nie die massive Resonanz gefunden wie im deutschsprachigen Raum Ende der sechziger Jahre und dann vor allem während der siebziger Jahre. Im folgenden Jahrzehnt schwächte sich diese Tendenz dann ab.

Reaktion auf Werkimmanenz

Die sozialgeschichtliche oder politische Literaturinterpretation war eine Antwort auf die dominante werkimmanente Methode der unmittelbaren Nachkriegszeit. Diese Methode war ihrerseits eine Antwort auf die Instrumentalisierung der Literatur während der Nazi-Zeit im Sinne heteronomer Ziele (einer Rassengeschichte oder einer nationalistischen Betrachtungsweise) gewesen. Jetzt galt es, wieder zur 'reinen' Literatur zurückzukehren, im Werk selber den Schlüssel des Verstehens und des Erklärens zu finden.

Der hermeneutische Vorgang wurde als ein Prozeß der schöpferischen Identifikation verstanden. Das Wortkunstwerk sollte als notwendiges Formgebäude erschlossen werden; man wollte nach einem berühmten Wort von Emil Staiger "begreifen, was uns ergreift". Mit dem genannten Germanisten sprach man von der *Kunst der Interpretation* (1955), die eben nicht bloß eine Technik war, die man erlernen konnte, sondern eine Art künstlerischer Intuition verlangte. Der Weg des Schöpferischen, des Dichters sollte in der Interpretation wieder abgeschritten werden, um so zum eigentlichen Kern des Werkes vorzustoßen. Dieser Ansatz führte zu einer Verklärung des Werkes und des Interpreten. Man hatte für diese Betrachtungsweise einen eigenen Namen geprägt: *Dichtungswissenschaft* im Gegensatz zur *Literaturwissenschaft*, um so zu unterstreichen, daß die Interpretation gleichzeitig eine Kunst und eine Wissenschaft sein sollte, indem man das

Werk mit Dilthey als eine "Objektivierung des Geistes" betrachtete.[1] Diese Dichotomie der Ansätze reproduzierte eine Dichotomie innerhalb des Werkverständnisses der Autoren, die Wolf Lepenies als "deutsche Besonderheit" einstuft: der Gegensatz von Dichtung und Literatur.[2] Dichtung, die man als den eigentlichen Ausdruck der deutschen Tradition betrachtete – und dies in aller Entschiedenheit im Umkreis von Stefan George – war nun gerade das Nicht-Soziale, das Profunde und Solitäre, ein Naturphänomen, im Einklang mit den Rhythmen der Welt. Literatur als Gesellschaftsphänomen schrieb man nun den Franzosen zu. Diese Unterscheidung findet sich noch 1955 bei einem Romanisten wie Ernst Robert Curtius.[3] Die Kunst der Interpretation, verstanden als einsames Zwiegespräch mit dem Werk, bedeutete die Ablehnung der Geschichte. Geschichtlichkeit wurde aber auch als Dimension der fundamentalen Kategorien der Deutungspraxis ausgeblendet. Die *Grundbegriffe der Poetik*, um den Titel eines berühmten Werkes von Staiger aufzunehmen, verstanden sich als transhistorische, anthropologische Konstanten.[4]

Gegen diese Art der rein immanenten Literaturbetrachtung manifestierte sich in den sechziger Jahren in Deutschland ein Ansatz, der bewußt die gesellschaftliche und die politische Dimension der Literatur hervorhob. Ich erlaube mir, einen Text zu zitieren, den ich 1974 geschrieben habe – er fiel mir kürzlich in die Hände – und der aus historischer Distanz von einer damals vorherrschenden Tendenz berichtet: "Noch selten wurde so sehr nach der gesellschaftlichen Relevanz allen menschlichen Tuns gefragt

---

1 Der Begriff *Literaturwissenschaft* findet sich im übrigen nur im Deutschen; das erste Erscheinen wird auf das Jahr 1842 datiert. Im Französischen bedient man sich des Begriffs *critique littéraire*, im Englischen desjenigen des *criticism*. Die der Literatur gewidmeten Studien versuchten zunächst, ihren Wissenschaftsstatus zu erreichen, indem sie in einer positivistischen Phase ihre Methoden bei den Naturwissenschaften borgten. Mit Dilthey versuchten sie als 'Geisteswissenschaften' eine spezifische Wissenschaftlichkeit zu begründen, die sich als ideographische Praxis artikulierte, im Unterschied zum nomothetischen Ansatz der Naturwissenschaften.

2 Wolf Lepenies, *Die drei Kulturen. Soziologie zwischen Literatur und Wissenschaft*. München, Hanser, 1985, S. 265-281.

3 Ernst Robert Curtius, *Kritische Essays zur europäischen Literatur*. Bern, Francke, 1950, S. 7.

4 Siehe dazu Joseph Jurt, "De l'analyse immanente à l'histoire sociale de la littérature. A propos des recherches littéraires en Allemagne depuis 1945", *Actes de la recherche en sciences sociales*, 78, Juni 1989, S. 94-101.

wie heute. Kein Bereich – weder das Privatleben noch Kunst noch Wissenschaft noch Religion – kann selbstgenügsam seinen Autonomieanspruch behaupten [...] Der Begriff des Politischen hat sich dabei gleichzeitig ausgeweitet; er meint nicht mehr bloß eine Staatstechnik, sondern das Gesellschaftliche schlechthin. Die Frage, was denn zu dieser Sensibilisierung geführt hat, ist noch weitgehend unbeantwortet. Wir glauben unsererseits, daß die Entideologisierung, die nach dem Zweiten Weltkrieg als einem eminent ideologischen Konflikt einsetzte, dafür teilweise verantwortlich ist; dieser hatte zur allgemeinen Privatisierung der meisten Lebensbereiche geführt und förderte damit die Überzeugung, alle sozialpolitischen Probleme seien rein technokratischen Lösungen zuführbar. Die vorherrschende Tendenz, die Gesellschaft möglichst wertfrei zu betrachten, erzeugte aber gerade bei der Generation, die nicht mehr unter dem Eindruck des Weltkriegs stand, ein Vakuum, das dann allmählich mit politischem und ideologischem Gehalt gefüllt wurde, eine Entwicklung, die spätestens in der studentischen Bewegung des Jahres 1968 weltweit manifest wurde. Seither kann sich keine Disziplin mehr der Frage nach ihrer politisch-gesellschaftlichen Relevanz verschließen."[5] Soweit der Befund von 1974 sowie ein erster Versuch einer Erklärung.

Rezeptionsästhetik und Geschichtlichkeit

Hier noch ein anderer Beleg für die allgemeine Sensibilisierung für die gesellschaftliche und geschichtliche Dimension der kulturellen Produktion bei einem unverfänglichen Zeugen, dem Romanisten Hans Robert Jauß. Die Forderung werde heute unübersehbar, so schrieb er 1973, "den zur Institution erstarrten Kanon autonomer Kunst wieder der Geschichtlichkeit des Verstehens zu unterwerfen und ineins der ästhetischen Erfahrung die verlorene gesellschaftliche und kommunikative Funktion zurückzugeben"[6]. Schon 1967 hatte Hans Robert Jauß Aufsehen erregt mit seiner Konstanzer Antrittsvorlesung "Literaturgeschichte als Provokation der Literaturwissenschaft". Die Provokation bestand in der Wiederentdeckung der Geschichtlichkeit der Literatur. Die Geschichtlichkeit bestand für ihn nicht so sehr in der Produktion als vielmehr in der Rezeption, weil das Erscheinen eines

---

5 Teilweise veröffentlicht in: Joseph Jurt, "Literatursoziologie – eine Herausforderung", *Schweizer Monatshefte*, 55, Heft 12, März 1976, S. 973-982.

6 Hans Robert Jauß, "Die Partialität der rezeptionsästhetischen Methode", *Neue Hefte für Philosophie*, 4, 1973, S. 31.

Werkes nicht dieselben Konsequenzen auslöse wie ein politisches Ereignis. Geschichtlich ist für Jauß die Lektüre. Literaturgeschichte ist gemäß dieser Optik die Serie der sukzessiven Aktualisierungen eines Textes durch den Leser. "Geschichte der Literatur ist ein Prozeß ästhetischer Rezeption und Produktion, die sich in der Aktualisierung literarischer Texte durch den aufnehmenden Leser, den reflektierenden Kritiker und den selbst wieder produzierenden Schriftsteller vollzieht."[7] Der Ereignischarakter der Literatur wird nach Jauß primär "im Erwartungshorizont der literarischen Erfahrung zeitgenössischer und späterer Leser, Kritiker und Autoren vermittelt"[8]. Er situiert nicht allein die geschichtliche, sondern auch die soziale Dimension im Moment der Rezeption. "Die gesellschaftliche Funktion der Literatur wird erst dort in ihrer genuinen Möglichkeit manifest, wo die literarische Erfahrung des Lesers in den Erwartungshorizont seiner Lebenspraxis eintritt, sein Weltverständnis präformiert und damit auch auf sein gesellschaftliches Verhalten zurückwirkt."[9] Das Soziale erscheint so bei Jauß als Schlußpunkt einer Kette; er verkennt, daß der Rezeptionsprozeß als solcher ein sozialer Vorgang ist, daß zahlreiche gesellschaftliche Determinanten diesen Prozeß bestimmen.[10] So hat auch Claude Piché darauf hingewiesen, daß bei Jauß der Vorgang der 'ästhetischen' Anwendung nur in der Erfahrung bestehe, beim Leser anerkannte ästhetische Normen zu verstärken oder zu entthronen. Mehr nicht.[11] Bezeichnend ist es jedenfalls, daß der Ansatz der Rezeptionsästhetik, der in einer eklekti-

---

7 Hans Robert Jauß, *Literaturgeschichte als Provokation*. Frankfurt a.M., Suhrkamp, 1970, S. 172.

8 Hans Robert Jauß, *Literaturgeschichte als Provokation*, S. 173.

9 Hans Robert Jauß, *Literaturgeschichte als Provokation*, S. 199.

10 Die Existenz dieser Determinanten hatte ich in meiner Analyse eines umfangreichen Korpus von Literaturkritiken der Zwischenkriegszeit in Frankreich nachzuweisen versucht. Siehe dazu Joseph Jurt, *La réception de la littérature par la critique journalistique*. Paris, J.-M. Place, 1980.

11 Claude Piché, "Expérience esthétique et herméneutique philosophique", *Texte*, 3, 1984, S. 187: "Pour le moment, nous ne pouvons concevoir l'application 'esthétique' autrement que comme cette expérience qui contribue pour le lecteur à renforcer ou à déplacer les canons reconnus de l'esthétique, sans plus." Zur mangelnden historischen und soziologischen Fundierung der Rezeptionsästhetik siehe Erich Köhler, *Der literarische Zufall, das Mögliche und die Notwendigkeit*, München, Fink, 1973, S. 119 sowie Joseph Jurt, "Für eine Rezeptionssoziologie", *RZLG*, 3, 1979, S. 217-219 und ders., "L'*esthétique de la réception*—une nouvelle approche de la littérature?", *Les Lettres Romanes*, XXXVII, 3, 1983, S. 199-201.

schen Synthese wirkungsgeschichtliche Elemente der philosophischen Hermeneutik Gadamers mit dem soziologischen Konzept von Mannheims Erwartungshorizont und den Kategorien des russischen Formalismus verbindet, es als wichtig erachtet, die historische und gesellschaftliche Komponente der Literatur miteinzubeziehen, wenn auch bloß in einem partiellen Sinne.

Lukács

Die Rezeptionsästhetik war, wie gesagt, eine Antwort auf die werkimmanente Methode und die Phase der Entideologisierung. Es gab aber in Deutschland eine andere Tradition, die in eine historisch-soziologische Literaturbetrachtung mündete. Die Literaturtheorie von Marx und Engels war im deutschsprachigen Raum stets präsenter als etwa in Frankreich. Eine wichtige Rolle für deren Vermittlung hatte Georg Lukács übernommen, der nach seiner Promotion in Philosophie im Jahre 1909 in Berlin war, um sich 1913 in Heidelberg niederzulassen, wo er enge Kontakte mit Max Weber, Paul Ernst und Ernst Bloch pflegte. In dieser intellektuellen Ambiance, die durch das Konzept der 'Geisteswissenschaft' von Dilthey, den Neo-Kantianismus und die Phänomenologie Husserls geprägt war, hatte er 1914/1915 seine *Theorie des Romans* entwickelt, die er allerdings nach 1918, als er sich dem Marxismus zuwandte, in einem kritischen Lichte sah. Nach dem Fall der Regierung Bela Kuns im Jahre 1919, in der er als Volkskommissar für Kultur mitgewirkt hatte, emigrierte Lukács nach Wien, dann nach Deutschland, um 1933 nach Moskau auszuwandern. Lukács nahm stets an den Debatten teil, die das kulturelle Leben in Deutschland prägten, vor allem über seine Arbeiten, die er der deutschen Literatur im Zeitalter des Imperialismus, Goethe und seiner Zeit, den deutschen Realisten des 19. Jahrhunderts, den Quellen des deutschen Irrationalismus (*Von Nietzsche bis Hitler* [1962]) widmete. Nachhaltig wirkte die Debatte, die er mit Brecht über das Konzept des Realismus führte.[12]

Lukács schrieb sich, wie gesagt, in die Tradition der Literaturtheorie von Marx und Engels ein. 1945 hatte er eine "Einführung in die ästhetischen Schriften von Marx und Engels" redigiert, 1962 veröffentlichte der Luchterhand-Verlag seinen Band *Schriften zur Literatursoziologie*, der auf

---

12 Siehe David Pike, *Lukács und Brecht*. Tübingen, Niemeyer, 1986.

große Resonanz stieß. Schon für den vormarxistischen Lukács bedeutete das Soziale eine nicht zu vernachlässigende Dimension der Literatur. Das wirklich Soziale an der Kunst war für ihn indes die Form. Dem 'Leben', das als Materie der Dichtung immer schon geformt ist ('Lebensform'), entsprechen nach ihm die Formen der Literatur ('Kunstform'). Die wirtschaftlichen Umstände wirken nur indirekt auf das Kunstwerk; sie werden durch bestimmte Lebensauffassungen und vor allem durch die Form als Apriori des künstlerischen Schaffens vermittelt. In seiner marxistischen Periode hielt Lukács nicht mehr am Primat der Form fest, sondern sprach von "dialektischer Wechselwirkung von Form und Inhalt"; der Inhalt erschien als "das übergreifende, das das andere letzthin bestimmende Moment".[13]

Lukács lehnte eine mechanistische Determination des kulturellen Schaffens durch die sozioökonomische Basis ab. Er berief sich auf Marx und Engels, die nie eine solche Parallelität zwischen geistiger und ökonomischer Entwicklung postuliert hätten. Diese "ungleichmäßige Entwicklung" erkläre sich aus der Intervention zahlreicher konkreter und komplexer Vermittlungen, die dialektisch auf das Kunstschaffen einwirkten. Engels habe betont, daß die Ökonomie nur indirekt – mittels politischer, juristischer, moralischer Reflexe – die Art der Entwicklung der Philosophie beeinflusse. Wenn Lukács im Gefolge von Marx und Engels Kunst und Literatur eine "relative Selbständigkeit" zuerkennt, so geht er natürlich nie so weit, deren Entwicklung primär oder gar ausschließlich aus immanenten Zusammenhängen zu erklären. Kunst wird stets auf der Basis einer, wenn auch dialektisch (und nicht mechanistisch) gefaßten Widerspiegelungstheorie verstanden. Lukács gesteht dem Künstler indes durchaus aktive Erkenntnis und nicht bloß eine passive Abbildungsfunktion zu: "Wenn wir nun nicht daran glauben, daß das künstlerische Subjekt aus dem Nichts etwas radikal Neues [schafft], sondern erkennen, daß es von ihm unabhängig existierende, aber nicht für jeden zugängliche, auch für den größten Künstler lange verborgene Wesen entdeckt – so hört damit die Aktivität des künstlerischen Subjekts noch durchaus nicht auf, ja wird dadurch nicht im mindesten geschmälert."[14] Wenn die Wiedergabe der Wirklichkeit zum Kriterium schriftstellerischer Leistung erhoben wird, so meint Wirklichkeit bei Lukács jedoch nicht bloß die äußere Erscheinung, sondern Realität als dialektisches Verhältnis von Wesen und Erscheinung.

---

13 Georg Lukács, *Schriften zur Literatursoziologie*. Neuwied, Luchterhand,
    ³1968, S. 138.
14 Georg Lukács, *Schriften zur Literatursoziologie*, S. 232.

Kunst soll hinter der Erscheinung das Wesen aufdecken, dieses Wesen aber nicht abstrakt, sondern konkret darstellen. Wahrer Realismus kann daher für Lukács nur in der Übersetzung des Typischen, nicht des Durchschnittlichen bestehen: "In der typischen Kunst vereinen sich das Konkrete und das Gesetzmäßige, das Bleibend-Menschliche und das geschichtlich Bestimmende, das Individuelle und das Gesellschaftlich-Allgemeine."[15] Aus diesem Grund sind für Lukács Stendhal und Balzac die wahren Realisten und nicht Zola, der bloß die Erscheinungen abgebildet habe, dem es aber nicht gelungen sei, in typischen Figuren die Widersprüche der Gesellschaft sichtbar zu machen.[16]

Wenn man Lukács' Interpretationen jedoch näher betrachtet, so stellt man fest, daß für ihn das Typische nicht so sehr eine historische als vielmehr eine essentialistische Kategorie darstellt, die mit dem 'Humanen' deckungsgleich ist. So sieht er in den Dramen der Griechen und denjenigen Shakespeares dasselbe Humanitätsideal verwirklicht; bloß die komplexere oder einfachere Struktur ist durch den geschichtlichen Kontext bedingt. Lukács erklärt auch explizit, daß für ihn "große Kunst, echter Realismus und Humanismus untrennbar miteinander verschmolzen" sind.[17] Ausgehend vom Kriterium der Integrität des Menschen habe Balzac noch vermocht, die Widersprüche der kapitalistischen Gesellschaft aufzudecken. Dies sei aber bei seinen Nachfolgern nicht mehr der Fall. Im Namen eines klassischen affirmativen Humanismus, dessen historische und ideologische Bedingtheit nicht hinterfragt wird, kritisiert und zensiert Lukács Schriftsteller der Moderne, die nach seiner Ansicht keine menschliche Entwicklung aufzeigen: Camus' Gestalten sind in seinen Augen bloß Schatten, die ihr Schicksal kommentieren, verurteilt zu diesem Schattendasein infolge der Perspektivenlosigkeit des Autors. Kafkas Werk wird als "artistisch interessante Dekadenz" apostrophiert, welches die Welt als "Allegorie eines transzendenten Nichts" gestalte. In Kafkas Nachfolge sei ein "'normal' nihilistischer Avantgardismus" entstanden, so vor allem bei Beckett, der die Kafkaschen Motive mit denen von Joyce vereinige.[18] Für

---

15 Georg Lukács, *Schriften zur Literatursoziologie*, S. 230.

16 Lukács hatte schon in den dreißiger Jahren Aufsätze zu Balzacs Romanen *Les paysans* und *Illusions perdues* verfaßt, die zusammen mit anderen Texten (unter anderem eine Würdigung Zolas) 1952 im Sammelband *Balzac und der französische Realismus* (Berlin, Aufbau-Verlag) erschien.

17 Georg Lukács, *Schriften zur Literatursoziologie*, S. 238.

18 Georg Lukács, *Essays über den Realismus*. Neuwied, Luchterhand, S. 514, 550, 506.

Lukács ist eine Literatur der Negativität nur eine subjektivistische Betrachtungsweise, die sich nicht an den Parametern der Wirklichkeit orientiere und darum nicht zum "Glauben an eine große Sache der Menschheitsentwicklung"[19] vorzustoßen vermöge. Das Nichts eines Beckett ist dann "ein bloßes Spiel mit fiktiven Abgründen, denen in der historischen Wirklichkeit nichts Wesentliches mehr entspricht."[20] Echter Stil und bloße Formexperimente könnten nur daraus entstehen, "daß die Schriftsteller dem Leben ihrer Gegenwart jene spezifischen, dynamischen und strukturellen Formen ablauschen, die diese am tiefsten charakterisieren", um dann "eine äquivalente Widerspiegelungsform zu finden, in der ihre tiefste und typischste Eigenart angemessen zum Ausdruck gelangt".[21] Wenn Lukács konkrete Werke analysiert, erweist er sich bedeutend weniger dialektisch als in seinen theoretischen Äußerungen. Der relativen Selbständigkeit der literarischen Entwicklung wird kaum Rechnung getragen. So erscheinen die Romane Walter Scotts bloß als Illustration eines ideologischen Textes, der wiederum Ausdruck der geschichtlichen Totalität ist. Selbst marxistische Kritiker monierten, Lukács habe in einseitiger Weise den rezeptiven und kontemplativen Aspekt der dialektischen Erkenntnistheorie betont. "Die aktive, praxisorientierte Seite der Erkenntnis nun – auch der ästhetischen Erkenntnis – hat er zwar nicht ignoriert, doch aber in ihrer vollen Bedeutung nicht erkannt."[22] Lukács verkörpert den totalen Gegenpol zur immanenten Literaturbetrachtung. Er negiert letztlich eine ästhetische Eigenständigkeit und läßt nur Abbildung der Wirklichkeit als Parameter der Literaturbetrachtung zu. Das Wirklichkeitsverständnis ist aber keineswegs deskriptiv, sondern in hohem Maße normativ: Im Sinne eines affirmativen 'Humanismus', der Negativität als bloß subjektivistische Sicht abtut.[23]

---

19 Georg Lukács, *Solschenizyn*. Neuwied, Luchterhand, 1970, S. 26.

20 Georg Lukács, *Solschenizyn*, S. 26.

21 Georg Lukács, *Solschenizyn*, S. 26.

22 Thomas Metscher, "Ästhetik als Abbildtheorie", *Das Argument,* 14. Jahrgang, Heft 11/12, September 1972, S. 957.

23 Jean Thibaudeau unterstrich so, daß Lukács sich stets, wenn auch implizit, an den Normen des moralistischen, klassischen Biedersinns orientiert, der für ihn *die* Wirklichkeit darstellte: "Les réticences, condamnations et censures [de Lukács] contre le texte littéraire (le roman noir, Sade, le théâtre romantique, Flaubert, Baudelaire, le naturalisme, Lautréamont, Rimbaud, Mallarmé, le symbolisme) sont les mêmes qu'aux alentours de 1900, et elles se font dans la

Lukács schrieb die marxistische Literaturtheorie im Schlagschatten der Orthodoxie weiter und wirkte insbesondere im osteuropäischen Bereich. Gerade weil er sich in seiner theoretischen Ausrichtung, aber auch in seinen Objektbereichen sehr stark an deutschen Denkern und Dichtern orientierte, wurde er in der Periode der Re-Ideologisierung in den sechziger und siebziger Jahren in Deutschland erneut rezipiert. Da er jedoch nicht in Deutschland lebte, war seine Präsenz immer eine vermittelte. Die starke Orientierung an der kommunistischen Orthodoxie, die Lukács einerseits die Diktatur Stalins – vor allem nach 1953 – kritisieren und gleichzeitig als unentbehrlich einstufen ließ,[24] stand zweifellos seiner Rezeption in der Bundesrepublik nach 1945 im Wege.

Werner Krauss und die Literaturgeschichte als geschichtlicher Auftrag

Es gibt jedoch noch andere – eher konjunkturelle – Gründe, die die Dominanz der immanenten Literaturbetrachtung im Nachkriegsdeutschland erklären. Forscher, die einen historischen, soziologischen oder politischen Ansatz verfolgten, waren oft zum Exil gezwungen gewesen. Das ist etwa der Fall bei Erich Auerbach, der 1935 in Marburg suspendiert, 1936 in die Türkei und 1947 in die USA emigrierte, um dann in Yale zu lehren.[25] Sein großes Werk *Mimesis*, das er im türkischen Exil geschrieben hatte, wurde wohl sehr oft zitiert, ohne daß dies unmittelbare Konsequenzen für die Orientierung der Literaturbetrachtung gehabt hätte. Seine Analysen wurden als einfache Texterklärungen zu isolierten Passagen gelesen oder

---

même confusion 'morale' des textes idéologique et littéraire, au nom d'un même bon sens (moraliste et classiciste)" (Jean Thibaudeau, in: *Littérature et idéologie*. Colloque de Cluny II. Paris, La Nouvelle Critique, 1971, S. 285).

24 Siehe dazu David Pike, *Lukács und Brecht*. S. XV.

25 Zu den Romanisten im Exil siehe Hans Helmut Christmann/Frank-Rutger Hausmann (Hrsg.), *Deutsche und österreichische Romanisten als Verfolgte des Nationalsozialismus*. Tübingen, Stauffenburg Verlag, 1989. Darin: Hans-Jörg Neuschäfer, "Sermo humilis. Oder, was wir mit Erich Auerbach vertrieben haben" (S. 85-94); Frank-Rutger Hausmann, "Vertriebene und Gebliebene. Ein Forschungsbericht zur Lage der deutschsprachigen Romanistik von 1933-1945", *RZLG*, 15, 1991, S. 164-180; Joseph Jurt, "La romanistique allemande sous le Troisième Reich: attentistes, résistants, émigrés", *Actes de la recherche en sciences sociales*, 86/87, März 1991, S. 125-128.

als charakteristische Betrachtung einer spezifischen literarischen Tendenz (der realistischen Strömung).[26]

Andere Vertreter eines historischen Ansatzes fanden sich später in der Sowjetzone wieder (vor allem an der Universität Leipzig). Das war der Fall bei Ernst Bloch, beim Germanisten Hans Mayer sowie beim Romanisten Werner Krauss. So ist es auch kein Zufall, wenn wir gerade ihm ein eigentliches Manifest für einen historischen Ansatz der Literaturbetrachtung verdanken, das er 1950 unter dem Titel "Literaturgeschichte als geschichtlicher Auftrag"[27] veröffentlichte.

Werner Krauss, Schüler von Auerbach, war schon 1936 mit einer Studie über *Corneille als politischer Dichter* hervorgetreten, die auch heute noch lesenswert ist. Krauss hatte sich während des Krieges im Widerstand engagiert und wurde 1942 zum Tode verurteilt. Das Urteil wurde nachher in fünf Jahre Zuchthaus umgewandelt.[28] Nach dem Krieg veröffentlichte er einen Roman, in dem er seine Erfahrung transponierte, um dann zusammen mit Jaspers die Zeitschrift *Die Wandlung* herauszugeben. Enttäuscht über die restaurativen Tendenzen in Westdeutschland nahm er 1947 einen Lehrstuhl in Leipzig an.[29]

In seiner genannten grundlegenden Arbeit "Literaturgeschichte als ge-

---

26 Auerbach hatte sein Buch während des Krieges in Istanbul geschrieben, wo er über keine eigentliche Fachbibliothek verfügte und darum auch nicht auf die zeitgenössische Forschungsdiskussion eingehen konnte. "Daß theoretische Reflexionen in ihren Werken [derjenigen der Generation von Auerbach] weniger erscheinen, als das heute der Fall ist, hängt auch zusammen mit einer anderen Rolle, mit einem andern Gestus des Intellektuellen in den zwanziger, dreißiger Jahren. Selbstverständlich kennt Auerbach, wenn er die Einleitung zur *Mimesis* schreibt, Max Weber; das kann man sehr deutlich merken. Aber die Frage: soll ich ihn zitieren oder kaschieren – das ist für ihn keine Frage: Das gehört zum intellektuellen Horizont dazu." (H.-U. Gumbrecht, in: Walter Berschin/Arnold Rothe (Hrsg.), *Ernst Robert Curtius*. Werk, Wirkung, Zukunftsperspektiven. Heidelberg, Carl Winter, 1989, S. 52). Siehe dazu auch: Joseph Jurt, "De l'analyse immanente à l'histoire sociale de la littérature", a.a.O., S. 96.

27 Werner Krauss, "Literaturgeschichte als geschichtlicher Auftrag", *Sinn und Form*, II, 1950, S. 65-126.

28 Siehe dazu Jochen Schlobach, "Aufklärer in finsterer Zeit: Werner Krauss und Herbert Dieckmann", in: Hans-Helmut Christmann/Frank-Rutger Hausmann (Hrsg.), *Deutsche und österreichische Romanisten*, S. 115-144.

29 Siehe dazu Erich Köhler, "In memoriam Werner Krauss", *Romanistische Zeitschrift für Literaturgeschichte*, I, 1, 1977, S. 107-111.

schichtlicher Auftrag" betonte er die "geschichtliche Grundnatur der literarischen Gegenstände".[30] Das Kunstwerk ist gemäß seinem Verständnis immer eine Antwort auf einen gegebenen Zustand der Geschichte; es ist aber nie eine einfache Widerspiegelung; als elaborierte Schöpfung kann es das Wesentliche eines geschichtlichen Zeitpunktes zum Ausdruck bringen. Krauss spricht von der "geschichtlichen Zeugniskraft der literarischen Phänomene": "Wenn die geschichtliche Bestimmung des Menschen seine Natur ist, muß auch aus den vergangenen Akten literarischer Selbstbezeugung ein volles Bild der geschichtlich durchlebten Widersprüche der Menschheit erstehen. Die Literatur besitzt in der Tat die größte Leuchtkraft für das Erinnern der gesellschaftsbildenden Motive. Wie das Wort, wie ein Satz, wie ein Brief, so ist auch das sprachliche Kunstwerk nicht in die Luft hinein und nicht für den Nachruhm, sondern im Hinblick auf einen konkreten Empfänger geschrieben. Dichtung bewegt sich in der Richtung auf ein Vernehmen. Daher erzeugt sich in ihr die angesprochene Gesellschaft: Stil ist ihr Gesetz – durch die Kenntnis des Stiles kann auch die Adresse der Dichtung entziffert werden."[31] Dieses lange Zitat belegt, daß lange vor der Rezeptionsästhetik, aber ohne jeden pathetischen Innovationsgestus von Auerbach und dann Krauss Geschichtlichkeit der Literatur auch in den Werk-Indizien gesehen wurde, die einen bestimmten Adressatenkreis subsumieren.[32]

Krauss hob in der genannten Studie nicht nur die Geschichtlichkeit der literarischen Gegenstände hervor, sondern entwarf gleichzeitig eine Geschichte der Disziplin, die er als die Geschichte der langsamen Austreibung der Geschichte bezeichnete. Dieser Prozeß setzt nach ihm ein mit der Tradition der Geistesgeschichte im Sinne Diltheys, die sich als Reaktion auf den Positivismus konzipierte, welcher Entwicklung gemäß dem Modell der Naturwissenschaften konzipierte. Geschichte erscheine hier nur in kontemplativer Form und sei allein als abgeschlossenes Phänomen verstehbar. "Im Selbstgenuß rückschauender Betrachtung erkennt sich der Mensch als Träger der Menschheitsgeschichte. Die Humanität bleibt darum ein

---

30 Werner Krauss, "Literaturgeschichte", a.a.O., S. 71.
31 Werner Krauss, "Literaturgeschichte", a.a.O., S. 121.
32 Auerbach hatte sich darum schon früh der Analyse des Publikums zugewandt. Erich Auerbach, "La cour et la ville", in: Hans Norbert Fügen (Hrsg.), *Wege der Literatursoziologie*, Neuwied, Luchterhand, 1968, S. 344-388 und Werner Krauss, "Über die Träger der klassischen Gesinnung im 17. Jahrhundert", in: *Gesammelte Aufsätze zur Literatur- und Sprachwissenschaft*. Frankfurt a.M., V. Klostermann, 1949, S. 321-338.

Vorrecht der Betrachtung; es wird nicht gezeigt, wie sie sich in der Praxis verwirklicht."[33] Die Konzeption des Historismus sei ihrerseits rein abstrakt. Geschichte verkümmere "zum Ausdruck der bloßen Bewegung". Nur Sein und Dauer blieben da als "ungehobener Restbestand des historischen Prozesses" zurück.[34]

Die geistesgeschichtliche Tendenz verkörperte zur Zeit der Abfassung des Aufsatzes nach Krauss insbesondere Ernst Robert Curtius, der "unter den heute lebenden Romanisten bedeutsam hervorragt"[35]. Curtius hatte sich in der Tat seit dem Anfang der dreißiger Jahre der Toposforschung gewidmet, die 1949 in das monumentale Werk *Europäische Literatur und lateinisches Mittelalter* mündete. Die Untersuchung verstand sich selber als "europäische Literaturgeschichte". Krauss wies zu Recht darauf hin, daß hier indes kaum von Geschichtlichkeit gesprochen werden könne. Curtius wandte sich ja auch explizit gegen das "Trugbild der Evolution": "Die Ablaufgesetze des Geschichtprozesses sind unerkennbar geworden, denn die Entdeckung der 'Sprünge und Brüche' führt nicht zum Durchblick auf die dialektischen Bewegungsgesetze"[36] – so Krauss zum Ansatz von Curtius. In der Tat geht es dem letzteren vor allem um das Aufzeigen einer Kontinuität, um die Permanenz des Erbes der Antike in der europäischen Tradition.[37] "Der Schwerpunkt des Wissens liegt im Ursprung der Traditionen und nicht in der Gegenwart einer Erscheinung [...] Das Zeichen der Gegenwart ist die Wiederkunft des Vergangenen. So wird aus Träumen der Gräber die Kette der Wiedergeburten gebildet. Vergil erwacht in Dante, in Racine kehrt Euripides wieder, und Shakespeare in Goethes 'Gesetz' [...] Mit ihr war ein Anblick auf eine Sonntagsstraße der Lite-

---

33 Werner Krauss, "Literaturgeschichte", a.a.O., S. 94.
34 Werner Krauss, "Literaturgeschichte", a.a.O., S. 110.
35 Werner Krauss, "Literaturgeschichte", a.a.O., S. 111.
36 Werner Krauss, "Literaturgeschichte", a.a.O., S. 111.
37 Siehe dazu auch Claus Uhlig, "E.R. Curtius und T.S. Eliot. Zur kritischen Affirmation der Überlieferung", in: Walter Berschin/Arnold Rothe (Hrsg.), *Ernst Robert Curtius*, S. 115-134; sowie im selben Band Hans Ulrich Gumbrecht, "'Zeitlosigkeit, die durchscheint in der Zeit'. Über E.R. Curtius' unhistorisches Verhältnis zur Geschichte", S. 227-241. Krauss ordnet Curtius' Ansatz dem Themenkreis 'Nachleben der Antike' zu, so wie er im Kreis von Ernst Cassirer, Panofsky und Warburg gepflegt wurde. Curtius ging es dabei um das Aufzeigen einer *Kontinuitätsthese*, während Aby Warburg in seinem Mnemosyne-Projekt die *Funktion* des Weiterlebens antiker Formen in der Moderne zu untersuchen gedachte.

raturgeschichte geöffnet, die literarische Denkmalpflege zu bildlos-georgescher Strenge geläutert."[38]

Erich Köhlers historisch-soziologischer Ansatz

Werner Krauss' Überzeugung, Literaturgeschichte sei als geschichtlicher Auftrag zu verstehen, blieb nicht ohne Resonanz. Sie fand ein Echo bei einem jungen Romanisten, der schwer verwundet vor Stalingrad nach zwei Jahren in Lazaretten 1944 sein Studium in Leipzig aufnahm: Erich Köhler. Als er sein Studium begann, so schrieb Henning Krauß, "faszinierte ihn die besondere Verantwortung, die der Schriftsteller vor der Gesellschaft trägt, deren Zustand und Entwicklungsmöglichkeiten er kritisch reflektiert, jene Verantwortung, der auch der Literaturwissenschaftler in seiner interpretatorischen Praxis gerecht werden muß"[39]. Zu den akademischen Lehrern von Erich Köhler zählten neben den Philosophen Bloch und Gadamer insbesondere Werner Krauss und Philipp August Becker. Die politische Lage veranlaßte ihn 1950, Leipzig zu verlassen, um nach einem Jahr als Lokalreporter in Ulm in Hamburg seine akademische Laufbahn weiter zu verfolgen.[40] 1956 erschien seine Habilitationsschrift *Ideal und Wirklich-*

---

38 Werner Krauss, "Literaturgeschichte", a.a.O., S. 113. Krauss weist in diesem Zusammenhang zu Recht, aber trotzdem erstaunlicherweise, auf das Weiterwirken georgescher 'klassizistischer' Kriterien bei Lukács hin: "Die Hypnose Georges war unentrinnbares Schicksal der Zeitgemeinschaft. Wie sollte ihr Curtius entfliehen, wenn selbst bei Georg Lukács − trotz aller Wandlung zum Fortschritt − die klassizistische Wertungsweise noch immer an diesen fatalen Anfang erinnert" (S. 113). Zum entscheidenden Einfluß Georges auf den elitär-aristokratischen Habitus von Curtius siehe auch Joseph Jurt, "Curtius et la position de l'intellectuel dans la société allemande", in: *Ernst Robert Curtius et l'idée de l'Europe*. Colloque Thann-Mulhouse, 29-31. Januar 1993 (im Druck).

39 Henning Krauß, "In memoriam Erich Köhler", *RZLG*, 5, 1981, S. 125.

40 Die Flucht aus Leipzig ersparte Erich Köhler affirmative Aussagen, zu denen sich Werner Krauss genötigt fühlte wie etwa: "Erst der heroische Realismus der sowjetischen Literatur vertieft den Roman zur neuen Qualität, zum Durchbruch der epischen Breite. Durch die gesellschaftliche Dynamik wird auch der neue Begriff der menschlichen Würde verwirklicht." Krauss ging allerdings in seinem Verdikt einer 'negativen' bürgerlichen Literatur nicht so weit wie ein Lukács: "So wie die Untergangsformen des Kapitalismus schon in die Richtung seiner Überwindung weisen, so drängt auch die Endform des bürgerli-

keit in der höfischen Epik. Studien zur Form der frühen Artus- und Grals-
dichtung. Henning Krauß erinnerte an den intellektuellen Kontext – wir
sprachen eingangs davon –, in dem diese Arbeit erschien: "Die Literaturwissenschaft der fünfziger und beginnenden sechziger Jahre hatte sich –
gebrannt von den Erfahrungen der jüngsten Vergangenheit – in den unver-
dächtigen Bereich des Positivismus und die Sphäre der immanenten Interpretation zurückgezogen. Der Versuch, Literatur als umfassende Deutung
der menschlichen Existenz zu begreifen und ihre Funktion nicht nur auf
Psyche, Intellekt und Transzendenz zu beschränken, mußte zwangsläufig
zu Anfeindungen führen, die mitunter vor ideologischen Verdächtigungen
nicht zurückschreckten."[41]

Wenn Erich Köhler seinen literatursoziologischen Ansatz zuerst im Be-
reich des Mittelalters erprobte, so war das keineswegs selbstverständlich.
Er selber unterstrich später, daß bei den Mediävisten das Bewußtsein der
Geschichtlichkeit immer lebendig war, jedoch eher als zeitgeschichtlicher
Hintergrund und nicht als ein für die literarischen Phänomene konstitutiver
Faktor, "als ob Dichtung ihre Kunstqualität verlöre, wenn sie als spezifische Form der Aneignung gesellschaftlicher Wirklichkeit und somit als
von dieser zugleich abhängig und auf sie zurückwirkend verstanden
wird"[42]. So deutete Erich Köhler den höfischen Roman als Überbrückung
des heillosen Widerspruches zwischen monarchisch-zentralistischen und
großvassallisch-partikularistischen Machtansprüchen durch den Entwurf
eines im Sinne des Hochadels idealen Artus-Königtums. Die bei Chrétien
de Troyes artikulierte Idee der *translatio studii* diente dabei der Legitimierung eines Standes, der sich nicht mehr bloß als Kriegerkaste, sondern als
Adel verstand (der sich durch Qualitäten des Kampfes und der Kultur
auszeichnete). Als soziologischer Ausgangspunkt des *aventure*-Gedankens
wird die Schicht der unbemittelten 'fahrenden' Ritter geortet, die ihre Not
zur Tugend machten und durch die Valorisierung des Abenteuers die
Reintegration in die Ritterschaft erstrebten. Die Troubadour-Lyrik bringe
ebenfalls den Versuch des sozialen Aufstiegs und des Integrationswillens
des niederen Adels zum Ausdruck, der mit dem alten Feudaladel einen
Konsens über ein vorbildliches höfisches Verhalten suchte. Erich Köhler
sah hier schon die These bestätigt, die er später weiterentwickelte, nach

---

chen Romans zur Selbstüberwindung, indem sie den Maßstab der epischen
Ordnung ertastet" (Werner Krauss, "Literaturgeschichte", a.a.O., S. 125).

41 Henning Krauß, "In memoriam", a.a.O., S. 125-126.
42 Erich Köhler, *Literatursoziologische Perspektiven*, hrsg. von Henning Krauß.
Heidelberg, Carl Winter, 1982, S. 112.

der Blütezeiten der Kunst auf soziokulturellen Allianzen mehrerer sozialer Gruppen beruhen. In den siebziger Jahren setzte er sich vor allem mit der dialektischen Relation von Zufall, Möglichkeit und Notwendigkeit auseinander.[43] Ausgangspunkt war die Thematisierung des Zufalls in literarischen Werken, welcher als Übersetzung einer wesentlichen anthropologischen Erfahrung ernstgenommen und nicht bloß als unverbindliches literarisches Motiv betrachtet wurde. Diese Kategorie galt es zu vermitteln mit der von einer Geschichtsphilosophie postulierten Notwendigkeit. Erich Köhler setzte sich durch die dezidierte Hervorhebung der Kategorie des Möglichen ab von einem undialektischen Determinismus, ohne indes die These einer totalen nicht-bedingten Offenheit zu vertreten. Geschichte war für ihn zu verstehen "als Geschehen, das auch anders hätte verlaufen können und das doch nicht ohne Notwendigkeit so gekommen ist"[44]. Es fällt auf, wie intensiv Erich Köhler in diesem Kontext die Kategorie des Subjekts hervorhebt und sich dagegen wehrt, Notwendigkeit zu einer Determinanten zu hypostasieren, "die es dem Menschen untersagt, seine Zukunft selber zu gestalten"[45]. Die Einführung des Zufalls mache aus der historischen Dialektik "in Wahrheit erst eine solche der Geschichte des Menschen": "Gesellschaftliche 'Praxis' wäre undenkbar ohne das Aktionsfeld des Möglichen, das selber nicht wäre, gäbe es nicht die Zufälligkeit, ohne welche Notwendigkeit längst zum puren 'unmenschlichen' Zustand erstarrt wäre."[46]

1974 ging Erich Köhler daran, seinen Ansatz in seiner theoretischen Synthese zu formulieren, in seinen "Thesen zur Literatursoziologie", die er in der *Germanisch-Romanischen Monatsschrift* veröffentlichte – sie stellen, nach Kurt Baldinger "das eigentliche wissenschaftliche Testament Erich Köhlers dar"[47]. Die "Thesen zur Literatursoziologie" enthalten mindestens implizit eine Theorie der Gesellschaft, vor allem auch eine Theorie des Ortes der Literatur und der Kunst innerhalb der Gesellschaft. Erich Köhler, der die Aufgabe der Literatursoziologie als "Beitrag zu einer

---

43 Erich Köhler, *Der literarische Zufall, das Mögliche und die Notwendigkeit.* München, Fink, 1973.
44 Erich Köhler, "Einige Thesen zur Literatur-Soziologie", *G.R.M.*, N.F. 24, 1974, S. 263.
45 Erich Köhler, "Einige Thesen zur Literatur-Soziologie", a.a.O., S. 264.
46 Erich Köhler, "Einige Thesen zur Literatur-Soziologie", a.a.O., S. 264.
47 Kurt Baldinger, "Die Begründung der Literatursoziologie: Das Lebenswerk Erich Köhlers", *Ruperto Carola*, Band 67/68, S. 167.

materialistischen Hermeneutik"[48] definiert, geht vom Marxschen topologi-
schen Gesellschaftsmodell aus, das eine vertikale hierarchische Ordnung –
von unten nach oben – postuliert und zwischen Basis und Überbau
differenziert. Der ökonomische Primat wird mit Engels angenommen, als
"Abhängigkeit" der Überbau-Phänomene von der Basis bestimmt und
damit auch als "Axiom einer 'letztinstanzlichen' Dynamik des Wider-
spruchs zwischen Produktivkräften und Produktionsverhältnissen"[49]. Die
Wirkkraft der Basis auf den Überbau wird indes nicht als konstante,
sondern als historisch variable Größe gesehen. Erich Köhler unterscheidet
zwischen Zeiten, "da die Basis vergleichsweise erstarrt ist zum ruhigen
Kontinuum"[50], wo sich Veränderungen im Bereich des Überbaus unmerk-
lich vollziehen, und andererseits Wendepunkten der Geschichte, bei denen
"die Impulse des Unterbaus durch die Schichten des Überbaus hindurch-
[schlagen]"[51]. Soziale Entwicklungen (Klassenallianz und Klassenwider-
sprüche) werden in ihrem Ablauf ebenfalls nicht als kontinuierlich, sondern sich "mit unterschiedlicher Geschwindigkeit" vollziehend gesehen;
diese Entwicklung erscheint "von der Entwicklung der Produktivkräfte"[52]
abhängig; Erich Köhler nimmt aber gemäß der dialektischen Auffassung,
die sich schon bei Engels vorfand, die Rückwirkung der Überbau-Phänomene ("der aus den Produktionsverhältnissen entwickelten Vorstellungen
moralischer, religiöser, philosophischer und ästhetischer Art")[53] auf die
Basis an.

Der Primat der ökonomischen Basis wird so axiomatisch bestimmt, die
Natur des Unterbaus jedoch nicht genauer beschrieben. Das Problem, das
sich vielmehr stellt, ist, wie bei ästhetischen Gebilden, deren Form als
"abstrakteste 'Widerspiegelung'"[54] am weitesten von eben dieser Basis
entfernt ist, noch ein Abhängigkeitsverhältnis festzustellen ist. Erich
Köhler differenziert darum das dualistische Unterbau-Basis-Schema in ein
Dreier-Modell Kunstform-Überbau-Basis. Von Engels, Marx und Plecha-
nov ausgehend betrachtet er die einzelnen Elemente des Überbaus nicht als
äquivalent, sondern als hierarchische Ordnung gemäß der jeweiligen Nähe
zur Basis. Erich Köhler entwickelte ein Modell hierarchischer Schichten

---

48 Erich Köhler, "Thesen", a.a.O., S. 257.
49 Erich Köhler, "Thesen", a.a.O., S. 264.
50 Erich Köhler, "Thesen", a.a.O., S. 260.
51 Erich Köhler, "Thesen", a.a.O., S. 260-261.
52 Erich Köhler, "Thesen", a.a.O., S. 259.
53 Erich Köhler, "Thesen", a.a.O., S. 259.
54 Erich Köhler, "Thesen", a.a.O., S. 257.

des Überbaus, denen eine Vermittlungsfunktion zwischen Basis und
Kunstform zukomme, die den "Endpunkt einer verschlungenen Kette von
Vermittlungen" darstelle.[55] Nicht alle Vermittlungsschichten müssen im
Werk präsent sein; sie können ihrerseits wieder vermittelt sein. Die Dominanz dieser oder jener Schicht als organisierendes Gravitationszentrum
stellt nach ihm die spezifische Struktur des Werkes dar. Der Struktur-
begriff von Erich Köhler ist flexibel, weil er von variablen Gravitations-
zentren ausgeht, die die Vermittlungsschichten bilden. Die Schichtenhierarchie besteht für ihn aus folgenden Komponenten: "1. die jeweilige
geschichtliche Konstellation, 2. die Klassen- bzw. Gruppenzuordnung,
mithin das 'Bewußtsein' des Autors, 3. seine Persönlichkeit und Bildung
und 4. die gewählte Gattung".[56]

Die Geschichtlichkeit stellt für Erich Köhler eine zentrale Kategorie
dar, die sein Lehrer Werner Krauss, wie gesagt, in seinem grundlegenden
Beitrag "Literaturgeschichte als geschichtlicher Auftrag" so sehr betont
hatte. So war Erich Köhlers literatursoziologischer Ansatz nie auf das
Nachweisen transhistorischer soziologischer Konstanten verpflichtet. Er
definierte seine Betrachtungsweise schon in seiner ersten These bewußt als
"historisch-soziologische Literaturwissenschaft" mit dem fundamentalen
Postulat: "Jede Literatursoziologie muß historisch, jede Literaturgeschichte
muß soziologisch vorgehen."[57] So sieht er jeweils spezifische Bedingungen für 'klassische' Phasen der Literatur, für Wendepunkte, für Perioden
ruhigen Kontinuums.

Die Zurechnung kultureller Produkte zu sozialen Klassen oder Gruppen
zählt zum klassischen Verfahren der Literatursoziologie. Diese soziale
Vermittlungsschicht steht zweifellos der ökonomischen Basis nahe, da die
Klassen durch ihren Platz innerhalb der Produktion bestimmt werden.
Erich Köhler distanzierte sich jedoch von dem geschichtsteleologisch
orientierten, normativen Zurechnungsparadigma Lucien Goldmanns, das
authentische kulturelle Schöpfungen nur vom Vorliegen einer Strukturhomologie mit der sozialen Gruppe sah, "die auf eine im Sinne des Fortschritts höhere Gesamtordnung des sozialen Lebens abzielt"[58]. Im Laufe
seiner Untersuchungen zum höfischen Roman und zur französischen
Klassik hatte er Belege dafür gefunden, daß "Blütezeiten der Kunst [...]

---

55 Erich Köhler, "Thesen", a.a.O., S. 257.
56 Erich Köhler, "Thesen", a.a.O., S. 258.
57 Erich Köhler, "Thesen", a.a.O., S. 257.
58 Erich Köhler, "Thesen", a.a.O., S. 258.

auf der soziokulturellen Allianz zweier, möglicherweise auch mehrerer sozialer Gruppen" beruhen.[59]

Ursache solcher Allianzen, die 'klassische' kulturelle Produktions-phasen tragen, sind für Erich Köhler wiederum "partielle, aber vitale Interessenkongruenzen ökonomischer und politischer Natur"[60]. Es wird aber auch durchaus gesehen, daß die Zurechnungen, die für die Ständege-sellschaft und dann für die Klassengesellschaft des 19. Jahrhunderts funktionieren, für die Moderne problematischer geworden sind. Es fällt auf, daß bei Erich Köhler soziale Klassen und Gruppen nicht unmittelbar mit literarischen Erscheinungen in Verbindung gebracht werden, sondern daß Klassenzuordnung über das 'Bewußtsein' des Autors vermittelt wird; die Vermittlungsschicht der sozialen Klasse geht nach dieser Sicht dann ins Werk ein, wenn sich der Autor seiner Klasse oder Gruppe bewußt ist. Bezeichnend ist auch hier wieder die Betonung der subjektiven Vermitt-lung.

Persönlichkeit und Bildung des Autors – mithin des Subjekts – stellen eine wichtige Kategorie innerhalb der Schichtenhierarchie dar. Für Erich Köhler war das Individuum ein wesentlicher Erklärungsfaktor des künst-lerischen Schaffens: "Kunst hat es mit einer Vielzahl von Individualitäten zu tun, mit unzähligen subjektiven Reflexen und persönlichen Reaktionen auf die gleichen gesellschaftlichen Verhältnisse [...]"[61] Er schlug dann auch vor, die Dialektik von Typus und Individuum zu erweitern um die Kategorie der Besonderheit, die zwischen dem Partikulär-Einzelnen und dem Allgemeinen vermittelt. Diese individualpsychologische Vermittlung äußert sich auch in einem Individualstil, der sich in einen Epochenstil einordnet: "Das Verhältnis der – relativen – Freiheit des schöpferischen Individuums ist neu zu bestimmen, nicht bloß um seiner selbst, sondern um der Erkenntnis der geschichtlichen Dialektik willen."[62] Wenn Erich Köhler die Rolle des Subjekts so entschieden hervorhob, dann stand er damit auch im Einklang mit der dominanten philosophischen Tradition in Deutschland, der transzendentalen Hermeneutik, für die das Subjekt die wesentliche Instanz der Sinnbildung, Sinnveränderung und Sinndeutung ist. Die relative Eigenständigkeit des literarischen und künstlerischen Überbaus betonte Erich Köhler am stärksten im Bereich der formalen Strukturen, etwa der Gattungstraditionen: "Selbst im qualitativen Sprung

59 Erich Köhler, "Thesen", a.a.O., S. 259.
60 Erich Köhler, "Thesen", a.a.O., S. 259.
61 Erich Köhler, "Thesen", a.a.O., S. 260.
62 Erich Köhler, "Thesen", a.a.O., S. 262.

kann die Formtradition überleben, wenn sie sich als geeignet erweist, in einen neuen Motivationszusammenhang einzurücken."[63] Sie bringe ihre eigene Schwerkraft mit und vermöge darum auch Neues zu entbinden, allerdings "unter Anstößen des Unterbaus". Gerade in seinen konkreten Analysen war Erich Köhler sehr sensibel für spezifisch formal-literarische Aspekte der Werke; darum war er bestrebt, die Methoden und die Ergebnisse der Semiotik gerade auch in den letzten Arbeiten in seinen Ansatz einzubringen.[64]

Zur eigentlichen Plattform des Ansatzes von Erich Köhler wurde die von ihm zusammen mit einer Reihe von Schülern gegründete *Romanistische Zeitschrift für Literaturgeschichte*. Schon in der Präambel bekannten sich die Herausgeber ausdrücklich zu einer Konzeption von Literaturwissenschaft, "die ihre Leitgedanken einer veränderten Einsicht in die Geschichtlichkeit der Literatur entnimmt"[65]. Es wird noch einmal betont, daß moderne Methoden wie psychoanalytische Interpretation, Strukturalismus, Kommunikationstheorie, literarische Semiotik dem Verlust an geschichtlichem Bewußtsein Vorschub leisteten. Es gelte nicht, den Beitrag dieser Ansätze zu negieren; man solle sich vielmehr mit ihnen auseinandersetzen und ihre Historisierbarkeit überprüfen. Literaturgeschichte könne dieses Programm nur einlösen, "wenn sie als eine historische Disziplin verstanden und mit dem Gesamtprozeß der Geschichte der menschlichen Gesellschaft vermittelt ist"[66]. Durch diese resolut geschichtliche Betrachtungsweise werde indes die ästhetische Spezifität der Werke nicht vernachlässigt. "Auch die ästhetische Dimension ist eine historische, in Produktion wie in Rezeption, und auch sie kann eines ideologiekritischen Standorts nicht entraten, auf welchem die Relativität des eigenen

---

63 Erich Köhler, "Thesen", a.a.O., S. 261.
64 Zu Erich Köhlers Ansatz siehe auch: Heinz Thoma, "Pour une science historico-sociologique de la littérature. Quelques remarques sur l'oeuvre d'Erich Köhler", *Littérature*, 43, Okt. 1981, S. 100-119; Wolfgang Orlich, "Prospettivi e problemi di una scienza storico-sociologica della letteratura. Note sull'opera di Erich Köhler", in: Carlo Bordoni (Hrsg.), *La pratica sociale del testo*. Bologna, Clueb, 1982, S. 291-320; Joseph Jurt, "Französische Dichtung aus literatursoziologischer Perspektive. Zu den postumen Schriften Erich Köhlers", *Neue Zürcher Zeitung*, 213, 14. Sept. 1984; ders., "Erich Köhlers Schichtenmodell und die Theorie des literarischen Feldes", *RZLG*, 16, 1992, S. 288-302.
65 Erich Köhler (et alii), "Präambel", *RZLG*, 1, 1977, S. 1.
66 "Präambel", a.a.O., S. 1.

Bewußtseins mitreflektiert wird."[67] "Methodische Offenheit, nicht aber Beliebigkeit"[68] wurde als Leitlinie ausdrücklich festgehalten.

Peter Bürgers Institution Kunst/Literatur

Eine schöne Illustration dieser Offenheit war die Publikation eines programmatischen Beitrags von Peter Bürger in der ersten Nummer der *Romanistischen Zeitschrift für Literaturgeschichte*, der sich an keiner Stelle auf Erich Köhler bezog.[69] Peter Bürger verstand und versteht seinen Ansatz als 'Kritische Literaturwissenschaft' in Anlehnung an die Kritische Theorie von Adorno, Marcuse und Walter Benjamin. Ausgangspunkt war die Studie *Theorie der Avantgarde*, die Peter Bürger 1974 veröffentlichte.[70] Er unterstrich hier die Aporie der Positionen von Lukács und Adorno als normative Konzeptionen der Literaturbetrachtung. Für Lukács ist das organische Kunstwerk ästhetische Norm, die er in den großen realistischen Romanen von Goethe, Balzac und Stendhal verwirklicht sieht, während er, wie wir schon gesehen haben, die avantgardistische Kunst des 20. Jahrhunderts vor dem Hintergrund dieser Norm als 'dekadent' einstuft. Für Adorno indes ist das avantgardistische Kunstwerk "historisch notwendiger Ausdruck der Entfremdung in der spätkapitalistischen Gesellschaft"[71]. Das organische Kunstwerk ist nach ihm dem ideologischen Register zuzurechnen, weil es die real existierenden Widersprüche der Gesellschaft verdecke. In den Augen von Peter Bürger vermochten indes weder Adorno noch Lukács die Bewegungen der Avantgarde und gerade Brecht adäquat zu interpretieren, weil beide am "Werk" als zentralem Konzept festhielten. Die Reaktionen der Avantgarden des 20. Jahrhunderts (Futurismus, Dadaismus, Surrealismus) richteten sich indes nicht bloß gegen eine bestimmte Art von Werken als vielmehr gegen die Literatur als Institution. Mit dem Konzept 'Institution Kunst/Literatur' versucht Bürger, eine normative Betrachtung von Literatur und Kunst zu überwinden. Der Begriff der Institution meint bei ihm "die epochalen Funktionsbestimmungen von Kunst in ihrer sozialen Bedingt-

---

67 "Präambel", a.a.O., S. 2.
68 "Präambel", a.a.O., S. 2.
69 Peter Bürger, "Institution Kunst als literatursoziologische Kategorie", *RZLG*, 1, 1977, S. 50-76.
70 Peter Bürger, *Theorie der Avantgarde*. Frankfurt a.M., Suhrkamp, 1974.
71 Peter Bürger, *Theorie der Avantgarde*, S. 120.

heit"[72]. Der Status der Kunst erscheint faßbar "in der Reflexion von Autoren und Kritikern"[73], die ihrerseits gesellschaftlich bedingt ist. Aufgabe der Literaturgeschichte ist es, den historischen Wandel der jeweiligen gesellschaftlichen Funktion der Kunst zu bestimmen, die jeweiligen *historischen* Institutionalisierungen von Kunst und Literatur zu erfassen. Referenz ist die bürgerliche 'Institution Kunst/Literatur', die sich als autonom versteht: "Die aus den realen Lebensbezügen herausgelösten künstlerischen Aktivitäten sind 'Kunst' im modernen Sinn des Wortes."[74] Die Avantgarde-Bewegungen suchten diese Autonomie zu überwinden, indem sie die Opposition zwischen Kunst und Lebenspraxis aufzuheben trachteten und das Kunstwerk wieder in den Kontext anderer Lebenspraktiken integrierten.

Bürger bestimmt jedoch nicht bloß den Versuch der Transzendierung der bürgerlichen Institution Literatur, sondern auch die Literatur in der vorbürgerlichen Gesellschaftsformation, wobei er sich vor allem auf die klassisch-höfische Literatur bezieht. Es wäre falsch, so betont er, "die bürgerliche und die höfische Institution Kunst einfach auf den Gegensatz von Heteronomie und Autonomie festlegen zu wollen. Die historische Dialektik ist wesentlich komplizierter. Die Abhängigkeit der höfisch-feudalen Literatur von gesellschaftlichen Verwendungszwecken wie *divertissement* und Repräsentation enthält zugleich ein Moment der Befreiung von anderen, vor allem moralischen Zweckbindungen"[75]. *De facto* geht Bürger jedoch von einer weitgehenden Fremdbestimmung der Literatur im Zeitalter des Absolutismus aus. Wenn er "mit der Unterwerfung unter höfische Zwecksetzungen zugleich Momente künstlerischer Autonomie" auf der Ebene der Inhalte sieht, so vernachlässigt er doch Autonomisierungsbestrebungen auf der Ebene des literarischen Lebens: "Als Teil höfischer Repräsentation und Selbstdarstellung übernimmt die Kunst politische Funktion; sie dient mittelbar oder unmittelbar der Legitimation der absoluten Herrschaft. Selbst dort, wo Kunst in das höfische *divertissement* eingebunden als zweckfrei erscheint, ist sie doch zugleich Instrument einer Politik, die den Hochadel seiner politischen Macht beraubt, indem sie ihn ans Zeremoniell bindet."[76]

---

72 Peter Bürger, "Institution Kunst", a.a.O., S. 52
73 Peter Bürger, *Theorie der Avantgarde*, S. 16.
74 Peter Bürger, "Institution Kunst", a.a.O., S. 61.
75 Peter Bürger, "Institution Kunst", a.a.O., S. 63.
76 Peter Bürger, "Institution Kunst", a.a.O., S. 63. Zur These der Instrumentalisierung der *doctrine classique* im Sinne eines höfisch-absolutistischen Kultur-

Die bürgerliche 'Institution Kunst/Literatur' wird, wie wir gesehen haben, durch die (relative) Autonomie bestimmt. Aufgrund dieser Autonomie kann das Werk Werte zum Ausdruck bringen, die mit der utilitaristischen Ausrichtung der Gesellschaft nicht übereinstimmen. Da die Kunst aber andererseits autonom ist, haben diese Werte geringe Wirkung auf das soziale Leben (die Gesellschaft ist aufgrund des autonomen Status der Kunst vor einer existentiellen Subversion der eigenen Werte gefeit). Die materielle Basis, die Autonomie ermöglicht, ist der Markt. Autonomie ist zunächst die Autonomie der Institution, die jedoch politische Stellungnahmen wie die eines Voltaire durchaus nicht ausschließe. Bürger glaubt indes, ein immer stärkeres Zusammenfallen der Autonomie der Institution mit der Autonomie der Gehalte festzustellen. Naturalismus und Ästhetizismus werden als die beiden Kehrseiten derselben bürgerlichen 'Institution Kunst/Literatur' interpretiert. Diese Dichotomie offenbare die Widersprüche der bürgerlichen Kultur, die soziale und individuelle Erfahrung nicht ineins zu bringen vermag. Der Naturalismus thematisiere eine Gesellschaftserfahrung, ohne die Problematik des Subjekts miteinzubeziehen; der Ästhetizismus beschreibe Subjekterfahrung ohne gesellschaftliche Dimension.[77]

Das Konzept absolutistische oder bürgerliche 'Institution Kunst/Literatur' scheint mir jedoch eine *contradictio in adiecto* darzustellen; denn die Kategorie der Institution impliziert *per se* eine gewisse Autonomie in bezug auf die Gesamtgesellschaft sowie die Ausbildung einer eigenen institutionsinternen Norm. Bei Peter Bürger scheint jedoch die literarische Institution durch die globalen Optionen der Gesellschaft (bürgerlich/feudal) zu einem bestimmten Zeitpunkt determiniert zu sein. Autonomie wird als Ideologie der bürgerlichen Gesellschaft betrachtet. Bürger verkennt den realen Autonomisierungsprozeß und die Ausbildung institutionsinterner

programms siehe auch Peter Bürger, "Zum Funktionswandel der Literatur in der Epoche des entstehenden Absolutismus: La querelle du *Cid*", in: *Bildung und Ausbildung in der Romania I: Literaturgeschichte und Texttheorie*. München, Fink, 1979, S. 43-58. Zur Kritik am Institutionsbegriff bei Bürger siehe auch im selben Band Gerhart Schröder, "Thesen zur Funktion der Literatur und zur Entwicklung der literarischen Formen in der Epoche des Absolutismus", S. 190-199.

77 Siehe dazu Peter Bürger, "Naturalismus-Ästhetizismus und das Problem der Subjektivität", in: ders., *Naturalismus/ Ästhetizismus*. Frankfurt a.M., Suhrkamp, 1979, S. 18-55.

Konsekrationsinstanzen.[78] Die These des progressiven Zusammenfallens der Autonomie der Institution und der Autonomie der Inhalte geht von einer teleologischen Sicht aus, die nicht unbedingt evident ist.[79] Zola interveniert so im politischen Bereich zu einem Zeitpunkt, als der Autonomisierungsgrad des literarischen Feldes sehr groß ist; gerade aufgrund der Autonomie und des Prestiges, das er *innerhalb* des Feldes erworben hatte, konnte er es sich erlauben, zu einer eminent gesellschaftlichen Frage Stellung zu beziehen.[80]

Empirische Literatursoziologie (Hans Norbert Fügen)

Peter Bürger setzt seinen Begriff der 'Institution Kunst/Literatur' bewußt ab von einer anderen Verwendung des Begriffs, wie man ihn gelegentlich in der Kunst- und Literatursoziologie findet, um gesellschaftliche Einrichtungen wie Verlag, Buchhandel, Theater und Museum zu bezeichnen, die zwischen Einzelwerk und Publikum vermitteln.[81] Bürger meint hier insbesondere Hans Norbert Fügen als einen der wichtigsten Vertreter eines empirisch-positivistischen Ansatzes. Dieser artikulierte seine Thesen ebenfalls in den sechziger Jahren in seinen beiden Hauptwerken: *Die Hauptrichtungen der Literatursoziologie* (1964) und *Wege der Literatursoziologie* (1968). Die empirische Literatursoziologie, so wie sie Fügen definiert, versteht sich als ein Teil der allgemeinen Soziologie und übernimmt deren Gegenstandsabgrenzung und Methode. Untersuchungsbereiche sind der

---

78 Peter Bürger scheint in diesem Kontext die Theorie des literarischen Feldes allein auf die Dimension der Strategie der einzelnen Akteure des Feldes zu reduzieren, so in seinem Aufsatz "Adorno, Bourdieu and the sociology of literature", *Stanford Literature Review*, spring 1986, S. 75-90.

79 In einer ersten Periode ist nach Bürger "die Institution der autonomen Kunst voll ausgebildet, noch aber fungieren innerhalb dieser Institution Gehalte, die durchaus politischen Charakters sind und damit dem Autonomieprinzip der Institution widerstreiten". Später enthüllt "das Zusammenfallen von Institution und Gehalten die gesellschaftliche Funktionslosigkeit des Wesens der Kunst in der bürgerlichen Gesellschaft"; dieser Zustand fordert dann schließlich die Selbstkritik des gesellschaftlichen Teilsystems als solches heraus (Peter Bürger, *Theorie der Avantgarde*, S. 34-35).

80 Siehe dazu auch Joseph Jurt, "Agitation und Aufklärung – Die Bedeutung der öffentlichen Meinung, der publizistischen und schriftstellerischen Intervention bei der Affäre Dreyfus", *Mainzer Komparatistische Hefte*, 3, 1979, S. 29-48.

81 Peter Bürger, "Institution Kunst", a.a.O., S. 51.

handelnde Mensch in seinen Beziehungen zur Umwelt, die überindividu-
ellen Verhaltensmuster und schließlich die Institutionen, in denen sich
diese Verhaltensmuster verfertigen. Aufgabe der soziologischen Analyse
soll es sein, statische (Strukturen) und dynamische (Funktionen) Konstanten herauszuarbeiten. Literatur ist aus dieser Perspektive nur insoweit
"bedeutsam, als sich zwischenmenschliches Handeln darin manifestiert
oder daran orientiert"[82]. Es geht wesentlich um die Erforschung dessen,
was man 'literarisches Leben' nennt, um die Personen, die daran beteiligt
sind (Schriftsteller, Leser), um das spezifische literarische Verhalten, wie
es sich gegenüber anderen Klassen zwischenmenschlichen Handelns
differenziert und schließlich, wie gesagt, um die literarischen Institutionen
(wie Literaturkritik, Buchhandel, Bibliotheken).

Die Untersuchung über das als Kulturmuster geregelte literaturgemäße
Verhalten, das als invariables Grundverhältnis verstanden wird, steht im
Zentrum. Wesentliches Kriterium für das, was als Literatur zu betrachten
ist, ist für Fügen die Fiktionalität. Von literaturgemäßem Verhalten kann
dann gesprochen werden, wenn – sowohl beim Schriftsteller wie beim
Leser – das Bewußtsein vorhanden ist, daß es sich beim Erzählen "nicht
um die reale Wirklichkeit handelt"[83]. Die Funktion dieses Typus von
Schrifttum wird genauer bestimmt: Fiktion erlaube es, reales Verhalten zu
antizipieren, Normen und Tabus zu brechen, da "die Verwirklichung
ästhetisch-poetischer Vorschriften die Umsetzung der Fiktion in die Realität zu verzögern oder ganz zu verhindern vermag"[84].

Die Institutionalisierung dieses literarischen Verhaltens hänge wesentlich vom Publikum ab, das diese Haltung legitimiert, und vor allem vom
Schriftsteller, insofern es ihm gelingt, "einen spezifischen sozialen Status
zu gewinnen". Fügen untersucht den Status des Schriftstellers in der
Gesellschaft, wie er sich im Laufe der Geschichte infolge des gesellschaftlichen Strukturwandels verändert hat. Dem Versuch liegt jedoch weniger
eine historische als eine typologische Absicht zugrunde; es geht dem
Autor nicht so sehr um die "Tatsachen der Aufeinanderfolge als [um] die
Herausarbeitung von Wiederholungstatsachen"[85]. Fügen unterscheidet

---

82 Hans Norbert Fügen, *Die Hauptrichtungen der Literatursoziologie und ihre
     Methoden. Ein Beitrag zur literatursoziologischen Theorie.* Bonn, Bouvier,
     ⁴1990, S. 22.
83 Hans Norbert Fügen, *Hauptrichtungen der Literatursoziologie*, S. 110.
84 Hans Norbert Fügen, *Wege der Literatursoziologie.* Neuwied, Luchterhand,
     ²1971, S. 22.
85 Hans Norbert Fügen, *Die Hauptrichtungen*, S. 120.

zwischen drei Typen von Schriftstellern gemäß ihrem Verhalten zur bestehenden Gesellschaftsordnung: dem gesellschaftskonformen, dem gesellschaftskonträren und dem gesellschaftsabgewandten Typus. Diese Betrachtung der Literatur als Sozialphänomen wendet sich nicht nur der Produktion, sondern auch der "Tradition, Diffusion und Rezeption fiktionalen Schrifttums" zu.[86] Das Publikum wird nach Kriterien des literarischen Verhaltens untersucht. Innerhalb dieses Systems wird den ideellen (literarische Kritik) und materiellen (Bibliotheken, Buchhandel) Vermittlern eine spezifische Bedeutung zugeschrieben.

Wenn die empirische Literatursoziologie den sozialen Charakter der Literatur im Produktions- und Distributionsprozeß der literarischen Erzeugnisse zu erfassen sucht, so ist sie stets bestrebt, Vorgänge zu beschreiben und nicht zu werten. Fügen hütet sich vor Werturteilen wie vor der Pest und stellt bedauernd fest, daß seine Disziplin "mehr als jeder andere Zweig der Soziologie dem Einströmen von Werturteilen ausgesetzt" sei.[87] Soziale Rollen, Institutionen sowie das Gesellschaftssystem als solches werden stets durch formale (und nicht durch inhaltliche) Charakteristika definiert. Empirisch gesicherte Sachverhalte sollen dargestellt werden ohne Bezug auf einen gruppenideologisch geprägten oder privaten utopischen Entwurf von Gesellschaft, der Literatursoziologie zur Sozialkritik ausufern lasse.[88] Doch kommt auch eine positivistische Literatursoziologie nicht ohne Wertvorstellungen aus, nur sind diese implizit. Die scheinbar objektive Beschreibung des sozialen Systems in seiner Funktion und seinen Strukturen impliziert auch eine (wenn auch unausgesprochene) Vorstellung von der Gesellschaft (welche die Selbstverständlichkeit eines stabilen rein funktionalen Systems voraussetzt). Es stellt sich die Frage, ob man das Phänomen Literatur überhaupt in den Griff bekommt, wenn man sich ausschließlich quantitativer Kriterien bedient. Definiert man mit Fügen Literatur nur durch das Kriterium der 'Fiktionalität' als "Darstellung eines Geschehnisablaufes, die ihrer Intention nach auf die konkrete Nachprüfbarkeit ihres Inhaltes letztlich verzichtet"[89], dann entscheidet einzig die *Art* des Lesens, ob 'Literatur' vorliegt. Faßt man Fiktionalität als inhaltliche Kategorie auf, dann wird dadurch, wie Peter Bürger einwirft, eine bestimmte historische Auffassung von Literatur als Wesensbestimmung hypostasiert. Fügens Ansatz ist, wie wir gesehen haben, eher typologisch

86 Hans Norbert Fügen, *Wege der Literatursoziologie*, S. 19.
87 Hans Norbert Fügen, *Wege der Literatursoziologie*, S. 16.
88 Hans Norbert Fügen, *Wege der Literatursoziologie*, S. 25.
89 Hans Norbert Fügen, *Wege der Literatursoziologie*, S. 18.

als historisch. Eine systematische Erforschung des Gegenstandsbereiches
kann Fügen deshalb nicht gelingen, weil er dessen Geschichtlichkeit nicht
reflektiert.[90] Fiktionalität ist nicht bloß eine geschichtliche Kategorie; läßt
man sie als einziges Kriterium gelten, so schließt man den ganzen Bereich
der nicht-fiktionalen Literatur in arbiträrer Weise aus dem Gattungssystem
aus.[91]

Der 'empirische' Ansatz der Literatursoziologie war in Deutschland
eher singulär. Erich Köhler sprach von dieser Richtung als einer Soziologie der Literatur (welche als Teildisziplin der Soziologie bei dieser anzu-
siedeln sei), die man von der Literatursoziologie abgrenzen müsse. Die
anderen Betrachtungsweisen (Lukács, Krauss, Köhler, Bürger) gehen von
einer qualitativ bestimmten Vorstellung der Gesamtgesellschaft aus. Die
literarischen Werke werden zumeist einer sozialen Klasse zugeschrieben,
deren Position man innerhalb der Gesellschaft situiert. Im Gegensatz zu
Fügen mißt man dem 'literarischen Leben' kein zentrales Gewicht zu. Die
relative Eigenständigkeit des literarischen und künstlerischen Überbaus
wird – etwa bei Erich Köhler – am stärksten im Bereich der formalen
Strukturen geortet. Autonomie erscheint – namentlich bei Bürger – eher
als bourgeoise Ideologie denn als realer Prozeß einer Autonomisierung.
Ein Konsens scheint auch in der Betonung der zentralen Rolle der Kategorie des Subjekts zu bestehen, in Übereinstimmung mit der dominanten
philosophischen Strömung in Deutschland, der transzendentalen Hermeneutik.[92]

Die Wende der sechziger Jahre

Die historisch-soziologischen Ansätze der Literaturbetrachtung hatten sich
in Deutschland vor allem seit den sechziger Jahren als Reaktion gegen die
vorher dominante werkimmanente Betrachtungsweise ausgebildet. Dies
war nun keineswegs zufällig. Der Beginn der sechziger Jahre in der
Bundesrepublik markierte eine Wende. Immer mehr Intellektuelle artikulierten offen ihre Unzufriedenheit mit den herrschenden geistigen und

90 Peter Bürger, "Institution Kunst", a.a.O., S. 52.
91 Zu dieser Problematik siehe vor allem Thomas Pavel, *Fictional Worlds*.
    Harvard University Press, 1986 und Gérard Genette, *Fiction et Diction*. Paris,
    Seuil, 1991.
92 Siehe dazu auch Joseph Jurt, "Autonomie ou hétéronomie: Le champ littéraire
    en France et en Allemagne", *Regards sociologiques*, 4, 1992, S. 3-16.

politischen Verhältnissen. Erster Ausdruck dieses Mißbehagens war der 1961 vom Schriftsteller Martin Walser herausgegebene Sammelband *Die Alternative oder Brauchen wir eine neue Regierung*[93], in dem sich Leute wie Günther Grass, Hans Magnus Enzensberger, Siegfried Lenz, Hans-Werner Richter, Wolfdietrich Schnurre, Carl Amery und andere für einen Regierungswechsel aussprachen. Die Bedeutung dieser Schrift überstieg den aktuellen Anlaß der Bundestagswahlen. Nach Jost Hermand bedeutete die Schrift "den Auftakt zu einer politisch-oppositionellen Publizistik, die es in dieser Form in den fünfziger Jahren kaum gegeben hatte, das heißt, löste vielen Schriftstellern und anderen Intellektuellen die Zunge, sich über das Problem der Remilitarisierung hinaus auch endlich über andere politische Fragen offen auszusprechen"[94]. Derselbe Interpret hebt die Tatsache hervor, daß die Intellektuellen an der Erfahrung der unmittelbaren Nachkriegszeit anknüpfen wollten, die Neuordnungskonzepte entwickelte, die in der restaurativen Phase in Vergessenheit gerieten, um dem Streben nach Wohlstand und wirtschaftlicher Expansion zu weichen. Die Erinnerung an die Nachkriegszeit weckten Namen wie Hans-Werner Richter und Erich Kuby, die sich im Sammelband von Walser geäußert hatten, die in den Nachkriegsjahren zu der 'jungen Generation' zählten, für die Sartre eine wichtige Rolle gespielt hatte.[95] Auch für Enzensberger war Sartre schon früh eine Referenz gewesen. Man dachte mit einer gewissen Nostalgie an die viel offenere Situation der unmittelbaren Nachkriegsjahre. "Nur mit Wehmut erinnere ich mich der Zeit, als in den Jahren nach 1946 die neu gegründete alte Mainzer Universität für viele aus dem Krieg zurückkehrende Studenten zur neuen Heimat wurde", so schrieb 1965 der Philosoph Otto Friedrich Bollnow im Rückblick. "Es war ein geistiges Leben von seltener und wohl nicht wiederkehrender Intensität [...] Im Mittelpunkt

93 Martin Walser (Hrsg.), *Die Alternative oder Brauchen wir eine neue Regierung*. Reinbek, Rowohlt, 1961.
94 Jost Hermand, *Kultur im Wiederaufbau. Die Bundesrepublik Deutschland 1945-1965*. München, Nymphenburger Verlag, 1986, S. 543.
95 Siehe Mechthild Häußler, *Rezeption der Sartre-Dramen auf dem Gebiet der Bundesrepublik Deutschland: Von der 'Stunde Null' zur 'Terrorismus-Diskussion'*. Diss. Freiburg, 1989, S. 604. Ich verdanke Hinweise auf die Wende der sechziger Jahre vor allem dieser Arbeit. Zur Wirkung Sartres auf die 'junge Generation' siehe überdies Mechtild Rahner, *"Tout est neuf ici, tout est à recommencer..."*. *Die Rezeption des französischen Existentialismus im kulturellen Feld Westdeutschlands (1945-1949)*. Würzburg, Königshausen und Neumann, 1993.

dieser Auseinandersetzungen stand, was damals mit dem faszinierenden
Zauberwort als Existentialismus bezeichnet wurde."[96] Im Zusammenhang
mit dem zunehmenden Engagement der Intellektuellen wurden nun ge-
samtgesellschaftliche Kunst und Kultur-Konzepte intensiv diskutiert.
Bezeichnend war Enzensbergers Essay "Die Aporien der Avantgarde" von
1961, in dem dieser die abstraktionistischen und formalistischen Tendenzen der Kunsttheorie der fünfziger Jahre kritisierte und sich auf eine 'ältere' Avantgarde berief, die sich auch als 'kämpferisches Kollektiv' verstand.[97] Die Frage nach der gesellschaftlichen Funktion der Literatur
beschäftigte nun auch eine breitere Öffentlichkeit. Symptomatisch dafür
war der Zürcher Literaturstreit von 1967, den *der* Vertreter der Werkimmanenz, Emil Staiger, mit seiner Rede "Literatur und Öffenlichkeit"
vom Zaun gebrochen hatte – gleichermaßen als Rückzugsgefecht. Staiger
sah in der 'littérature engagée' eine Entartung jenes Willens zur Gemeinschaft, der die Dichter vergangener Zeiten beseelt habe.[98] "Die Rede löste
eine außergewöhnlich lebhafte Debatte aus, an der sich fast alle Autoren
von Rang und Namen beteiligten", so schrieb Hermann Glaser im Rück-

96 Otto Friedrich Bollnow, *Französischer Existentialismus*. Stuttgart, Kohlham-
    mer, 1965, S. 5-6; zitiert bei Mechthild Häußler, *Rezeption der Sartre-Dra-
    men*, S. 604.
97 Hans Magnus Enzensberger, "Die Aporien der Avantgarde", in: ders., *Einzel-
    heiten*. Frankfurt a.M., Suhrkamp, 1962, S. 290-315.
98 Staiger meinte da etwa in seiner Rede: "Wir begegnen dem Schlagwort der
    'littérature engagée'. Dabei wird aber niemand wohl, der die Dichtung wirk-
    lich als Dichtung liebt. Sie verliert ihre Freiheit, sie verliert die echte, über-
    zeugende, den Wandel der Zeit überdauernde Sprache, wo sie allzu unmittel-
    bar-beflissen zum Anwalt vorgegebener, humanitärer, sozialer, politischer
    Ideen wird. So sehen wir denn in der 'littérature engagée' nur eine Entartung
    jenes Willens zur Gemeinschaft, der Dichter vergangener Tage beseelte [...]"
    Gleichzeitig warf Staiger der modernen Literatur vor, sich eindeutig auf das
    'Negative' zu versteifen: "Man gehe die Gegenstände der neueren Romane
    und Bühnenstücke durch. Sie wimmeln von Psychopathen, von gemeinge-
    fährlichen Existenzen, von Scheußlichkeiten großen Stils und ausgeklügelten
    Perfidien. Sie spielen in lichtscheuen Räumen und beweisen in allem, was
    niederträchtig ist, blühende Schilderungskraft" (Emil Staiger, "Literatur und
    Öffentlichkeit", *Sprache im technischen Zeitalter*, 22, April-Juni 1967, S. 91,
    93). Staiger trifft sich hier in der Verurteilung der 'dekadenten' Moderne mit
    Lukács, obwohl ihm diese Nachbarschaft nicht so lieb gewesen wäre. Die
    zahlreichen Reaktionen auf die Rede von Emil Staiger sind in den Nummern
    22 und 26 der Zeitschrift *Sprache im technischen Zeitalter* abgedruckt.

blick. "Die hier besonders deutlich werdende Dichotomie der literarischen Kultur (zwischen Verfechtern der Poésie pure und der Poésie engagée) war insgesamt charakteristisch für diese Jahre [...] Einerseits löste man sich eskapistisch von den aktuellen Lebensbezügen, andererseits wandte man sich der realen Geschichte, Gesellschaft und Politik zu."[99] Wenn nunmehr das Konzept der 'littérature engagée' dominant wurde, so läßt sich daraus auch das Phänomen erklären, daß in der Bundesrepublik die Dramen Sartres als Beispiele engagierten Theaters massiv rezipiert wurden. Für viele zeitgenössische Beobachter hatte sein Werk *Die Eingeschlossenen* Vorreiterfunktion für die Stücke zur deutschen Vergangenheitsbewältigung.[100] Nach Günther Zehm war Sartre "so etwas wie der Ahnherr einer ganzen Reihe von Stücken" geworden: "So kamen die *Die Eingeschlossenen* mit ihrer metaphysischen Überfrachtung viel mehr dem *deutschen* schlechten Gewissen, dem *deutschen* Bedürfnis nach Bewältigung der Vergangenheit entgegen, und ihre Wirkung in Deutschland war dementsprechend groß."[101]

Die wachsende Bedeutung eines historisch-soziologischen Ansatzes der Literaturbetrachtung in Deutschland seit dem Beginn der sechziger Jahre stand so im Einklang mit den dominanten Tendenzen des intellektuellen Feldes, vor allem auch mit der steigenden politisch-gesellschaftlichen Sensibilisierung der Schriftsteller und der positiven Rezeption der 'littérature engagée'.

99 Hermann Glaser, *Kulturgeschichte der Bundesrepublik Deutschland*, Band 2: *Zwischen Grundgesetz und Großer Koalition*. München, Hanser, 1986, S. 275; zitiert bei Mechthild Häußler, *Rezeption der Sartre-Dramen*, S. 605.
100 Nach Mechthild Häußler, *Rezeption der Sartre-Dramen*, S. 605.
101 Günther Zehm, "Theater und Politik. Sartre und das politische Drama", *Theater 1965*, S. 95 (Sonderheft *Theater heute*); zitiert bei Mechthild Häußler, *Rezeption der Sartre-Dramen*, S. 605-606.

Literatursoziologische Ansätze im französischen Kontext

Die humanwissenschaftliche Wende

Das Konzept der 'littérature engagée', das seit dem Beginn der sechziger Jahre in Deutschland normative Kraft gewonnen hatte, war zur selben Zeit in Frankreich zum 'Auslaufmodell' geworden. Sartre hatte während der fünfzehn Nachkriegsjahre das intellektuelle Feld in Frankreich dominiert.[1] Mit den sechziger Jahren setzte sich das Paradigma der Humanwissenschaften durch, das unter der Bezeichnung 'Strukturalismus' firmierte. 1958 hatte Lévi-Strauss seine *Anthropologie structurale* veröffentlicht, Roland Barthes ein Jahr zuvor *Mythologies* und Foucault 1961 *Histoire de la folie*. Selbst wenn die Betrachtungsweise dieser Autoren keineswegs deckungsgleich war, so stimmen sie doch darin überein, daß sie die Geschichte evakuierten und das Subjekt als obsolete Kategorie betrachteten. Michel Winock spricht in diesem Zusammenhang vom "Rückfluß des engagierten Denkens", das das intellektuelle Leben seit der Libération geprägt hatte.[2]

Anna Boschetti hat die politischen und sozialen Bedingungen benannt,

---

1   Siehe dazu Anna Boschetti, *Sartre et "les Temps modernes". Une entreprise intellectuelle.* Paris, Les Editions de Minuit, 1985. Zu diesem Buch siehe unten, S. 283 ff.

2   Michel Winock, *Chronique des années soixante.* Paris, Seuil, 1987, S. 48. Winock fährt dann fort: "Comme dit Alain Touraine: 'Des chansons en ont remplacé d'autres, et Lévi-Strauss, si je puis dire, a remplacé Sartre.' On vit donc revenir en force un scientisme restauré, orgueilleux, méprisant la philosophie du sujet, qui, à partir de la linguistique, envahit l'ensemble des sciences humaines et sociales, sous le nom intimidant de 'structuralisme'. Quelques noms coururent sur toutes les lèvres, référents superbes de la nouvelle scientificité: Lévi-Strauss, Lacan, Foucault... Tous, à leur manière, ramenaient le sujet consacrant et l'évolution historique à des apparences, sous lesquelles ils mettaient à nu des structures objectives restées jusque-là cachées au commun des mortels."

die den Paradigmenwechsel am Anfang der sechziger Jahre erklären können: Der wirtschaftliche Aufschwung, die Konsolidierung des Gaullismus, das Ende des Algerienkrieges und des Kalten Krieges, das Scheitern eines utopischen Kommunismus – all das habe dazu beigetragen, daß die existentialistische Prophetie entthront wurde, die ein Produkt der Krise, der Probleme der französischen Gesellschaft und der internationalen Spannung war. Eine neue optimistische Sozialphilosophie bahnte sich ihren Weg, die überzeugt war, die Wissenschaft sei eher in der Lage, den Fortschritt zu befördern, als die Politik.[3]

Genettes Theorie der literarischen Formen

Mit der humanwissenschaftlichen Wende von 1960, die Sartres Konzept des Subjekts in radikaler Weise in Frage stellte, war auch die normative Vorstellung einer 'littérature engagée' obsolet geworden. Die jeweils dominanten Typen der Literaturbetrachtung stehen zweifelsohne in engem Zusammenhang mit den herrschenden Tendenzen der Literatur. Die neue Dominanz der Humanwissenschaften blieb nicht ohne Folge für die Methoden der Literaturkritik. Eine formale Schule der Literaturbetrachtung entwickelte sich, die sich nicht mehr an der Kategorie des Subjekts zu orientieren gedachte. Neben Roland Barthes ist hier vor allem Gérard Genette zu erwähnen, der 1966 die Aufsätze, die er schon vorher einzeln veröffentlicht hatte, in einem Sammelband herausgab: *Figures*.[4] In einem der hier abgedruckten Aufsätze, "Structuralisme et critique littéraire", sprach er von der 'strukturalistischen Berufung' der Literaturkritik, die man als eigentliche strukturale Methode organisieren müsse, die sich als ein fruchtbares Verfahren erwiesen habe.[5] Genette bezog sich insbesondere auf Lévi-Strauss. Die strukturale Methode sei gerade dann besonders hilfreich, wenn die Kritik davon absehe, die Bedingungen der Möglichkeit

---

3 Anna Boschetti, *Sartre*, S. 300.
4 Gérard Genette, *Figures*. Paris, Seuil, 1966 (Coll. 'Tel Quel' 48).
5 "La question posée par l'orientation actuelle des sciences humaines comme la linguistique ou l'anthropologie est de savoir si la critique n'est pas appelée à organiser explicitement sa vocation structuraliste en méthode structurale. Il ne s'agit ici que de préciser le sens et la portée de cette question, en indiquant les principales voies par lesquelles le structuralisme accède à l'objet de la critique, et peut se proposer à elle comme une procédure féconde" (Gérard Genette, *Figures*, S. 149).

oder die äußeren – psychologischen oder sozialen – Determinismen des literarischen Werkes zu untersuchen, sondern nur dieses selber als "ein absolutes Wesen."[6] Sicherlich gehört die Sympathie Genettes der letzteren Betrachtungsweise, wenn er dann noch feststellt, daß die 'historisierende' Geschichte, die biographische Illusion oder der Positivismus kaum mehr relevant seien. Die strukturale Analyse könne als Äquivalent dessen angesehen werden, was die Amerikaner als *close reading* und die Europäer im Gefolge von Spitzer als immanente Literaturbetrachtung bezeichneten. Dieser Typus von Analyse verleihe dem immanenten Ansatz eine Rationalität des Verstehens, die die Rationalität des Erklärens ersetze. Der räumliche Determinismus der Struktur löse nun in einem ganz modernen Sinne den zeitlichen Determinismus der Genese ab, da jedes Element über Begriffe der Beziehung und nicht mehr durch solche der Abfolge definiert werde.[7] Mit der strukturalen Methode könne man auch in gewissem Sinne ethnographische Bereiche der Literatur erfassen, die sich der Methode der intersubjektiven Teilnahme entzögen, da sie durch einen räumlichen oder zeitlichen Abstand von unserer Welt getrennt seien, oder schlicht auch die trivialen Formen der Literatur.[8] In *Figures III* definierte Genette 1972 noch deutlicher seinen Ansatz als eine Theorie der literarischen Formen, eine Poetik.[9] Durch diese Gegenstandsbezeichnung wollte sich der Autor in eine säkulare Tradition der Literaturbetrachtung einschreiben, die von Aristoteles bis La Harpe galt, die jedoch in einem gewissen Sinne durch die Romantik suspendiert wurde, die ihre Aufmerksamkeit nicht mehr so sehr den Formen und Gattungen lieh, sondern schöpferischen Individuen. Im Zentrum sei dann eine Psychologie des Werkes gestanden, die sich von Sainte-Beuve bis heute gehalten habe. Es sei letztlich gleichgültig, ob diese Psychologie sich einer historischen, psychoanalytischen, soziologischen oder marxistischen Perspektive bediene, ob sie ihr Augenmerk mehr auf den Autor oder mehr auf den Leser verlege, stets gehe es um den Dialog eines Textes und einer *Psyche*, einer bewußten oder unbewußten, einer individuellen oder kollektiven, einer schöpferischen oder einer rezi-

6   Gérard Genette, *Figures*, S. 150.
7   Gérard Genette, *Figures*, S. 156-157. Genette bezieht sich in diesem Kontext
     auch auf Jakobson: "La linguistique structurale comme la mécanique quanti-
     que gagnent en déterminisme morphique ce qu'elles perdent en déterminisme
     temporel."
8   Gérard Genette, *Figures*, S. 159.
9   Gérard Genette, *Figures III*. Paris, Seuil, 1972, S. 10.

pierenden Psyche.[10] Der Text werde nicht in seiner internen Logik, sondern in *Relation* zu einem text-externen konstitutiven Pol analysiert. Genette identifiziert seinen Ansatz jedoch hier auch nicht mehr mit dem der Werkimmanenz. Es gehe nicht um Einzelwerke, sondern um die werktranszendenten Elemente, die Gegenstand der Linguistik, der Stilistik, der Semiologie, der Diskursanalyse, der narrativen Logik, der Gattungspoetik seien. Indem sie werktranszendente Elemente zu erfassen suche, konstituiere sich die Theorie der literarischen Formen als Wissenschaft. *De particularibus non est scientia.* Dieses Abheben auf Wissenschaftlichkeit war zweifelsohne ein Markenzeichen des dominanten humanwissenschaftlichen Paradigmas. Der Begriff 'Poetik' suggerierte eine Kontinuität mit der ursprünglichen Literaturbeschäftigung. Poetik bedeutete den Bruch mit dem seit der Romantik sich durchsetzenden Typus der Literaturerklärung über textexterne Elemente. Poetik meinte aber nicht eine Inventarisierung der existierenden literarischen Formen in einem kanonisierenden normativen Sinn. Objekt der Theorie ist nicht nur das Gesamt der existierenden, sondern auch das der virtuellen Formen. Erfaßt werden sollen die *möglichen* Diskurse; die einzelnen Werke und Formen erscheinen dann als partikuläre Realisierungen, die andere Kombinationen keineswegs ausschließen.[11]

Die Theorie der literarischen Formen schließt das individuelle oder kollektive Subjekt als Erklärungskategorie radikal aus. Sie versteht sich auch nicht als geschichtlich in einem traditionellen Sinne. Genette spricht von einer 'methodischen Suspension' der Geschichte, die die formalistische Kritik kennzeichne.[12] Über literarische Werke als Texte könne man in diachroner Perspektive keine sinnvolle Aussage machen, außer man betrachte auch die Genese oder die Rezeption. Literaturkritik könne nicht historisch vorgehen, behauptet Genette im Anschluß an Roland Barthes' "Histoire ou littérature"[13], weil es immer um eine direkte Beziehung der Interpretation gehe, die *per definitionem* anachron sei. Historisches Objekt

10 Gérard Genette, *Figures III*, S. 10.
11 Durch die Betonung des *offenen* Charakters der Poetik will Genette einem möglichen Vorwurf eines Passeismus entgehen; recht emphatisch erklärt er: "La théorie littéraire, au contraire, sera moderne, et liée à la modernité de la littérature, ou ne sera rien" (S. 11).
12 Gérard Genette, *Figures III*, S. 13.
13 Roland Barthes, "Histoire et littérature. A propos de Racine", *Annales*, 3, Mai-Juni 1960, S. 524-537.

seien nicht Werke, sondern literarische Formen, die überdauern oder sich verändern könnten.[14]

Das Intertextualitätsparadigma

Die ausschließliche Fokussierung auf den Text und seine Formen war eine Reaktion gegen traditionelle biographistische oder moderne historische, soziologische oder psychoanalytische Formen der Literaturbetrachtung.[15] Die ausschließliche Betrachtung des Funktionierens von Formen in Werken führte zu einer Art von Versteinerung dieser Gebilde. Offenbar erwies es sich als notwendig, auch eine dynamische Dimension der Textproduktion zu denken, ohne auf die Geschichte oder ein produzierendes Subjekt zu rekurrieren. Julia Kristeva führte für diese Betrachtungsweise 1966 den Begriff *Intertextualität* ein, den sie zunächst in Aufsätzen in den Zeitschriften *Tel Quel* und *Critique* verwendete, die später im Band *Sémêiotikè* aufgenommen wurden.[16] Intertextualität sollte dann zu einem bedeutenden Paradigma der Literaturbetrachtung namentlich im französischsprachigen Raum werden.[17] Intertextualität definierte sich als ein Verständnis eines Textes, der sich aus anderen Texten generiert. "Jeder Text ist wie ein Mosaik von Zitaten und jeder Text ist die Absorption und Transformation

---

14 Gérard Genette, *Figures III*, S. 17-18.
15 Laurent Jenny sprach in diesem Kontext von einer "obsession de l'immanence": "c'est que la poétique a dû lutter avec une égale vigueur contre une tradition classique et une tradition moderne qui, toutes deux en venaient à oblitérer l'oeuvre soit en prétendant expliquer le texte par la recherche érudite de la biographie de l'auteur, soit en empilant les unes sur les autres des lectures critiques empruntées à des disciplines non directement littéraires (histoire, sociologie, psychanalyse, etc.)" (Laurent Jenny, "La stratégie de la forme", *Poétique*, VII, 1976, S. 261).
16 Siehe insbesondere Julia Kristeva, "Bakhtine: le mot, le dialogue et le roman", *Critique*, 239, 1967, S. 438-465; dies., *Sémêiotikè. Recherches pour une sémanalyse*. Paris, Seuil, 1969.
17 Von dem Erfolg des Begriffs zeugt dessen Migration in vielen Diskurstypen, aber auch das Erscheinen von Sondernummern, die dem neuen Paradigma galten: "Intertextualités" (herausgegeben von Laurent Jenny), *Poétique* 27, 1976 und "Intertextualité, intertexte, autotexte, intratexte" (herausgegeben von Andrew Oliver), *texte* [Toronto], 2, 1983.

eines anderen Textes", schrieb Julia Kristeva.[18] Sie geht dabei von einem sehr breiten Textbegriff aus, der schlicht synonym für Zeichensystem ist, ob es sich nun um literarische Werke, orale Zeugnisse, soziale oder unbewußte symbolische Systeme handelt.[19] Laurent Jenny präzisiert den Intertextualitätsbegriff, indem er von einem engeren Textbegriff ausgeht. Intertextualität bezeichnet nach ihm "nicht eine konfuse oder mysteriöse Addition von Einflüssen, sondern die Arbeit der Transformation und der Assimilation von mehreren Texten, die durch einen Haupttext ausgeführt wird, der die *leadership* des Sinnes behält"[20].

Das Intertextualitätsparadigma situiert sich so innerhalb der Apriori des 'humanwissenschaftlichen' Ansatzes. Auch er verzichtet völlig auf die Kategorie des Subjekts. Ottmar Ette betont hier zu Recht, daß bei Bachtin, auf den sich Kristeva beruft, in der Vorstellung von Polyphonie und Ambivalenz die Grenzen des in Krise geratenen Subjekts (bzw. des Subjektbegriffes) spürbar seien, daß sich dieser Gedanke jedoch bei Kristeva zuspitze, "indem sie die Intertextualität nun an die Stelle der Intersubjektivität treten lasse und das Subjekt, das eine bloße mythische Vorstellung einer traditionellen Literaturwissenschaft sei, ersetzt: der Text wird definiert als Produktivität, die Metapher eines aktiven, produktiven Gewebes 'zerfasert' das Subjekt: 'dans l'espace d'un texte plusieurs énoncés, pris à d'autres textes, se croisent et se neutralisent' (*Séméiôtikè*, S. 112).

---

18 Siehe auch *Sémêiotikè*, S. 114, 115, 133. Marc Angenot unterstreicht, daß der Intertextualitätsbegriff auch eine statische formale Textbetrachtung überwinden will: "un autre fétiche épistémologique que les tenants de l'intertextualité semblent tous avoir versé est celui du *texte* même conçu comme une unité autonome, porteuse d'un sens immanent, où fonctionnellement, chaque élément rendrait raison de la totalité et vice-versa. Il y avait ici la recherche d'un au-delà du formalisme et du structuralisme immanent [...]" (Marc Angenot, "L'intertextualité: enquête sur l'émergence et la diffusion d'un champ notionnel", *Revue des sciences humaines*, 189, 1983, S. 130-131).

19 Um diesen weiten Textbegriff zu behalten, schlägt sie später den Begriff Transposition vor, da Intertextualität mit der traditionellen Quellenkritik verwechselt werden könnte: "Le terme d'*intertextualité* désigne cette transposition d'un (ou de plusieurs) système(s) de signes en un autre, mais puisque ce terme a été souvent entendu dans le sens banal de 'critique de sources' d'un texte, nous lui préférons celui de *transposition*, qui a l'avantage de préciser que le passage d'un système signifiant à un autre exige une nouvelle articulation du thétique – de la positionnalité énonciative et dénotative." (Julia Kristeva, *La Révolution du langage poétique*. Paris, Seuil, 1974, S. 60).

20 Laurent Jenny, *Poétique*, 27, S. 262.

Der Text bearbeitet, in permanenter Auseinandersetzung mit anderen Texten, sich selbst"[21].

Die Hypothese eines intertextuellen Feldes hatte eine polemische Zielrichtung nicht bloß hinsichtlich der Kategorie des Subjekts, sondern auch in bezug auf die Reduktion der symbolischen Praxis auf die ökonomische Infrastruktur.[22] Auf dem II. Kolloquium von Cluny, das 1970 von der KP-nahen Zeitschrift *La Nouvelle Critique* organisiert wurde, sprach Julia Kristeva von einer Art 'soziologischem Hegelianismus', den die marxistische Literaturkritik vertrete, wenn sie die Ideen (und deren Verkörperung in Bildern und Personen) in Beziehung zur Realität setzte, ohne der materiellen Spezifität des Textes als einer spezifischen Bedeutungspraxis Rechnung zu tragen. Julia Kristeva sprach von einem 'Vulgärsozio-

---

21 Ottmar Ette, "Intertextualität. Ein Forschungsbericht mit literatursoziologischen Anmerkungen", *RZLG*, 3/4, 1985, S. 501-502. Siehe dazu auch Marc Angenot, der unterstreicht, wie sehr das Intertextualitätsparadigma auf einer Subjekt-Kritik beruht: "L'idée de texte *comme dispositif intertextuel* a servi, chez Kristeva en premier lieu, à la critique du *sujet* fondateur, propriétaire du logos, de l'auteur et de l'oeuvre. Cette critique du sujet – pour laquelle *Tel Quel* avait appelé en renfort (dans un syncrétisme jamais dominé) Freud repensé par Lacan, Marx relu par Althusser, le structuralisme génétique contaminé de grammaire transformationnelle, et la pensée de la différance chez Derrida – cette critique du sujet exigeait donc que l'on substituât, à l'intersubjectivité romantique, l'intertextualité comme réseau de différences et réutilisation indéfinie du matériau linguistique" ("L'intertextualité", S. 30). Ottmar Ette verweist in diesem Zusammenhang auch auf Karlheinz Stierles Feststellung: "Die Auffassung der *Tel Quel*-Gruppe von der Subjektlosigkeit der literarischen Produktion erhielt durch das Theorem der Intertextualität ein neues Fundament. Doch wird zu prüfen sein, ob nicht die Kategorie der so verstandenen Intertextualität selbst einer neuen literaturwissenschaftlichen Mythenbildung entspringt" (Karlheinz Stierle, "Werk und Intertextualität", in: W. Schmid/W.-D. Stempel (Hrsg.), *Dialog der Texte*. Hamburger Kolloquium zur Intertextualität. Wiener slawistischer Almanach. Wien, 1983, S. 12).

22 Die Hypothese einer Autogeneration des Textes stand in der Tat in radikalem Widerspruch zum genetischen Strukturalismus eines Lucien Goldmann, mit dem man sich nicht einmal mehr auseinandersetzte: "Il est vrai que dès avant 1968, Lucien Goldmann (au moins tel qu'il apparaît dans la *Sociologie du roman*, mais il y a d'autres Goldmann...) était déjà renvoyé aux vieilles lunes. La critique de *Tel Quel*, celle de *Change* avaient d'ores et déjà cessé de s'adresser à lui ou de le viser" (Marc Angenot, "L'intertextualité", a.a.O., S. 131).

logismus', der zuerst noch nach Vermittlern zwischen Basis und Überbau suche, um dann angesichts moderner Texte eine unmittelbare Homologie zwischen den Texten und dem Unterbau der kapitalistischen Gesellschaft zu postulieren. Verwiesen wird auf Goldmann. Gegenüber diesem Soziologismus gelte es, die Notwendigkeit einer relativen Autonomie sowie die Wirkkraft des Überbaus auf die Infrastruktur zu behaupten.[23] Anläßlich desselben Kolloquiums warf Jean Thibaudeau Lukács vor, in seiner Studie über den historischen Roman die relative Autonomie von historischem, ideologischem und literarischem Text und auch die gegenseitigen Interaktionen zu verkennen und – so nach seiner Formulierung – einem Vulgärsoziologismus zu verfallen, den er eigentlich überwinden wollte.[24]

Escarpits positivistische Literatursoziologie

In einem Kontext der Dominanz der formalen Kritik, die ausschließlich das Funktionieren textinterner Strukturen untersuchen wollte oder die Dynamik nur in der intertextuellen Relation sah,[25] war ein literatursoziologischer Ansatz, der notwendigerweise auf die außer-textliche Referenz verweist, keineswegs etwas, was sich aufdrängte. Dieser Betrachtungsweise kam eine eher marginale Position zu. Der Begriff Literatursoziologie verband sich in Frankreich zunächst mit dem Namen von Robert Escarpit, der 1958 in der Reihe 'Que sais-je?' ein Bändchen mit dem schlichten Titel *Sociologie de la littérature* veröffentlichte.[26] Als Gegenstandsbe-

---

23 Julia Kristeva, "Idéologie du discours sur la littérature", in: *Littérature et idéologies*. Colloque de Cluny II. Paris, La Nouvelle Critique, 1971, S. 124.

24 Jean Thibaudeau, "Lukács, le *Roman historique* et Flaubert", in: *Littérature et idéologies*, S. 287.

25 Gérard Genette selber entwickelte seinen Ansatz der statischen Beschreibung formaler Strukturen hin zu intertextuellen Dynamik vor allem in seinem 1982 veröffentlichten Werk *Palimpsestes*. Er nennt hier die Intertextualität als erste Form der transtextuellen Beziehungen und definiert sie als "une relation de coprésence entre deux ou plusieurs textes, c'est-à-dire, eidétiquement et le plus souvent, par la présence effective d'un texte dans un autre" (Gérard Genette, *Palimpsestes. La littérature au second degré*. Paris, Seuil, 1992, S. 8).

26 Robert Escarpit, *Sociologie de la littérature*. Paris, P.U.F., 1958 ('Que sais-je', 777). Deutsche Übersetzung: *Das Buch und der Leser. Entwurf einer Literatursoziologie*. Köln/Opladen,²1966.

reich bezeichnet der Vefasser nicht mehr allein Werke und Schriftsteller als deren Urheber, sondern die soziale Dimension der Literatur. Es geht ihm darum, ein besseres Verständnis gewisser sozialer Phänomene zu gewinnen, welche das literarische Faktum bedingen. Literatur im soziologischen Sinne bedeutet für Escarpit eine Interaktion von Produzenten (Autoren), Produkt (Buch) und Konsumenten (Leser). Jede dieser Einheiten soll über quantitativ meßbare Kriterien bestimmt werden. Am meisten Schwierigkeiten bietet da die Definition des 'Produktes'. Escarpit hütet sich vor ästhetischen Wertmaßstäben. Sein Kriterium ist die 'gratuité'. Literarisch ist jedes Werk, das für den Leser nicht ein Instrument, sondern Selbstzweck ist. Literarisch ist jede Lektüre, die nicht funktional ist, das heißt die nicht ein zweckgerichtetes kulturelles Bedürfnis befriedigt.[27] Ähnlich wie bei Hans Norbert Fügen wird Literatur nicht durch werkinhärente Kriterien bestimmt, sondern allein durch den Modus der Aneignung; virtuell ist dann jede Schrift durch die Lektüreweise literarisierbar. Escarpit zitiert Chesterton, der von seiner 'literarischen Lektüre' des Fahrplans berichtet.[28] Von diesem Kriterium ausgehend sucht Escarpit Literatur vor allem als Freizeitlektüre möglichst genau zu erfassen. Er begründet seine formale Literaturdefinition mit dem Argument, die ästhetischen Wertmaßstäbe der Literaturkritik seien impressionistisch-subjektiv, während die Lektüreart objektivierbar sei. Er steht hier zweifelsohne in einer positivistischen Tradition der Literaturbetrachtung. Alain Viala bemerkt zu Recht, daß dieser positivistische Soziologismus die Frage der Sinnbildung nicht stelle, um sich damit zu begnügen, aus dem Kontext und den Bedingungen der Produktion und der Rezeption ein Erklärungsmodell abzuleiten.[29] Weil hier Literatur nur durch ein (minimales) forma-

---

27 Siehe Robert Escarpit, *Sociologie de la littérature*, S. 21: "Il est bien entendu que nous ne définissons la littérature par aucun critère qualitatif. Notre critère reste ce que nous appelions l'aptitude à la gratuité. Est littéraire toute oeuvre qui n'est pas un outil, mais une fin en soi. Est littéraire toute lecture non fonctionnelle, c'est-à-dire satisfaisant un besoin culturel non utilitaire."

28 Siehe Robert Escarpit, *Sociologie de la littérature*, S. 22: "Dans la mesure où il permet de s'évader, de rêver ou au contraire de méditer, de se cultiver gratuitement, tout écrit peut devenir littérature."

29 "L'effet de ce sociologisme positiviste est que la question du sens n'est pas posée: ou plutôt, elle est au mieux formulée, mais non problématisée. De fait, le sens est supposé connu (les philologues et la critique des sources sont là pour ça) et le rôle assigné là au sociologue de la littérature consiste à chercher des éléments explicatifs dans le contexte et dans les conditions d'énonciation

les Kriterium bestimmt wird – es geht nicht um die Interpretation von
Einzelwerken –, gilt das Hauptaugenmerk der pragmatischen Dimension,
die durch die Relation von Autor – Werk – Publikum konstituiert wird.
Gegenüber einer (zu) idealistischen Betrachtungsweise, die nur die Kommunikation abstrakter Gehalte ins Auge faßt, unterstreicht Escarpit die
materielle Dimension der Literaturproduktion, die an wirtschaftlichen
Kreisläufen partizipiert. Schreiben sei ein Beruf, den man innerhalb eines
ökonomischen Systems ausübe, dessen Einfluß auf die schöpferische
Tätigkeit unbestreitbar sei. Das Buch sei auch eine Ware, die produziert,
kommerziell vertrieben und von einem Publikum konsumiert werde.[30]
Escarpit reduziert aber keineswegs die literarische Kommunikation auf die
materielle Dimension der Buch-Produktion und -Distribution. Seit der
Erfindung des Buchdrucks vollzieht sich die literarische Kommunikation
auf zwei Ebenen: Sie ist nach Escarpit zunächst ein *Prozeß*, der Autor und
Leser über ein Medium verbindet; sie ist aber auch ein technischer, sozialer und wirtschaftlicher *Apparat*, der das Funktionieren dieses Mediums
garantiert. Der Kommunikationsprozeß Autor – Leser mittels eines Textes
wird – so Escarpit – verdoppelt und in einem gewissen Sinne dominiert
durch die Tauschverhältnisse, die sich auf der Ebene des Apparates abspielen, den der Verleger kontrolliert. Der Autor wende sich an einen
Verleger, damit dieser aus dem Text ein Buch mache und die Antwort des
Lesers durch den Kauf des Buches erreiche zunächst auch wieder den
Verleger.[31] Wichtige Untersuchungsgebiete dieser literatursoziologischen
Betrachtungsweise sind so Autoren, Distributionsmechanismen und Lektü-
regewohnheiten. Escarpit analysierte die klassenmäßige Herkunft und die
soziale Stellung der Schriftsteller (*La Profession d'écrivain*). Eine andere
Studie galt dem sozialen Mechanismus des Überlebens der Autoren durch
die Jahrhunderte (der sich in den Auflageziffern der Bücher niederschlägt),

des oeuvres (production, circulation, réception), et à vérifier en pratique la
pertinence des assertions des philologues sur le sens" (Alain Viala, "Sociopoétique", in: Georges Molinié/Alain Viala, *Approches de la réception*. Paris,
P.U.F., 1993, S. 165).

30 "Il n'est pas indifférent à la compréhension des oeuvres que le livre soit un
produit manufacturé distribué commercialement, et donc soumis à la loi de
l'offre et de la demande. Il n'est pas indifférent, pour tout dire, que la littérature soit – entre autres choses, mais d'une manière incontestable – la branche
'production' de l'industrie du livre comme la lecture en est la branche 'consommation'" (Robert Escarpit, *Sociologie de la littérature*, S. 7).

31 Robert Escarpit, *L'écrit et la communication*. Paris, P.U.F., 1973, S. 73, 80.

und er stellte einen Zusammenhang zwischen dem Alter der produzierenden Autoren und dem Alter der unmittelbaren Leser fest. Ein junger Autor, der von einem jungen Publikum entdeckt wird, hat mehr Überlebenschancen.[32]

Das Hauptaugenmerk gilt indes den Verteilungsmechanismen (Verlage, Buchhandel, Bibliotheken) ebenso wie der Vermittlungsfunktion der Literaturkritik (*Atlas de la lecture à Bordeaux* [1963], *La littérature à l'heure du livre de poche* [1966]). Von einem Mitarbeiter Escarpits stammte eine Studie über *La lecture dans les bibliothèques d'entreprise de la région bordelaise* (J. Boussinesq [1963]). Als wesentliches Resultat der Untersuchungen Escarpits zu diesem Bereich schälte sich die Existenz von zwei Verteilersystemen heraus: ein 'circuit lettré' und ein 'circuit populaire'. Das im eigentlichen Sinne literarische Publikum macht nach dieser Analyse kaum zehn Prozent der lesenden Bevölkerung aus; es rekrutiert sich aus dem Milieu des Bürgertums und der freien Berufe, konsumiert 'höhere' Literatur und kauft diese an einem spezifischen Ort, in der mittelgroßen Buchhandlung. Neunzig Prozent der Leserschaft konsumieren jedoch Massenliteratur, Groschenhefte, Kriminalromane. Als Verteilungssystem funktioniert hier der Bahnhofskiosk, der Zeitungsladen, der Bücherstand im Warenhaus.[33]

Das Institut von Bordeaux, das Robert Escarpit leitete, hieß nicht zufällig 'Institut de Littérature et de Techniques Artistiques de Masse' (ILTAM). Gerade weil Literatur nur in einem formalen Sinn definiert wurde, war es auch leicht möglich, Massenliteratur, man nannte sie in Frankreich auch 'Paraliteratur' oder 'Infraliteratur', in die Betrachtung miteinzubeziehen. Diese Untersuchungen liefen im übrigen – woran Alain Viala erinnerte – parallel zu Bemühungen der französischen Regierung, die Lesekultur zu demokratisieren. Studien über das Leseverhalten höherer Angestellter (cadres) ergaben als Resultat, daß diese sowohl zu Höhen-

32 Robert Escarpit, "Succès et survie littéraires", in: Robert Escarpit (Hrsg.), *Le littéraire et le social. Eléments pour une sociologie de la littérature*. Paris, Flammarion, 1970, S. 129-163.

33 Eine analoge Studie, die sich an Escarpits Vorgaben orientierte, erstellte Reinhold Wolff, "Lektüreatlas einer deutschen Stadt. Zur Topographie und Struktur des Regensburger Sortiments- und Sachbuchhandels", *Archiv für Soziologie und Wirtschaftsfragen des Buchhandels*, XXXVI, N° 56, 13. Juli 1976, S. 273-312. Die wahrnehmbaren Unterschiede des Buchhandels entsprachen indes in der deutschen Stadt nicht eindeutig denen eines schichtenspezifischen Lektüreverhaltens.

kamm- als auch zu Massenliteratur griffen, von denen sie einen jeweils spezifischen Gebrauch machten. Die Analyse zeigte, daß eine bestimmte Literatur – beim Rezeptionsprozeß – keineswegs bloß *einer* spezifischen sozialen Gruppe zugeschrieben werden kann, daß die Publikumsschichten nicht ein kohärentes Ganzes darstellen. Alain Viala leitet daraus das Fazit ab, daß sich die differentielle Methode bei soziologischen Untersuchungen viel eher empfehle als die Kategorie der Homologie.[34]

In einer anderen Untersuchung hat Escarpit über 4000 französische Rekruten nach ihren Literaturkenntnissen befragt. Als Resultat schälte sich eine signifikative Relation zwischen Ausbildungsniveau und dem Interesse für zeitgenössische Literatur heraus. Unter den 15 von den Hochschulstudenten am meisten genannten Autoren waren zehn zeitgenössische Schriftsteller, bei den Volksschulabsolventen waren es bloß deren zwei.[35]

Escarpit kommt zweifellos das Verdienst zu, in Frankreich die ersten systematischen Umfragen über das Leseverhalten durchgeführt zu haben. Er läßt sich so, wie gesagt, innerhalb einer positivistischen Tradition der Literaturbetrachtung situieren, die in Frankreich mit dem Namen von Lanson verknüpft ist, der im übrigen schon 1904 in einem Aufsatz die Affinität zwischen Literaturgeschichte und Soziologie unterstrichen hatte.[36] Es waren jedoch nicht die unmittelbaren Nachfahren von Lanson, die von einer dominanten Position innerhalb der Institution der Universität dessen Programm in die Tat umsetzten. Escarpit kam als Anglist an einer Universität der Provinz von der Peripherie her. Gerade deswegen vermochte er – so Alain Viala – Fragen zu stellen, die die etablierten Ver-

---

34 "Injectant de l'interrogation sociologique dans la recherche sur le littéraire, Escarpit et les siens ont fait comprendre que l'analyse se devait d'être différentielle, et ont imposé cette constatation pour tous ceux qui avaient quelque souci de scientificité. Cela n'est en rien négligeable" (Alain Viala, "Sociopoétique", a.a.O., S. 163).

35 Diese Feststellung erinnert an H.N. Fügens Hinweis, daß "selbst im Zeitalter allgemeiner Schulpflicht die Vermittlung eines literaturgemäßen Verhaltens vom Schulunterricht abzuhängen [scheint]. Jedenfalls weisen neuere empirische Untersuchungen aus, daß Volksschulabsolventen sich am literarischen Konsum weit weniger beteiligen als Absolventen aller anderer Schularten von der Mittelschule bis zur Universität" (H.N. Fügen, *Wege der Literatursoziologie*, S. 21).

36 Gustave Lanson, "L'histoire littéraire et la sociologie", in: *Essais de méthode, de critique et d'histoire*, herausgegeben von H. Peyre. Paris, Hachette, 1965, S. 62-66.

treter der Disziplin vernachlässigten, und auch neue Bereiche (etwa die
Massenliteratur) zu erschließen und neue Vorgehensweisen zu erproben.[37]
Eine eigentliche soziologische Ausbildung ging ihm allerdings ab, so daß
seine Methoden kaum auf der Höhe dieser Disziplin standen. Die Literaturwissenschaftler, die an impressionistische Verfahren gewohnt waren,
störten sich am positivistischen Ansatz. In seiner Besprechung von Escarpits Buch *Le littéraire et le social* stellte Albert Memmi 1970 fest, daß der
Rekurs auf statistische Methoden der Literatursoziologie größere Objekti-
vität garantiere; man habe aber dennoch den Eindruck, daß die Soziologie,
wenn sie das literarische Faktum behandeln wolle, dieses so sehr reduzieren müsse, daß man zweifle, ob hier noch Wesentliches erfaßt werde.
Literatur sei letzten Endes nicht oder nicht nur ein Dokument oder ein
sozialer Akt, sondern ein "fait de valeur".[38] Wenn man Literaturbetrachtung ausschließlich auf die Funktion der Interpretation von Einzelwerken
bezieht, dann kann diese Art von Analyse wenig hilfreich sein. Literatur
ist aber schon aufgrund der Publikation, die sich an eine Vielzahl von
Lesern wendet, die nicht ko-präsent sind, ein soziales Faktum. Da der
Autor sich bestehender Zeichensysteme einer kulturellen Gemeinschaft
bedient, geht das Soziale auch in die Werke ein. Literatursoziologie, die
beide Aspekte erfaßt, ist darum mehr als eine Hilfswissenschaft.

Der genetische Strukturalismus von Lucien Goldmann

Kurz vor Escarpits *Sociologie de la littérature* erschien 1955 in Frankreich
Lucien Goldmanns Hauptwerk *Le Dieu caché*.[39] Wenn Goldmann in den

---

37 Alain Viala, "Sociopoétique", a.a.O., S. 165.
38 Albert Memmi, "Le littéraire et le social", *Le Monde [des livres]*, 25. Juli
    1970, S. 12. Siehe auch das abschließende Urteil von Alain Viala zum Ansatz
    von Escarpit: "Parce qu'elle est positive (concrète et non pas faite de rappro-
    chements arbitraires), cette sociologie-là est utile; parce qu'elle est positiviste,
    ses problématiques et donc ses horizons sont bornés" (Alain Viala, "Socio-
    poétique", a.a.O., S. 165).
39 Lucien Goldmann, *Le Dieu caché. Etude sur la vision tragique dans les
    'Pensées' de Pascal et dans le théâtre de Racine*. Paris, Gallimard, 1955.
    Deutsche Version: *Der verborgene Gott. Studie über die tragische Welt-
    anschauung in den 'Pensées' Pascals und im Theater Racines*. Neuwied,
    Luchterhand, 1973.

sechziger Jahren seinen Ansatz 'strukturalistisch-genetisch' nannte,[40] so bezeichnete er dadurch auch einen maximalen Abstand zu Escarpit, dessen Name im Buch *Pour une sociologie du roman* nicht einmal genannt wird. Mit dem Struktur-Begriff schreibt sich Lucien Goldmann zunächst in das herrschende humanwissenschaftliche Paradigma der sechziger Jahre ein. Gemeint sind hier die Strukturen der Werke. Durch deren Analyse soll der Sinn ermittelt werden, im Unterschied zu Escarpit, der die Sinnfrage der Werke ausklammert. Dieser Sinn soll über einen genetischen Ansatz erklärt werden, durch die Beziehung zur Gesellschaft, die als letzter Erklärungsgrund der kulturellen Produktion erscheint.[41] Rezeptions- oder Distributionsprozesse spielen innerhalb dieses Modells keine zentrale Rolle. Die Gesellschaft wird betrachtet über die marxistische Gesellschaftstheorie und deren klar wertende teleologisch orientierte Geschichtsphilosophie, die sich dezidiert abhebt von einer positivistischen Sichtweise. Im Gefolge von Lukács entwickelte Goldmann in Frankreich so ein sehr geschlossenes literatursoziologisches Opus theoretisch-kritischer Observanz.[42] Goldmann sieht wie der junge Lukács den sozialen Charakter der Kunst nicht in der Widerspiegelung von gesellschaftlichen *Inhalten*. Dem Bezug Kunst*form*/Lebens*form* des ersteren entspricht bei Goldmann die Homologie der *Strukturen* des literarischen Werkes mit den Denk*strukturen* gewisser sozialer Gruppen. Goldmann betont immer wieder das heuristische Ungenügen einer Soziologie, die bloß den Inhalt eines Werkes auf den Inhalt des Kollektivbewußtseins bezieht. Inhalte des kollektiven

---

40 So in Lucien Goldmann, *Pour une sociologie du roman*. Paris, Gallimard, 1964, S. 335-372: "La méthode structuraliste génétique en histoire de la littérature". Deutsche Version: *Soziologie des Romans*. Neuwied, Luchterhand, 1970.

41 Pierre Orecchioni betonte so im Gefolge von Escarpit die Bedeutung des Rezeptionsprozesses in deutlich polemischer Absicht gegenüber der genetischen Perspektive von Goldmann und Lukács: "Il me semble que l'on s'approcherait de la solution en adoptant résolument la perspective d'une sociologie de la perception littéraire, de préférence à celle d'une sociologie de la création [...] Il reste à écrire, après l'histoire de la production littéraire, celle de la lecture." (Pierre Orecchioni, "Pour une histoire sociologique de la littérature", in: Robert Escarpit [Hrsg.], *Le littéraire et le social* Paris, Flammarion, 1970).

42 Zum Folgenden siehe Joseph Jurt, "Literatursoziologie – eine Herausforderung", a.a.O., vor allem S. 976-981: "Theoretisch-kritische Literatursoziologie: Lucien Goldmann".

Bewußtseins und Aspekte der sozialen Wirklichkeit gehen nach ihm nur
als *partiale* Elemente ins Kunstwerk ein; dessen literarischer Charakter
besteht in seiner Geschlossenheit, die unerklärt bleibt, wenn man bloß
einzelne Fragmente des Werkes identifiziert. Der Wert eines Werkes liegt
für Goldmann im Grad der schöpferischen Gestaltung des Stoffes durch
den Schriftsteller; sie liegt in dem, was er erfindet und nicht in dem, was
er abbildet. Eine Inhaltssoziologie kann darum, nach ihm, nur bei mittelmäßigen Werken befriedigen, in denen sich der Schriftsteller begnügt,
"seine eigene persönliche Erfahrung zu beschreiben oder zu erzählen, ohne
sie umzugestalten"[43].

Wenn Goldmann die Erhellung literarischer Werke durch die Identifizierung vorgängiger gesellschaftlicher Inhalte als unzulänglich betrachtet,
so glaubt er doch, daß kulturelle Schöpfungen als Sinnstrukturen nur durch
eine *genetische* Methode erklärt und verstanden werden können.[44] Man
hat seit Sainte-Beuve immer wieder versucht, literarische Werke genetisch
aus der Persönlichkeitsstruktur des schaffenden Individuums zu erklären.
Diese Methode lehnt nun aber Goldmann ab, denn es sei äußerst schwierig, einen *notwendigen* Bezug zwischen Werk und Autor festzustellen. Die
individuelle psychologische Struktur stelle eine äußerst komplexe und
relativ inkohärente Wirklichkeit dar; da das Individuum von einer Vielzahl
(sich teilweise widersprechender) sozialer Einflüsse (von Familie, Beruf,
Klasse, Nation) bestimmt werde. Wenn es schon sehr schwierig, ja fast
unmöglich sei, sich eine Gesamtvorstellung vom extrem komplexen psychologischen Profil eines lebenden Individuums zu machen, so treffe das
noch viel mehr für Autoren zu, die schon lange tot sind. Das heißt aber
nicht, daß das Studium des Autors auszuschließen sei. Biographische
Daten können einzelne Details erhellen, nicht aber das Werk als kohärentes Ganzes.

Wenn Inhaltssoziologie und biographisches Studium, die beide versuchen, das Werk in einem außerliterarischen Zusammenhang zu integrieren, sich als unzulänglich erweisen, dann scheint sich letzten Endes die
werkimmanente, rein philologisch-positivistische Methode als Ausweg
anzubieten. Doch Goldmann lehnt dieses Verfahren ab, da ihm ein "*objektives* Kriterium fehl[e], um die Bedeutsamkeit der verschiedenen Texte und
ihren Stellenwert im Gesamtwerk beurteilen zu können"[45].

Nur der Bezug zur *sozialen Gruppe* erlaubt es nach Goldmann, ein

---

43 Lucien Goldmann, *Soziologie des Romans*, S. 240.
44 Siehe Lucien Goldmann, *Der verborgene Gott*, S. 129.
45 Lucien Goldmann, *Der verborgene Gott*, S. 27.

Werk in seiner Gesamtheit zu erklären und zu verstehen, denn nur hier kann von einem *notwendigen* Bezug geredet werden. Es sei durchaus vorstellbar, daß das Individuum Racine – in einem anderen Milieu aufgewachsen – Werke in der Art eines Corneille hätte schreiben können. Es sei aber undenkbar, daß die soziale Gruppe des Amtsadels in ihrer spezifischen sozioökonomischen Situation des französischen 17. Jahrhunderts ein epikureisches oder optimistisches Weltbild hätte entwickeln können. Die soziale Gruppe erweist sich so in ihrer Kohärenz und Einfachheit als ein objektiveres Bezugsfeld als das Individuum.[46] Es läßt sich relativ leicht eruieren, was die Mitglieder einer Gruppe (zumeist einer sozialen Klasse) von anderen Gruppen trennt. Wenn Goldmann die soziale Gruppe als eigentliches Subjekt der kulturellen Schöpfung betrachtet, dann stellt er sich diesen Prozeß folgendermaßen vor: innerhalb einer sozialen Gruppe bilden sich Gefühle, Neigungen und Ideen heraus, die aus ihrer wirtschaftlichen und sozialen Situation entspringen, die eine *gemeinsame Tendenz* aufweisen. Im Kollektivbewußtsein einer Gruppe oder einer Klasse entwickeln sich so die Elemente einer 'Weltanschauung', die dann in großen künstlerischen oder philosophischen Werken ihren kohärenten Ausdruck findet, dessen "Struktur derjenigen entspricht, auf die die Gesamtheit der Gruppe zustrebt"[47]. "Jedes große literarische und künstlerische Werk ist Ausdruck einer Weltanschauung. Diese ist ein Phänomen des kollektiven Bewußtseins, das sein Maximum an begrifflicher respektive gefühlsmäßiger Klarheit im Bewußtsein des Denkers beziehungsweise des Dichters erreicht"[48]. Der Begriff der 'Weltanschauung' ('vision du monde'), den

---

46 Goldmann unterstrich die Analogie seiner Behauptung zu den Resultaten der empirischen Statistik. "Es ist unmöglich, ohne die Wahrscheinlichkeit grober Fehlschlüsse einzubeziehen, vorauszusehen, ob Hans oder Peter in einem bestimmten Jahr heiraten, einen Autounfall haben oder sterben werden, während es nicht schwer ist, mit geringer Fehlerhaftigkeit vorauszusehen, wieviel Heiraten, Autounfälle und Sterbefälle in einer bestimmten Woche des Jahres stattfinden werden" (Lucien Goldmann, *Soziologie des Romans*, S. 238).
47 Lucien Goldmann, *Soziologie des Romans*, S. 241.
48 Lucien Goldmann, *Der verborgene Gott*, S. 37. Für Goldmann ist ein Werk groß, wenn es möglichst kohärent die Weltanschauung einer Gruppe zum Ausdruck bringt – oder andersherum: große Werke, die überleben, drücken in kohärenter Weise eine Weltanschauung aus. Diese Affirmation stellt ein Apriori der Theorie Goldmanns dar, der hier eine gewisse Zirkelhaftigkeit nicht abgeht. Siehe dazu Alain Viala: Goldmann "pose une théorie du 'génie'. Selon lui, le créateur de génie est celui qui mieux que quiconque condense et

schon Dilthey und seine Schule, in diesem Sinne aber erst Lukács verwandte, erhält bei Goldmann eine Prägnanz, die ihn zu einem wesentlichen Instrument seiner kritischen Methode werden ließ. Es handelt sich dabei um ein Konstrukt des Kritikers; die 'Weltanschauung' ist nicht eine "unmittelbare empirische Gegebenheit, sondern im Gegenteil ein *begriffliches* Arbeitsinstrument"[49]. Denn die soziale Gruppe bringt nur die konstitutiven Elemente und die *Tendenz* zu deren Systematisierung hervor. Im dichterischen Werk ist sie nur impliziterweise vorhanden. Es ist die Aufgabe des Kritikers, die Struktur dieser 'Weltanschauung' aus dem Werk herauszuarbeiten, um dann eine homologe Struktur in den intellektuellen gefühlsmäßigen und praktischen Tendenzen einer sozialen Gruppe zu finden. Die 'Weltanschauung' ist somit der hypothetische Berührungspunkt zwischen dem Denken einer Gruppe und dem Sinn des Werkes.

Goldmanns Vorgehen, das darin besteht, vom "unmittelbaren Text zur begrifflichen und mittelbaren Weltanschauung zu gehen, um schließlich zur konkreten Bedeutung des Textes zurückzukehren"[50], erinnert dabei formal an den berühmten hermeneutischen Zirkel von Dilthey ("Aus einzelnen Worten und deren Verbindungen soll das Ganze des Werkes verstanden werden, und doch setzt das volle Verständnis des Einzelnen schon das Ganze voraus").[51]

---

exprime la vision du monde de son groupe social. La question de la valeur des oeuvres se trouve ainsi réglée: celles que l'on perçoit intuitivement comme 'grandes', ou celles que l'histoire a retenues comme oeuvres majeures, bref, les oeuvres tenues pour chefs-d'oeuvre et les autres tenus pour géniaux sont tels parce qu'ils sont les formes les plus denses d'expression d'une vision du monde" (Alain Viala, "Sociopoétique", a.a.O., S. 167).

49 Lucien Goldmann, *Der verborgene Gott*, S. 32. Jean Starobinski unterstreicht ebenfalls den Charakter der 'Weltanschauung' als eines konzeptuellen Konstrukts: "La médiation entre l'oeuvre individuelle et la classe sociale étudiée est donc assurée [...] par une construction intellectuelle avouée (par une sorte de 'modèle' idéologique), point de convergence hypothétique où l'interprète voit se rencontrer (fait se rencontrer) la pensée du groupe social et le sens dernier de l'oeuvre." Für Starobinski ist jedoch der Abstand zwischen dem sozioökonomischen Bereich und der Ebene der Singularität des Werkes enorm: "[il est] comblé par la seule vertu d'un schème conceptuel élaboré par le critique." (Jean Starobinski, "Sur les conditions de travail de la sociologie littéraire", *Etudes françaises*, III, 1970, S. 171).

50 Lucien Goldmann, *Der verborgene Gott*, S. 153.

51 Alain Viala spricht nicht so sehr von einem hermeneutischen Zirkel als von einer Zirkelhaftigkeit der Argumentation, wenn das Konzept der 'tragischen

Am besten hat Goldmann diese Methode in seiner Untersuchung der Werke Pascals und Racines verdeutlicht. Er arbeitete hier ein Gedankenschema heraus, das den philosophischen und christlichen Schriften Pascals ebenso wie den weltlich-heidnischen Dramen Racines gemeinsam sei: Die tragische Weltanschauung, die Gott, Welt und Mensch als Strukturelemente umfaßt: Der Mensch sucht bloß das Absolute (Gott); dieses aber ist in der Welt nicht zu fassen ("der verborgene Gott"); der Mensch ist so gezwungen, im Bereich des Relativen (der Welt) zu leben. Die Tragik des Menschen besteht darin, daß er unfähig zu einer Synthese ist, die für ihn einen Kompromiß darstellte – der Widerspruch wird zum Signum seiner Welt. Dieses Weltbild liegt nach Goldmann nicht bloß dem Werk Pascals zugrunde, sondern auch den meisten Tragödien Racines: so werden Titus und Berenike vom Widerspruch zwischen Liebe und Herrschaft, Phädra von der Forderung eines reinen Lebens und ihrer dunklen Liebe zu Hippolyt innerlich zerrissen. Die Struktur dieser 'Weltanschauung' entspricht, nach Goldmann, derjenigen des extremen Jansenismus eines Martin du Barcos, der "alles innerweltliche Leben als sinnlos, widerspruchsvoll und sündhaft ansah [und] an den Menschen die Forderung stellte, jedes gesellschaftliche Leben aufzugeben, sich in die absoluteste Einsamkeit [...] zurückzuziehen und im absolutesten Sinne ausschließlich für Gott zu leben"[52]. Das jansenistische Denken als Grundlage der 'tragischen Weltanschauung' kann aber erst dann verstanden werden, wenn es gelingt, es in die Totalität des sozialen und ökonomischen Lebens einer Gruppe einzuordnen. Aufgrund zahlreicher historischer Untersuchungen formuliert Goldmann die Hypothese, daß der Jansenismus der ideologische Ausdruck der paradoxen Situation des Amtsadels war, der, infolge der Änderung der königlichen Politik bedeutungslos geworden, die zentralistische Politik der Monarchie wohl ablehnte, sich aber nicht gegen die Monarchie auflehnen konnte, weil er von ihr abhängig war.

Die Methode Goldmanns besteht darin, die drei Elemente (Text – Gruppenbewußtsein – sozioökonomische Situation der Gruppe) als Sinnstrukturen zu *verstehen* und gleichzeitig ihre Entstehung durch die Einordnung in eine umfassendere Totalität zu *erklären*. Dabei gehen die mentalen Strukturen durchaus nicht in der Determination durch die konkreten sozio-

---

Weltanschauung' konstruiert wird, um die Werke von Pascal und Racine zu erklären, und dieses Konzept aus der Analyse der Werke gewonnen wird. (Alain Viala, "Sociopoétique", a.a.O., S. 169).

52 Lucien Goldmann, *Weltflucht und Politik. Dialektische Studien zu Pascal und Racine*. Neuwied, Luchterhand, 1967, S. 11.

ökonomischen Situationen auf; betont doch etwa Goldmann auch den
'prophetischen', antizipatorischen Charakter der 'tragischen Weltanschauung', welche den cartesianischen Rationalismus (als Ideologie des Bürgertums und der absoluten Monarchie) überwindet und die 'dialektische
Weltanschauung' ankündigt.

Als Lucien Goldmann sich daran machte, die zeitgenössische Romanproduktion zu analysieren, da konnte er zwischen den ökonomischen
Strukturen und denjenigen des literarischen Werkes nicht mehr ein aktives
Kollektivbewußtsein als Bindeglied entdecken; der moderne Roman
scheint so "eine Suche nach Werten auszudrücken, die keine einzige
soziale Gruppe mehr tatsächlich verkörpert und die das ökonomische
Leben bei allen Mitgliedern der Gesellschaft auf das Implizite zu reduzieren strebt"[53]. Goldmann konnte darum für die Moderne nur mehr eine
Homologie zwischen der komplexen Struktur der Romanwelt (in der die
"authentischen Werte auf das Niveau des Impliziten zurückgedrängt" sind)
mit der sozioökonomischen Struktur der marktwirtschaftlichen Gesellschaft, die Gebrauchswerte zu Tauschwerten reduziert hat, feststellen. Den
Roman des 19. Jahrhunderts sieht er geprägt durch den 'problematischen
Helden', der in einer degradierten Welt nach authentischen Werten sucht.
Den zwei Perioden der Geschichte der kapitalistischen Gesellschaft im 20.
Jahrhundert, der imperialistischen – von 1912 bis 1945 – und der dann
folgenden des Organisationskapitalismus entsprechen nach Goldmann zwei
unterschiedliche Romanformen, eine erste, die durch das Verschwinden
des individuellen Helden charakterisiert ist (Joyce, Kafka, Musil, Sartre,
Camus), und eine zweite, in der sich das Erscheinen eines autonomen
Universums der Objekte abzeichnet (Robbe-Grillet). Die These einer solch
abstrakten Strukturhomologie (die überdies ontologisch verstandene mit
ökonomisch bestimmten Werten in Beziehung setzt) erscheint nun aber
keineswegs als zwingend und ist nicht von hohem Erkenntniswert. Bei
seiner sehr eingehenden Analyse der Romane Malraux' gelang es Goldmann *im Werk* eine kohärente Struktur herauszuarbeiten, die sich teilweise
auch bei Heidegger und Sartre findet, doch vermochte er nicht, diese
Struktur in Beziehung zu setzen zum Denken und Fühlen einer bestimmten
sozialen Gruppe oder eine Relation herzustellen zu den intellektuellen,
wirtschaftlichen und sozialen Strukturen der französischen Zwischenkriegs-

---

53 Lucien Goldmann, *Soziologie des Romans*, S. 31. Siehe dazu auch Joseph
   Jurt, "Pour une sociologie du roman", in: Rolf Günter Renner/Engelbert
   Habekost (Hrsg.), *Lexikon literaturtheoretischer Werke*. Stuttgart, Kröner,
   1995, S. 306-307.

zeit. Diese (werkimmanente) Strukturanalyse, die sich streng dagegen wehrt, im Romaninhalt eine bloße Abbildung der politischen Wirklichkeit zu sehen, wie das Trotzki in seiner Besprechung der *Eroberer* tat, ist literarisch sicherlich ganz interessant, als literatur*soziologische* Analyse kann sie jedoch nicht gelten. Die Goldmannsche Methode, die sich für die Untersuchung der Literatur des 17. Jahrhunderts als fruchtbar erwies, scheint der Analyse der zeitgenössischen Literaturproduktion kaum mehr angemessen zu sein, was man sicher nicht bloß den komplexeren gesellschaftlichen Verhältnissen zuschreiben kann![54]

Wenn man Goldmanns Methode und ihre Leistungen als ganzes betrachtet, wird man sicher zugestehen, daß es ihm gelungen ist, mit dem Begriff der 'Weltanschauung' ein kritisches Arbeitsinstrument zu schaffen, das sich auf die gesamte kulturelle Produktion (auf literarische, philosophische und theologische Werke) anwenden läßt und die immer wieder festgestellten verwandtschaftlichen Bezüge zum philosophischen und literarischen Werk (Goldmann erinnert an Descartes und Corneille, Pascal

---

54 Eine dezidierte Kritik an der "Logik eines ökonomistisch reduzierten Modells der Beziehung von sozioökonomischen und kulturellen bzw. literarischen Strukturen" der Romansoziologie findet sich bei Hans Sanders, der Lukács' Modell der *Theorie des Romans* als komplexes sieht, weil er mit dem Vermittlungsglied 'epochale Struktur der Subjektivität' operiert: "Sinn konstituiert sich auf dem Wege der normativen Interpretation gesellschaftlicher Realität durch die Subjekte, die in ihr handeln. In diesem Verständnis wird in der *Theorie des Romans* das problematische Individuum als subjektives Korrelat einer epochalen gesellschaftlichen Lage aufgefaßt, die durch die Formel Verlust der Lebensimmanenz des Sinns bezeichnet wird" (Hans Sanders, *Institution Literatur und Roman. Zur Rekonstruktion der Literatursoziologie.* Frankfurt a.M., Suhrkamp, 1981, S. 46-50). Kritik fand auch Goldmanns Interpretation des Nouveau Roman, in dem er neben dem Verschwinden des Helden vor allem die Autonomie der Dinge unterstrich, die er in strenger Homologie zum Warenfetischismus der spätkapitalistischen Gesellschaft sah. Julia Kristeva karikierte diese Position in ihrem Roman *Les Samouraïs*, in dem sie Lucien Goldmann unter dem transparenten Pseudonym Fabien Edelmann darstellt: "Tu filmes les objets? C'est donc le Nouveau Roman qui t'intéresse (Décidément, Edelmann n'était pas lent). Le Nouveau Roman n'est qu'une vision tragique gouvernée par la marchandise qui a pris la place de Dieu. Histoire de choses. Dieu est plus que caché. Il s'est résorbé dans la société de consommation, et de là il nous regarde, et la vie n'est plus qu'un spectacle de marchandises sous le regard de la marchandise divinisée" (Julia Kristeva, *Les Samouraïs*. Paris, Fayard, 1990, S. 22).

und Racine, Schelling und die deutschen Romantiker, Hegel und Goethe) nicht mehr nur als Detail-Analogien, sondern als gemeinsame Gesamtstrukturen in den Griff bekommt. Der umfassende Charakter der Goldmannschen Kategorien[55] wird aber erkauft mit dem Verzicht auf die Untersuchung der literarischen Spezifität. Wenn der Autor des *Verborgenen Gottes* von der *Struktur* eines Werkes redet, meint er damit stets die *Form des Inhalts*, d.h. eine Konfiguration von inhaltlichen Elementen (wie Gut und Böse, Mensch und Welt, Relatives und Absolutes), die einen gewissen Kohärenzgrad aufweist; kein Zweifel, daß eine solche Inhaltsstruktur literarischen wie philosophischen Werken gemeinsam sein kann. Das spezifisch Literarische besteht nun aber gerade darin, daß nicht nur der Inhalt, sondern daß auch der Ausdruck geformt ist. Im literarischen Werk sind phonetische oder rhythmische Äquivalenzen nicht bloß schmückendes Beiwerk, sondern Bedeutungsträger. Goldmann glaubt aber, daß die (linguistisch-stilistische) Ausdrucksform durch die Inhaltsform (die Struktur der 'Weltanschauung') erklärt werden kann. Er hat nun aber viel zu wenig stilistisch-linguistische Formanalysen geliefert, die diese These erhärten könnten.[56] Manchmal kommt man sogar nicht um den Eindruck

---

55 Man kann sich fragen, ob das Homologie-Schema, das jede Ebene erklärt durch den Bezug auf eine umfassendere Struktur, so erkenntnisträchtig ist. Die Einstellungen sind selten falsch, aber doch relativ allgemein und verlieren so an heuristischer Trennschärfe. Man fragt sich mit Christophe Charle, ob nicht das Differentielle viel erkenntnisfördernder ist als das Homologe: "Etre janséniste ce n'est pas être un bourgeois de robe comme les autres, et écrire des tragédies ou *Les Pensées* ce n'est pas non plus être un janséniste comme les autres. Le social c'est autant le différent que l'homologue, surtout en ce qui concerne les intellectuels ou les écrivains." (Christophe Charle, *La crise littéraire à l'époque de naturalisme. Roman, théâtre et politique.* Paris, P.E.N.S., 1979, S. 22).

56 Jacques Leenhardt, Schüler von Lucien Goldmann, ist hier gegenüber den Mikrostrukturen literarischer Texte sensibler: "Une fois la structure globale de l'oeuvre manifestée, nous pouvons revenir sur les procédés sémantiques, morphologiques, linguistiques, sur l'image des différentes formes soit de la langue soit de la pensée (topoï, proverbe, mythe, etc.), et ouvrir ainsi tout un champ d'investigation à une sémantique informée par le travail sociologique d'analyse de la vision du monde." Aber auch für Leenhardt bleibt die 'Weltanschauung' das 'letztinstanzliche' Erklärungsmuster: "Ce travail, en effet, ne saurait être que second car toute analyse sémantique implique que soient principalement déterminés les principaux axes sémantiques du texte [...] lesquels ne sauraient, sans arbitraire, être déterminés en dehors de l'analyse

herum, daß das Konzept der 'Weltanschauung' die Mikrostrukturen eines Werkes eher vergewaltige denn erhelle. Wenn Goldmann in seiner *Phädra*-Interpretation – so bemerkt A. Bonzon kritisch – nur der Hauptheldin szenische Präsenz zugesteht, nicht aber den Nebenfiguren, (welche die 'Welt' als Unwert repräsentieren sollen), dann entspricht das wohl seinem Gott-Mensch-Welt-Schema, nicht aber der komplexen Struktur des Werkes.[57]

Sicher findet man in Goldmanns Analysen öfters Hinweise auf gattungsspezifische formale Elemente (er wirft beispielsweise Trotzkis Interpretation der *Eroberer* vor, sie übersehe "die formalen Forderungen des Romanaufbaus")[58]. Doch sind für ihn diese formalen Elemente stets

globale dont nous proposons les éléments" (Jacques Leenhardt, "Introduction à la sociologie de la littérature", *Mosaic* [Winnipeg] V/2, Winter 1971-72, S. 10). Leenhardt versuchte vor allem, in seiner Analyse des Romans *La Jalousie* von Robbe-Grillet über die Thesen seines Meisters hinauszugehen. Ihm gegenüber betonte er, daß zumindest im genannten Roman von Robbe-Grillet die Objekte nicht eine "réalité autonome" darstellten, daß sie vielmehr von einem bestimmten Erzählstandpunkt aus betrachtet würden, der als Bedeutungsträger zuallererst zu untersuchen sei: "Le problème du Nouveau Roman comme *forme* est bien là. L'importance des objets est un fait de contenu, la position du narrateur un fait de forme" (Jacques Leenhardt, *Lecture politique du roman 'La Jalousie' d'Alain Robbe-Grillet*. Paris, Les Editions de Minuit, 1973, S. 14). Siehe dazu auch Joseph Jurt, "Rezension zu Jacques Leenhardt, *Lecture politique du roman 'La Jalousie'*", RZLG, I/2, 1977, S. 242-246. Die Betonung der formalen Analyse durch Leenhardt wurde anläßlich des Nouveau-Roman-Kolloquiums in Cerisy-la-Salle auch von Robbe-Grillet wohlwollend vermerkt, wenn er in der Diskussion sagte: "L'apport de Goldmann vient de ce qu'il invite à aller plus loin: C'est ce que vous avez entrepris de faire [...] Je demande qu'on sépare Leenhardt de Goldmann" (*Nouveau Roman: hier, aujourd'hui*, t. 1: *Problèmes généraux*. Paris, U.G.E., 1972, S. 172, 179). Siehe auch Jacques Leenhardt "Lecture critique de la théorie goldmanienne du roman", in: Claude Duchet (Hrsg.), *Sociocritique*. Paris, Nathan, 1979, S. 172-182.

57 A. Bozon, *La nouvelle critique et Racine*. Paris, Nizet, 1970, S. 57-107. Alain Viala bemerkt seinerseits, daß das Konzept der 'tragischen Weltanschauung' auch nicht das Gesamt der Werke von Racine erklären könne; Stücke wie *Les Plaideurs* oder *Alexandre le Grand* seien über dieses Schema kaum deutbar oder die polemischen Schriften gegen seine früheren Lehrer von Port-Royal noch weniger (Alain Viala, "Sociopoétique", a.a.O., S. 169).

58 Lucien Goldmann, *Soziologie des Romans*, S. 69.

'weltanschaulich' und letztlich gesellschaftlich determiniert. So ist in seinen Augen die Wahl der Romanform durch Malraux in den dreißiger Jahren durch "seinen Glauben an die Geltung universeller, für alle Menschen erreichbare Werte"[59] bedingt. Die Essayform werde dann gewählt, wenn ein solcher Glaube nicht mehr bestehe.[60] Goldmann folgt hier Lukács, für den ebenfalls ein neuer Stil nur das Ergebnis einer gesellschaftlichen Entwicklung ist. Die beiden Kritiker übersehen die Tatsache, daß Gattungsnormen eine eigene Dynamik entwickeln und Traditionsketten bilden können. Erich Köhler wirft Goldmanns genetischem Strukturalismus zu Recht vor, er lasse "die Bedeutung der Vermittlung durch literarische Tradition außer acht": Denn "selbst im qualitativen Sprung kann die Formtradition überleben, wenn sie sich als geeignet erweist, in einen neuen Motivationszusammenhang einzurücken"[61].

Dadurch, daß Goldmann literarische Werke philosophischen Sinnstrukturen gleichsetzt (in der Einleitung seines Hauptwerkes *Der verborgene Gott* spricht er bezeichnenderweise von seiner Studie als dem "Teil einer philosophischen Gesamtarbeit"[62]), ist er gezwungen, ein weiteres

---

59 Lucien Goldmann, *Soziologie des Romans*, S. 58.

60 Goldmann definiert in einem anderen Aufsatz den Essay als typische Gattung des Zweifels, der Perioden der Krise, insbesondere der Aufklärung: "L'essai est à la fois abstrait et concret. Avec la philosophie il a en commun le fait de poser surtout des questions conceptuelles fondamentales pour l'existence des hommes même si, contrairement au philosophe, il ne peut ou ne veut y répondre. Avec la littérature il a en commun le part d'éviter de poser ces questions sous une forme purement abstraite et conceptuelle et de les soulever à *l'occasion* d'un personnage individuel ou d'une situation concrète, personnage ou situation que peuvent être empruntés à la littérature ou, ce qui est le cas chez les grands essayistes, à la vie réelle. L'essai véritable est donc nécessairement ambigu et ironique" (Lucien Goldmann, *Structures mentales et création culturelle*. Paris, Anthropos, 1970, S. 65-66).

61 Erich Köhler, "Einige Thesen zur Literatursoziologie", a.a.O., S. 261. Dieselbe Kritik äußert auch Alain Viala: Goldmann "ne considère pas quel rôle joue le genre tragique en tant que tel, quelles structures il peut imposer, qui ne seraient pas propres à Racine mais présentes dans des séries d'oeuvres de la même catégorie" (Alain Viala, "Sociopoétique", a.a.O., S. 169).

62 Lucien Goldmann, *Der verborgene Gott*, S. 164. Goldmann ging zunächst von der Philosophie aus. Seine Dissertation in Zürich war Kant gewidmet: *Mensch, Gemeinschaft und Welt in der Philosophie Immanuel Kants*, (Zürich, 1945); publiziert auf französisch unter dem Titel *La communauté humaine et*

wesentliches Merkmal, das Literatur von begrifflichen Darstellungen unterscheidet, zu unterschlagen: die Vieldeutigkeit des literarischen Textes. Es herrscht von Jakobson bis Roland Barthes Konsens, daß Ambiguität oder Polysemie das wesentliche Charakteristikum der poetischen Botschaft darstellt: "Mehrdeutigkeit ist ein immanenter, unabtrennbarer und notwendiger Bestandteil jeder Nachricht mit 'Einstellung' auf sich selbst. Kurz, sie ist eine notwendige Begleiterscheinung von Poesie", so die lapidare Formel von Jakobson.[63] Goldmann jedoch postuliert die Eindeutigkeit des Textes, die durch die richtige Lesart erreicht werden soll: "Große Kulturschöpfungen sind solche, die interpretiert werden können, ohne daß ihnen etwas hinzugefügt werden muß – und wo die Interpretation 80 oder 90 Prozent des Textes erfassen und die einzig mögliche Leseweise erschließen kann"[64].

Goldmann kann nur darum von einer "einzig möglichen Leseweise" sprechen, weil er die stilistisch-linguistischen Mikrostrukturen nicht einbezieht. Während eine nicht-literarische Botschaft möglichst eindeutig durch den Bezug auf den Kontext entziffert werden kann, ist das beim literarischen Text nicht möglich; die (bewußte) Ausdrucksform als zusätzliche Information zwingt den Leser zu einer Interpretationsanstrengung und läßt gleichzeitig mehrere Deutungen zu. Die stilistische Strukturierung eines literarischen Textes soll, so etwa Sartre, bewirken, daß zwei oder drei Dinge gleichzeitig ausgesagt werden können. Literatur besteht darin, die Sprache *vielsinnig* zu machen ("rendre au langage cette pluralité de sens"). In einer philosophischen Arbeit soll jeder Satz jedoch nur einen Sinn haben.[65] Wenn man aber die Vielsinnigkeit der Literatur annimmt, kann man sich nicht mehr damit begnügen, deren sozialen Charakter nur mehr in ihrem Ursprung in der Gesellschaft, in der sie entstanden ist, zu sehen. Ihre soziale Natur manifestiert sich dann ebenso in den verschie-

l'univers chez Kant. Paris, P.U.F., 1948. Siehe dazu auch Mary Evans, *Lucien Goldmann: Une Introduction*. New Jersey Humanities Press, 1981.

63 Roman Jakobson, "Linguistik und Poetik", in: H. Blumensath (Hrsg.), *Strukturalismus in der Literaturwissenschaft*. Köln, Kiepenheuer und Witsch, 1972, S. 138.

64 Lucien Goldmann, "Zur Methode des genetischen Strukturalismus", in: W.L. Bühl (Hrsg.), *Funktion und Struktur. Soziologie vor der Geschichte*. München, Nymphenburger Verlagsbuchhandlung, 1975, S. 279.

65 Jean-Paul Sartre, "Ce que je suis", *Le Nouvel Observateur*, 554, Juni 1975, S. 23-29.

denen Deutungsweisen und Sinnkonkretisationen, welche Zeitgenossen und spätere Generationen von einem Werk entwerfen.[66]

Socio-critique

Anfang Oktober 1970 starb Lucien Goldmann im Alter von 57 Jahren.[67] Sein Schüler Jacques Leenhardt widmete ihm einen Nachruf in der Zeitschrift *Littérature*. Er betonte hier noch einmal, daß sein theoretischer Kampf für einen erneuerten Marxismus Goldmann die Feindschaft der Dogmatiker aller Lager eingetragen hatte. Sein Kernbegriff sei derjenige der Totalität gewesen, der die Atomisierung eines überholten Cartesianismus ausschloß. Er versuchte, das Soziale, Politische, Ökonomische *und* Literatur und Kunst in einem Blick zu vereinen. Die Gesellschaften in ihren Formen und Institutionen und das Schaffen der Schriftsteller und

---

66 Siehe dazu auch Alain Viala ("Sociopoétique", a.a.O., S. 172): Goldmann "cherchait à interpréter des structures textuelles en fonction d'une hypothèse sur leur genèse, mais il ne plaçait pas dans sa problématique l'interrogation sur la réception. Et celle-ci, de fait, exige que l'on s'interroge sur les codes, les formes, sur ce que les publics perçoivent effectivement [...] quel sens y a-t-il à construire une théorie du sens si le sens qu'on désigne ainsi n'a été perçu par aucun des destinataires réels des oeuvres que l'on examine, au moment où elles ont été écrites et diffusées [...]." Lucien Goldmann, der sich fast ausschließlich der Analyse der literarischen Genese widmete, hatte jedoch schon relativ früh die Untersuchung der gesellschaftlichen Bedingungen der Sinnbildungsprozesse vor. So regte er innerhalb seines Brüsseler Seminars eine Analyse der Pressereaktionen auf die Romane Malraux' an, die von seinem Schüler Michel Bernard durchgeführt und unter dem Titel "L'oeuvre romanesque de Malraux à travers la presse de l'entre-deux-guerres" in der *Revue de l'Institut de Sociologie* (2, 1963, S. 393-429) veröffentlicht wurde. Goldmann anerkannte durchaus, daß seriöse Rezeptionsstudien zum Verständnis des sozialen und kulturellen Lebens beitragen könnten und daß er nur aus materiellen Gründen sich dieser Forschungsaufgabe nicht hatte zuwenden können. Wir versuchten, diese Ansätze weiterzuentwickeln: Siehe dazu Joseph Jurt, "Réflexions théoriques et méthodologiques à propos de quelques études récents sur Malraux", *Oeuvres et critiques*, II/1, Printemps 1977, S. 5-15; ders., "Für eine Rezeptionssoziologie", *RZLG*, III/1-2, 1979, S. 214-231; ders., *La réception de la littérature par la critique journalistique*. Paris, Jean-Michel Place, 1980.

67 "Mort de Lucien Goldmann", *Le Monde*, 6. Okt. 1970.

Philosophen seien bei ihm nicht mehr gemäß einem alten Soziologismus als kausale, sondern als funktionale Beziehung betrachtet worden. Die neue Disziplin, die Goldmann 'sociologie de la littérature' nannte, stellte einen Bruch mit der traditionellen Literaturgeschichte dar, für die die chronologische Aneinanderreihung der Werke schon als Erklärungsinstrument genügte, aber auch mit dem soziologischen Positivismus, der sich in statistischen Untersuchungen erschöpfte, die nicht in der Lage seien, das 'Wesen' der Literatur zu erfassen. Es galt vielmehr, aus der Vielzahl der Fakten, die in sich stumm seien, Sinn-Konstellationen und signifikative Strukturen herauszuarbeiten. Goldmann habe bewußt auf die Analyse der sekundären Produkte der Kultur verzichtet und damit auch auf die Anwendung statistischer Methoden – das war mit einem Seitenblick auf Escarpit ausgesprochen –, um sich der Herausforderung der 'großen' Werke zu stellen. Wenn er den Bezug zwischen dem schöpferischen Denken und den sozialen Gruppen aufzeigte, dann auch, weil er gespürt hatte, daß der Individualismus eine Verkürzung des Wesens des menschlichen Lebens darstellte, das ein Leben in Gemeinschaft sei. Die Verbindung des kulturellen Schaffens und des sozialen Lebens sei keineswegs reduktionistisch; die Größe der literarisch Schaffenden bestehe gerade darin, daß die Gemeinschaft in deren Werken sich ihrer selbst bewußt werde.[68]

Jacques Leenhardt hatte diese Würdigung in der Zeitschrift *Littérature* veröffentlicht, deren erste Nummer im Februar 1971 erschien. In derselben Nummer fand sich auch ein Aufsatz von Roger Fayolle über das Verfahren der Literaturkritik von Sainte-Beuve. Fayolle, Verfasser einer Thèse zum Thema *La Méthode critique de Sainte-Beuve dans les 'lundis' de 1849 à 1852*, hatte kurz zuvor auch den Namen einer neuen literatursoziologischen Variante lanciert, und zwar in einem Gespräch mit Françoise Reiss nach seiner Soutenance: "Défense et illustration de la socio-critique"[69]. Der Begriff 'socio-critique' war zweifellos dem Terminus 'psycho-critique' nachgebildet. Es ging also zuallererst um 'critique littéraire', um die interpretatorische Auseinandersetzung mit den Werken, insofern situierte sich dieser neue Ansatz im Gefolge von Goldmann, ohne daß dabei das – rigide – Erklärungskonzept der 'Weltanschauung' übernommen worden wäre. Roger Fayolle war schon hervorgetreten durch ein Standardwerk *La*

---

68 Jacques Leenhardt, "Lucien Goldmann", *Littérature*, 1, Februar 1971, S. 106-107.

69 [Roger Fayolle], "Défense et illustration de la socio-critique". Entretien avec Roger Fayolle [par Françoise Reiss], *Le Monde*, 5. Sept. 1970.

critique littéraire, das in einer Textanthologie die Entwicklung der Literaturkritik von der Klassik bis Roland Barthes nachzeichnete.[70]

Wenn Fayolle literaturkritische Diskurse analysierte, bewegte er sich auf einer Metaebene und betrachtete nicht mehr allein literarische Werke in ihrer Unmittelbarkeit. Das stand sicher auch im Zusammenhang mit der intensiven Methodendiskussion der sechziger Jahre. Fayolle ging es darum, hinter den literaturkritischen Klassifikationen von Sainte-Beuve die eigentlichen Interessen zu entdecken, welche diesen bestimmten. Sainte-Beuve definierte seine Methode als objektives Vorgehen, das dem naturwissenschaftlichen Modell entspreche. Wichtig war es in seinen Augen, den dominanten Zug eines Schriftsteller-Individuums zu bestimmen, um dann die Gruppe oder die Gruppen zu erfassen, auf die sich das literarische Individuum beziehe und ihn dann der 'famille morale d'esprits' zuzuordnen, mit der er verwandt sei. Diese Einordnung schien dem Modell der Taxinomie der Botanik zu entsprechen. Fayolle wendet aber ein, daß es sich bei Sainte-Beuve keineswegs um ein rein deskriptives System wie bei der Zuordnung von Pflanzen handele, sondern um Werturteile, die zumeist auf extra-literarischen – politischen oder moralischen – Kriterien beruhten. Das entscheidende Kriterium etwa der Einordnung der Schriftsteller des 18. Jahrhunderts war der Modus der Übernahme oder der Ablehnung der Tradition, die Haltung gegenüber der sozialen Ordnung. Sainte-Beuve unterschied so zwischen drei Klassen 'philosophischer' Schriftsteller im 18. Jahrhundert: Die 'Klasse' der Voltairianer (aristokratische Schriftsteller, die eher eine 'réforme civile et religieuse' anstrebten als eine politische Reform), die 'Klasse' der Adepten Rousseaus (die eine profunde politische Reform über die Instanz des Volkes intendierten) und schließlich die Enzyklopädisten (die "weder über Religion noch über Moral" verfügten).[71]

Später verurteilte Sainte-Beuve die Romantik als verantwortlich für gewisse Aspekte der Revolution von 1848. Diese Verurteilung weitete sich aus auf alle Autoren, die er für die Revolution von 1789 verantwortlich machte: insbesondere die 'philosophes' und die 'Ideologen' des 18. Jahrhunderts. Er urteilte so gemäß einem eindeutigen, wertbestimmten binären Schema: heilige Tradition vs. beunruhigende Revolution.[72] Fayolles Ver-

---

70 Roger Fayolle, *La critique littéraire*. Paris, Armand Colin, 1964.
71 Roger Fayolle, "Les procédés de la critique beuvienne et leurs implications", *Littérature*, 1, Febr. 1991, S. 86.
72 Siehe Roger Fayolle, "Les procédés de la critique beuvienne", S. 89-90: "Ainsi considérée, la littérature constitue une sorte d'univers idéal, régi par

fahren ist so das der Ideologiekritik, die sich insbesondere auf der Rezeptionsseite situiert. Werke sind nicht objektive Gegebenheiten, die per se existierten; sie werden zu sozialen 'Werten' durch einen literaturkritischen Diskurs, der sie konsekriert. Es gelte zu untersuchen, welche Werke unter welchen Bedingungen zu literarischen 'Werten' erhoben wurden[73]: Die Literaturkritik impliziert nach Fayolle auch gewisse ideologische Aspekte, die man über die Beziehungen zum jeweiligen Publikum bestimmen und herausschälen sollte.[74]

Roger Fayolle veröffentlichte seine Studie in der ersten Nummer von *Littérature*, die ganz bewußt unter einen bestimmten Themenschwerpunkt gestellt wurde: "Littérature, idéologies, société". Ideologie wurde zu einem heuristischen Instrumentarium, das keineswegs mit demjenigen der 'Weltanschauung' deckungsgleich war. Die 'vision du monde' wurde von Goldmann als kohärenter Ausdruck des Kollektivbewußtseins betrachtet. Ideologie meinte jedoch das 'falsche Bewußtsein', das implizit im Werk oder im literarischen oder literaturkritischen Diskurs vorhanden ist, jedoch kaschiert wird.

In seinem Eingangsaufsatz "Pour une socio-critique ou variations sur un incipit" zog Claude Duchet einige Kraftlinien der 'socio-critique' aus. Es war bezeichnend, daß er dies über eine Analyse des Romananfangs von *Madame Bovary* versuchte. Die 'socio-critique' verstand und versteht sich

> des lois d'interaction très particulières, qui s'exercent à l'intérieur de l'opposition schématique de deux catégories: la sainte Tradition et l'inquiétante Révolution. Sous couleur de classification Sainte-Beuve entend finalement tout autre chose que la méthode favorite des sciences naturelles: il se comporte en moraliste et en politique."

73 Siehe Roger Fayolle, "Les procédés de la critique beuvienne", S. 90-91: "[Les phénomènes littéraires] ne sont pas séparables des manifestations idéologiques de la vie sociale et des rapports de classes qu'elles traduisent [...] Mais il est important d'examiner aussi (et d'examiner d'abord) dans quelles conditions l'oeuvre a été reçue comme une oeuvre littéraire à laquelle les porte-parole des différents publics ont attribué une signification et une portée diverses selon les moments de l'histoire sociale."

74 "Je pense que la critique littéraire n'est qu'un aspect de l'idéologie et que, par là, elle rejoint la politique. De même qu'il n'y a pas plus d'érudition pure qu'il n'y a de poésie pure, il n'y a pas de critique pure. On ne peut plus parler de *la* critique littéraire que de *la* littérature. Il y a des critiques de toutes sortes et des littératures de toutes sortes, qui occupent des places très diverses dans le champ idéologique." (Roger Fayolle, "Défense et illustration").

nicht so sehr als globale Theorie, sondern trachtet immer wieder danach, die theoretische Reflexion mit Einzelanalysen zu verbinden. Ein Zwischenraum ("un entre-deux") sei noch offen zwischen einer Soziologie der Genese vom Typus Goldmanns und der Soziologie der Lektüre, wie sie in Bordeaux und Liège gepflegt werde und die auch im Zentrum des Interesses der Soziologen der literarischen Produktion (Bourdieus und Passerons) stehe.[75] Duchet beginnt dann mit einer Kritik der traditionellen literatursoziologischen Ansätze. Zuviele soziologische Kommentare oder marxistische Analysen philosopischer, politischer oder ästhetischer Observanz hätten Texte bloß durchschritten, um sich jenseits zu situieren. Die Theorie der Widerspiegelung, das Konzept des Typischen und eine ungenügende Analyse der Ideologien und der spezifischen Natur des literarischen Signifikats hätten die marxistische Kritik zum Erstarren gebracht.

Das 'entre-deux', das bisher zu wenig beachtet wurde, sei der Text; Duchet präsentiert die 'socio-critique' als einen Lektüremodus des Textes.[76] Die Grenzen des 'Textes' seien unscharf: in diesem Grenzbereich entwickelten sich die Bedingungen der Kommunikation, vermischten sich zwei Codes: der soziale Code und die Codes, die den Text hervorbringen und strukturieren. Zu dieser Textzone zählt Duchet auch die Text-Varianten. Darin seien die Bedingungen der Textproduktion, aber auch dessen Streben nach Kohärenz, die Spuren der kulturellen Zwänge lesbar. Entwürfe und Manuskripte werden der Kategorie des 'Textes' zugerechnet. In ihnen stellten sich die Elemente eines versteckten Textes dar ('génotexte'): die Spuren der unterdrückten Möglichkeiten, das freie Spiel der Konnotationen, die vermittelte Präsenz des Textadressaten. Die Entwürfe sind nicht bloß Versuche, sondern eine Summe von Abweichungen, die man systematisieren kann. In dieser Textdefinition kündigt sich schon die Tendenz der späteren 'critique génétique' an, die ebenfalls die Geschlossenheit und die Statik des strukturalistischen Erklärungsmodells aufzubrechen suchte durch die Verlagerung des Blickwinkels vom abgeschlossenen Werk zur Genese, vom Geschriebenen (écrit) zum Schreibprozeß (écriture). Die radikal synchrone Betrachtungsweise des frühen Strukturalismus wurde zu Beginn der siebziger Jahre selbst von einem Roland Barthes in Frage gestellt, der neben rein formal-synchronen Aspekten auch textexterne (kulturhistorische) und textinterne (genetische) Geschichtlichkeit in

---

75 Claude Duchet, "Pour une socio-critique ou variations sur un incipit", *Littérature*, 1, Febr. 1971, S. 6.
76 Claude Duchet, "Pour une socio-critique", a.a.O., S. 6.

Betracht zu ziehen begann.[77] Die critique génétique als solche konstituierte sich 1972 in dem von Jean Bellemin-Noël veröffentlichten Buch *Le Texte et l'Avant-texte*, das auf der Basis einer eingehenden Analyse aller Vorstufen eines Gedichtes von Milosz eine 'poétique des brouillons' forderte.[78]

Die genetische Betrachtungsweise der Vorstufen des Textes bedeutete vor allem eine neue Definition des Objektbereichs und des Textbegriffs, aber noch nicht ein Interpretationsinstrumentarium. Die 'socio-critique' versuchte aber gerade dieses Instrumentarium zu schmieden. Im latenten und im manifesten Text will die 'socio-critique' *unter* dem eingeschriebenen Sinn den Weg des Nicht-Gesagten zum Ausdruck aufspüren.[79]

Der Text ist nicht nur lesbar in seinen Strukturen und seinem Werden im 'avant-texte'; er wird zur 'Literatur' durch die soziale Praxis der Lektüre, die unmittelbar verbunden ist mit den kulturellen Formen der Vermittlung, die sich in einer Meta-Sprache artikulieren. Jede Begegnung mit dem Werk, selbst in der größten Einsamkeit des Lesers mit seinem Buch, wird, so Duchet, orientiert durch das intellektuelle Feld, in dem sie sich vollzieht. Das Werk wird immer gelesen und geschrieben über das Medium mentaler Gewohnheiten, kultureller Traditionen, differenzierter Praktiken der Sprache, die die Bedingungen der Lektüre darstellen.

77 So Roland Barthes, "Texte (Théorie du)", *Encyclopedia universalis*, Bd. 17, Paris, 1985, S. 996-1000.

78 Zur critique génétique siehe Louis Hay (Hrsg.), *La Naissance du Texte*. Paris, Minard, 1989; Louis Hay (Hrsg.), *De la lettre au livre. Sémiotique du manuscrit littéraire*. Paris, C.N.R.S., 1989; Pierre-Marc de Biasi, "Vers une nouvelle science de la littérature. L'analyse des manuscrits et la genèse de l'oeuvre", *Encyclopedia universalis*, Symposium, 1988, S. 466-467; Joseph Jurt, "'Critique génétique'. Ein neues Paradigma der Literaturwissenschaft", *NZZ*, 25, 1. Februar 1991, S. 42.

79 Das Verfahren, das im Manifesten das Latente zu entdecken versucht, gemahnt an die 'psycho-critique'. Claude Duchet versucht sich aber doch abzugrenzen; es gehe nicht darum, im Text die Obsessionen eines Individuums zu erfassen, sondern das Soziale, das ungesagt bleibt: "La psycho-critique étudie dans le texte un discours de l'obsession à partir de marques comme les métaphores. Les prises de la socio-critique sont plus ténues, mais peut-être plus assurées. Il ne s'agit pas pour elle d'interpréter un système symbolique, mais de remonter vers l'in-su du texte, de lire un discours non tenu, ou invisible par trop d'évidence, de saisir l'instance du social non dans la loi mais dans les légalités socio-culturelles, vécues et non pensées" (Claude Duchet, "Pour une socio-critique", a.a.O., S. 7).

Claude Duchet illustriert sein Vorgehen durch die Analyse des Incipits von *Madame Bovary*. In den ersten Sätzen des Romans von Flaubert liest sich nach Duchet die bürgerliche Ideologie in einer für sie wichtigen Institution, der Schule, als eines wichtigen Instruments des sozialen Aufstiegs. Diese Ideologie stellt das implizite Fundament des Textes dar, der diese Ideologie inszeniert und sie durch die Über-Determination aber auch zerstört.[80] Als Aufgabe für eine künftige 'socio-critique' schlägt Duchet eine kritische Semiologie der Ideologie, eine Entzifferung des Nicht-Gesagten, des Zensierten vor. Es geht darum, die Soziologie, den Logos des Sozialen ins Zentrum und nicht außerhalb der kritischen Interpretation zu stellen, "den Platz im Werk zu analysieren, die dort die sozio-kulturellen Mechanismen der Produktion und der Konsumation einnehmen"[81].

1979 wurden die Akten eines Kolloquiums, das die Universität Paris VIII und die New York University organisiert hatten, unter dem Titel *Sociocritique* veröffentlicht.[82] In seiner Einleitung "Positions et perspectives" präzisierte Claude Duchet den soziokritischen Ansatz. Noch stärker wird der Objektbereich hervorgehoben. Die 'socio-critique' hat den Text im Visier. Ja, sie versteht sich zunächst als immanente Lesart, die sich den Begriff des Textes, so wie er von der formalen Kritik erarbeitet wurde, zu eigen macht, selbst wenn die Finalität des Ansatzes nicht identisch ist.[83]

---

80 "D'ou la fonction idéologique du style flaubertien qui pense la France bourgeoise dans le travail de son écriture, la déconstruit et la reconstruit, en gris, dans un langage en trompe-l'oeil faussement unificateur [...] Mais la critique de l'idéologie se fait dans l'idéologie d'un style lui-même surdéterminé par l'idéologie qu'il conteste. D'où les effets différents produits par le texte flaubertien, selon le type de lecture qui l'accomplit: effet réaliste objectif par la lecture du référent, effet réaliste critique par la lecture du signe, par un effet textuel par la lecture du 'style'" (Claude Duchet, "Pour une sociocritique", a.a.O., S. 13-14). Zu einer genetischen Analyse des Incipits von *Madame Bovary* siehe Joseph Jurt, "*Madame Bovary* – Genetische Betrachtungsweise", *französisch heute*, 1, 1992, S. 1-14.

81 Joseph Jurt, "*Madame Bovary*", a.a.O., S. 14.

82 Claude Duchet (Hrsg.), *Sociocritique*, Paris, Nathan, 1979; ein analoger Sammelband war 1975 in Kanada erschienen: Graham Falconer/Henri Mitterand (Hrsg.), *La lecture sociocritique du texte romanesque*. Toronto, Hakert & Company, 1975.

83 Siehe dazu auch die neueste Bestimmung durch Stéphane Vachon und Isabelle Tournier: "[La sociocritique] partage la notion de 'texte' avec les critiques thématique, psychoanalytique, sémiotique, narratologique. Comme elles, la sociocritique entretient un doute méthodologique à l'égard de l'intentionnalité

Es geht darum, den Text, wie er von den Formalisten definiert wurde, in seiner sozialen Tragweite zu verstehen. Das, was im Text am Werk ist, das ist ein Bezug zur Welt. Jedes künstlerische Schaffen sei auch eine soziale Praxis, somit eine ideologische Produktion, gerade weil dies ein ästhetischer Prozeß sei, der nicht bloß Aussagen transportiere, die schon durch andere Praktiken vorformuliert wurde. Gerade in der ästhetischen Spezifität der Texte versuche die 'socio-critique' die Präsenz der Welt in den Werken zu erfassen, die sie deren Soziabilität nenne.[84] Literarizität oder Poetizität waren in der Zwischenzeit zur zentralen Fragestellung der Literaturbetrachtung geworden. So stellt auch für Duchet die Literarizität einen integralen Bestandteil der soziotextuellen Analyse dar. Die soziohistorische Literaturforschung solle sich von außen nach innen re-orientieren. Es gehe darum, das Werk von innen her aufzuschließen, den Bereich des Konfliktes zu erkennen, wo ein schöpferischer Entwurf sich Widerständen entgegensetzt – dem Schon-Existierenden, den Zwängen des schon Geschaffenen, den bestehenden soziokulturellen Modellen, den Forderungen der sozialen Nachfrage des Publikums, den institutionellen Vorgaben. Die Soziokritik untersucht, so immer wieder Duchet, das Implizite, die Vorannahmen, das Nicht-Gesagte oder Nicht-Gedachte, das Verschwiegene. Sie formuliert das soziale Unbewußte des Textes.[85] Vom Standpunkt der 'socio-critique' werde nicht der Autor als Instanz hervorgehoben, wohl aber das Subjekt des Schreibens, das man nicht ausschließen könne, wenn man vom Klassensubjekt spreche. Auch die institutionelle Analyse sei miteinbezogen. Die Frage sei komplex; denn es gehe

de l'investissement subjectif (de l'auteur et du lecteur), du reflet oeuvre/réalité sociale, de la confusion personne-personnage, auteur-narrateur, etc., mais elle postule l'existence, dans le texte, d'une référence à l'extérieur, à de l'intertextuel ou du non-textuel, au sociologique; elle y voit une attitude à l'égard de la société posée comme lieu de valeurs présentes ou absentes, positives ou négatives, qui doivent être mises au jour: la littérature se charge d'une existence sociale informée par ces attitudes qui appartiennent à l'ordre des visions du monde, de l'imaginaire collectif, des idéologies, des mentalités de groupe, etc." (Stéphane Vachon/Isabelle Tournier, "Sociocritique", in: Jacques Neefs/Marie-Claire Ropars [Hrsg.], *La politique du texte. Enjeux sociocritiques*. Presses universitaires de Lille, 1992, S. 249-250).

84 "L'esthétisation, la mise en texte, est aussi un processus de socialisation" (Claude Duchet, "Le projet sociocritique: Problèmes et perspectives", in: *La lecture sociocritique*, S. VI).

85 Claude Duchet, "Le projet sociocritique", in: Claude Duchet (Hrsg.), *Sociocritique*, S. 4.

einerseits darum zu ermitteln, was einen Text zu einem 'literarischen Text' mache, im Hinblick auf Gattungsformen oder formale Zwänge; aber andererseits müsse auch untersucht werden, was die Textproduktion a priori bedinge (Autonomisierung und Legitimierung das Schriftstellers und der Schriftsteller als sozialer Gruppe). Mit Roger Fayolle teilt Claude Duchet das Anliegen zu ermitteln, inwiefern institutionelle Zwänge – kulturelle oder schulische Modelle – in den Werken Spuren hinterlassen;[86] man müsse aber beachten, daß auch Texte in den Institutionen Spuren hinterlassen.

Claude Duchet präzisiert die für den soziokritischen Ansatz wesentliche Kategorie der Ideologie. Es gebe nicht einen externen Ort *der* Wahrheit, von dem aus man die Ideologieträchtigkeit diagnostizieren könne. Die Ideologie sei eine Dimension des Sozialen, die aus der Arbeitsteilung entstanden und an die Strukturen der Macht gebunden sei. Als solche ist sie Bedingung, aber auch Produkt eines jeden Diskurses. Das Problem der 'socio-critique' ist das der Spezifität der fiktional-poetischen Bearbeitung in bezug auf die Aussagen, die den Text durchwirken. Das heiße aber nicht, daß die fiktionale Bearbeitung außerhalb der realen ideologischen Konflikte stehe; sie könne aber diesen oder jenen Inhalt, den sie gestaltet und dadurch, daß sie ihn gestaltet, in Frage stellen, ein ideologisches Verhalten problematisieren. Selbst im Thesenroman, wo das ideologische Projekt in massiver Form sich manifestiert, werde *per definitionem* ein dialogisches Prinzip eingeführt, das die These subvertiere.[87]

Claude Duchet hat seine Methode sehr schön illustriert über eine Analyse von Malraux' Roman *L'Espoir*, die darum auch sehr aufschluß-

---

86 Zu den ideologischen Bedingungen der Kanonisierung bestimmter Autoren siehe im selben Band Roger Fayolle, "Quelle sociocritique pour quelle littérature", in: Claude Duchet (Hrsg.), *Sociocritique*, S. 215-217.

87 Claude Duchet, "Le projet sociocritique", a.a.O., S. 7. Siehe dazu früher schon Claude Duchet: "Et l'idéologique est un produit du social, un de ses modes d'existence, il n'est pas tout le social. C'est pourquoi toute explication par l'idéologique seul, toute théorisation qui s'en tiendrait à ce niveau, nous paraît insuffisante, et risque à la limite d'être mystificatrice, idéologique précisément!" Im selben Band definiert Duchet sehr klar die 'socio-critique': "Sociologie du texte, sans doute, mais qui suppose une définition de la littérature comme expression d'un social vécu par la médiation de l'écriture, dont le travail propre masque et dévoile sa double fonction de conservatrice et productrice d'idéologie [...] Sa visée [...] reste le statut du social dans le texte, et non le statut social du texte" (*La lecture sociocritique*, S. VIII).

reich ist, weil das Werk schon von Lucien Goldmann in seinem *Pour une sociologie du roman* interpretiert worden war. Goldmann hatte eine eindeutige Lesart vorgelegt: Das Buch von Malraux illustriere die Etappe der expliziten Identifizierung mit der Sicht der Kommunistischen Partei, die sich den spontanen Tendenzen der revolutionären Gemeinschaft entgegensetze. *L'Espoir* stelle die wesentlichen Fragen bloß mehr auf der Ebene von Disziplin und Organisation und sei darum "ein in stalinistischer Perspektive verfaßtes Buch"[88]. Der "Armut" der Weltanschauung entspreche die "strukturelle Schlichtheit und Armut der [im Roman] dargestellten Welt",[89] der Roman sei formal gescheitert. Anstelle einer kohärenten Fabel, die jener früherer Werke vergleichbar wäre, reihe der Autor isolierte Teilszenen aneinander, deren Anzahl sich unbegrenzt erweitern ließe.[90] Duchet bemerkt zu Recht, daß Goldmann hier von einer außertextlichen Weltanschauung ausgeht und von dieser aus das – notwendige – formale Scheitern erschließt, ohne zu bemerken, daß der Text diese Weltanschauung gerade problematisiert.

Claude Duchet operiert mit einem komplexen Instrumentarium: 'Texte', 'hors-texte', 'co-texte'. Ein Roman wie *L'Espoir*, der sich so an geschichtliche Ereignisse hält, stellt eine besondere Herausforderung dar. Es gilt hier der doppelten und widersprüchlichen Natur des fiktionalen Textes Rechnung zu tragen, der durch das Ideologische geprägt wird und sich gleichzeitig mit ihm auseinandersetzt. Der 'hors-texte' ist das Gesamt der Anspielungen, die der Roman als ein Raum des Einverständnisses zwischen Text und Leser konstruiert – und zwar durch bewußte Auswahl aus den Fakten, hier des Spanischen Bürgerkriegs.[91] Wenn der Roman nicht als eine Übersetzung der Wirklichkeit gelesen werden kann, so mißt er sich doch an der Wirklichkeit, entspringt der Geschichte. Zwischen literarischen und historischen Fakten besteht nicht eine kausale, sondern eine serielle Entsprechung.

---

88 Lucien Goldmann, *Soziologie des Romans*, S. 157.
89 Lucien Goldmann, *Soziologie des Romans*, S. 155.
90 Lucien Goldmann, *Soziologie des Romans*, S. 155.
91 "Rappelons que, du point de vue sociocritique, le 'hors-texte' n'est pas l'en-dehors du texte mais un espace de reconnaissance, sinon de connivence, entre ce texte et son lecteur, grâce auquel se gère avec l'économie, la production du sens (d'effet de sens). Dans cette zone textuelle présente, *in absentia*, la simple nomination suffit pour assurer un fonctionnement sémantique" (Claude Duchet, "La manoeuvre du bélier. Texte, intertexte et idéologie dans *L'Espoir*", *Revue des sciences humaines*, LXXV, 264, Okt.-Dez. 1986, S. 112).

Neben dem 'hors-texte' existiert der 'co-texte': das Gesamt der anderen Texte, der anderen Diskurse, die den Text begleiten und auf die er sich
bezieht.[92] Der 'discours social', das Gesamt der Texte eines Augenblickes
in seiner ganzen Inkohärenz, kristallisiert sich, damit Sinn entsteht; Kno-
tenpunkte, die Duchet 'sociogrammes' nennt: hier sind es die Begriffe
Revolution und Krieg, die in einer notwendigen Beziehung stehen.[93] Was
aber bloß auf der Ebene des Diskurses existiert, wird durch die 'sozio-
grammatische Aktivität' textualisiert. Die Textualisierung bezieht sich auf
vor-textuelle Bilder, die verwischt, aber auch neu aufgebaut werden.
Duchet zeigt überzeugend auf, wie der Text auf die Französische Revolution verweist – Referenzideologie der französischen Volksfront und der
antifaschistischen Intellektuellen, die 1789 beschworen. Das proletarische
Spanien erlebt seine bürgerliche Revolution – eine historische Verschie-
bung oder Verspätung, die auch Disharmonien zwischen Bild und Erzählung sowie die metaphorischen Diskordanzen erklärt. Die Anspielung auf
die Französische Revolution wird indes durch intertextuelle Interferenzen
– nicht Quellen! – vermittelt, die dem virtuellen Leser, der zum selben
kulturellen Feld zählt, vertraut sein müssen: so Michelets Beschwörung
des Bastille-Sturms und Victor Hugos *Quatre-vingt-treize*. Die explizite
Botschaft von *L'Espoir*, daß man die Apokalypse organisieren müsse, daß
die 'lyrische Illusion' der Disziplin zu weichen habe, finde keine adäquate
ästhetische Übersetzung. Die – verdrängte – Romantik der Revolution, das
Nicht-Gesagte, sei aber durch die intertextuelle Referenz über Victor Hugo
präsent, allerdings auf der Ebene der Erinnerung.[94]

92 Duchet definiert den 'co-texte' von *L'Espoir* so: "*L'Espoir* appartient à
    l'ensemble *Guerre d'Espagne* jusque dans le détail de ses techniques, de ses
    composantes thématiques et lexicales, mais également à d'autres ensembles,
    en relations réciproques: les écrits ou paroles des intellectuels du Front
    populaire, les autres écrits de Malraux, un *corpus* illimité de romans, le
    discours social sur la guerre et la révolution" (Claude Duchet, "La manoeuvre
    du bélier", a.a.O., S. 112).
93 Siehe Claude Duchet, "La manoeuvre du bélier", a.a.O., S. 115: "En tant que
    consommateur et producteur d'idéologies le texte rencontre, traverse et
    travaille nécessairement des diagrammes et /ou sociogrammes, qui se mani-
    festent soit en assurant la cohérence d'un système iconique, soit en y in-
    troduisant un dysfonctionnement soit en suscitant des images secondaires, soit
    en produisant des extensions diagrammatiques et sociogrammatiques dans un
    récit ou une description."
94 Siehe S. 128: "D'où ce retour de l'idéologie républicaine, réactivée par le
    Front populaire et le recours à des dispositifs littéraires intégrés au patrimoine

Duchet kommt hier zu ganz anderen Schlußfolgerungen als Goldmann. Die konkrete Analyse zeige den dialogischen, polyphonen Charakter des Textes, dem man zunächst nur eine Funktion der Wiedergabe von Wirklichkeit zuschrieb. *L'Espoir* schwanke zwischen mehreren Lesarten der Geschichte (einer jakobinischen, bolschewistischen und neo-romantischen Lektüre); der Roman illustriere ein Projekt der Effizienz *und* den Traum der Totalität. Gerade dieses Oszillieren und nicht die Eindeutigkeit organisiere den Text auf allen Ebenen – ein Schwanken, das das Gegenteil einer vorgefaßten Meinung und einer neutralen Position darstelle. Der Roman als Gattung existiere gerade in dem Maße, als er keine Antwort auf die Fragen gebe, die er stelle. Diese Weigerung situiere sich keineswegs außerhalb des Bereichs des Ideologischen. Der Roman gehorche einer ästhetischen Philosophie des Zeitlosen und der Sinn entweiche – vor allem im letzten Kapitel – in Bereiche des Mythos. Der Roman transzendiert sein ursprüngliches politisches Projekt – selbst wenn er sich in die Welt und in die Geschichte einschreibt – und problematisiert dergestalt auch den Status des intellektuellen Schriftstellers, des Intellektuellen, der sich als Zeuge von Werten in einer bestimmten soziohistorischen Situation verstehe.

Die soziokritische Lektüre Duchets belegt, daß der Weg, den Lucien Goldmann angezeigt hatte, keineswegs in eine Sackgasse münden mußte, daß es möglich ist, der literarischen Spezifität Rechnung zu tragen, ohne dabei das Soziale im Text zu evakuieren.[95]

mémorial d'une certaine aire socio-culturelle, qui concilient l'ordre des valeurs historiques et celui du désir: la Révolution ne peut se dire qu'en passé et l'écriture hugolienne sert ici de distance, de signal et d'alibi."

95 Eine sehr klare Präsentation des Ansatzes der socio-critique gibt Regine Robin, "Pour une socio-poétique de l'imaginaire social", in: Jacques Neefs/Marie-Claire Ropas (Hrsg.), *La politique du texte. Enjeux sociocritiques*. Presses universitaires de Lille, 1992, S. 95-121.

ZWEITER TEIL

Theoretische Basis

Pierre Bourdieus Theorie des literarischen Feldes

Der Begriff des literarischen Feldes ist unmittelbar mit dem Namen Pierre Bourdieus verbunden. Bourdieu hat diese Kategorie jedoch als Soziologe und nicht als Literaturwissenschaftler entworfen. Seine Position ist insofern durchaus singulär. Die meisten Literatursoziologen waren zunächst Literaturwissenschaftler oder Philosophen. Bourdieu hatte selber als Schüler der Ecole Normale Supérieure Philosophie studiert, in derselben Jahrgangstufe wie Derrida, schrieb bei Henri Gouhier eine Arbeit über "Leibniz als Kritiker Descartes'", um dann von 1958 bis 1960 als Assistent für Philosophie an der Faculté des Lettres in Algier tätig zu sein. Aber gerade hier, angesichts der unmittelbaren Herausforderung des Algerienkrieges, wandte er sich der Soziologie zu, veröffentlichte seine erste Untersuchung *Sociologie de l'Algérie*[1], um die konkrete Realität des Landes bekannt zu machen, in der Absicht, die naiven und utopischen Vorstellungen, die französische Intellektuelle – sicher gutgemeint – von der algerischen Gesellschaft hegten, zu differenzieren. Hier entwickelte sich seine Kritik am Intellektualismus, seine Sensibilität für die spezifische Logik der Praxis, die später in sein grundlegendes Werk *Le sens pratique. Esquisse d'une théorie de la pratique* (1980) münden sollte. Der Bruch mit dem Suprematie-Denken der Philosophie und die Option für die in der Disziplinen-Hierarchie niedriger eingestufte Soziologie war, wie Bourdieu mir persönlich erklärte, die entscheidende Wende, die ihm einen freien und luziden Blick auf gesellschaftliche Realitäten ermöglichte. In dieser ersten Phase galten weitere Arbeiten Algerien: *Travail et travailleurs en Algérie* (1963), *La crise de l'agriculture traditionnelle en Algérie* (1964). In diesen auch ethnologisch inspirierten Studien sind wesentliche Kategorien des späteren Werkes angelegt, so etwa diejenige des symbolischen Kapitals. In der traditionalen Gesellschaft der algerischen Kabylei entdeckte Bourdieu die fundamentale Bedeutung der Kämpfe um Anerkennung, um 'Ehre' im Sinne von Reputation und Prestige; als ebenso bedeutsam erschien die Idee der 'Strategie' als Ausrichtung der Praxis, die weder bewußt intendiert noch mechanisch determiniert ist, sondern Resultat eines

---

1   Pierre Bourdieu, *Sociologie de l'Algérie*. Paris, P.U.F., 1958 (Coll. 'Que sais-je?', 802).

'Ehrgespürs', das den Gedanken einer besonderen Logik der Praxis nahe-legt.[2] Die sozioethnologische Betrachtung Algeriens bestimmte in einem gewissen Sinn auch die Analyse der französischen Gegenwartsgesellschaft, der sich Bourdieu seit Mitte der sechziger Jahre widmete.[3] Im Zentrum stand nun die Analyse der gesellschaftlichen Reproduktionsweisen des Bildungssystems, so in den Werken *Les héritiers, les étudiants et la culture* (1964), *La reproduction. Eléments pour une théorie du système d'enseignement* (1970) sowie die Analyse der Universität (*Homo academicus* [1984]) und der Eliteschulen (*La Noblesse d'Etat. Grandes écoles et esprit de corps* [1989]).[4]

Ein weiterer Schwerpunkt stellte seit Mitte der sechziger Jahre die Kultursoziologie im engeren Sinne dar. Hier ging es vor allem um die soziale Bedingtheit des Kulturkonsums am Beispiel der Photographie (*Un art moyen. Essai sur les usages sociaux de la photographie* [1965]) und des Museumsbesuches (*L'amour de l'art, les musées d'art européens et leur public* [1966]), ein Untersuchungsansatz, der in die berühmte Studie *La distinction. Critique sociale du jugement* (1979) mündete, die auf der Basis einer globalen Analyse der französischen Gesellschaft aufzeigte, wie dem Konsum legitimer Kulturgüter die Funktion sozialer Distinktion zukommt.

Pierre Bourdieu hat sich daneben auch schon früh mit der Literatur auseinandergesetzt. Einer der ersten Aufsätze aus dem Jahre 1959, der kaum je zur Kenntnis genommen wurde, galt Molières *Tartuffe*[5], in dem die interessante These vertreten wird, der Scheinheilige betrüge vor allem sich selber, suche sich zu überzeugen, er besitze noch den Glauben, den er schon längst verloren hat. Eine systematische Beschäftigung mit der Literatur setzte 1966 mit der Publikation des Aufsatzes "Champ intellec-

---

2   Siehe "Der Kampf um die symbolische Ordnung. Pierre Bourdieu im Ge-spräch mit Axel Honneth, Hermann Kocyba und Bernd Schwibs", *Ästhetik und Kommunikation*, 16, Heft 61/62, 1986, S. 156.

3   Martin Schmeiser, "Pierre Bourdieu − Von der Sozio-Ethnologie Algeriens zur Ethno-Soziologie der französischen Gegenwartsgesellschaft", *Ästhetik und Kommunikation*, 16, Heft 61/62, S. 167-183.

4   Die Erziehungswissenschaftler in Deutschland haben relativ früh diesen Aspekt des Werkes von Bourdieu zur Kenntnis genommen. Siehe dazu das Sonderheft der Zeitschrift *Neue Sammlung*, 'Lebensstil und Lernform', her-ausgegeben von E. Liebau und S. Müller-Rolli (25. Jg., Heft 3, 1985).

5   Pierre Bourdieu, "Tartuffe ou le drame de la foi et de la mauvaise foi", *Revue de la Méditerrannée*, Bd. 19, Nr. 4-5, 1959, S. 453-458.

tuel et projet créateur" ein, der in Sartres Zeitschrift *Les Temps Modernes* erschien. Es folgten in regelmäßigem Rhythmus literaturrelevante Studien, die stets mit dem schon 1966 eingeführten Feldbegriff operierten.[6] Diese Studien fanden 1992 ihren vorläufigen Abschluß in dem umfangreichen Werk *Les règles de l'art*, das mehr als eine Sammlung der bisherigen Arbeiten zur Literatur darstellt: eine Summa.[7] Aber auch im letzten Buch *Libre-échange* stehen Fragen der Kunst, der Literatur und ihrer Autonomie im Mittelpunkt.[8]

6 Die wichtigsten literatursoziologisch relevanten Beiträge sind so: "Champ intellectuel et projet créateur", *Les Temps Modernes*, 246, Nov. 1966, S. 865-906; "Disposition esthétique et compétence artistique", *Les Temps Modernes*, 295, 1971, S. 1345-1378; "Le marché des biens symboliques", *L'année sociologique*, 22, 1971, S. 49-126; "Champ du pouvoir, champ intellectuel et habitus de classe", *Scolies*, 1, 1977, S. 7-26; "L'invention de la vie d'artiste", *Actes de la recherche en sciences sociales*, 2, März 1975, S. 68-93; "La production de la croyance: contribution à une économie des biens symboliques", *Actes de la recherche en sciences sociales*, 13, Febr. 1977, S. 4-43; in: *Questions de sociologie*. Paris, Editions de Minuit, 1980: "Quelques propriétés des champs", S. 113-120 und "Mais qui a créé les 'créateurs'?", S. 209-221; in: *Choses dites*. Paris, Editions de Minuit, 1987: "Le champ intellectuel: un monde à part", S. 167-177. Außerdem: "Le champ littéraire. Préalables critiques et principes de méthode", *lendemains*, 9. Jg., Nr. 36, S. 5-20; "The Genesis of the concepts of *Habitus* and of *Field*", *Sociocriticism*, Nr. 2, 1985, S. 11-24; "Le champ littéraire", *Actes de la recherche en sciences sociales*, Nr. 89, Sept. 1991, S. 4-46; in *Raisons pratiques. Sur la théorie de l'action*. Paris, Seuil, 1994: "Pour une science des oeuvres", S. 53-97.

7 Pierre Bourdieu, *Les règles de l'art. Genèse et structure du champ littéraire*. Paris, Seuil, 1992.

8 Pierre Bourdieu/Hans Haacke, *Libre-échange*. Paris, Seuil – Les Presses du réel, 1994. Markus Schwingel betonte, daß die Soziologie Bourdieus in Deutschland nur sehr partiell rezipiert und oft auch mißverstanden wurde (Markus Schwingel, *Analytik der Kämpfe. Macht und Herrschaft in der Soziologie Bourdieus*. Hamburg, Argument-Verlag, 1993, S. 9). Er verweist indes auf die literatursoziologische Rezeption, die "weitgehend forschungs-und problemorientiert mit Bourdieus Ansatz relativ unvoreingenommen umgehe" (S. 189). Siehe dazu L. Fischer/K. Jarchow, "Die soziale Logik der Felder und das Feld der Literatur", *Sprache im technischen Zeitalter*, 25, 1987, S. 164-172; K. Jarchow/H.-G. Winter, "Pierre Bourdieus Kultursoziologie als Herausforderung der Literaturwissenschaft", in: G. Gebauer/Ch. Wulf (Hrsg.), *Praxis und Ästhetik. Neue Perspektiven im Denken Pierre Bourdieus*. Frankfurt a.M., Suhrkamp, 1993, S. 93-134; Joseph Jurt, "Die Theorie des literari-

Bourdieu hat schon in seinen literatursoziologischen Arbeiten seinen
Ansatz gegenüber gängigen Formen der Literaturbetrachtung abgegrenzt
und so auch legitimiert. Die traditionelle Literaturgeschichte habe sich
zumeist auf die ideographische Beschreibung von Einzelfällen beschränkt
und die Werke als Ausdruck eines 'schöpferischen' Individuums in seiner
Singularität gedeutet;[9] die positivistische Tradition habe sich das Individuum Künstler als unrückführbares Wissenschaftsobjekt aufdrängen lassen,
ohne sich dabei bewußt zu werden, daß dieser vorwissenschaftliche Begriff
der ideologischen Vorstellung des 'schöpferischen Genies', so wie er von
der Romantik geprägt wurde, verpflichtet sei. Die werkimmanente Methode, die gemäß einer 'esthétique interne' das Werk als ein unrückführbares
System behandle, das in seiner eigenen Kohärenz die Prinzipien und
Normen seiner Entschlüsselung enthalte, gehe ebenfalls von vorwissen-
schaftlichen Begriffen aus und versage sich, das literarische Produkt in
einem globaleren System zu situieren, zu dem es sozio-logisch gehöre.
Gängige literatursoziologische Ansätze versuchten wohl, die Werke einer
umfassenderen Struktur zuzuordnen, indem sie diese in Beziehung zu den
ökonomischen, sozialen und kulturellen Bedingungen des künstlerischen
Schaffens brächten. Dieser nicht-dialektische Ansatz, der das Werk als
unmittelbare Widerspiegelung[10] einer gegebenen sozioökonomischen
Situation betrachte, übersehe die Existenz der zahlreichen Vermittlungs-

schen Feldes. Zu den literatursoziologischen Arbeiten Bourdieus und seiner
Schule", RZLG, 5, 1981, S. 454-479; Joseph Jurt (Hrsg.), "Das literarische
Feld. Eine literatursoziologische Kategorie in Theorie und Praxis", Sonder-
nummer von *lendemains*, 9, Nr. 36, 1984 [mit Beiträgen von P. Bourdieu, D.
Gamboni, J. Jurt, Ch. Charle, J. Schultz, R. Ponton, J. Dubois]; Joseph Jurt,
"Erich Köhlers Schichtenmodell und die Theorie des literarischen Feldes",
RZLG, 3/4, 1992, S. 288-302.

9 Wir resümieren hier vor allem Bourdieus Argumentation im Aufsatz "Champ
du pouvoir, champ intellectuel et habitus de classe" (1977). Zu dieser Literaturauffassung siehe die von Bourdieu zitierten R. Wellek/A. Warren, *Theorie
der Literatur*. Frankfurt a.M., Athenäum, 1971, S. 73: "Die offensichtliche
Ursache eines Kunstwerkes ist sein Schöpfer, der Autor. Daraus erklärt es
sich, daß die auf Persönlichkeit und Leben des Dichters fußende Deutung eine
der ältesten und am häufigsten angewandten Methoden der Literaturwissenschaft ist."

10 Siehe dazu Joseph Jurt, *La réception de la littérature par la critique journalistique*. Paris, J.-M. Place, 1980, S. 17-18: 'La théorie du reflet'.

ebenen zwischen der Infrastruktur und dem kulturellen Produkt.[11] Von dieser Kritik wird auch Lucien Goldmanns Methode nicht ausgenommen, selbst wenn dieser die literarischen Strukturen nicht auf den pauschalen Begriff von 'objektiver Realität', sondern auf Bewußtseinsstrukturen sozialer Gruppen bezog. Gemeinsam ist der Theorie des literarischen Feldes und anderen literatursoziologischen Ansätzen indes die schlichte Tatsache, daß sie Literatur und Kunst als soziales Faktum betrachten. Die Modelle bedienen sich – wie die meisten theoretischen Modelle – räumlicher Vorstellungen. Das Basis-Überbau-Schema geht von einer vertikalen hierarchischen Ordnung aus. Die räumliche Relation der Vertikalität dient in den meisten Kulturmodellen dazu, nicht bloß Positionen, sondern ethische oder soziale Werte zum Ausdruck zu bringen. "Toute valorisation n'est-elle pas verticalisation?" – so Gaston Bachelard.[12]

Der soziale Raum

Das Modell des Feldes evoziert die Fläche in ihrer horizontalen Dimension; es dient dazu, Positionen anzuzeigen, die zunächst nicht werthaltig sind. Bourdieu ließ sich bei seinem Feld-Modell vom relationellen Denken leiten. Die Feldtheorie unterscheidet sich vor allem dadurch von anderen Positionen, daß sie nicht auf einer allgemeinen Theorie der Gesellschaft beruht. Zentraler Gegenstand der Theorie ist nicht 'die' Gesellschaft, sondern das Soziale, dessen Dimensionen über empirische Untersuchungen in Teilbereichen ermittelt werden. Kennzeichnend für Bourdieu ist die an Empirie orientierte Theorie-Arbeit. "Mein Schreiben etwa ist weitgehend von der Ablehnung des großen totalisierenden Denkens motiviert, das

---

11 Sartre hatte schon früh die heuristische Insuffizienz einer marxistischen Methode kritisiert, die bloß das Ökonomische – eine universelle, abstrakte Kategorie – als Determinante der kulturellen Produktion annehme und dabei eine ganze Hierarchie von konkreten Vermittlungsebenen unterschlage, wie die Familie, die Wohngruppe, das Leben des Individuums innerhalb der allgemeinen Widersprüche der Produktivkräfte (Jean-Paul Sartre, *Questions de méthode*. Paris, Gallimard, 1967, S. 80-81).

12 Gaston Bachelard, *L'Art et les songes*, S. 18. Zitiert bei Gilbert Durand, *Les structures anthropologiques de l'imaginaire*. Paris, Bordas, 1965, S. 138. Vgl. im selben Band "Les symboles verticalisants sont par excellence des métaphores axiomatiques". Siehe dazu auch J. Lotmann, *Die Struktur literarischer Texte*. München, Fink, 1972, S. 313.

gemeinhin mit Philosophie gleichgesetzt wird" erklärte Pierre Bourdieu in
einem Interview.[13] So störte er sich etwa trotz aller Affinitäten am aristokratischen Gestus der Globalkritik der Frankfurter Schule, die alle Merkmale der *Großen Theorie* bewahrte. "Gleiches gilt für den Althusserianis-
mus und dessen aus philosophischer Anmaßung herrührende, gleichermaßen grob vereinfachende wie keinen Einspruch duldende Interventionen".[14] Er wollte vielmehr wichtige Fragen stellen in bezug auf festum-
rissene, folglich empirisch erfaßbare Gegenstände, etwa in seinen frühen
Untersuchungen zur Photographie oder zu den Museen. Gerade weil ihm
die globalen Gesellschaftstheorien zu abstrakt und so zu vereinfachend
erscheinen, ist für ihn die Dichotomie Individuum – Gesellschaft bloß
politischer Natur, ohne Erkenntniswert: "Person, Innerlichkeit, Einzigartigkeit versus Ding, Äußerlichkeit: wieviele falsche Probleme hat diese
Dichotomisierung nicht schon hervorgebracht. Die ethisch-politischen
Auseinandersetzungen zwischen denen, die dem Individuum, dem Individuellen, dem Individualismus absoluten Wert zuerkennen, und denen, die
der Gesellschaft, dem Sozialen, dem Sozialismus das Primat zuschreiben,
bilden den Hintergrund der immer wieder aufflackernden Debatten zwischen einem die gesellschaftlichen Realitäten, Gruppen oder Institutionen
auf theoretische Artefakte ohne objektive Realität reduzierenden Nomina-
lismus auf der einen und einem Abstraktionen verdinglichenden, substantialistischen Realismus auf der anderen Seite."[15] Eine globale Gesellschaftstheorie ist stets sozialphilosophischen Konzeptionen verpflichtet und
setzt das, was sie erklären will – die Gesellschaft – als tendenziell ahisto-
rische Größe schon voraus. Bourdieus Ansatz steht jedoch der Geschichts-
schreibung und der Ethnologie näher als der substantialistisch argumentie-

---

13 "Der Kampf um die symbolische Ordnung", a.a.O., S. 153.
14 Pierre Bourdieu, "Der Kampf um die symbolische Ordnung", a.a.O., S. 153.
15 Pierre Bourdieu, *Sozialer Raum und 'Klassen'. Leçon sur la leçon*. Frankfurt
    a.M., Suhrkamp, 1985, S. 69; siehe auch "Der Kampf um die symbolische
    Ordnung", a.a.O., S. 160. Die Position von Bourdieu erscheint, wie Markus
    Schwingel betont, im deutschen Wissenschaftskontext eher ungewöhnlich, der
    geprägt ist durch den Gegensatz zwischen einer rein empirischen Sozial-
    wissenschaft und einer eher sozialphilosophisch begründeten Gesellschafts-
    theorie. In Frankreich hatte schon vorher Lévi-Strauss eine Verbindung von
    Empirie und Theorie – mit Erfolg – realisiert, so daß es für Bourdieu und
    auch Foucault leichter war, den Weg einer konsequenten historisch-soziologi-
    schen Analyse zu gehen (nach Markus Schwingel, *Analytik der Kämpfe*,
    S. 19).

renden Philosophie. Das bedeutet keinesfalls einen Rückfall in eine schlichte empiristische Position, sondern impliziert durchaus – partielle – Theorien, die aus der Analyse von Teilbereichen entwickelt werden, die teilweise universalisierbar sind, jedoch nie im Sinne einer zeitlosen, ahistorischen Universalität.[16]

Die Feldtheorie, die nicht vom Postulat einer globalen 'Gesellschaft' ausgeht, sondern einen sozialen Raum mit relativ autonomen eigengesetzlich organisierten Feldern sieht, stellt so einen Bruch dar mit einer Reihe von Momenten der marxistischen Theorie, so die Ablehnung des Konzepts der sozialen Klasse, also Bruch mit der "tendenziellen Privilegierung der Substanzen – im vorliegenden Fall die realen Gruppen, deren Stärke, Mitglieder, Grenzen man zu bestimmen sucht – auf Kosten der Relationen."[17] Bruch aber auch mit der Idee der letztinstanzlichen Determinierung durch das Ökonomische.[18]

Für Bourdieu ist der Marxsche Klassenbegriff das Produkt einer substantialistischen Illusion – als "bilde die vom Wissenschaftler entworfene theoretische Klasse eine reale Klasse oder tatsächlich mobilisierte Gruppe."[19] Bourdieu vertritt aber auch nicht eine bloß nominalistische These, nach der Klassen reine Vorstellungen wären; er fragt sich, ob die sozialen Strukturen von heute nicht die symbolischen Strukturen von gestern sind und ob in diesem Sinne etwa "die soziale 'Klasse', wie sie heute konstatiert wird, nicht zum Teil wenigstens Produkt des vom Marxschen Werk ausgehenden Theorie-Effekts"[20] ist. Bourdieu verkennt allerdings nicht, daß der Theorie-Effekt nur durchschlagen kann, wenn die

---

16 Nach Markus Schwingel, *Analytik der Kämpfe*, S. 22-23.
17 Pierre Bourdieu, *Sozialer Raum und 'Klasse'*, S. 9.
18 Pierre Bourdieu, *Sozialer Raum*, S. 9: "Bruch mit dem Ökonomismus, der das Feld des sozialen, einem mehrdimensionalen Raum, auf das Feld des ökonomischen verkürzt, auf ökonomische Produktionsverhältnisse, die damit zu den Koordinaten der sozialen Position werden."
19 Pierre Bourdieu, *Sozialer Raum*, S. 9.
20 "Der Kampf um die symbolische Ordnung", a.a.O., S. 153. Unter Theorie-Effekt versteht Bourdieu die Wirkung, die von der Verkennung des Unterschieds zwischen wissenschaftlicher Logik und der Logik der Praxis ausgeht. Dem Strukturalismus wirft er vor, die Erkenntnisform der Wissenschaften mit der praktischen Erkenntnis der Handelnden gleichzusetzen. Der Wissenschaftler – als Beobachter – ist nicht in die Zeitlichkeit eingebunden, er ist nicht zukunftsbezogen. Die Rolle des Zuschauers ist nicht die des Spielers. Bourdieu hebt darum immer wieder die spezielle Logik der Praxis hervor, die nicht die der Theorie ist.

durch die Theorie als Grundlage der Vision sichtbar gemachten Gliederungen in der Realität selber eine Entsprechung haben. Die sozialen Klassen sind so für ihn auch das Produkt von Klassifikationskämpfen. "Die Kämpfe zwischen den individuellen wie kollektiven Klassifikations- und Ordnungssystemen, die auf eine Veränderung in der sozialen Welt selbst abzielen, bilden eine vergessene Dimension der Klassenkämpfe", liest man am Ende von *La Distinction*.[21] Die Autonomie der Logik der symbolischen Vorstellungen ist jedoch bloß eine relative. Denn die Klassifikationsschemata sind ihrerseits bestimmt durch die materielle Lage der Klassifizierenden. "Meine Arbeit bestand darin zu sagen, daß die Leute in einem sozialen Raum situiert sind [...] und daß man in Funktion der Position, die diese in diesem sehr komplexen Raum einnehmen, die Logiken ihrer Praxis verstehen und unter anderem auch bestimmen kann, wie sie andere und sich selber klassifizieren und gegebenenfalls sich auch als Mitglieder einer 'Klasse' denken werden."[22]

Bourdieu übernimmt von Marx jedoch die Kategorie des Kapitals, weitet diese indes aus, spricht nicht nur von ökonomischem sondern auch von kulturellem und sozialem und schließlich auch von symbolischem Kapital "als wahrgenommene und als legitim anerkannte Form der drei vorgenannten Kapitalien (gemeinhin als Prestige, Renommée, usw. bezeichnet)".[23] Die Rangfolge der Kapitalarten ist indes von Feld zu Feld

21 Pierre Bourdieu, *Die feinen Unterschiede*. Frankfurt a.M., Suhrkamp, 1982, S. 755.
22 Pierre Bourdieu, *Choses dites*, S. 65 (übersetzt von J.J.). Siehe im selben Band auch S. 64: "Wenn es so etwas wie Klassen in der Realität gibt, dann großteils dank Marx oder genauer dank des Theorieeffektes, der durch das Werk von Marx ausgeübt wurde [...] Hinsichtlich der Klassen wollte ich mit der realistischen Sichtweise brechen, die die Leute gemeinhin haben und die zu Fragen etwa dieser Art führen: 'Sind die Intellektuellen Großbürger oder Kleinbürger?'" Im selben Band schreibt dann Bourdieu noch einmal dazu: "Der größte Irrtum, der theoretizistische Irrtum, den man bei Marx findet, besteht darin, die Klassen auf dem Papier wie reale Klassen zu behandeln, und von der objektiven Homogenität der Bedingungen, der Dispositionen, die von der Identität der Position im sozialen Raum herrührt, auf die Existenz einer einheitlichen Gruppe, einer Klasse zu schließen" (S. 153, übersetzt von J.J.).
23 *Sozialer Raum*, S. 11. Zur Kapitaltheorie bei Bourdieu siehe auch Hans-Peter Müller, "Kultur, Geschmack und Distinktion. Grundzüge der Kultursoziologie Pierre Bourdieus", in: F. Neidhardt/M.R. Lepsius/J. Weiss (Hrsg.), *Kultur und Gesellschaft*. Opladen, 1986, S. 165-169 und Markus Schwingel, *Analytik der Kämpfe*, S. 78-80.

unterschiedlich. Ausgehend von der Dotierung mit diesem Kapital und von den Positionen im Feld, von der Hypothese ähnlicher Dispositionen lassen sich Klassen herauspräparieren, die theorctischer Natur sind: "Produkt einer explikativen Klassifikation ganz analog zu der der Zoologen oder Botaniker, ermöglicht sie die *Erklärung* und Prognose der Praktiken und Eigenschaften der klassifizierten Dinge [...]."[24] Die Schwäche der marxistischen Klassentheorie liegt für Bourdieu darin begründet, "daß sie die soziale Position zwangsläufig nur noch unter Bezugnahme auf die Stellung innerhalb der ökonomischen Produktionsverhältnisse zu bestimmen vermag [...]"[25]. Bourdieu hatte schon früh, Max Weber folgend, zwischen 'Klassenlage' (ökonomischer Ordnung) und dem 'Stand' unterschieden, verstanden als eine "durch bestimmte 'Stellung' in der Hierarchie von Ehre und Prestige bestimmten Gemeinschaft von Menschen"[26]. Die symbolische Ordnung des 'Standes' zeichnet sich so durch eine partielle Autonomie aus, durch eine eigene Logik, die nicht von derjenigen der ökonomischen Ordnung abzuleiten ist.

Habitus- und Feldbegriff

Wenn Bourdieu den substantialistischen Oppositionen 'Individuum'/'Gesellschaft', 'Individuum'/'Klasse' keinen heuristischen Wert zumißt, so sucht er gleichzeitig diese Antinomien zu überwinden durch die zwei zentralen Begriffe 'Habitus' und 'Feld', die bezeichnenderweise in und durch die Analyse der Entstehung kultureller Werke entwickelt wurden. Das Prinzip historischen Handelns – des Künstlers wie des Arbeiters – ist für ihn nicht ein Subjekt, das der Gesellschaft als äußerlichem Objekt gegenüberstände: "weder Bewußtsein noch Sache, besteht es vielmehr in der Relation zweier Zustände des Sozialen, nämlich der in Sachen, in Gestalt von Institutionen objektivierten Geschichte auf der einen, der in Gestalt jenes Systems von dauerhaften Dispositionen, das ich Habitus nenne, leibhaft gewordenen Geschichte auf der anderen Seite."[27] Den Begriff des Habitus hatte Bourdieu von E. Panofsky entlehnt, dessen Werk

---

24 Pierre Bourdieu, *Sozialer Raum*, S. 12.
25 Pierre Bourdieu, *Sozialer Raum*, S. 31.
26 Pierre Bourdieu, *Zur Soziologie der symbolischen Formen*. Frankfurt a.M., Suhrkamp, 1974, S. 58.
27 Pierre Bourdieu, *Sozialer Raum*, S. 69.

Gothic Architecture and Scholasticism mit einem Nachwort von ihm 1967 in der französischen Version erschien. Dieses Nachwort wurde in der deutschen Übersetzung unter dem Titel "Der Habitus als Vermittlung zwischen Struktur und Praxis"[28] publiziert. Der Begriff des Habitus, so wie er hier konzipiert wurde, sollte es ermöglichen, die Antinomie Bewußtsein/ Unbewußtes, Finalismus/Determinismus zu überwinden. Über den Habitusbegriff, verstanden als "inkorporiertes folglich individuiertes Soziales", versucht sich Bourdieu abzusetzen von einer voluntaristischen Subjekt-Philosophie Sartrescher Prägung, die 'Bewußtsein' und 'projet' absolut setzt, aber auch vom mechanistischen Ansatz des Strukturalismus, der etwa bei Foucault die kulturelle Ordnung als autonome, transzendente Ordnung erscheinen läßt, die sich nach eigenen Gesetzen entwickelt, völlig unabhängig von den Interessen und den mentalen Gewohnheiten der Individuen. "Ich wollte [...] die leibhaftigen Akteure wieder ins Spiel bringen", so erklärte er, "die durch Lévi-Strauss und die Strukturalisten, zumal Althusser, dadurch eskamotiert worden waren, daß man sie zu Epiphänomenen der Struktur erklärt hatte".[29] Ohne den neo-kantianischen Subjektbegriff Panofskys zu übernehmen, reinterpretierte er den Habitusbegriff über Chomskys generative Idee.[30] Chomsky nahestehend, bei dem er das

---

28 Pierre Bourdieu, *Zur Soziologie der symbolischen Formen*, S. 125-158. Der Habitusbegriff soll gerade die Dichotomie zwischen Individuum und Struktur überwinden. In seinem Panofsky-Nachwort schreibt so Bourdieu: "Wer Individualität und Kollektivität zu Gegensätzen macht, bloß um den Rechtsanspruch des schöpferischen Individuums und das Mysterium des Einzelwerks wahren zu können, begibt sich der Möglichkeit, im Zentrum des Individuellen selber Kollektives zu entdecken; Kollektives in Form von Kultur – im subjektiven Sinne des Worts 'cultivation' oder 'Bildung' oder, nach Erwin Panofskys Sprachgebrauch, im Sinn des *'Habitus'*, der den Künstler mit der Kollektivität und seinem Zeitalter verbindet und, ohne daß dieser es merkte, seinen anscheinend noch so einzigartigen Projekten Richtung und Ziel zuweist" (im selben Band, S. 132).
29 Pierre Bourdieu, "Der Kampf um die symbolische Ordnung", a.a.O., S. 152.
30 "In der Terminologie der generativen Grammatik Noam Chomskys", so schrieb Bourdieu in seinem Panofsky-Aufsatz, "ließe sich der *Habitus* als ein System verinnerlichter Muster definieren, die es erlauben, alle typischen Gedanken, Wahrnehmungen und Handlungen einer Kultur zu erzeugen – und nur diese" (*Zur Soziologie der symbolischen Formen*, S. 143). Im selben Aufsatz spricht der Autor vom *Habitus* als einer "generativen Grammatik der Handlungsmuster" (S. 150). Zum Konzept des Habitus siehe auch Pierre Bourdieu (mit Loïc J.D. Wacquant), *Réponses. Pour une anthropologie*

Bemühen spürte, der Praxis eine aktive, schöpferische Dimension zuzuschreiben, wollte er auf die generativen Fähigkeiten der Dispositionen insistieren, "immer eingedenk der Tatsache natürlich, daß es sich um erworbene, gesellschaftlich konstituierte Dispositionen handelt."[31] Die Betonung des Subjekts – selbst wenn Bourdieu nicht diesen belasteten Begriff benützt, sondern meist von 'agents', von Akteuren spricht – und damit auch die Opposition gegen den Determinismus artikuliert, stellt einen Konvergenzpunkt zum Ansatz von Erich Köhler dar. Erich Köhler erwähnte bei der Vermittlungsschicht des Subjekts – des Autors – auch dessen Ausbildung, ohne allerdings dieses Element weiter auszudifferenzieren. Bei Bourdieu und seinen Schülern bildet die Ausbildung, nach ihrer Terminologie das kulturelle Kapital, ein wichtiges Element bei der künstlerisch-literarischen Produktion. Die Ausbildung stellt eines der Elemente des Habitus der Individuation dar.[32]

Korrelativ zum Habitusbegriff – "Leib gewordene Geschichte" – steht der Feldbegriff – "Ding gewordene Geschichte".[33] Der Feldbegriff dient bei Bourdieu dazu, den globalen Gesellschaftsbegriff zu differenzieren und der realen Autonomisierung der einzelnen Bereiche Rechnung zu tragen. Der Feldbegriff ist aber nicht bloß ein territoriales Konzept. Ein Feld ist ein Kraft- und Machtfeld. Die einzelnen Institutionen können nur verstanden werden, wenn man sie einordnet in das System der objektiven Beziehungen, die den Raum der Konkurrenz bilden, den sie mit anderen

---

réflexive. Paris, Seuil, 1992, S. 91-115: "Habitus, illusio et rationnalité". Zu einer kritischen Auseinandersetzung mit dem Habitusbegriff siehe Cornelia Bohn, *Habitus und Kontext. Ein kritischer Beitrag zur Sozialtheorie Bourdieus.* Opladen, Westdeutscher Verlag, 1991.

31 "Der Kampf um die symbolische Ordnung", S. 152. Siehe im selben Aufsatz S. 150: "In den archaischen ebensowenig wie in unseren Gesellschaften sind die sozialen Akteure keine nach mechanischen Gesetzen, die sich ihrem Bewußtsein entziehen, geregelten Automaten gleich Uhren. Noch in den kompliziertesten Handlungsverläufen [...] setzen sie inkorporierte Prinzipien eines generativen Habitus ein [...] Verhalten kann auf Ziele gerichtet sein, ohne bewußt auf sie hinorientiert, durch sie geleitet zu sein. Der Begriff des Habitus ist erfunden worden, [...], um diesem Paradox gerecht zu werden."

32 "Der Institution der Schule fällt [...] die Funktion zu, bewußt (oder zum Teil auch unbewußt) Unbewußtes zu übermitteln, oder genauer gesagt, Individuen hervorzubringen, die mit diesem System der unbewußten (oder tief vergrabenen) Schemata ausgerüstet sind, indem ihre Bildung bzw. ihr *Habitus* wurzelt" (Pierre Bourdieu, *Zur Soziologie der symbolischen Formen,* S. 139).

33 Pierre Bourdieu, *Sozialer Raum,* S. 69.

Institutionen darstellen. Der Feldbegriff soll die Alternative zwischen interner und externer Analyse überwinden, die entweder bloß die formal autonomen künstlerischen Praktiken betrachteten oder diese Formen unmittelbar auf soziale Formationen zurückführe. Beide Tendenzen verkennen die Vermittlungsinstanz des Feldes der Produktion als eines Raumes von objektiven Beziehungen. Das Feldkonzept orientiert sich am relationellen Denken Cassirers (in *Substanz und Funktion*).[34] Pierre Bourdieu legte 1966 einen ersten Entwurf einer Analyse des intellektuellen Feldes vor, den er in Sartres Zeitschrift *Les Temps Modernes* veröffentlichte.[35] Hier ging er noch von interaktionellen Mustern aus und untersuchte die realen Beziehungen zwischen den einzelnen Akteuren des Feldes (Autoren, Kritiker, Verleger). Die (unsichtbare) Struktur des Feldes, die, ähnlich wie ein Magnetfeld, die Form der einzelnen Positionen bestimmt, entdeckte er erst, als er die religionssoziologischen Thesen, die Max Weber in *Wirtschaft und Gesellschaft* entwickelt hatte, zu rekonstruieren versuchte (so die Opposition Priester/Prophet), welche Weber selber aber noch als realistische Typologie sah.[36] Der hier festgestellte Antagonismus von 'Prophet' und 'Priester' schälte sich als Strukturmerkmal heraus; er entsprach etwa dem mittelalterlichen Gegensatz von *auctor* und *lector*. Der Feldbegriff erlaubt so, "phänomenologische unterschiedliche Dinge als in ihrer Struktur und Funktionsweise ähnliche zu begreifen"[37]. Befunde, die in einem spezifischen konstruierten Gegenstand, etwa im religiösen Feld, entdeckt wurden, lassen sich so auf andere Gegenstände, etwa das künstlerische, politische Feld übertragen. Hier wird ein rekurrentes Verfahren Bourdieus sichtbar: der methodologische Transfer von Konzepten und Problemen von einem Bereich zum anderen: Die Analyse der Struktur des religiösen Feldes erlaubte neue Einsichten zur Struktur des intellektuellen Feldes. Die kontrollierte Analogie als Verfahren wissenschaftlicher Erkenntnis. Die Reflexion über die Struktur der Grandes Ecoles, so erklärte mir einmal Pierre Bourdieu im Gespräch, habe

---

34 Zum relationellen Denken als dem spezifischen Denkmodus der modernen Wissenschaft siehe auch Pierre Bourdieu, *Réponses*, S. 72.

35 Pierre Bourdieu, "Champ intellectuel et projet créateur", *Les Temps Modernes*, 246, 1966, S. 865-906.

36 Pierre Bourdieu, "Une interprétation de la sociologie religieuse de Max Weber", *Archives européennes de sociologie*, XII, 1, 1971, S. 3-21 und "Genèse et structure du champ religieux", *Revue française de sociologie*, XII, 1971, S. 295-334.

37 Pierre Bourdieu, *Sozialer Raum*, S. 70.

ihn plötzlich die Relation verschiedener Gruppen in Afghanistan e[
lassen. Dieser Erkenntnisgewinn ist nur möglich auf der Basis de[
these von strukturellen und funktionellen Homologien zwisch[
einzelnen Feldern. Der Feldbegriff ermöglicht die Entdeckung "formaler
Invarianten in materieller Variation". Bourdieu betont aber, daß die Feldtheorie keineswegs sich dem ökonomischen Denk-Modus verdanke, selbst
wenn sie ähnlich wie Webers Religionssoziologie mit Kategorien wie
Konkurrenz, Kapital, Tausch argumentiert. Es wird hier vielmehr eine
allgemeine Ökonomie der Praxis postuliert, innerhalb der ökonomische
Praktiken im engeren Sinn bloß einen Sonderfall darstellen.[38] Durch
diesen Gedanken einer globalen Ökonomie soll unterstrichen werden, daß
"alle Handlungen, und selbst noch jene, die sich als interesselose oder
zweckfreie, also von der Ökonomie befreite verstehen, als ökonomische,
auf die Maximierung materiellen oder symbolischen Gewinns ausgerichtete
Handlungen zu begreifen" sind.[39] Der Vorwurf der Ökonomisierung oder
des reinen Utilitarismus[40] scheint mir indes nicht gerechtfertigt zu sein.
Die Ökonomie im engeren Sinn ist nun gerade nicht letzte Instanz, sondern bloß ein Sonderfall einer allgemeinen Ökonomie des Handelns.[41]
Wenn der Feldbegriff in dem *Temps Modernes*-Aufsatz von 1966 im
Gefolge von Max Weber noch interaktionistisch gefaßt war, so betonte
Bourdieu später immer mehr den Konstrukt-Charakter der Kategorie. "So

---

38 Siehe dazu Pierre Bourdieu, *Entwurf einer Theorie der Praxis*. Frankfurt a.M.,
   Suhrkamp, 1979, S. 345: "Dies bedeutet, daß die Theorie der eigentlich
   ökonomischen Handlungen nur einen besonderen Fall innerhalb einer allgemeinen Theorie der Ökonomie der Handlungen darstellt. Den ethnozen-
   trischen Naivitäten des Ökonomismus läßt sich [...] nur entgehen, wenn bis
   zum bitteren Ende vollzogen wird, was jener nur halbherzig tut: das ökonomische Kalkül unterschiedslos auf *alle*, sowohl materielle wie symbolische Güter
   auszudehnen [...]". Siehe ganz ähnlich auch in Pierre Bourdieu, *Le sens
   pratique*. Paris, Editions de Minuit, 1989, S. 86.
39 Pierre Bourdieu, *Entwurf einer Theorie der Praxis*, S. 357.
40 Siehe etwa Axel Honneth, "Die zerrissene Welt der symbolischen Formen.
   Zum kultursoziologischen Werk Pierre Bourdieus", *Kölner Zeitschrift für
   Soziologie und Sozialpsychologie*, 36, 1984, S. 149-150.
41 Siehe dazu Cornelia Bohn, *Habitus und Kontext*, S. 24, zu den Kategorien
   einer generellen Ökonomie: "Es scheint mir eine ausgezeichnete Metaphorik,
   die den Blick dafür öffnet, daß Positionen oder Themen, die die gesellschaftliche Wahrnehmung zentral strukturieren, zum Beispiel zu Politikoptionen
   werden, erwirtschaftet werden müssen – in jenem metaphorischen Sinn."
   Siehe auch Markus Schwingel, *Analytik der Kämpfe*, S. 90-91.

setzt der Feldbegriff einen Bruch mit der realistischen Vorstellung voraus,
die den Effekt des *Milieus* auf die direkte, in einer Interaktion sich voll-
ziehenden reduziert. Welche Form die sichtbaren Interaktionsbeziehungen,
ja selbst welchen Inhalt die entsprechenden Erfahrungen der beteiligten
Akteure annehmen können, bestimmt die Struktur der konstitutiven Beziehungen des Feldes.[42] Wenn es strukturelle Invarianten zwischen den
einzelnen Feldern gibt, so sind doch die Inhalte, die Interessen in jedem
Feld verschieden: "Jeder weiß aus Erfahrung, daß das, was den Beamten
des höheren Dienstes auf Trab bringt, den Wissenschaftler höchst kalt
lassen kann, und daß die 'Investitionen' des Künstlers für den Bankier ein
Buch mit sieben Siegeln bleiben."[43] Das Feld funktioniert auf der "onto-
logischen Komplizenschaft zwischen Habitus und Feld [...]. Der Antrieb
[...] steckt in der Verbindung von Habitus und Feld, so daß der Habitus
selber das Feld mitbestimmt, was ihn bestimmt"[44]. Die Komplizenschaft
meint so ein wechselseitiges Bedingungsverhältnis der Handlungspositio-
nen der sozialen Akteure einerseits und der objektiven Feldstrukturen
andererseits. Als strukturelle Invariante des Feldes erweist sich dessen
permanente Dynamik; das Feld ist nicht ein Gebilde in einem statischen
Gleichgewicht, sondern ein Ort dynamischer Prozesse, der Raum der
sozialen Auseinandersetzung: "Die sozialen Felder bilden Kraftfelder, aber
auch Kampffelder, auf denen um Wahrung oder Veränderung der Kräfteverhältnisse gerungen wird."[45] Markus Schwingel hebt vor allem als
herausstechendes Merkmal hervor, daß den Bourdieuschen Analysen – im
Unterschied zu Konsensmodellen – das Paradigma des sozialen Kampfes
zugrunde liegt. Bourdieus Untersuchungen sind in seinen Augen vor allem
eine Analytik der Kämpfe, ähnlich wie bei Foucault eine Analyse des
Bereichs der Macht – und somit der Kampfbeziehungen.[46] Er bestimmt
als Gegenstand der Sozialwissenschaft eine Wirklichkeit, "die alle individuellen und kollektiven Kämpfe umfaßt, welche die Wirklichkeit bewahren
oder verändern wollen, und besonders die, bei denen es um Durchsetzung
der legitimen Definition der Wirklichkeit geht und deren symbolische
Wirkung dazu beitragen kann, die bestehende Ordnung, d.h. die Wirklichkeit zu erhalten oder zu untergraben"[47]. Die Felder sind immer gekenn-

---

42 Pierre Bourdieu, *Sozialer Raum*, S. 71-72.
43 Pierre Bourdieu, *Sozialer Raum*, S. 75.
44 Pierre Bourdieu, *Sozialer Raum*, S. 75.
45 Pierre Bourdieu, *Sozialer Raum*, S. 74.
46 Markus Schwingel, *Analytik der Kämpfe*, S. 82.
47 Pierre Bourdieu, *Sozialer Sinn*, S. 258.

zeichnet durch eine antagonistische Beziehung zwischen denen, die Bourdieu in Ausweitung von Max Webers Religionssoziologie die 'Orthodoxen' und die 'Häretiker' nennt. Die 'Orthodoxen' "die in einem bestimmten Zustand des Kräfteverhältnisses (mehr oder weniger vollständig) das spezifische Kapital, das für ein Feld charakteristisch ist, monopolisieren, sind zu Strategien der Bewahrung geneigt". Diejenigen, die mit geringerem symbolischen Kapital ausgestattet sind, "neigen hingegen zu Strategien der Subversion, der Häresie"[48]. Trotz dieser Antagonismen gibt es auch implizite fundamentale Interessen, die alle Akteure des Feldes teilen und die an die Existenz des Feldes selber gebunden sind. Derjenige, der in die Auseinandersetzung eintritt, tritt auch in das Spiel ein (was Bourdieu als *illusio* bezeichnet), anerkennt die Spielregeln und die Spieleinsätze als gültig. Das symbolische Kapital behält seinen Wert nur innerhalb *eines* Feldes, ist für dieses spezifisch und nicht mit demjenigen eines anderen Feldes konvertierbar. Das im politischen Feld erworbene symbolische Kapital etwa ist nicht unmittelbar im literarischen Feld wirkkräftig.

Subsystem, Institution, literarisches Feld

Die methodologische Autonomisierung des Begriffs des literarischen *Feldes* rechtfertigt sich nach Bourdieu durch den realen gesellschaftlichen Autonomisierungsprozeß. Dieses Faktum wird auch von anderen Sozialwissenschaftlern hervorgehoben, jedoch mit anderen Begriffsinstrumenten. Niklas Luhmann spricht von einer funktionalen Gesellschaftsdifferenzierung. Er unterscheidet zwischen drei historischen Typen: zuerst die archaischen segmentären Gesellschaften, denen die stratifikatorische Gesellschaft der Hochkulturen – etwa das absolutistische Frankreich – folgt, die an Komplexität durch die hierarchische Gliederung von Ständen gewinnen. Komplexer ist nach Luhmann nicht bloß die interne Gliederung, sondern auch die Reichweite: "Religion und Moral werden generalisiert, höhere Schichten pflegen regional weiterreichende Kontakte, Schrift objektiviert das Verständnis von Sachverhalten, die Zeithorizonte des gesellschaftlichen Lebens gewinnen an Weite, an Tiefenschärfe und lassen mehr Differenzen im Nacheinander zu."[49] Die funktional organisierte Gesell-

---

48 Pierre Bourdieu, *Questions de sociologie*, S. 115 (übersetzt von J.J.).

49 Niklas Luhmann, *Gesellschaftsstrukturen und Semantik. Studien zur Wissenssoziologie der modernen Gesellschaft*, Band 1. Frankfurt a.M., Suhrkamp, 1980, S. 26.

schaft des bürgerlichen Zeitalters beruht nach Luhmann nicht mehr auf
einem Konsens, der das *Gesamt* der Gesellschaft strukturieren würde. Die
Teilsysteme autonomisieren sich und legitimieren sich nicht mehr über ein
Gesamtsystem, sondern ausschließlich durch ihre Funktion: "Nur für das
Erziehungssystem ist dann die Funktion der Erziehung wichtiger als alle
andern; nur für das Rechtssystem kommt es in erster Linie auf Recht und
Unrecht an; nur die Wirtschaft stellt alle andern Erwägungen hinter ökono-
misch formulierten Zielen [...] zurück."[50] Der moderne Prozeß der Auto-
nomisierung einzelner Bereiche scheint auch über das Luhmannsche
Konzept des 'Teilsystems' faßbar zu sein.

    Der Begriff 'Teilsystem' ist aber keineswegs mit demjenigen des
Feldes deckungsgleich. Der systemfunktionalistische Ansatz Luhmanns
gesteht Konflikten innerhalb des Systems bloß "parasitäre Existenz"[51] zu,
während für Bourdieu die permanente Auseinandersetzung das Feld bestimmt. Bourdieu grenzt das Feldkonzept insbesondere gegenüber französischen systemtheoretischen Ansätzen ab. Die Kategorie des Systems
operiert auf einem hohen Abstraktionsgrad und erfaßt vor allem die interne
Logik des Gesamten, vernachlässigt jedoch die sozialen Determinationen
und die Machtverhältnisse. Die Feldtheorie unterscheidet sich von
systemtheoretischen Betrachtungsweisen durch die Tatsache, daß sie
gleichzeitig das Feld der Positionen, die sich aus den Charakteristika der
Akteure ableiten lassen, betrachtet *und* das Feld der Stellungnahmen
("prises de position") mittels der literarischen oder künstlerischen Werke,
aber auch durch politische Akte oder Diskurse. Die Feldtheorie "wendet
das relationelle Denken nicht nur auf Symbolsysteme an, handle es sich
um die Sprache wie bei Saussure oder um den Mythos bei Lévi-Strauss
oder um alle symbolischen Objekte (Kleider, literarische Werke, usw.),
sondern auch auf die *sozialen Positionen*, deren mehr oder weniger trans-
formierter Ausdruck diese symbolischen Systeme sind"[52].

    Neben der Kategorie des Teilsystems hat man für den (partiell) autono-
misierten Literaturbereich den Begriff 'Institution' vorgeschlagen. Die von
Peter Bürger eingeführte Kategorie bürgerliche oder höfische 'Institution
Kunst/Literatur' trägt nun gerade, wie wir schon früher ausgeführt haben,

---

50 Niklas Luhmann, *Gesellschaftsstrukturen*, S. 28.
51 Niklas Luhmann, *Soziale Systeme. Grundriß einer allgemeinen Theorie.*
    Frankfurt a.M., 1984, S. 533.
52 Pierre Bourdieu, "Le champ littéraire. Préalables critiques et principes de
    méthode", *lendemains*, 36, 1984, S. 7 (übersetzt von J.J.).

dem realen Autonomisierungsprozeß zu wenig Rechnung.[53] An Stelle des
Konzepts des Feldes, das seiner Ansicht nach zu sehr die Eigengesetzlich-
keit des Literatursystems betont, schlug auch Jacques Dubois, sich auf
René Louraus *Analyse institutionnelle* (1970) stützend, den Begriff der
Institution vor ("ein Gesamt von Normen, die sich auf einen besonderen
Tätigkeitsbereich beziehen und die eine Legitimität definieren, die in einer
Charta oder einem Code zum Ausdruck kommt"[54]), wobei er die Institu-
tionen neben den Produktionsweisen und -beziehungen als zweite wichtige
Strukturform des sozialen Feldes betrachtet. Die Institution wird dabei von
Dubois definiert 1. als eine Organisationsform, die zumeist auch über eine
materielle Basis verfügt; 2. als ein Sozialisierungssystem, das Normen und
Werte durchzusetzen versucht und 3. als ein ideologischer Apparat – im
Sinne von Althussers 'appareils idéologiques d'Etat' – mittels dessen die
Klasse an der Macht ihre Hegemonie zu sichern versucht.[55] In einem
neueren Aufsatz unterstrich Dubois, daß der Begriff der Institution den
Norm- und Legitimationscharakter des Systems hervorhebe. Literatur
werde so, wenn auch auf problematische Weise, in jene Reihe moderner

53 Peter Bürger, "Institution Kunst als literatursoziologische Kategorie", *RZLG*, I,
    1, 1977, S. 50-76.
54 Jacques Dubois, *L'institution de la littérature*. Brüssel, Labor, 1978, S. 31
    (übersetzt von J.J.).
55 Der hier vorgeschlagene Begriff der 'institution littéraire' deckt sich nur
    partiell mit dem von Peter Bürger eingeführten Konzept 'Institution Kunst'.
    Wohl geht auch Peter Bürger vom Autonomiestatus als institutionelle Rah-
    menbedingung der Kunstproduktion und -rezeption in der bürgerlichen Gesell-
    schaft aus, um dann die 'Institution Kunst' in einer bewußt formalen Defini-
    tion zu bestimmen als "die in einer Gesellschaft (bzw. in einzelnen Klassen/
    Schichten) geltenden *allgemeinen Vorstellungen über Kunst* (Funktionsbestim-
    mungen) in ihrer sozialen Bedingtheit" (Peter Bürger, "Institution Kunst",
    a.a.O., S. 53; Hervorhebung J.J.); es geht so bei Peter Bürgers Institutions-
    begriff nicht so sehr um eine Organisationsform oder um einen ideologischen
    Apparat als vielmehr um die dominanten *Kunstvorstellungen* einer bestimmten
    Epoche, die sicher auch in ihrer sozialen Bedingtheit gesehen werden. Wenn
    auch von den institutionellen Rahmenbedingungen (Mäzenat/Markt) die Rede
    ist, so wird doch die Institution Kunst in erster Linie durch die herrschenden
    Kunstauffassungen definiert; der Status der Kunst ist darum für Peter Bürger
    faßbar "vor allem in Reflexionen von Autoren und Kritikern" (Peter Bürger,
    Theorie der Avantgarde. Frankfurt a.M., Suhrkamp, 1974, S. 16).

Institutionen eingeordnet, die sich durch eine gemeinsame juristische Dimension auszeichneten.[56]

Der Begriff der Institution ist eine alte soziologische Kategorie, die auf Durkheim zurückgeht; sie suggeriert eine konsensuelle Vorstellung der 'république des lettres' – während diejenige des Feldes eher die internen Antagonismen hervorhebt. Der Begriff der Institution verkennt nach Bourdieu eines der bezeichnendsten Merkmale des literarischen Feldes: nämlich den geringen Institutionalisierungsgrad. Das zeige sich unter anderem darin, daß es in diesem Bereich keine anerkannte Schiedsrichterrolle, keine juristische oder institutionelle Garantie bei den Prioritäts- oder Autoritätskonflikten hinsichtlich der Verteidigung oder der Eroberung dominanter Positionen gebe.[57]

Das literarische Feld und das Feld der Macht

Jacques Dubois warf dem Feldkonzept vor, es berücksichtige die externen Interferenzen zu wenig, schotte das System Literatur gegen die Gesamtgesellschaft ab und hebe mithin zu sehr dessen Autonomie hervor: "Der Begriff des autonomen Feldes führt dazu, das Soziale und seine Determinationen in der Theorie nur als etwas Äußerliches zu denken, als ob die Institution nicht zum Bereich des Gesellschaftlichen gehörte und nicht zu dessen Existenz beitrüge."[58]

Die gesellschaftlichen Interferenzen wirken indes nach Bourdieu nicht unmittelbar auf die einzelnen Akteure des Feldes, sondern werden nach der Logik eben jenes Feldes reinterpretiert. "Jeder Einfluß und jeder Zwang, der durch eine feldexterne Instanz ausgeübt wird, wird immer

---

56 Jacques Dubois, "Champ, appareil ou institution?", *Sociocriticism*, 2, 1985, S. 28.

57 Pierre Bourdieu, "Le champ littéraire", a.a.O., S. 17.

58 Jacques Dubois, *L'institution de la littérature*, S. 38 (übersetzt von J.J.); über die realen Möglichkeiten der herrschenden Klasse, die Literatur trotz ihres Autonomieanspruches zu instrumentalisieren, siehe Jacques Dubois, "L'institution littéraire: autonomie relative et facteurs de déstructuration" (Vorlage zum Romanistentag 1979). Siehe im selben Band, S. 38: "Cette notion [celle du champ] lui permet sans doute d'insister sur le caractère interne et interactionnel des phénomènes de production et de reproduction propres à la 'sphère restreinte', mais il l'incite à neutraliser la position du littéraire dans l'ensemble de la configuration sociale."

durch die Struktur des Feldes gebrochen: die Beziehung, die beispielsweise ein Intellektueller zu seiner sozialen Ursprungs- oder Zugehörigkeits-Klasse unterhält, ist vermittelt durch die Position, die er im intellektuellen Feld einnimmt, in bezug auf die er sich ermächtigt glaubt, diese Zugehörigkeit hervorzuheben [...] oder dazu neigt, sie zu verwerfen oder schamhaft zu verschweigen. Die Determinismen werden nur dann zur spezifischen intellektuellen Determination, wenn sie, gemäß der spezifischen Logik des intellektuellen Feldes in einem schöpferischen Projekt reinterpretiert werden."[59] Die Wirkung der politischen und ökonomischen Interferenzen wird von Bourdieu keineswegs geleugnet, wohl aber als eine vermittelte betrachtet. Er hatte in seinem *Scolies*-Aufsatz von 1971 das Konzept des Feldes der (ökonomischen und politischen) Macht ('champ du pouvoir') eingeführt. "Das intellektuelle Feld, so groß auch seine Autonomie sein mag, wird in seiner Struktur und seiner Funktion bestimmt durch die Position, die es innerhalb des Feldes der Macht einnimmt."[60]

Bourdieu spezifizierte später die Position des intellektuellen Feldes gegenüber dem Feld der Macht. Die Schriftsteller und Künstler stellen die 'dominierte Fraktion der dominanten Klasse' dar. Sie sind dominant, weil sie über ein kulturelles Kapital verfügen, das ihnen Macht und Privilegien verleiht. Aber in ihren Beziehungen zu den Inhabern der politischen und der ökonomischen Macht sind sie dominiert. Die Domination ist heute nicht mehr persönlicher Art wie zu Zeiten des Mäzenatentums, sondern eine strukturelle Domination, die über globale Mechanismen des Marktes

59 Pierre Bourdieu, "Champ intellectuel et projet créateur" (1966), S. 905 (übersetzt von J.J.). Siehe dazu auch später: "Die Soziologie der Kunst und der Literatur, die die Werke direkt auf die Position der Produzenten oder der Rezipienten im sozialen Feld (die soziale Klasse) bezieht, ohne deren Position im Feld der Produktion zu beobachten [...] blendet all das aus, was das Werk dem Feld und seiner Geschichte verdankt, das heißt, genau das, was es zum Kunstwerk, zum wissenschaftlichen oder philosophischen Werk werden läßt" (Pierre Bourdieu, *Questions de sociologie*, S. 117-118 [übersetzt von J.J.]).

60 Pierre Bourdieu, "Champ du pouvoir, champ intellectuel et habitus de classe", *Scolies*, 1, 1971, S. 15 (übersetzt von J.J.). Der Begriff 'champ du pouvoir' wurde später spezifiziert in der Analyse der 'Grandes Ecoles', deren Funktion die Reproduktion der Führungseliten des Staats und der Wirtschaft ist. Bourdieu sieht diese Führungsschicht in der Kontinuität der 'noblesse de robe', die den Staat, den sie brauchte, in einem gewissen Sinne schuf (Pierre Bourdieu, *La Noblesse d'Etat. Grandes Ecoles et esprit de corps*. Paris, Editions de Minuit, 1989, vor allem S. 371-560: "Le champ du pouvoir et ses transformations").

wirken kann.[61] Das intellektuelle Feld definiert sich durch den Grad der Autonomie gegenüber dem Feld der Macht. Die interne Legitimität, die interne Ökonomie steht in einem chiastischen Verhältnis zu den fundamentalen Prinzipien des Feldes der ökonomischen und politischen Macht. Die in den genannten Feldern dominanten Kapitalarten haben nicht denselben Wert innerhalb des literarischen Feldes, das durch eine eigene Logik bestimmt ist. Die Dominanz des ökonomischen Kapitals und der ökonomischen Macht ist innerhalb der Logik des literarischen Feldes ein 'heteronomes' Prinzip, dem etwa Massenliteratur verpflichtet scheint, der darum ein geringer symbolischer Stellenwert zukommt. Das symbolische Kapital des literarischen Feldes ist ein Kapital der Anerkennung und der Konsekration spezifischer Art. "Diese Anerkennung läßt sich nicht am kommerziellen Erfolg messen – sie ist eher das Gegenteil –, aber auch nicht an der sozialen Anerkennung – Zugehörigkeit zu Akademien, Auszeichnung durch Preise, usw. – noch an der einfachen Berühmtheit, die, wenn sie nicht geziemend erworben ist, sogar diskreditieren kann."[62] Bourdieu betont sehr stark die relative Autonomie des literarischen Feldes, die jedoch nie total ist. Der Grad der Autonomie gegenüber feldexternen Instanzen ist historisch variabel. Das Feld ist aber auch intern Ort des permanenten Kampfes zwischen den beiden Prinzipien der Hierarchisierung, des heteronomen Prinzips, an dem sich diejenigen orientieren, die das Feld politisch und ökonomisch dominieren, und andererseits dem autonomen Prinzip ('l'art pour l'art'), das sich durch die Unabhängigkeit gegenüber dem Ökonomischen definiert. Entscheidend ist die Anerkennung durch die 'pairs' und nicht die Entsprechung gegenüber den externen Erwartungen eines Mäzens oder des Marktes. Selbst im Bereich der Breiten-Produktion ist die soziale Qualität des Publikums (bürgerlich oder volkstümlich) bedeutsam. Autonomie und Heteronomie sind die entscheidenden Differenzkriterien innerhalb des literarischen Feldes.[63] Die Grenzen des Feldes sind nie eindeutig festgelegt. Ausschlaggebend ist die Ver-

---

61 Nach *Choses dites*, S. 173. Bourdieu erklärt aus dieser dominant/dominierten Position auch die Ambivalenz der Stellungnahmen der Intellektuellen: "En révolte contre ceux qu'ils appellent les 'bourgeois', ils sont solidaires de l'ordre bourgeois, comme on le voit dans toutes les périodes de crise où leur capital spécifique et leur position dans l'ordre social sont véritablement menacés" (*Choses dites*, S. 173).

62 Pierre Bourdieu, *Choses dites*, S. 168 (übersetzt von J.J.).

63 Siehe dazu auch Joseph Jurt, "Autonomie ou hétéronomie: Le champ littéraire en France et en Allemagne", *Regards sociologiques*, 4, 1992, S. 3-16.

fügung über das Legitimitäts-Monopol: "das Monopol der Macht, mit Autorität zu erklären, wer ermächtigt ist, sich Schriftsteller zu nennen".[64] Die spezifische Logik des literarischen Feldes bestimmt auch die Natur der Objekte dieses Systems: die der kulturellen Produkte. Die Originalität des Ansatzes von Bourdieu besteht darin, daß er den Doppelcharakter des kulturellen Produktes genau zu erfassen vermag: "Ware und Bedeutung, deren ästhetischer Wert nicht auf den ökonomischen Wert rückführbar ist, selbst wenn die ökonomische Sanktion die intellektuelle Anerkennung bestätigt."[65] Bourdieus Konzeption unterscheidet sich so sowohl von den Vertretern einer Soziologie des Buches, die nur den wirtschaftlichen Aspekt im engeren Sinn beachten wie auch von denjenigen, für die die Warenform dem künstlerischen Werk äußerlich ist;[66] der Doppelcharakter der kulturellen Produkte und ihre Nicht-Rückführbarkeit auf den rein wirtschaftlichen Aspekt wird dabei im Begriff 'biens symboliques' zum Ausdruck gebracht; der spezifische Charakter dieser kulturellen Produkte bestimmt darum auch die spezifischen ökonomischen Gesetze des intellektuell-künstlerischen Feldes (Bourdieu führte so schon früh die Begriffe

---

64 Pierre Bourdieu, *Les règles de l'art*, S. 311 (übersetzt von J.J.).
65 Pierre Bourdieu, "Champ intellectuel et projet créateur", a.a.O., S. 871 (übersetzt von J.J.). Das spezifische Interesse des literarisch-künstlerischen Feldes, so führte Bourdieu in einer Antwort auf den Vorwurf des Ökonomismus, läßt sich, "eingedenk des Sachverhaltes, daß dieses Feld, insbesondere in seinen autonomsten Bereichen, durch die Ablehnung oder Umkehrung der für das ökonomische Feld grundlegenden Regeln und Regelmäßigkeiten ausgezeichnet ist, als ein Interesse an Uneigennützigkeit definieren, als eines, das sich als ein auf ökonomische Interessen nicht Zurückführbares geltend macht. Dieses ökonomisch desinteressierte Interesse bleibt gleichwohl ein Interesse, das mit anderen in Konflikt oder Konkurrenz zu treten und ebenso strikt interessegeleitete, wenn nicht sogar egoistische Handlungen wie jene im ökonomischen Feld auftretenden auszulösen vermag." (Pierre Bourdieu, "Antworten auf einige Einwände", in: Klaus Eder [Hrsg.], *Klassenlage, Lebensstil und kulturelle Praxis. Beiträge zur Auseinandersetzung mit Pierre Bourdieus Klassentheorie*. Frankfurt a.M., Suhrkamp, 1989, S. 400).
66 Zur Debatte Kunst als Ware siehe Peter Bürger, "Institution Kunst", a.a.O., S. 59-61; Gerhard Leithäuser, "Kunstwerk und Warenform", in: Peter Bürger (Hrsg.), *Seminar: Literatur- und Kunstsoziologie*, S. 21-36 sowie Heinz Thoma, "'Kunst als Ware'. Zum Verhältnis von politischer Ökonomie und Literaturproduktion am Beispiel Balzacs und Alfred de Vignys", *RZLG*, 5. Jg., Heft 1, 1981, S. 39-62.

"marché des biens symboliques" [1971], "économie des biens symboliques" [1977] ein). Der symbolische Wert der kulturellen Produkte existiert aber nicht an und für sich, sondern wird von feldinternen Selektions- und Konsekrationsinstanzen (wie Verleger, Theaterdirektoren, Galeriebesitzer) geschaffen; wenn ein Verleger sich entschließt, ein Buch zu veröffentlichen oder wenn ein Galeriebesitzer ein Gemälde ausstellt, dann 'schafft' er in gewissem Sinne den 'Wert' dieses Objektes, der nicht auf dessen ökonomischen Wert reduzierbar ist;[67] die einzelnen Glieder des künstlerischen Feldes intendierten darum nicht in erster Linie den materiellen Erfolg, sondern die Akkumulation von symbolischem Kapital[68] (ob man dies nun 'Prestige', 'Autorität' oder 'Berühmtheit' nenne), dessen wesentliches Charakteristikum gerade in der Negation unmittelbarer wirtschaftlicher Gewinnabsichten besteht: "Die einzige legitime Akkumulation, für den Autor wie für den Kritiker, für den Kunsthändler wie für den Verleger oder den Theaterdirektor besteht darin, sich einen Namen zu machen, einen bekannten und anerkannten Namen, ein Kapital der Anerkennung, das die Macht einschließt, Objekte oder Personen auszuzeichnen und so Wert zu verleihen und aus diesem Akt auch selber Profit zu ziehen."[69]

Damit ist aber keineswegs gesagt, daß die Akkumulation symbolischen Kapitals wirtschaftliche Gewinne ausschließt, doch werden diese nicht als primäre Intention, sondern bloß als Folgeerscheinung der Konstituierung

---

67 "L'idéologie de la création, qui fait de l'auteur le principe premier et dernier de la valeur de l'oeuvre, dissimule que le commerçant d'art (marchand de tableaux, éditeur, etc.) est inséparablement celui qui exploite le travail du 'créateur' en faisant commerce du 'sacré', et celui qui, en le mettant sur le marché, par l'exposition, la publication ou la mise en scène, *consacre* le produit, autrement voué à rester à l'état de ressource naturelle, qu'il a su 'découvrir', et d'autant plus fortement qu'il est lui-même plus consacré" (Pierre Bourdieu, "La production de la croyance", a.a.O., S. 5).

68 Bourdieu weist in anderen Untersuchungen nach, daß analoge Gesetze das wissenschaftliche Feld bestimmen; die wissenschaftliche Praxis erscheine nur im Hinblick auf das unmittelbare ökonomische Feld als interesselos; sie sei aber weit davon entfernt, bloße Auseinandersetzung reiner Ideen zu sein; die wissenschaftliche Produktion werde eingesetzt im Kampf um das 'Monopol der wissenschaftlichen Kompetenz', deren soziale Funktion sich entpuppe als "parole autorisée et parole d'autorité qui est l'enjeu d'une lutte entre les groupes" (Pierre Bourdieu, "Le champ scientifique", *Actes de la recherche en sciences sociales*, 2-3, Juni 1976, S. 88-104).

69 Pierre Bourdieu, "La production de la croyance", a.a.O., S. 4-5 (Übersetzung J.J.).

symbolischer Werte akzeptiert. Als spezifische Legitimationsinstanz erwähnt Bourdieu die *Akademien*, die ein Konsekrationsmonopol für die zeitgenössische Literatur beanspruchen, indem sie das literarische Feld durch eine Jurisdiktion zu organisieren versuchen, die Tradition und gemäßigte Innovation vereint.[70] Das Bildungssystem und hier vor allem die *Universität* funktioniert ebenfalls als Legitimations- und Vermittlungsinstanz kultureller Güter. Die Universität beanspruche das Vermittlungsmonopol der bestätigten Werke der Vergangenheit, die sie als 'klassisch' kanonisiere; sie beanspruche aber auch das Legitimations- und Konsekrationsmonopol (unter anderem auch mittels des Diploms) der Kulturkonsumenten.

Positionen, Stellungnahmen, Dispositionen

Wenn die Struktur des Feldes zunächst durch die Beziehung zu externen dominanten (politischen und ökonomischen) Instanzen (Abhängigkeit/ Unabhängigkeit) bestimmt wird, so gibt es dann eine feldinterne Prägung durch das System der Positionen (als Positionen symbolischer Macht) und das System der Stellungnahmen (mittels Werken oder theoretischer Aussagen), das seinerseits bedingt ist durch das Feld der möglichen Optionen. Wichtig ist hier vor allem der Gedanke der Homologie der beiden Systeme.[71] Der Raum der Positionen bestimmt denjenigen der Stellungnahmen. Von dieser Position aus erklären sich die (internen) literarischen, aber auch die (externen) politischen Stellungnahmen der Schriftsteller.

Ein Autor nimmt seine Beziehung zur Bourgeoisie über diejenigen zum 'art bourgeois' wahr oder zu den Vertretern dieser Richtung im Feld. Veränderungen im System der Werke und der Theorien gehen zurück auf Modifikationen des Systems der Positionen, die dann möglich werden,

---

70 In diesem Zusammenhang wird auf Renan verwiesen, der die Aufgabe der Académie definierte, indem er sie von derjenigen der Universität abgrenzte: "L'Académie, dans ces derniers temps, sous prétexte de morale et de sérieux, a sans doute trop penché du côté de l'Université; il faut, mais il n'en faut pas trop, de l'Université dans l'Académie. Le propre de l'Académie est de combiner et d'assembler tradition et innovation. L'Université est proprement la gardienne de la tradition: elle enseigne" (zitiert bei Bourdieu, "Le marché des biens symboliques", a.a.O., S. 73).

71 Zum Folgenden siehe vor allem Pierre Bourdieu, *Les règles de l'art*, S. 321-370.

wenn die subversive Kraft einer Fraktion des Feldes die Erwartungen des Publikums trifft. Bourdieu unterstreicht den grundlegenden Unterschied dieser Betrachtungsweise zu den gängigen systemtheoretischen Ansätzen. Das relationelle Denken bezieht sich nicht bloß auf eine systeminterne Logik der Aussagen, sondern auch auf die sozialen Positionen der Aussagenden. Es ist dann wichtig, stets beide Strukturen im Auge zu behalten: die Werke in ihrer Beziehung zu anderen Werksorten und die Produzenten in ihrer Relation zu den anderen Autoren. Eine bestimmte stilistische Strategie läßt sich vom Werdegang des Schriftstellers her erklären oder *vice versa*.

Die Beziehung zwischen den Positionen und den Stellungnahmen ('positions' und 'prises de position') ist aber nicht die einer mechanischen Determination; sie ist vermittelt durch den Raum der Möglichkeiten, die offenstehen. Damit eine Innovation Erfolg hat, muß sie innerhalb des Systems schon als strukturelle Lücke, als mögliche Alternative vorhanden sein. Die Struktur des Systems ist nicht als zeitlose, sondern als eine sich historisch wandelnde zu betrachten. So ist der Stellenwert der Lyrik 1830 ein ganz anderer als 1980. Die Innovation des Künstlers setze eine – unbewußte – Kalkulation der *möglichen* symbolischen und materiellen Gewinne und Verluste einer Strategie des Bruches voraus – ein Unsicherheitsfaktor bleibt indes stets bestehen. Die Veränderung des Feldes geht nicht von externen Veränderungen aus; es läßt sich jedoch feststellen, daß meist die 'Neuen' im Feld zur Innovation neigen, weil sie sich durch Differenz, nicht durch Konformität einen Namen machen können. Der Autonomisierungsprozeß des literarischen Feldes geht so einher mit einer immer wachsenden Reflexivität: gerade in den Werken der Neuerer sind die Verfahren und Motive früherer Werke, die man überwinden will, präsent.[72] Nur eine Sozialgeschichte des Autonomisierungsprozesses erlaubt es, die immer größere Unabhängigkeit der künstlerischen Werke vom sozialen Kontext zu erklären, da sich diese immer mehr auf die

---

72 "Paradoxalement, la présence du passé spécifique n'est jamais aussi visible que chez les producteurs d'avant-garde qui sont déterminés par le passé jusque dans leur intention de les dépasser, elle-même liée à un état de l'histoire du champ: si le champ a une histoire orientée et cumulative, c'est que l'intention même de *dépassement* qui définit en propre l'avant-garde est elle-même l'aboutissement de toute une histoire [...]" (*Les règles de l'art*, S. 337-338).

historischen Formen früherer literarischer Produktion beziehen. "In der Geschichte ruht das Prinzip der Freiheit gegenüber der Geschichte."[73]

Nicht der Ausgangspunkt, wohl aber der Erfolg einer künstlerischen Neuerung hängt davon ab, ob diese ein adäquates Publikum findet. Die Revolution von 1848 stärkte den dominierten Pol und führte so zu einer (vorübergehenden) größeren Sensibilisierung gegenüber dem 'art social'. Das soziale Altwerden der Werke, ob sie nun als 'klassisch' oder 'deklassiert' eingestuft werden, verdankt sich einer feldinternen Entwicklung, die nach Innovation drängt, *und* einer externen Entwicklung, die mit dem sozialen Wandel des Publikums in Verbindung steht, das den sinkenden Seltenheitswert der Werke sichtbar macht. Bourdieu sieht hier eine Gesetzmäßigkeit, welche die Felder der Kunst oder der Religion bestimmt, die beide den materiellen Gewinn ablehnen, ohne diesen – langfristig – auszuschließen. In einer ersten asketischen Phase des Verzichts wird symbolisches Kapital angesammelt; in einer zweiten wird es ausgewertet zugunsten von 'weltlichen' Profiten, die wiederum einen Verlust an symbolischem Gewinn mit sich bringen und so neue häretische Positionen auf den Plan rufen.

Neben dem Verhältnis des literarischen Feldes zum Feld der Macht, der Homologie zwischen dem System der feldinternen Positionen und demjenigen der Stellungnahmen, besteht schließlich auch eine wichtige Relation zwischen den Positionen im Feld und den Dispositionen, die die Inhaber der Positionen einbringen. Die Positionen eines Feldes können bloß entstehen, wenn es auch Akteure gibt, die über die notwendigen Dispositionen verfügen (so eine gewisse Indifferenz gegenüber rein materiellen Profiten und Mut zum Risiko). Die Entscheidung für eine riskante Position scheint vom Besitz eines bedeutsamen ökonomischen und symbolischen Kapitals abzuhängen. Das System der bestehenden Positionen bestimmt die erwarteten Voraussetzungen. Die eingebrachten Dispositionen der (neuen) Produzenten können aber auch das System der Positionen verändern; es ist so von einem dialektischen Wechselverhältnis von Disposition und Position auszugehen und nicht von einer mechanistischen Determination der letzteren, etwa durch die soziale Herkunft der Künstler oder Dichter. Der soziale Ursprung (aus den Reihen des Volkes) etwa von Courbet und Champfleury erklärt nicht in notwendiger Weise ihre ästhetische Position: die des Realismus. Ihr Wille, das Vulgäre und das Moderne zu schildern, ist zunächst durch ihre (feldinterne) Revolte gegen

---

73 Pierre Bourdieu, *Les règles de l'art*, S. 346.

die bourgeoise Kunst und die bourgeoisen Künstler motiviert. Die eingebrachten Dispositionen hätten sich bei einem anderen Zustand des Feldes
anders äußern können.

Die Frage der Form

Die Theorie des literarischen Feldes ist sicher zunächst eine soziologische
Betrachtungsweise. Es geht darum aufzuzeigen, daß das literarische Schaffen nicht ein einsamer rein individueller Prozeß ist, aber auch nicht die
Epiphanie einer substantialisierten sozialen Klasse im Medium eines
Textes, sondern ein Zusammenwirken von Dispositionen, von Akteuren
und strukturellen Vorgaben eines Feldes, das als *literarisches* Feld ein
ganz spezifisches Profil aufweist. Dieses Zusammenwirken ist jedoch ein
eminent sozialer Prozeß – "tout est social"[74] –, von dem aus die konkreten Manifestationen der Literatur erklärt werden können. Bourdieu ist
eine äußerst differenzierte Analyse dieser sozialen Prozesse innerhalb des
Feldes gelungen, die fern jeder mechanistischen Sicht liegt. Läßt sich
jedoch aus diesem Blickwinkel nicht bloß die soziale Funktion literarischer
Akte – Abgrenzung gegenüber anderen Positionen – erklären, sondern
auch der ästhetische Gehalt der Werke? Literatursoziologen, die von der
Literatur herkamen, gingen – im besten Fall – den umgekehrten Weg. Sie
legten zuerst formale und semantische Strukturen der Werke frei und
suchten dann in einem – aus soziologischer Sicht – grobgestrickten Verfahren über das Zurechnungsparadigma einen sozialen 'Träger' in der
Gestalt einer bestimmten sozialen Klasse auszumachen.
　　Für Bourdieu sind die formalen Aspekte der Werke keineswegs irrele-
vant; er geht aber nicht von ihnen aus, sondern versucht sie zu verstehen
und zu erklären von der Struktur des Feldes und der Position der Produzenten im Feld aus. Wenn es das Ziel der feldinternen literarischen
Kämpfe ist, das Monopol zu erreichen, mit Autorität zu sagen, was Literatur ist, so wird von der Definition der literarischen Legitimität eine symbolische Hierarchie der literarischen Gattungen abgeleitet, die mitgeprägt
wird durch den spezifischen oder nicht-spezifischen Charakter der Rezipienten dieser oder jener Kategorie von Literaturprodukten. Das Gattungssystem wird von der Feldtheorie durchaus analysiert, jedoch nicht mit dem
Gesellschaftssystem unmittelbar in Verbindung gebracht, sondern in seiner

---

74 Pierre Bourdieu, "Tout est social." Gespräch mit Pierre-Marc de Biasi, *Magazine littéraire*, 303, Oktober 1992, S. 110.

spezifischen symbolischen Wertigkeit innerhalb der Logik des Feldes untersucht. Eine Sozioanalyse wird so nach Bourdieu immer auch die formalen Aspekte des literarischen Produktes zu betrachten haben. Den verschiedenen Positionen im Feld der Produktion, die sich auch aus der Gattungswahl, aus den Publikationsorten, aber auch aus äußeren Indizien wie sozialer und geographischer Herkunft ablesen lassen, entsprechen die Positionen, die im Bereich der Ausdrucksformen, der literarischen oder künstlerischen Formen, der Themen, der subtilen formalen Indizien eingenommen werden, die die traditionelle Literaturbetrachtung seit langem erforscht hat.[75] Der Stil, die Form sind in den Augen Bourdieus ebenso soziale Phänomene wie die Autorenrechte, die Beziehungen der Autoren zu den Verlegern oder anderen Schriftstellern. Der Reduktionismus bestehe darin, der Schreibweise einen Ausnahmezustand, eine Art Exterritorialität gegenüber der sozialen Welt zuzuweisen.[76] Der Erklärungsmodus ähnelt dem Lucien Goldmanns: für den Autor des *Dieu caché* vermag die Kategorie der 'vision du monde' die formalen Aspekte der Werke ausreichend zu erklären; für Bourdieu kann die Schreibweise qua soziales Phänomen nur durch das Soziale – die Struktur des Feldes – interpretiert werden. Er spricht so einer extensiven Literaturbetrachtung das Wort: es gilt, die gängigen formalen und biographischen Analysen zu betreiben, aber gleichzeitig auch das Feld der Werke und das Feld der Produzenten zu rekonstruieren sowie die Beziehung zwischen den beiden Strukturen.[77] Im Gespräch mit Pierre-Marc de Biasi rief Bourdieu zu einer eigentlichen Kooperation zwischen den Vertretern des formalen und des soziologischen Ansatzes auf. Es sei Zeit, gemeinsam an einer Theorie der literarischen Produktion zu arbeiten. Warum können wir nicht eine umfassende Wissenschaft haben, die sich mit den formalen Fragen, den Gattungen, der Analyse des Textes und des 'avant-texte', des Stiles *und* der sozialen Bedingungen der Literaturproduktion beschäftigte?[78] Die Frage des Ausgangspunktes der Analyse wird hier nicht angesprochen, für Bourdieu ist sie jedoch evident: es sind die Feldstrukturen. Die Möglichkeit der Formanalyse wird durchaus eingeschlossen; doch liegen in diesem Bereich, wie

---

75 Pierre Bourdieu, *Choses dites*, S. 175.
76 "Dire que tout est social, c'est simplement dire qu'il n'y a pas de transcendance, et que l'écriture, avec toutes ses spécificités, reste un phénomène social qu'on ne peut pas expliquer autrement que par le social" ("Tout est social". Gespräch mit Pierre-Marc de Biasi, S. 110).
77 Pierre Bourdieu, *Choses dites*, S. 176.
78 "Tout est social". Gespräch mit Pierre-Marc de Biasi, S. 111.

Alain Viala moniert, noch nicht so viele exemplarisch wirkende Untersuchungen vor.[79]

In dem letzten Werk, *Les règles de l'art*, läßt sich indes eine Entwicklung der Betrachtungsweise von Bourdieu ablesen. In *La distinction*
standen soziale Gebrauchsweisen der Kulturgüter als Mittel der Distinktion
im Vordergrund, als Produkte unterschiedlicher Sozialisation und differen-
tiellen Bildungskapitals. Kunstwerke erschienen als Güter, die nicht durch
inhärente Eigenschaften, sondern allein durch das soziale und historische
Urteil zu solchen deklariert wurden. In *Les règles de l'art* scheint der
Autor indes eine universelle Dimension, mithin ein inhärentes ästhetisches
Substrat anzunehmen, das gerade durch eine nicht mystifizierende, unvor-
eingenommene soziologische Analyse erfaßt werden könne. Bourdieu
spricht, was bei ihm zu überraschen vermag, von den Kunstwerken als
"den höchsten Errungenschaften des menschlichen Schaffens"[80]. Gerade
in dem 'hors d'oeuvre' des Werkes *Les règles de l'art*, in der Analyse der
Education sentimentale, findet sich eine vertiefte Reflexion über den
Status der formalen Gestaltung, aber auch über die kognitive Funktion des
Kunstwerkes, die man in früheren Untersuchungen nicht getroffen hatte.
Der Schriftsteller spreche in seinem Werk von der Welt im Modus der
Freudschen Verneinung – wie wenn er nicht von ihr spräche.[81] Die Ar-
beit an der Form ermögliche eine partielle Anamnese der verdrängten
Tiefenstrukturen. "Muß man sich nicht fragen, ob auch der Schriftsteller

---

79 "La théorie bourdieusienne décrit correctement l'insertion des oeuvres littéraires dans le champ littéraire et celle du champ littéraire dans le champ social
d'ensemble. Autrement dit, elle donne un outillage de tout premier ordre pour
analyser 'le littéraire dans le social'. Elle donne aussi une hypothèse cohéren-
te pour analyser l'insertion 'du social dans le littéraire'. Mais à cet égard elle
demande à être encore travaillée, et poussée au-delà [...] peu de travaux ont
porté sur des oeuvres prises d'abord dans leur textualité, et analysées 'de
l'intérieur', avant d'être rapportées aux conditions et cheminements de leur
gestion et signification." (Alain Viala, "Sociopoétique", a.a.O., S. 180-181).

80 Pierre Bourdieu, *Les règles de l'art*, S. 15.

81 Diese Doppelstruktur der literarischen Erkenntnisweise, die verdeckt, um zu
offenbaren, wird auch andernorts betont. Dem literarischen Diskurs eigne die
Möglichkeit "de dévoiler en voilant ou de produire un 'effet de réel' déréali-
sant" (*Les règles de l'art*, S. 20). Mit seiner Aufmerksamkeit für die Frage
der 'mise en forme' distanziert sich Bourdieu von jenen Analysen, die die
Education sentimentale auf den Status eines soziologischen Dokuments
reduzieren, indem sie nur die äußerlichen Motive der 'Milieu-Beschreibung'
beachten, ohne die Frage nach der literarischen Spezifität zu stellen (S. 61).

allein, auch wenn er sich noch so sehr auf die alleinige formale Gestaltung konzentriert, dazu gebracht wird, als *Medium* (sozialer und psychologischer) Strukturen zu agieren, die zur Objektivierung gelangen, durch ihn und seine Arbeit an Leitwörtern."[82] Der Denkansatz erinnert ein wenig an Goldmann, für den auch gesellschaftliche Strukturen – allerdings als Weltbild einer Gruppe – sich über das Medium eines großen Schriftstellers in den kohärenten Werken äußern. Was aber führt den Schriftsteller dazu, als Medium zu agieren? Die Form erscheint als deutbares Indiz von Tiefenstrukturen. Das Konzept gemahnt auch an die psychoanalytische Vorstellung des Verhältnisses von Manifestem und Latentem, aber auch an die generative Grammatik Chomskys und deren Konzept von Oberflächen- und Tiefenstruktur.

Die eigentliche Leistung der literarischen Gestaltung besteht darin, daß Wirklichkeit modelliert, ein Bild konstruiert wird, das bloß notwendige, aussagekräftige, nicht kontingente Elemente enthält.[83] Wenn das literarische Werk soziale Strukturen zum Sprechen bringt, worin besteht dann dessen Differenzqualität gegenüber einer wissenschaftlichen soziologischen Analyse, die demselben Erkenntnisinteresse gehorcht?[84] Die Modalitäten sind nicht identisch. Das literarische Werk vermag durch seine Singularität, die über sich hinausweist, einen Tatbestand zu kondensieren, der in der wissenschaftlichen Analyse diskursiv ausgefaltet werden muß: "Der literarischen Schreibweise ist es eigen, in der konkreten Einzigartigkeit einer sinnenhaften Figur und eines individuellen Abenteuers, die gleichzeitig als Metapher und als Metonymie wirken, die ganze Komplexität einer Struktur und einer Geschichte zu konzentrieren und zu kondensieren, welche die wissenschaftliche Analyse mühsam auseinanderfalten und ausbreiten muß."[85] Die Tiefenstruktur, die dem Text zugrunde liegt, ist besonders

---

82 Pierre Bourdieu, *Les règles de l'art*, S. 20 (übersetzt von J.J.).

83 "Le travail d'écriture crée ainsi un univers saturé de détails significatifs et, par là plus signifiants que nature, comme en témoigne l'abondance des indices pertinents qu'il livre à l'analyse" (*Les règles de l'art*, S. 22).

84 "Vision que l'on pourrait dire sociologique" schreibt Bourdieu in bezug auf das analysierte Werk von Flaubert: "En effet, *L'Education sentimentale* restitue d'une manière extraordinairement exacte la structure du monde social dans laquelle elle a été produite et même les structures mentales qui, façonnées par ces structures sociales, sont le principe générateur de l'oeuvre dans laquelle ces structures se révèlent" (*Les règles de l'art*, S. 59-69).

85 *Les règles de l'art*, S. 48 (übersetzt von J.J.). Die Bewunderung gegenüber den unmittelbaren Wirkmöglichkeiten der Kunst, die das diskursive Denken

gut sichtbar in den Entwürfen. Die Strukturen, welche die Schreibweise durch die Arbeit der formalen Gestaltung verwischt und versteckt, offenbaren sich in den Vorstufen in ihrer ganzen Klarheit.[86] Man wird sich nach der Funktion der Operation der literarischen Gestaltung fragen. Wozu eine klare Struktur 'verwischen', 'verstecken'? Bourdieu unterstreicht die dialektische Natur dieser Operation: "enthüllen durch das Verhüllen"[87], "gleichzeitig offenlegen und verschleiern"[88]. Die Ambivalenz des Textes, die durch die Verwischung klarer Relationen entsteht, entspricht nach Bourdieu in der *Education sentimentale* der Ambivalenz der sozialen Position Frédérics, die dieser mit Flaubert teilt, der sich mit keiner seiner Personen identifiziert. Man wird bedauern, daß Ambivalenz bloß auf den partikulären Fall *einer* Romanfigur zurückgeführt und nicht als konstitutives Element von Literatur schlechthin thematisiert wird.[89]

nicht erreicht, schwingt auch in Bourdieus Gespräch mit Hans Haacke mit: "L'artiste est celui qui est capable de *faire sensation*. Ce qui ne veut pas dire faire du sensationnel [...], mais, au sens fort du terme, faire passer dans l'ordre de la sensation, qui en tant que telle, est de nature à toucher la sensibilité, à émouvoir, des analyses qui, dans la rigueur froide du concept et de la démonstration, laissent le lecteur ou les spectateurs indifférent" (Pierre Bourdieu/Hans Haacke, *Libre-Echange*. Paris, Seuil, 1994, S. 36).

86 Pierre Bourdieu, *Les règles de l'art*, S. 57.

87 Pierre Bourdieu, *Les règles de l'art*, S. 20.

88 Pierre Bourdieu, *Les règles de l'art*, S. 59. Das Zurückgehen auf die Vorstufen entspricht der Methode der 'critique génétique'. Die Untersuchung der verschiedenen Stufen der Manuskripte zeitigte in der Tat auch als Resultat der Gestaltung eine immer größere 'brouillage'. 'Klare' Relationen (kausaler oder chronologischer Natur) werden unkenntlich gemacht zugunsten größerer Ambivalenz und Ambiguität. Man könnte es damit bewenden lassen, mit Jakobson die Ambiguität als Signum des Literarischen zu erklären ("L'ambiguité est une propriété intrinsèque, inaliénable, de tout message centré sur lui-même, bref c'est un corollaire obligé de la poésie." R. Jakobson, *Essais de linguistique générale*. Paris, Editions de Minuit, 1970, S. 238). Die Ambiguität schafft zweifelsohne die Offenheit des Textes, die der Entzifferung durch den Leser bedarf, der sich selber einbringen muß. Die Vieldeutigkeit des Werkes erlaubt aber auch, eine Vielzahl von Situationen in ein außergewöhnliches Bild zu subsumieren. Siehe dazu auch Christoph Bode, *Ästhetik der Ambiguität. Zur Funktion und Bedeutung von Mehrdeutigkeit in der Literatur der Moderne*. Tübingen, Niemeyer, 1988.

89 Bourdieu inventarisiert eine große Anzahl der formalen Mittel der *Education sentimentale* und integriert damit – en passant – auch die Resultate formalisti-

Während die wissenschaftliche Analyse aufgrund ihres hohen Abstraktionsgrades und ihrer 'Klarheit' unmittelbar ihren Konstruktcharakter offenbart, schafft das literarische Werk wohl auch ein Konstrukt, aber gleichzeitig eine eigene Welt, der wegen ihrer Konkretheit dieselbe Evidenz zukommt wie der realen Welt.[90] Das literarische Werk vermöge wegen seines 'effet de croyance' mehr über die soziale Welt auszusagen als die wissenschaftliche Analyse; es handle sich um eine kontrollierte Offenbarung des Verdrängten. Wenn die Analyse der Tiefenstruktur die Erzählung eines Abenteuers auf ein schlichtes Protokoll eines Experiments reduzieren müsse, so habe dies etwas Ernüchterndes an sich, ermögliche aber, die Frage nach der literarischen Spezifität zu stellen: "die Verneinung, die die literarische Ausdrucksweise vollzieht, ist das, was die begrenzte Äußerung einer Wahrheit ermöglicht, die sonst unerträglich wäre."[91] Man erinnert sich an Nietzsche: "Wir haben die Kunst, damit wir an der Wahrheit nicht zugrunde gehen." Durch die Form, in der sich die literarische Objektivierung äußert, ist es möglich, die versteckteste oder tiefste Realität aufscheinen zu lassen, weil diese das Aufgedeckte gleichzeitig wie mit einem Schleier zudeckt.[92]

scher Analysen etwa eines Genette oder eines Roland Barthes. Diese formalen Elemente werden alle über *einen* Erklärungsansatz gedeutet: die Intention, die soziale Distanz zwischen dem Erzähler (und mithin auch dem Autor) zu den handelnden Personen und ihrer Welt zu markieren; dieses Bestreben äußere sich in der Verknüpfung von style direct, style indirect und style indirect libre, die es ermöglichen, die Distanz zwischen Subjekt und Objekt der Erzählung zu variieren, in der häufigen Verwendung der Formel 'comme si', die eine hypothetische Sicht der Personen übersetze, in der steten Wiederkehr von Imperfekt und Passé simple, die auch eine Distanz zur Gegenwart des Erzählers anzeige.

90 Bourdieu inventarisiert die Mittel und die Funktion der literarischen Fiktion so: "en donnant à *voir* et à *sentir*, dans des *évocations*, au sens fort des *évocations* capables de produire des effets, notamment sur les *corps*, par la 'magie évocatoire' de mots aptes à 'porter à la sensibilité' et à obtenir une croyance et une participation imaginaire *analogue* à celles que nous accordons d'ordinaire au monde réel" (*Les règles de l'art*, S. 60).

91 Pierre Bourdieu, *Les règles de l'art*, S. 60 (übersetzt von J.J.).

92 In der Aufdeckung des Verborgenen sieht Bourdieu die eigentlich kritische Funktion der Sozialwissenschaft und der Kunst: "Die Enthüllung des Verborgenen hat deshalb immer einen kritischen Effekt, weil in der Gesellschaft das Verborgene immer ein Geheimnis ist, vorzüglich gehütet, auch wenn niemand ausdrücklich beauftragt ist. Das Geheimnis trägt zum Fortbestand

Die Theorie des literarischen Feldes in der Auseinandersetzung
mit anderen Ansätzen

In *Les règles de l'art* konfrontiert Bourdieu die Theorie des literarischen
Feldes mit anderen Methoden der Literaturbetrachtung . Er setzt sich vor
allem mit dem Vorwurf auseinander, die soziologische Analyse zerstöre
die Spezifität des literarischen Werkes, profaniere es sozusagen durch ihre
Vorgehensweise. Damit behaupte man für das Werk einen Ausnahme-
status, der es dem wissenschaftlichen Zugriff entziehe. Bourdieu erklärt
diesen Widerstand gegen die Analyse aus der Tatsache, daß es sich hier
um 'schöpferische Individuen' handle und um Leser, die sich über eine
'schöpferische Lektüre' mit ihnen identifizierten. Die erklärende Analyse
werde darum ähnlich wie die Psychoanalyse als narzißtische Kränkung
empfunden. Diesem auratischen Verständnis wird mit großem Ernst, ja mit
Emphase ein wissenschaftlich-rationaler Zugang entgegengestellt, der nicht
bloß eine unreflektierte Identifikationshaltung unterminieren, sondern zu
einem echten Erkenntnisgewinn führen soll, da erst die Einsicht in die
Determinationen eine echte Freiheit ihnen gegenüber ermögliche und nicht
schon die bloß apodiktische Behauptung der Freiheit. Eine soziologische
Literaturbetrachtung breche mit dem "Idealismus der literarischen Hagio-
graphie", mit dem "prophetischen Pomp der großen Literaturkritik", dem
"priesterlichen Gemurmel der schulischen Tradition".[93] Die wissenschaftliche Analyse der sozialen Bedingungen der Produktion und der Rezeption
literarischer Werke zerstöre gerade nicht deren Singularität. Die Singularität scheine klarer auf nach der geduldigen Rekonstruktion des sozialen
Raumes, vor dessen Hintergrund ersichtlich werde, was ein einzelnes Werk

einer auf Tarnung ihrer stärksten Selbsterhaltungsmechanismen angewiesenen
Sozialordnung bei und dient den Interessen derer, die auf Erhaltung dieser
Ordnung bedacht sind" (Pierre Bourdieu, *Die Illusion der Chancengleichheit.*
Stuttgart, Klett, 1971, S. 15). Siehe dazu Bourdieu im Gespräch mit Hans
Haacke: "Or, comme dit un philosophe des sciences français, Gaston Bachelard, 'il n'est de science que du caché'. C'est dire que, dès le moment où l'on
a une science du monde social, elle révèle inévitablement du caché et en
particulier ce que les dominants n'ont pas envie de voir dévoilé [...] C'est dire
que lors même qu'elle ne fait que décrire des faits et des effets et porter au
jour des mécanismes [...], la science excerce un effet critique" (Pierre Bour-
dieu/Hans Haacke, *Libre-Echange,* S. 60-61).
93 Pierre Bourdieu, *Les règles de l'art,* S. 13.

notwendig mache.[94] Wenn man in der Logik des literarischen Feldes, welches die interesselosesten Interessen hervorbringe, den Existenzgrund der Werke in ihren historischen und transhistorischen Dimensionen suche, dann anerkenne man die Werke als Zeichen für etwas Verborgenes, für das sie Symptom seien.

Die Erklärungskategorie des literarischen Feldes artikuliert sich gegen die subjektzentrierte Methode Sartres, namentlich bei dessen Flaubert-Analyse. Sartre geht von einem 'projet originel' aus, das sich in einem Leben, das als kohärentes gesehen werde, verwirkliche. Bourdieu bezeichnet diese Sicht als 'retrospektive Illusion'.[95] Für Sartre steht am Beginn jeder menschlichen Existenz eine Art bewußter und freier Akt der Selbstbestimmung, der potentiell alle späteren Akte in sich enthalte. Der schöpferische Akt erscheint so als frei von jeder äußeren Determination. Sartre habe über diesen Mythos des 'Schöpfers ohne Ursprung' die paradoxale Position des Schriftstellers innerhalb des intellektuellen Feldes und innerhalb der Felder der Macht nicht zu erkennen vermocht, weil er als Schriftsteller diese Position selber einnahm.

Die strukturalistische Betrachtungsweise, die nach Sartre einsetzte, hat in den Augen von Bourdieu die immanente Betrachtungsweise weitergeführt, selbst wenn sie sich als wissenschaftlicher ausgab: "Formales Auseinandernehmen von Texten, die aus ihrem Kontext und ihrer Zeit losgelöst werden"[96] – so das Verdikt Bourdieus. Die Saussuresche Theorie betrachtet kulturelle Phänomene (Sprachen, Mythen und Kunstwerke) wohl als historische Erzeugnisse mit spezifischen Strukturen, ohne sich jedoch auf die ökonomischen und sozialen Bedingungen der Entstehung der Werke und der Autoren zu beziehen.[97] Die strukturalistische Semiologie von Jakobson bis Genette suspendiert die Geschichtlichkeit der kulturellen

---

94 Bourdieu wendet sich gegen den Vorwurf, der gegen die Sozialgeschichte der Literatur erhoben wird, sie nivelliere die künstlerischen Werte, indem sie zweitrangige Autoren rehabilitiere. Dabei werde vor diesem Hintergrund die Singularität offensichtlich: "Tout incline au contraire à penser que l'on perd l'essentiel de ce qui fait la singularité et la grandeur mêmes des survivants lorsqu'on ignore l'univers des contemporains avec lesquels et contre lesquels ils se sont construits" (*Les règles de l'art*, S.106).

95 Pierre Bourdieu, *Les règles de l'art*, S. 163.

96 Pierre Bourdieu, *Les règles de l'art*, S. 276.

97 Zur Kritik am Export des Modells der internen Linguistik Saussures als Paradigma der Sozialwissenschaften siehe Pierre Bourdieu, *Ce que parler veut dire. L'économie des échanges linguistiques*. Paris, Fayard, 1982, S. 8-9.

Werke. Das literarische Objekt wird als autonome Werkeinheit gesehen, die durch die Gesetze der Literarizität bestimmt ist, die über den Primat der ästhetischen Funktion definiert wird.[98] Der französischen Literaturstrukturalismus gehe so von der Annahme aus, das Werk liefere ausschließlich die Informationen, die zu seiner Entzifferung notwendig seien.

Diese Art der Literaturbetrachtung habe einen Ausweg aus der Krise eines autogenetischen Formalismus gesucht durch die Rückkehr zum Positivismus einer traditionellen Literaturgeschichte, unter der Denomination 'critique génétique'. Entwürfe, Manuskripte würden hier zum ausschließlichen Objekt der wissenschaftlichen Erklärung; die Adepten der genetischen Kritik bezeichneten ihren Ansatz selber als "eine Art Revolution der Literaturbetrachtung" (Pierre-Marc de Biasi). Für Bourdieu ist die Untersuchung der Textgenese durchaus legitim; er stört sich eher am hochtrabenden Anspruch und stellt eine Disproportion zwischen dem Aufwand an Gelehrsamkeit und den erzielten Resultaten fest. Die Untersuchung des 'avant-texte' lege wertvolles Material für die Analyse der Schreibweise offen. Diese lasse sich jedoch erklären aus den strukturellen Zwängen des Feldes und dem Raum der Möglichkeiten, die das Feld offenhalte. Das Zögern des Schriftstellers, die Korrekturen der Schreibweise würden auch gelenkt durch eine Vorwegnahme der möglichen Rezeption, die als Potentialität im Feld eingeschrieben sei.[99]

---

98 Der ausschließliche Primat der ästhetischen Funktion, mithin der Autoreferentialität, wird heute keineswegs mehr mit derselben Radikalität vertreten wie in den sechziger/siebziger Jahren. Siehe dazu neulich Robbe-Grillet: "A l'intérieur de ce groupe qu'on appelle le 'Nouveau Roman', il y avait un théoricien extrêmement rigoureux et un peu stalinien, Jean Ricardou, qui récusait toute idée de référent [...] les écrivains plus âgés, Claude Simon, Nathalie Sarraute et moi-même, avons des notions beaucoup plus flottantes sur le référent. Nous pouvons aller plus loin dans la direction indiquée par Ricardou, mais nous le faisons toujours avec une espèce de sourire en coin. Donc, dans les années 60, la grande évacuation des notions d'auteur et d'expérience vécue a été la source d'amicales disputes [...]" (Alain Robbe-Grillet, "Je n'ai jamais parlé d'autre chose que de moi", in: Michel Contat [Hrsg.], L'auteur et son manuscrit. Paris, P.U.F., 1991, S. 37). Zum Problem der Referenz siehe auch "Les référents du roman", Fabula [Lille], 2, Oktober 1983, sowie Philippe Hamon, "Texte littéraire et référence", Recherches sémiologiques [Neuchâtel], 53, März 1987, S. 19-26 und Philippe Hamon, "The naturalist Text and the Problem of Reference", in: Brian Nelson (Hrsg.), Naturalism in the European Novel. New York/Oxford, Berg, 1992, S. 27-45.

99 Bourdieu wird wohl dem Ansatz der 'critique génétique' nicht ganz gerecht,

Die stichhaltigste Begründung der strukturellen Analyse kultureller Werke findet sich nach Bourdieu bei Foucault. Dieser geht nicht von Einzelwerken, sondern von einem Geflecht von interdependenten Beziehungen aus. Das Prinzip der Erklärung wird allein im Feld des Diskurses gesucht. Dieser Ansatz scheint der Saussureschen Tradition der internen Linguistik verpflichtet zu sein. Für Bourdieu ist es aber nicht möglich, die kulturelle Ordnung (die Episteme) völlig unabhängig von den Akteuren und den Institutionen zu denken. Sonst bleiben die Veränderungen, die sich in diesem Bereich abspielen, unerklärt oder man müßte als Hypothese eine mysteriöse Art von systeminterner Selbstbewegung annehmen. Die Idee der kulturellen Einheit einer Epoche oder einer Gesellschaft verrate

wenn er diese als Rückkehr zum traditionellen Positivismus interpretiert. Der Begriff des 'avant-texte' stammt nicht von Genette, sondern von Bellemin-Noël (*Le Texte et l'Avant-texte* [1972]). Die 'critique génétique' erkennt selber durchaus, daß sie wohl über Methoden der Rekonstruktion des 'avant-texte' verfügt, daß sie aber für die Interpretation kritische Ansätze außerhalb suchen muß. So Pierre-Marc de Biasi: "La génétique textuelle ne comporte pas en elle-même un critère d'évaluation critique, mais un double objectif qui consiste, d'une part, à reconstruire, à rendre techniquement lisible et analysable l'antérieur-du-texte, son évolution, son travail interne jusqu'à sa forme définitive, et, d'autre part, à reconstruire la logique de cette genèse [...] le projet d'établir un avant-texte, ne peut être atteint qu'en rendant opératoire une démarche critique sélective, qui va, par exemple, reconstruire la genèse de l'oeuvre du point de vue du désir (psychanalyse), du point de vue de l'inscription de la société (sociocritique) ou encore du point de vue des conditions même de sa propre poétique (narratologie)" (Pierre-Marc de Biasi, "Vers une science de la littérature. L'analyse des manuscrits et de la genèse de l'oeuvre", *Encyclopedia Universalis*, Symposion, 1988, S. 468). Pierre-Marc de Biasi betont seinerseits, daß der Übergang vom Realen zum Text gerade in den Entwürfen am besten zu erfassen ist: "Pourquoi donc minimiser les richesses de cette immense source d'informations que sont les documents de rédaction de l'oeuvre? C'est un espace où vous pouvez observer directement la manière dont l'écrivain invente, innove, fait ses choix, où vous voyez se définir sous vos yeux ses stratégies les plus secrètes de défense et d'attaque. Pour une étude des conditions sociales des possibilités du texte, il me semble que c'est une mine!" Als Antwort auf diesen Einwand meinte Bourdieu, 'génétique textuelle' und 'génétique sociale' seien keineswegs sich ausschließende Ansätze (*Magazine littéraire*, 303, Oktober 1992, S. 110-111). Siehe dazu auch Almuth Grésillon, *Eléments de critique génétique*. Paris, P.U.F., 1994.

einen Hegelschen Gedankenansatz, als ob die Geschichte eine dem System inhärente Größe sei.[100] Die kulturelle Einheit einer Epoche werde durch den retrospektiven Blick des Betrachters erst geschaffen. Bourdieu negiert nicht die strukturellen Homologien zwischen den einzelnen Feldern; doch werde jedes Feld durch seine eigene spezifische Geschichte geprägt, die seine internen Spielregeln bestimmt. Nationale Traditionen stehen im Zusammenhang mit staatlichen und schulischen Strukturen. Verwiesen wird in diesem Kontext etwa auf den unterschiedlichen Stellenwert von Literatur und Philologie in Frankreich und Deutschland.

Interne und externe Analyse werden als jeweils partielle Ansätze eingestuft. Wer nur die Funktionen der Werke beachte, vernachlässige die Frage nach der internen Logik der kulturellen Produkte, ihre Struktur als sprachliche Gebilde – Elemente, die die strukturalistische Tradition privilegiert habe. Die funktionale Betrachtungsweise vergesse die eigentlichen Produzenten (Künstler und Schriftsteller) und die Institutionen, für die die Werke *auch* eine funktionale Rolle spielten. Wenn Max Weber als einer der ersten – für das religiöse Feld – die Rolle und die Interessenlage der 'Spezialisten' (Priester, Propheten) erkannt hatte, war er dabei sehr auf die Funktionen konzentriert und vermochte die Struktur der religiösen Botschaft selber kaum zu erklären. Er sah noch nicht, daß diese Welt der 'Spezialisten' einen relativ autonomen Kosmos darstellte, der durch objektive Beziehungen zwischen den einzelnen Positionen bestimmt wird. In den Augen von Bourdieu vermag der Begriff des Feldes die Antithese zwischen interner und externer Literaturbetrachtung zu überwinden, ohne daß dabei die Ergebnisse des einen oder des anderen Ansatzes aufgegeben werden müssen. Die Antinomie zwischen einer Struktur, die als synchron erfaßt wird, und der Geschichte wird transzendiert, wenn man den Motor

---

100 Die monistische These Foucaults einer kulturellen Einheit einer Epoche wird auch auf der Basis genauer Textanalyse von Bernhard Teuber in Frage gestellt. Foucault hatte die Epoche der Renaissance durch die Episteme der Ähnlichkeit bestimmt ("chercher la loi des signes, c'est découvrir les choses qui sont semblables") und das Zeitalter der Klassik durch das Paradigma der Repräsentation ("entre le signe et son contenu il n'y a aucun élément intermédiaire"). Nach Teuber begegnet man dem System der Repräsentation schon zu Beginn der Renaissance. Das Prinzip der Ähnlichkeit, das epistemologisch überholt scheint, überlebt jedoch auch später in Texten, die Teuber der karnevalesken Tradition zuschreibt (Bernhard Teuber, *Sprache – Körper – Traum: Zur karnevalesken Tradition in den romanischen Literaturen aus früher Neuzeit*. Tübingen, Niemeyer, 1989).

der Veränderung nicht in den Werken selber sucht, sondern in der Antinomie zwischen 'Orthodoxie' und 'Heterodoxie', die Max Weber für das religiöse Feld konstatierte, die ausgeweitet wird auf die Grundopposition zwischen den dominanten Positionen, die auf Bewahrung der symbolischen Ordnung aus sind, und denjenigen, die einen häretischen Bruch mit dieser Ordnung vollziehen. Mit dem Begriff des Felds wird ein Objekt konstruiert: "ein Blickpunkt über das Gesamt der Blickpunkte"[101].

---

101 Pierre Bourdieu, *Les règles de l'art*, S. 291.

DRITTER TEIL

Empirische Untersuchungen zum literarischen Feld Frankreichs

1

Die französische Klassik zwischen Autonomie und Heteronomie

Frühe Elemente des Autonomisierungsprozesses

Pierre Bourdieu hatte schon in seinen frühen Arbeiten zum literarisch-künstlerischen Feld eine Geschichte des Autonomisierungsprozesses der Literatur entworfen[1] und zeigte dabei auf, wie die Epoche vom Mittelalter bis zur Klassik von externen Legitimationsinstanzen (Kirche, Aristokratie) bestimmt war, die in der Lage waren, ihre ethischen und ästhetischen Vorstellungen auch im Bereich der Literatur durchzusetzen. Doch lasse sich schon im Florenz des 15. Jahrhunderts für die Sphäre der Kunst (Form/Stil) die Ausbildung einer eigenen künstlerischen Legitimität feststellen, die sich nicht mehr den religiös-politischen Normen subordiniere. Diese Bewegung wurde aber während zwei Jahrhunderten blockiert durch die absolutistische Monarchie und die Gegenreformation, die die Kunst wieder ihren Interessen unterzuordnen versuchten.

Man wird den Beginn des Autonomisierungsprozesses der Literatur nicht erst mit der Entstehung eines Literaturmarktes und eines erweiterten Publikums im 19. Jahrhundert ansetzen können. Die Tendenz zur Autonomie von Kunst und Literatur setzt im Grunde schon dann ein, wenn der Künstler/Schriftsteller beginnt, sein Werk zu signieren, es als Ausdruck

---

1 Pierre Bourdieu, "Le marché des biens symboliques", *L'année sociologique*, 22, 1971, S. 49-124, vor allem S. 30-54: "La logique du processus d'autonomisation". Ganz ähnlich in einem anderen Aufsatz: "Le mouvement vers l'autonomie [est] interrompu pendant près de deux siècles sous l'influence de la monarchie absolue et, avec la Contre-Réforme de l'Eglise, soucieuse l'une et l'autre d'assigner une position et une fonction sociales (c'est par exemple le rôle de l'Académie) à la fraction des artistes, coupés des travailleurs manuels sans être intégrés aux classes dominantes" (Pierre Bourdieu, "Disposition esthétique et compétence artistique", *Les Temps Modernes*, 295, 1971, S. 1349-1350).

eines eigenen Stil- und Formwillens mit seinem Namen bezeugt und somit
aus der Determinierung durch religiöse oder gesellschaftliche Zweckbindungen löst.[2] Es ist in der Tat zu einfach, einzig von der Alternative
Heteronomie/Autonomie auszugehen; zutreffender ist wohl die Vorstellung
von je unterschiedlichen Gewichtungen von Fremd- und Selbstbestimmung: "Das literarische oder künstlerische Feld ist", so hatte Bourdieu
ausgeführt, "der Ort einer Auseinandersetzung zwischen den beiden Prinzipien der Hierarchisierung, dem heteronomen Prinzip, das denen zuneigt,
die das Feld wirtschaftlich und politisch beherrschen, und dem autonomen
Prinzip [...] Der Grad der Autonomie variiert beträchtlich je nach Epoche

2   Siehe dazu Ernst Kris/Otto Kurz, *Die Legende vom Künstler* (Frankfurt a.M.,
     Suhrkamp, 1980, S. 24-25): "Ganz allgemein darf man vielleicht behaupten,
     daß das Bedürfnis, den Schöpfer des Kunstwerkes zu nennen, darauf schließen
     lasse, daß das Kunstwerk nicht mehr ausschließlich im Dienste religiöser,
     kultlicher oder im weiteren Sinne magischer Aufgaben stehe, daß es nicht
     mehr allein einem *Zwecke* diene, sondern daß sich eine Bewertung schon ein
     Stück weit von solcher Verknüpfung abgelöst habe. Anders gesagt: Die
     Einstellung, Kunst *als Kunst* zu sehen, als selbständiges Gebiet schöpferischer
     Leistung [...] kündigt sich an, wenn der Wunsch laut wird, den Namen des
     Meisters mit seinem Werk zu verbinden." Für die beiden Autoren begegnet
     man dieser Einstellung in der abendländischen Kultur des Mittelmeerbeckens
     bei den Griechen sowie in der des fernen Ostens. Zur Bedeutung der Signatur
     für die Malerei siehe Michel Butor, *Les mots dans la peinture*. Paris, Flamma-
     rion, S. 80. In *Les règles de l'art* schreibt auch Bourdieu, daß man den
     Beginn der Autonomisierung schon relativ früh ansetzen könne, in dem
     Augenblick, da spezifische Kultur-Schaffende erschienen, die für die Anerken-
     nung ihrer Unabhängigkeit und ihre spezifische Würde kämpften. Er verweist
     hier auf die Analyse Francis Haskells in bezug auf die italienische Barock-
     malerei (Francis Haskell, *Mécènes et peintres. L'art et la société au temps du
     baroque italien* [Paris, Gallimard, 1991]). "Francis Haskell évoque de la
     manière la plus rigoureuse la construction progressive d'un champ artistique
     obéissant à des normes propres et l'apparition d'une catégorie socialement
     distincte d'artistes professionnels, de plus en plus enclins à ne reconnaître
     d'autres règles que celles de la tradition spécifique qu'ils ont reçue de leurs
     prédécesseurs et de plus en plus capables de libérer leur production de toute
     servitude externe qu'il s'agisse des censures morales et des programmes
     esthétiques d'une Eglise soucieuse de prosélytisme ou de contrôles académi-
     ques et des commandes des pouvoirs politiques, et surtout d'affirmer et de
     faire reconnaître les critères spécifiques de l'évaluation de leurs produits" (*Les
     règles de l'art*, S. 358).

und nach den nationalen Traditionen, die die gesamte Struktur des Feldes bestimmen."[3]

Alain Viala hat als einer der ersten in minutiöser Weise die frühen Elemente des Autonomisierungsprozesses im Zeitalter der französischen Klassik herausgearbeitet, ohne dabei indes das Gewicht der weiterbestehenden Fremdbestimmung zu leugnen, sondern diese vielmehr zu nuancieren in seiner Untersuchung *Naissance de l'écrivain. Sociologie de la littérature à l'âge classique*[4]. Viala gelingt es, ein nuanciertes Bild zu entwerfen, weil er zum einen das Verhältnis von Autonomie- und Heteronomietendenzen als konfliktuelles und nicht als statisches darstellt und zum andern sich nicht auf die wenigen 'klassischen' Autoren beschränkt, sondern ein sehr breites Korpus der damaligen Literaturproduzenten – über 500 Autoren – untersucht, was eher erlaubt, Gesetzmäßigkeiten festzustellen.

Das akademische Netz

Das, was Viala das literarische Feld nennt, ist für ihn nicht bloß in Beziehung zu setzen mit dem politischen Kontext; es stellt vielmehr einen Teilbereich des intellektuellen Feldes dar. Bezeichnend ist indes die Tatsache, daß das literarische Feld im 17. Jahrhundert zum dynamischsten und einflußstärksten Teil des kulturellen Feldes geworden ist. Wenn heute

---

3 Pierre Bourdieu, "Le champ littéraire. Préalables, critiques et principes de méthodes", *lendemains*, 36, 1984, S. 13 (übersetzt von J.J.).

4 Paris, Les Editions de Minuit, 1985. Die folgenden Ausführungen nehmen Argumente einer Beprechung des Verfassers auf, die in der *RZLG* (10. Jg., Heft 3/4, 1986, S. 469-481) erschien. In den Augen von Alain Viala erlauben die verschiedenen Typen der Institutionalisierung der Literatur auch eine Periodisierung. Er unterscheidet so eine erste Periode, die sich vom Mittelalter bis zur Renaissance erstreckt (bei der Bourdieu schon erste Formen der Autonomisierung feststellte). In dieser Periode seien die einzelnen generischen Institutionen unmittelbar supra-literarischen Institutionen verpflichtet gewesen. Wenn es eine literarische Zensur gab, so ging diese von der Kirche oder politischen Autoritäten aus. Literatur sei, zumindest in Frankreich, noch nicht von anderen Bezirken des Wissens abgegrenzt worden. Ein erstes spezifisches literarisches Feld zeichne sich in Frankreich um die Mitte des 17. Jahrhunderts ab. (Alain Viala, "L'histoire des institutions littéraires", in: H.Béhar/R. Fayolle [Hrsg.], *L'histoire littéraire aujourd'hui*. Paris, Armand Colin, 1990, S. 126).

noch in Frankreich und nur in Frankreich "die Literatur von der Nation als repräsentativer Ausdruck"[5] empfunden wird – was nachhaltige Folgen für den Status des Schriftstellers und die Erwartungshaltung der Öffentlichkeit ihm gegenüber zeitigte[6] –, so findet diese Entwicklung zweifellos ihren Ausgangspunkt im 17. Jahrhundert. Einschneidendes Datum ist für Viala das Jahr der Gründung der Académie française (1635) – "die erste spezifische Struktur des literarischen Lebens"[7]. Er sieht in der Entstehung der Akademie nicht bloß ein Phänomen einer absolutistischen Kulturpolitik, sondern spricht von einem eigentlichen "akademischen Netz" – entstanden doch jetzt im ganzen Land über siebzig Akademien, die fast immer der Privatinitiative ihre Gründung verdankten und erst später einen öffentlich-rechtlichen Status bekamen. Auch die Académie française ging aus einem privaten Zirkel hervor, der sich seit 1629 um Chapelain, Ciry, Godeau und Conrart gebildet hattte. Das, was die Akademie auszeichnete, war die sich abzeichnende Professionalisierung; das Modell des Gelehrtenkreises, das noch dem enzyklopädischen Humanismus verpflichtet war, wurde abgelöst durch die – regelmäßige – Versammlung von Spezialisten,[8] innerhalb der man ausschließlich über sprachliche und literaturästhetische Probleme debattierte und auch normativ tätig wurde. Die Spezialisierung wird auch belegt durch die Gründung von Institutionen, die nicht-literarischen Teilbereichen galten: Académie de la peinture (1648), Académie des sciences (1666), Académie d'architecture (1671), Académie de musique (1672). Der Primat der Literatur äußert sich nach Viala schon rein quantitativ: von den 71 Akademien waren 56 literarische Gesellschaften, neun wissenschaftli-

---

5 Ernst Robert Curtius, *Die französische Kultur*. Bern/München, Francke, [2]1975, S. 74.

6 Siehe Joseph Jurt, "Schriftsteller und Politik im Frankreich der dreißiger Jahre", in: P. Brockmeier/H. Wetzel (Hrsg.), *Französische Literatur in Einzeldarstellungen*, Band 3: *Von Proust bis Robbe-Grillet*. Stuttgart, Metzler, 1982, S. 133-216.

7 Alain Viala, *Naissance de l'écrivain*, S. 15.

8 Die Autonomisierung eines Bereiches hängt nach Bourdieu eng zusammen mit der Ausbildung einer spezifischen Berufsgruppe, hier: 'intellectuel' vs. 'lettré', 'artiste' vs. 'artisan', Bourdieu zitiert dabei auch Engels, der die Konstituierung der Rechtsprechung als eines eigenen Bereichs in der arbeitsteiligen Gesellschaft mit der Entstehung der Gruppe der Berufsjuristen in Verbindung brachte. Nach Max Weber hängt die Entstehung der von ökonomischen Bedingungen relativ unabhängigen Kirchen ebenfalls von der Entwicklung einer Priestergruppe mit spezifischen Interessen und Tendenzen ab. (Pierre Bourdieu, "Le marché des biens symboliques", a.a.O., S. 51).

che und vier Maler-Akademien. Die Dominanz des literarischen Paradigmas manifestiert sich meines Erachtens noch deutlicher in den Kriterien der Kunstbetrachtung und -beurteilung der Académie de la peinture, die sich an denjenigen der *doctrine classique* orientierten (unité d'intérêt, vraisemblance, péripéties).[9] Hinzuzufügen ist, daß die Académie de la peinture – ähnlich wie die Académie française – Ort eines theoretisch-normativen Diskurses war, der veröffentlicht wurde.[10] Durch die Theorie-Produktion, aber auch durch das Lehrprogramm (Geometrie, Arithmetik, Anatomie, Astronomie, Geschichte) versuchte die Malerei, die nicht zu den sieben *Artes liberales* zählte, denselben Status wie die Literatur zu erreichen, sich aber auch aus der Zuständigkeit der Zünfte zu lösen, die ein artisanales Verständnis der Malerei vertraten, dies mit Hilfe der die Akademie fördernden monarchischen Macht.[11] Dem Sieg der professionellen Literaten ('littérateurs') über die Gelehrten humanistischen Zuschnitts ('lettrés') ging indes, wie Viala aufzeigt, eine intensive Auseinandersetzung über ästhetische und sprachliche Normen und damit über die dominanten kulturellen Modelle voraus. Zu den ersteren zählten auch die Sprachpuristen, die die Sprache der 'beaux-esprits' des Hofes zur Norm erhoben und in dieser Gruppe einen mächtigen Partner fanden. Den Standpunkt der 'lettrés' vertraten indes die Landadligen, die durch den Aufstieg der 'nouveaux doctes' ihr Verständnis der Literatur als eines 'divertissement' gefährdet sahen. Wenn sich die normative Funktion durch die Kodifizierung des 'goût' schon in den *Sentiments de l'Académie sur "le Cid"* äußerte, so wurde die linguistische Norm in Vaugelas' *Remarques sur la langue française* (1647) bezeichnenderweise durch den mondänen und den literarischen Sprachgebrauch begründet, wobei Viala auf die bemerkenswerte Zirkelhaftigkeit der Normenreferenz verweist, die den

---

9 Siehe dazu Joseph Jurt, "La peinture et le paradigme littéraire au XVIIe siècle", *Papers on French Seventeenth Century Literature*, XIV, 26, 1987, S. 61-81.

10 Siehe *Conférences de l'Académie Royale de Peinture et de Sculpture*, herausgegeben von H. Jouin. Paris, Quantin, 1883.

11 Dies wird etwa ersichtlich in dem Akademie-Bild von Nicolas Noir *Progrès des Arts et du Dessin en France* (1666), das auf allegorische Weise die Beschützerrolle des Königs und die Bedrohung durch die Ignoranz (Emblem der Zünfte) zeigt. Siehe dazu P. Georgel/A.-M. Lecoq, *La peinture dans la peinture*. Musée des Beaux-Arts de Dijon, 1983, S. 12-13 sowie Nikolaus Pevsner, *Academies of Art. Past and Present*. Cambridge, University Press, 1940, S. 87-88.

Kreis der Akademie als Richter und als Partei fungieren läßt: "Die legitime Sprache richtet sich nach dem mondänen mündlichen Gebrauch und dieser ist dem schriftlichen literarischen Gebrauch der puristischen Autoren unterworfen."[12] Die Akademie(n) verlieh(en) so den Literaten Würde und Ansehen; waren sie doch ein Ort der Information, der gegenseitigen Hilfe, der Anerkennung und der Legitimation des sozialen Status des Schriftstellers. Sie implizierten indes politischen und religiösen Konformismus sowie eine eher konservative Tendenz aufgrund der 'natürlichen' Überalterung – die Selbstergänzung funktionierte erst beim Ableben eines Mitgliedes – Tendenzen, die in die negative Bezeichnung 'académisme' eingingen. Mit ihrem gehobenen Prestige wurde die Akademie – vor allem ab 1670 – immer attraktiver für Klerus und Adel, was das Ansehen der Institution förderte, die Kräfte der Heteronomie jedoch stärker hervortreten ließ. "Im Bereich der Akademie ist so das literarische Feld zur Zeit der Klassik", das ist das Fazit Vialas, "der Ort einer permanenten Spannung zwischen der Dynamik der Autonomie und der Aufrechterhaltung einer geforderten Abhängigkeit".[13] In seiner Auseinandersetzung mit den Thesen Vialas relativiert Christian Jouhaud indes etwas die Idee des durch die Akademie-Gründung bewirkten Autonomieschubs. Wenn der Kreis um Conrart 1635 den Status einer staatlichen Institution (oder einer Institution des literarischen Lebens) erreichte, so bedeutete das auch einen großen Bruch mit den Werten, die den Kreis als Ort der Selbstverständigung konstruiert hatten, der sich durch die Freiheit der Rede und die Vielfalt der Schwerpunkte (Literatur *und* Hofangelegenheiten) ausgezeichnet hatte. Die Akademie mußte nun auch zwei Minister aufnehmen (Séguier und Servien) ebenso wie einige berühmte Schriftsteller und Pamphleteschreiber, die Richelieu nahestanden. Der 'Sieg' der 'littérateurs' über die 'doctes', der durch die Akademie bewerkstelligt wurde, zerstörte nach Jouhaud auch Solidaritäten und gewachsene Freiheitsräume. Die Gründung der Akademie schuf nicht nur Autonomie, sie schränkte diese an anderer Stelle auch wieder ein.[14]

---

12 Alain Viala, *Naissance de l'écrivain*, S. 37 (übersetzt von J.J.).
13 Alain Viala, *Naissance de l'écrivain*, S. 50 (übersetzt von J.J.).
14 Christian Jouhaud, "Histoire et histoire littéraire: naissance de l'écrivain", *Annales ESC*, Juli-August 1988, 4, S. 862.

Dienstverhältnis und Mäzenat

Das Erscheinen eines neuen Elements (der Akademien) modifizierte nach Viala das bestehende institutionelle Geflecht der klassischen Epoche. Wenn hinter den Akademien immer auch die politische Macht stand, so gab es aber auch andere Kanäle, die die Beziehungen zwischen den Machtzentren und der literarisch/künstlerischen Produktion bestimmten: das Dienstverhältnis ('clientélisme') und das Mäzenat. In modifizierter Weiterführung des mittelalterlichen Vasallenverhältnisses bildeten sich um große aristokratische Familien (Condé, Guise) oder kirchliche Würdenträger eine *clientèle*, bei der Treue und Dienstleistungen (Sekretariat, Verwaltung, Erziehung) durch Protektion und materielle Vorteile abgegolten wurden. Diese Dienstverhältnisse verschafften einer ganzen Reihe von Schriftstellern materielle Sicherheit. Das Mäzenat hingegen beruhte nicht auf einer Logik der Dienstleistung, sondern auf Anerkennung. Der Mäzen suchte durch seine Unterstützung das Schaffen eines Künstlers auszuzeichnen, wobei die Auszeichnung Geber und Nehmer symbolischen Gewinn brachte. Viala betont, daß diese Abhängigkeit durchaus eingestanden wurde, da sie auch einen Gewinn an Einfluß mit sich brachte. Der Förderer erwartete andererseits von den geförderten Schriftstellern, daß sie ihm ihre Dienste vor allem im Bereich der politisch-polemischen Literatur liehen, was infolge der wechselnden Allianzen und der Abhängigkeit der Autoren zu einer spezifischen, ambivalenten Schreibweise führte.

Das Mäzenat brachte dem Schriftsteller materiell weniger ein als ein Dienstverhältnis; es war kaum möglich, den Lebensunterhalt mit den Zuwendungen eines Mäzens zu bestreiten. Viala eruierte für die Zeit von 1642 bis 1665 Dienstverhältnisse bei etwa 400 Schriftstellern, jedoch weniger als 70 mäzenatische Förderungen. Aufgrund der strengeren Selektion brachte das Mäzenat insbesondere symbolischen Gewinn; es führte aber auch zur Förderung bestimmter Literaturtypen wie der epideiktischen Gattung, der Lobdichtung, der 'divertissements'; der Schluß des *Tartuffe* ist so eine offensichtliche Huldigung Molières an seinen Mäzen. Während vor der Fronde private Mäzene (Condé, Retz, Nevers) keine Seltenheit waren, wurde das Mäzenat nachher immer mehr zu einer exklusiven monarchisch-staatlichen Institution, deren Bedeutung der König durch seine Präsenz bei der Gewährung der Förderung unterstrich; durch den offiziellen Charakter der Einrichtung wurde der Vorrang der Literatur bestätigt, der soziale Status des (ausgezeichneten) Schriftstellers erhöht, aber gleichzeitig auch dessen Abhängigkeit. Viala spricht zu Recht von den "Spannungen zwischen einer literarischen Welt im Aufschwung und

einer politischen Macht, die, indem sie die Rolle des Mäzens für sich
beanspruchte, gleichzeitig sich anderen Formen der sozialen Bestätigung
der Schriftsteller widersetzte"[15].

Autorenrechte und neues Publikum

Wenn die Akademien die Spezifität des Literarischen offensichtlich machten und das Mäzenat dessen Ansehen förderte, so waren doch die Autono-
miebestrebungen der Schriftsteller undenkbar ohne die Anerkennung der
Autorenrechte. Viala zeichnet hier detailliert auf, wie die Schriftsteller des
17. Jahrhunderts für die moralischen und materiellen Rechte auf ihre Texte
kämpften, zunächst den Respekt des Wortlautes durchsetzten durch Prozesse gegen Fälschungen und Plagiate. Das geistige Eigentum der Texte
konnte nur durch eine staatliche Instanz garantiert werden, was wiederum
ein Lavieren zwischen den Interessen der Verleger und denjenigen der
Autoren ermöglichte. Nach 1660 suchte der Staat nach Viala die Autorenrechte einzuschränken, da er eine zu große schriftstellerische Unabhängigkeit befürchtete. Denn die Autorenrechte brachten eine relative finanzielle
Unabhängigkeit mit sich. Autoren wie La Rochefoucauld, La Bruyère oder
Boileau, die kommerzielle Gewinne aus dem Buchhandel verachteten, die
mäzenatischen Zuwendungen jedoch billigten, waren eher in der Minder-
zahl. Größte materielle Gewinne waren durch die Theater- und die Romanproduktion zu erzielen. So spielten Corneille, Racine und Molière jährlich
etwa 1000 bis 2000 livres ein; dazu kamen noch etwa 1500 bis 2000 livres
an mäzenatischen Zuwendungen: "Diese Einnahmen ermöglichten eine
angemessene Wohnung, ein oder zwei Dienstboten, den Lebensstil eines
gehobenen Bürgers oder eines bescheidenen Adligen."[16] Die
Autorenrechte waren so der materielle Ausdruck des beim Publikum
erworbenen Ansehens, das der Mäzen belohnte und für sich zu vereinnahmen trachtete – auch hier wieder die Spannung zwischen Autonomie
und Abhängigkeit. Die brutalste Form der Heteronomie, der direkten
staatlichen und kirchlichen Intervention, war allerdings die Zensur. Die
Garantie des Textes wurde erkauft durch das direkte Mitspracherecht
dieser heteronomen Instanz. Viala sieht darin die Kehrseite des Mäzenats.

---

15 Alain Viala, *Naissance de l'écrivain*, S. 84 (übersetzt von J.J.). Zum ganzen
    Problemkreis des Mäzenats siehe auch Alain Viala, "Argent, littérature et
    propagande: les écrivains du Roi-Soleil", *L'Histoire*, 145, Juni 1991, S. 14-22.
16 Alain Viala, *Naissance de l'écrivain*, S. 114 (übersetzt von J.J.).

Wenn das 'dépôt légal' schon 1537 von Franz I. eingeführt wurde, so wurde es im selben Jahrzehnt systematisiert, als sich auch das königliche Mäzenat durchsetzte. Für Viala ist die Zensur jedoch eine defensive Instanz, die von der wachsenden Autonomie des literarischen Feldes zeugt.[17]

Eine wichtige Instanz, die ebenfalls zur Autonomisierung des Literaturbetriebs beitrug, war nach Viala zweifellos das sich erweiternde Publikum. Neben den traditionellen Adressaten (Hof und Gebildete) entstand in der Tat eine breite Gruppe von Lesern und Theaterbesuchern, die durch die Schriftsteller geformt wurde mittels der Kanäle der Presse, der Salons und der Schule. Gerade die Presse vermochte aufgrund ihrer Periodizität zur Entstehung eines Publikums von Kennern beizutragen. Zu den Frühformen der Presse zählt der Verfasser die kollektiven Sammelbände literarischer Texte (vor allem von Gedichten). Eine radikale Innovation stellte jedoch die Gründung von Zeitschriften dar, die den Aktionsradius der gebildeten Kultur erweiterten (so der *Mercure de France* als erste Zeitschrift im Jahre 1611 und dann 1631 *La Gazette* von Théophraste Renaudot). Die Literaten spielten innerhalb der Presse gleich zu Beginn eine zentrale Rolle, was ihre Vormachtstellung innerhalb des intellektuellen Feldes stärkte; gleichzeitig wurde die Presse vom Staat streng kontrolliert. Auch hier wiederum jene widersprüchliche Situation, die ein sich konstituierendes literarisches Feld charakterisiert: "Einerseits ermöglichen neue Mittel dem Schriftsteller, seine Stellung in der Gesellschaft zu verstärken; andererseits kann er davon nicht profitieren, ohne gleichzeitig die Wirkung einer stärkeren Verpflichtung gegenüber den Mächtigen auf sich zu nehmen."[18]

Die Salons bildeten schließlich ein weiteres Medium zwischen den

---

17 Zur Zensur siehe auch die sehr differenzierte und informative Untersuchung von Edgar Maas, *Literatur und Zensur in der frühen Aufklärung.* Frankfurt a.M., V. Klostermann, 1981. Viala berichtet in einem anderen Zusammenhang, daß der Text im 17. Jahrhundert seinen sozialen Status durch die Drucklegung gewann. Der repressive Apparat des Staates verfolgte vor allem die Drucker, Buchhändler, die Vertreibenden viel mehr als die Autoren. Man bestrafte mehr die Verbreitung als die Konzeption der Werke. Darum zirkulierten oppositionelle Werke auch in handgeschriebener Form. Das Manuskript als Original eines Textes hatte indes niemals den Stellenwert, den es im 19. Jahrhundert haben wird. (Alain Viala, "L'écrivain et son manuscrit", in: Michel Contat [Hrsg.] *L'auteur et le manuscrit.* Paris, P.U.F., 1991, S. 106-108).

18 Alain Viala, *Naissance de l'écrivain,* S. 132 (übersetzt von J.J.).

Autoren und einer Fraktion ihrer Leserschaft. Bis 1665 stieg ihre Bedeutung ständig an, bis sie vom Hofleben überschattet wurden; bis 1650 stand der aristokratische Salon des Hôtel de Rambouillet im Zentrum; nachher diversifizierte sich die Salonkultur (allein in Paris gab es über 40 Salons). Viala schätzt das Salonpublikum auf etwa 8 000 bis 10 000 Personen. Die Salons führten der Literatur neue Publikumsschichten (die Adligen und die Frauen) zu, trugen aber auch wesentlich zur Bildung des herrschenden Geschmacks bei: Ein mondäner, nicht gelehrter Umgang mit der Literatur wurde gepflegt und der linguistische und ästhetische Purismus gefördert. Damit trugen auch die Salons zum Sieg einer Literaten-Fraktion bei, die schon in den Akademien das Sagen hatte.

Eine Literatur gewinnt an Sozialprestige und zusätzlichen Diffusionsmöglichkeiten, wenn ihre Autoren in den Schulkanon aufgenommen werden. Die schulische Ausbildung war aber, wie Viala ausführt, im 17. Jahrhundert nach wie vor durch das Latein und das Studium der Autoren der Antike bestimmt. Die französische Literatur gewann aber immer mehr an Terrain in Randzonen: private Erzieher bezogen sich auf französische Autoren; die Dictionnaires begründeten die linguistische Norm durch Beispiele, die aus der zeitgenössischen Literatur stammten; die Lehrer von Port-Royal begannen in Französisch zu unterrichten – eine Bewegung, die in die Forderung Le Blancs (in *L'Etude des Belles-Lettres*, 1712) mündete, die französische Literatur ebenso zu studieren wie die antiken Autoren.

Die Entstehung eines neuen Publikums für eine neue Literatur läßt sich nach Viala am Ansteigen der Buchproduktion ablesen, die sich innerhalb von hundert Jahren fast verdreifachte (wurden 1600 jährlich etwa 380 Bücher verlegt, waren es 1700 schon über 1000). Innerhalb des Publikums unterscheidet Viala eine Schicht der Volksliteratur, eine Schicht der Macht, der gelehrten Literatur sowie eine breite neue Zwischenschicht von Adligen, reichen Bürgern und Vertretern des mittleren Bürgertums, die sich durch ihre kulturellen Kompetenzen auszuzeichnen suchten. Die Legende der kulturellen Ignoranz der Adligen läßt sich nach dem Verfasser keineswegs aufrechterhalten. Innerhalb dieser neuen Publikumsschicht, die Wissen schätzte, das Ausbreiten spezialisierten Wissens jedoch verpönte, entstand das Ideal des 'honnête homme' – ein gesellschaftliches Verhaltensideal, das auf Höflichkeit beruhte, auf einer Kunst der Formen sozialer Beziehungen, die man sich erwirbt und die erst später als angeborene Eigenschaft von Personen bestimmter Stände betrachtet wurde. Die Schriftsteller verkörperten eine Art Synthese von puristischem Erbe und

Honnêteté-Ideal.[19] Das letztere findet seine Vollendung in der vor allem von Abbé Bouhours artikulierten Vorstellung des 'bel esprit': "Ein Schriftsteller, der sich als 'honnête homme' darstellt und Literatur als Liebhaber betreibt."[20] Die Vorstellung des 'bel esprit' ist so der Konvergenzpunkt zwischen den Schriftstellern und den adligen 'honnêtes hommes'. Der Wert der Urbanität vereint und transzendiert das mondäne und das literarische Ideal; die Literatur zählt so zu den eminenten kulturellen Werten, und der Schriftsteller wird nun der sozialen Elite zugerechnet. Das neue Publikum trägt dazu bei, den Autonomiespielraum der Schriftsteller zu erweitern (die materielle Unabhängigkeit wird größer, die Unabhängigkeit gegenüber den Gelehrten nimmt zu; das Tout-Paris verleiht schließlich ein Ansehen, das ebensoviel Gewicht hat wie die Zustimmung der politischen und religiösen Autoritäten). Der Schriftsteller ist aber andererseits den gerade herrschenden Haltungen des Adels verpflichtet.

So bildete sich im 17. Jahrhundert ein ganzes Netz von Konsekrationsinstanzen aus, das geprägt wurde durch die interne Spannung der Vertreter verschiedener Literaturkonzeptionen ('littéraires' vs. 'lettrés'), aber auch durch die Spannung aufgrund der Beziehungen zu den extra-literarischen Kräften (die sowohl materielle Mittel als auch symbolische Gewinne verliehen). Jedes Element dieses Geflechts erhält seine Bedeutung erst durch seine Beziehung zur Gesamtstruktur, so daß immer wieder der 'Feldeffekt' zum Tragen kommt. Es ist bezeichnend, daß die Schriftsteller die literarischen Verhältnisse über räumliche Vorstellungen und die Auseinandersetzungen mittels der Schlachtfeld-Metapher ausdrücken. Wegen der komplexen Struktur des Feldes versuchten sie, in mehreren Institutionen präsent zu sein (Akademie, Salons, Mäzenat), und hüteten sich deshalb vor allzu abrupten ästhetischen Stellungnahmen. Die einzelnen Gattungen hatten nicht überall dasselbe Gewicht: So wurde das Epos in mondänen Kreisen wenig geschätzt, wohl aber in den Akademien und bei den Mäzenen. Die Tragödie hingegen fand ein positives Echo beim Publikum *und* in den Institutionen.

Viala arbeitet aber auch gut das hierarchische Verhältnis der Institutionen heraus: Die unterste Stufe bildete das Dienstverhältnis (Kliententum), das materielle Mittel, aber keine literarische Anerkennung einbrachte; die

---

19 Zu den literarischen Rahmenbedingungen des Honnêteté-Ideals und dessen sukzessiver Überwindung siehe Roland Galle, "Honnêteté und sincérité", in: Fritz Nies/Karlheinz Stierle (Hrsg.), *Französische Klassik. Theorie – Literatur – Malerei*. München, Fink, 1985, S. 33-60.

20 Alain Viala, *Naissance de l'écrivain*, S. 149.

Salons verliehen soziales Prestige und vermittelten Informationen über die aktuellen Geschmackstendenzen. Die Akademie war die Institution, die sich am spezifischsten mit Literatur befaßte und die ästhetischen Normen festlegte. Den höchsten Ruhm verdankte man indes der äußerst selektiven mäzenatischen Auszeichnung. Diese allgemeinen Tendenzen nuancieren sich zweifellos wieder von Fall zu Fall. Schließlich bildete auch das Publikum eine wichtige Instanz literarischer Macht. Die Schriftsteller waren darum gezwungen, ein 'mehrfaches Bündnis' einzugehen: sowohl dem mondänen Publikum zu gefallen, das über den Erfolg entschied, aber auch den Institutionen, die die Normen festlegten.[21] "Nur unter Zustimmung beider Instanzen konnte man sich einen Namen machen."[22] Darin unterschied sich dieses erste literarische Feld von demjenigen des 19. Jahrhunderts, das durch die Dichotomie zwischen einem engen Feld (Legitimationsinstanz: Schriftsteller und Literaturkritik) und einem breiten Feld (einzige Legitimationsinstanz: Publikumserfolg) gekennzeichnet ist.[23] Die Wirkungen der Heteronomie sind in diesem ersten literarischen Feld − so das Fazit Vialas − noch stärker als diejenigen der Autonomie. Die Schriftsteller müssen nach wie vor mit den außerliterarischen Kräften (Aristokratie, Kirche, Staat) rechnen: Der Staat gibt der entstehenden Autonomie über die Akademien ein Fundament und anerkennt über die mäzenatische Auszeichnung literarischen Ruhm, hält aber auch die Abhängigkeit aufrecht durch die Institution der Zensur und die Einschränkung der Autorenrechte.

21 In einem gewissen Sinne werden so die Schlußfolgerungen von Jacques Scherers *Dramaturgie classique en France* (Paris, Nizet, 1959, S. 433) bestätigt: "Ce qui fait l'originalité et la grandeur du théâtre classique c'est qu'il rassemble d'une part un public populaire, ardent, exigeant, amoureux de toutes les formes de la vie, et d'autre part des auteurs les plus épris de rigueur qui aient jamais été."
22 Alain Viala, *Naissance de l'écrivain*, S. 168. Das Kapitel über "die Hierarchie des ersten literarischen Feldes" aus dem Buch von Viala ist in deutscher Übersetzung erschienen in: *Sprache im technischen Zeitalter*, 104, 1987, S. 321-338.
23 Siehe dazu Pierre Bourdieu, "Le marché des biens symboliques", a.a.O., S. 49-124.

Strategien und Laufbahnen

Nach der Rekonstruktion der Struktur des literarischen Feldes zeichnet Viala die Strategien und Laufbahnen der Schriftsteller im 17. Jahrhundert nach. Zu Recht betont er, daß die Strategien nicht einfach das Produkt eines bewußten Kalküls sind, sondern oft auch Resultat der unbewußten Anpassung an die Bedingungen des Feldes.[24] Generell lassen sich zwei Karrieretypen unterscheiden, das kanonische Modell des *cursus honorum* und die "stratégie de l'audace". Die Vertreter des ersten Typus richteten ihre Werke zuerst an die Institutionen (Akademie, Salons, Presse), deren Zustimmung sie vor derjenigen des mondänen Publikums suchten. Die Werke dieser Autoren bewegen sich innerhalb der Norm, in der Nähe der Institutionen und der politischen Macht. Der literarische Erfolg wird so auch zu einem Instrument des sozialen Aufstiegs. Die Vertreter der "stratégie de l'audace" wenden sich zunächst an das erweiterte Publikum, um nachher den dort erworbenen Ruhm von den Institutionen bestätigen zu lassen. Hier ist nicht so sehr Normenkonformität, sondern Originalität gefragt. Wenn Racine oder Corneille das "plaire" zur obersten Richtschnur erklären, dann sind das Symptome der Erfolgsstrategie. Diese Laufbahn führt meist zu schnellem Erfolg (oder Mißerfolg) im Gegensatz zum langsamen Marsch durch die Institutionen des *cursus honorum*: Den Durchbruch schaffte Racine schon nach fünf, Saint-Amant nach sechs, Corneille nach sieben Jahren. Dieser riskante Karrieretypus wird meist von Autoren mit geringem familiärem Startkapital, aber mit solider Ausbildung gewählt, die nichts zu verlieren, jedoch alles zu gewinnen haben: Corneille war Sohn eines kleinen Advokaten, war aber Jesuitenschüler gewesen; Racine stammte aus einem noch einfacheren Beamten-Milieu, genoß in Port-Royal indes eine ausgezeichnete Ausbildung. Diese kühnen Strategien schlagen sich nieder in einem hohen Innovationsgrad. Der bestehende Spielraum wird wohl nicht überschritten, doch bis zu den Grenzen ausgenutzt: man denke an Racines ganz persönliche Tragödienkonzeption (die

---

24 Siehe dazu Pierre Bourdieu: "Je dois insister une fois encore sur le fait que le principe des stratégies philosophiques (ou littéraires, etc.) n'est pas le calcul cynique, la recherche consciente de la maximisation du profit spécifique, mais une relation inconsciente entre un habitus et un champ. Les stratégies dont je parle sont des actions objectivement orientées par rapport à des fins qui peuvent n'être pas les fins subjectivement poursuivies" (Pierre Bourdieu, *Questions de sociologie*. Paris, Editions de Minuit, 1980, S. 119).

sich aufgrund ihrer Handlungsarmut schon der Lyrik näherte) oder an diejenige Corneilles, die der Romangattung nahekommt.

Alain Viala hat 1990 Racine eine eigene Monographie gewidmet (*Racine. La stratégie du caméléon*), dessen Laufbahn er vor allem aus einer kalkulierten Erfolgsstrategie erklärt. Der Autor habe über ein chamäleonhaftes Ethos verfügt, die kulturellen Nachfragen des relevanten Publikums gleich erkannt und stets in seinen Werken eine unmittelbare Antwort gegeben. Durch seine Arbeit und den sozialen Erfolg versuchte er, seine niedrigere soziale Herkunft zu kompensieren. Der These eines jansenistischen Racine, die Goldmann vertrat, vermag Viala nicht beizupflichten. Racine habe in Port-Royal wohl Wissen und Arbeitstechniken erworben, ohne dabei allerdings die Wertvorstellungen zu verinnerlichen: Eine solche Permanenz wäre seiner opportunistischen Strategie zuwidergelaufen. *Phèdre* wird so nicht durch ein jansenistisches Substrat erklärt, sondern durch das Spiel des unmittelbaren Kontextes. Der Autor habe in seinem Stück die Wende der Herrschenden in Richtung eines religiösen Integralismus radikalisiert. Durch die Transposition moralischer Konflikte kam er auch dem Kreis der Gelehrten und Kleriker entgegen, der neben dem Pariser Publikum und dem Hof eine der drei Fronten darstellte, die für seine Karriere entscheidend waren.[25]

Was die Population der Schriftsteller betrifft, so stellt Viala vor allem die massive Beteiligung des Adels fest. Ein Drittel der nicht-geistlichen Schriftsteller waren Adlige. Unter den zahlreichen geistlichen Autoren stammten ebenfalls eine schöne Anzahl aus dem Adel. Die These des aufsteigenden Bürgertums als des sozialen Substrats der Schriftsteller muß nach Viala revidiert werden. Der Einwand der Überzahl von Autoren bürgerlicher Herkunft besagt nach dem Verfasser wenig: "Das Bürgertum stellte nicht eine geschlossene, kohärente Klasse dar, sondern unterlag

---

25 Alain Viala, *Racine. La stratégie du caméléon*. Paris, Seghers, 1990. Für Viala ist die Rückführung Racines auf das jansenistische Substrat zu einfach, weil es eine Vielzahl anderer Prismen vernachlässige. Goldmann rekurriere letztlich auf die Erklärungskategorie des Genies, ähnlich wie Roland Barthes, der das 'große Werk' völlig aus dem historischen Kontext löse: "L'oeuvre est là, elle est grande, on ne se demande pas d'où elle vient, comment elle est là, qui ou quoi l'a faite ou l'a désignée comme grande, on rappelle toute l'histoire, on s'embarque libre sur des pures structures; ça peut donner des idées intéressantes; mais ça ne dit pas grand chose de ce qu'est l'échange culturel tel qu'il se vit, entre des humains bien humains, dans ce chaudron qui s'appelle une société" (*Racine*, S. 268).

ständig der Anziehung der beiden dominanten Pole." Viala betont zu Recht, daß man nicht von einer mechanistischen Determination durch die Ursprungsklasse ausgehen dürfte, indem man vergesse, daß der Adel nach wie vor *die* Referenzklasse war. Der Adel war im 17. Jahrhundert zur dominanten Kraft des literarischen Milieus geworden und sollte es noch ein Jahrhundert bleiben. Nach R. Darnton waren noch 1750 25 Prozent der Schriftsteller Adlige.[26]

Der neue soziale Status der Schriftsteller spiegelt sich schließlich auch in einer neuen Denomination. Während der Begriff 'poète' einer nun schon veraltet geltenden Inspirationsästhetik zugeschrieben wurde und derjenige der 'gens de lettres' noch nicht zwischen Gelehrten und Schriftstellern differenzierte, bezeichnete der neue Begriff 'écrivain' den Schöpfer von Werken mit ausgesprochener ästhetischer Zielsetzung. Der Kunstcharakter war so ein wesentliches Kriterium der Produktion eines 'écrivain', aber auch dasjenige der Publikation der Werke – ein soziales Kriterium also: "Nur derjenige kann als Schriftsteller bezeichnet werden, der das Risiko auf sich genommen hat, sich dem öffentlichen Urteil auszusetzen und seinen Namen auf dem literarischen Markt aufs Spiel zu setzen."[27] Gleichzeitig mit dem neuen Begriff des 'écrivain' änderte sich auch derjenige der 'littérature'. In den Wörterbüchern des 17. Jahrhunderts bezeichnete 'littérature' die Rezeption und nicht die Produktion von Texten; die Dictionnaires der Akademie und von Furetière differenzierten den Begriff: "Historisch gesehen ist die Klassik der Zeitpunkt, wo eine Literatur als Kunst sich im Begriff und in der Praxis vom gelehrten Schrifttum abhob."[28] Wenn Voltaire in seinem *Dictionnaire philosophique* schrieb, der Begriff 'littérature' beziehe sich auch auf gelehrte Werke, sollte sich aber auf ästhetische Werke beschränken, dann belegt dies – nach Viala – eine noch weiterdauernde Auseinandersetzung zwischen einem archaischen und einem modernen Literaturbegriff.

---

26 Man staunt, daß Viala, der durchaus auch deutschsprachige Untersuchungen kennt, in diesem Zusammenhang nicht auch Erich Auerbachs bedeutende Studie "La cour et la ville" nennt, die sich in vielem mit seiner Analyse trifft (Erich Auerbach, "La cour et la ville", in: ders., *Vier Untersuchungen zur Geschichte der französischen Bildung.* Bern, Francke, 1951, S. 12-50).

27 Alain Viala, *Naissance de l'écrivain*, S. 278 (übersetzt von J.J.).

28 Alain Viala, *Naissance de l'écrivain*, S. 283.

Emanzipation und Instrumentalisierung

Durch die minutiöse Rekonstruktion des literarischen Feldes und der Schriftstellerstrategien im 17. Jahrhundert stellt Viala in der Tat das tradierte harmonische Bild des 'grand siècle', des 'esprit classique' in Frage; denn das Bild einer spontanen Klassik verdeckt die zahllosen Spannungen, Konflikte, den langen *Prozeß* der Durchsetzung des herrschenden Geschmacks. Zu 'Klassikern' sind – infolge der Schulkanonisierung der folgenden Epoche – gerade jene Autoren geworden, die in ihrer Zeit zur minoritären Gruppe der Neuerer zählten. Das Zeitalter der Klassik ist für Viala eine Zeit des schmerzlichen kulturellen Umbruchs. Ausgangspunkt ist für ihn das Jahr der Gründung der Académie française 1635 als Beginn des Autonomisierungsprozesses, der um 1695 mit dem Erscheinen des Dictionnaires einen ersten Abschluß findet. Entscheidend ist aber der Einschnitt 1650: Die Akademien vervielfachen sich; das staatliche Mäzenat wird systematisiert; gleichzeitig werden die Autorenrechte eingeschränkt; die Pariser Hegemonie verstärkt sich, und eine neue literarische Generation tritt auf den Plan. Die Fronde fungiert für Viala als wichtiges Erklärungsmuster dieser Entwicklung. Der Höhepunkt einer wirtschaftlichen und sozialen Krise wirkte als Katalysator für die Entstehung des literarischen Feldes vor allem durch ihre mittelbaren Folgen: Die großen privaten Mäzene waren gestorben oder zum Exil gezwungen, währenddessen der Stern Fouquets aufging. Der Adel wurde seßhaft und besuchte vermehrt die Salons und die akademischen Zirkel. Der Niedergang der Parlamente und des Kliententums beraubte die Gelehrtenschicht ihres sozialen Substrates. Aber auch mentalitätsgeschichtlich war zwischen der Publikation des *Discours de la méthode* (1636) und der *Principia* von Newton (1687) ein entscheidender Wandel zu verzeichnen. Die hergebrachten wissenschaftlichen Vorstellungen, aber auch die aristotelischen Überzeugungen wurden erschüttert, was eine Spezialisierung und Absonderung der einzelnen kulturellen Bereiche zur Folge hatte. Die Literatur emanzipierte sich vom humanistischen Enzyklopädismus, gewann an sozialem Wert und Prestige, wurde zu einer Macht, mit der die Öffentlichkeit rechnen mußte, ohne jedoch die volle Autonomie zu erlangen. Es wäre verfehlt, von der Legende eines harmonischen Verhältnisses von politischer Macht und Literatur auszugehen. Richelieu und Ludwig XIV. bedienten sich der Literatur als eines Instrumentes ebenso wie sie ihr dienten. Falsch wäre aber auch das Bild einer totalen kulturellen Repression. Die Schriftsteller waren bereit, die Auszeichnung und Anerkennung durch die Krone mit einer gewissen Abhängigkeit zu bezahlen.

Viala unterstrich in einem späteren Aufsatz, daß für die Schriftsteller des 17. Jahrhunderts Unabhängigkeit nicht denselben Stellenwert hatte wie für einen 'L'art-pour-l'art'-Dichter zwei Jahrhunderte später. Dem König zu dienen wurde durchaus als ein höchstes Ziel der Kunst angesehen. Es gehe nicht an, aus heutiger Sicht diese Anpassungsstrategie zu verurteilen. Die Schriftsteller wirkten in einer Welt, wo die Anerkennung als Schriftsteller und die Berühmtheit als wichtige soziale Aufstiegsmöglichkeit gesehen wurde und nicht als eine Berufung, der man andere Interessen opfern müsse.

Wenn das Colbertsche System die Literatur zu kontrollieren trachtete, so verlieh sie ihr gleichzeitig eine stärkere soziale Legitimation. Es sei abwegig, davon auszugehen, Ludwig XIV. oder sein Minister hätten die Klassik 'geschaffen'. Richtig ist indessen, daß die größten Schriftsteller die unerreichbare Größe des Monarchen und seiner Zeit proklamierten und damit auch ihre eigenen literarischen Produktionen in dieses Lob einschlossen.[29]

Christian Jouhaud glaubt auch, daß sich denjenigen Schriftstellern, die die neue Ordnung des Königsdienstes bejahten, bessere Perspektiven des sozialen Aufstieges boten. Der Erfolg lag jedoch nicht in der Literatur selber begründet. Das entscheidende Kriterium des Aufstieges blieb die Erhebung in den Adelsstand und damit die Verheißung eines Abschieds – mittels der Literatur – aus der Welt der Schriftsteller. Jouhaud teilt die These Vialas von der Emanzipation des kulturellen Feldes und innerhalb dessen Rahmen diejenige des literarischen Feldes nicht ganz. Er fragt sich, ob nicht auch der sozial autonome literarische Raum von der französischen Monarchie instrumentalisiert wurde, *gegen* Emanzipationsbestrebungen des kulturellen Feldes, das zu bersten begonnen habe mit der Infragestellung des Aristotelismus und den Bedrohungen der hergebrachten Ordnung

---

29 Alain Viala, "Argent, littérature et propagande", a.a.O., S. 22. Die Kontamination zwischen der Valorisierung der politischen Epoche und der Literaturproduktion führte so zur Behauptung eines überragenden Ranges der "klassischen" Literatur: "Rien ne permet, en toute logique littéraire, de dire que la manière d'écrire qui prévaut alors [...] est d'une qualité objectivement supérieure à telle ou telle autre d'un autre moment. Mais redire la grandeur du 'classicisme', c'est aussi et pas toujours en pleine conscience d'ailleurs, redire la grandeur de la France: il y a là un effet de patriotsme culturel" (im selben Aufsatz, S. 22).

durch Galilei, Descartes oder die Jansenisten. Die Frage stellt sich, wann genau sich eine Autonomie, die noch auf einer relativen Abhängigkeit beruhte, in eine kritische Öffentlichkeit wandelte.[30]

Zweifellos hat Viala jedoch die Tendenz der Entwicklung (im Hinblick auf einen wachsenden Emanzipationsprozeß der Literatur) richtig gesehen. Wenn der institutionelle Aspekt im Vordergrund steht, so sucht er doch immer wieder den Feldeffekt im konkreten Einzelwerk aufzuzeigen. Er setzt sich damit von einer Betrachtungsweise ab, für die die Institution bloß den Rahmen darstellt. Es wird untersucht, wie verschiedene Stillagen der Werke durch eine strategische Funktion hinsichtlich visierter Publikumsschichten bestimmt ist. An einer anderen Stelle belegt Viala anhand von Modifikationen, die Racine bei seinem Stück *La Thébaïde* vornahm, daß institutionelle Zwänge (Gattungsvorstellungen, Kritikerideen) beim Entstehungsprozeß der Werke interferieren.[31] Alain Viala unterstreicht, daß sich das Textschaffen über eine Vielzahl von Prismen vollzieht – er zieht das Wort Prisma demjenigen der Widerspiegelung oder der Projektion entschieden vor. Als Prismen wirken die Struktur des Feldes, die

30 Christian Jouhaud, "Histoire et histoire littéraire", a.a.O., S. 862, 866. In den Augen von Pierre Bourdieu soll man sich davor hüten, in den ersten Zeichen der Institutionalisierung der Person des Schriftstellers und im Auftauchen spezifischer Konsekrationsinstanzen einen absoluten Gründungsakt eines literarischen Feldes zu sehen. Der Prozeß der Autonomisierung bleibe lange noch zweideutig und widersprüchlich, weil die Künstler die Anerkennung und den offiziellen Status, den ihnen der Staat gewähre, mit einer statusmäßigen Abhängigkeit vom Staat bezahlen müßten. Der Schriftsteller des 17. Jahrhunderts, der vom Staat gefördert werde und durch eine anerkannte, aber untergeordnete Funktion ausgezeichnet werde, habe vor allem Aufgaben der Unterhaltung fern von den brennenden politischen und theologischen Fragen. Bourdieu erhebt sich vor allem gegen die These, daß die Intellektuellen an politischem Gewicht verlören, je mehr sie an Autonomie gewönnen, und vergleicht die kritische Kraft eines Zola oder eines Sartre mit der abhängigen Macht eines Corneille oder Racine (Pierre Bourdieu, *Les règles de l'art*, S. 166, 186).

31 Alain Viala, "L'histoire des institutions littéraires", a.a.O., S. 123-124.

Beziehungen der Felder zueinander, aber auch die Lesererwartungen, und schließlich auch das Prisma der Sprache und der Psyche des Autors.[32]

32 Siehe Alain Viala, "L'histoire des institutions littéraires", a.a.O., S. 124-125: "L'analyse pragmatique va de pair avec une réflexion qui se fonde sur une théorie du *prisme* et non plus du *reflet* ou de la *projection* plus ou moins directe. *Prisme*, car entre le social, tout à la fois référent et destinataire du discours littéraire, et ce discours lui-même, s'intercalent ces réalités, à la fois translucides et déformantes que sont les trois ordres d'institutions: le jeu des valeurs sociales se lit alors dans les modalités des médiations. Et il se lit aussi, autre option méthodologique inéluctable, dans l'analyse des 'stratégies': stratégies de carrière, stratégies textuelles, et stratégies sociales, qui rendent compte de la façon dont un écrivain et son oeuvre prennent place dans l'espace symbolique des usages érigés en valeurs."

2

Die Entstehung eines autonomen literarischen Feldes um die Mitte des 19. Jahrhunderts

Bei der Analyse der strukturellen Invarianten des literarischen (oder künstlerischen) Feldes wird die Historizität der (gewachsenen) Strukturen von Bourdieu immer mitgedacht. Die einleitende exemplarische Analyse der *Education sentimentale* ist in *Les règles de l'art* darum so wichtig, weil Flaubert in diesem Werk die Logik des literarischen Feldes transponierte, zu dessen Konstituierung der Schriftsteller selber wesentlich beigetragen hat – eine Welt, die uns heute so vertraut geworden ist, daß uns die Regeln, denen sie gehorcht, nicht mehr bewußt sind: *'les régles de l'art'*. Es gilt zurückzugehen auf die 'heroischen' Zeiten des Kampfes um die Unabhängigkeit des Feldes, die Bourdieu sehr positiv wertet und denen er eine wichtige Relevanz für heute zuschreibt (man müsse "die vergessenen oder verleugneten Prinzipien der intellektuellen Freiheit wiederentdecken"[1]).

---

1 Bourdieu, *Les règles de l'art*, S. 76. Der Autonomisierungsprozeß des literarischen Feldes setzt für Bourdieu im wesentlichen im 19. Jahrhundert ein, wenn er auch frühere Versuche der Emanzipation zur Zeit der Renaissance nicht negiert. Er differenziert die These von Alain Viala in *Naissance de l'écrivain* (1985); die Institutionalisierung des Status des Schriftstellers und die Entstehung von Konsekrationsinstanzen seien keine ausreichenden Indizien eines Autonomisierungsprozesses, weil die Schriftsteller nach wie vor in einem Abhängigkeitsverhältnis zum Staat ständen. "Et c'est seulement à la fin du XIXe siècle que le système des traits constitutifs d'un champ autonome se trouve rassemblé (sans que se trouve exclue à jamais la possibilité de régressions vers l'hétéronomie, comme celle qui s'amorce aujourd'hui, à la faveur d'un retour à des formes nouvelles de mécénat, public ou privé, et en raison de l'emprise accrue du journalisme)" (*Les règles de l'art*, S. 166). Der Intellektuelle interveniere am Ende des 19. Jahrhunderts auch im politischen Bereich auf der Basis einer erkämpften Autonomie, er unterscheide sich darum vom Schriftsteller des 17. Jahrhunderts, der schon eine gewisse innerliterarische Autonomie erworben habe, die jedoch politische Abstinenz implizierte.

Die 'L'art-pour-l'art'-Gruppe und das Feld der Macht

Bourdieu hatte schon in einer Studie im Jahre 1971 diesen Autonomisierungsprozeß über eine Analyse der Entwicklung der 'L'art-pour-l'art'-
Gruppe zwischen 1830 und 1850 nachgezeichnet.[2] Er untersucht für den
angesprochenen Zeitraum zuerst die Beziehung, die sich objektiv zwischen
der Fraktion der Intellektuellen und Künstler und der herrschenden Klasse
ausgebildet hat. Trotz der (relativen) Autonomisierung des intellektuellen
Feldes im 19. Jahrhundert sind die Intellektuellen und Künstler, aufgrund
der Gesetze des Marktes, in einer Situation der materiellen Abhängigkeit
gegenüber den herrschenden Fraktionen der Bourgeoisie und bilden so seit
der Romantik eine "dominierte Fraktion der dominanten Klasse", befinden
sich so in einer ambivalenten Situation sowohl gegenüber der dominanten
Fraktion der herrschenden Klasse ('les bourgeois') sowie gegenüber der
dominierten Klasse ('le peuple'). Je mehr aber das intellektuell/künst-
lerische Feld an Autonomie gewinnt, desto mehr präzisiert sich – gerade
auch aufgrund intellektuell/künstlerischer Faktoren – die Position der
Fraktion der Künstler und Intellektuellen im System der herrschenden
Klasse. Die drei Positionen, die das literarische Feld zwischen 1830 und
1850 bestimmen ('art social', 'l'art-pour-l'art', 'l'art bourgeois'), können
nach Bourdieu in ihrer ästhetischen wie politischen Bedeutung nur erfaßt
werden, wenn man sie als eine spezifische Ausformung der Beziehung
zwischen der "fraction dominante-dominée" der Intellektuellen und Künstler gegenüber der herrschenden Klasse deutet:
– Die Vertreter des 'art bourgeois'(DOMINANTS-dominés) finden in der
Anerkennung und im materiellen Erfolg, auf die sie beim bürgerlichen
Publikum stoßen, ihre Motivation, um sich als Sprachrohr dieser Klasse zu
verstehen.
– Für die Schriftsteller des 'art social' (dominants-DOMINÉS) bildet ihre
soziale Diskriminierung den Ausgangspunkt für ihre Solidarität mit der
unterdrückten Klasse, aber auch die Begründung ihrer Gegnerschaft zu den
Herrschenden und ihren Wortführern im literarischen Feld.[3]

---

2   Pierre Bourdieu, "Champ de pouvoir, champ intellectuel et habitus de classe",
     Scolies, 1, 1971, S. 7-26.
3   Bourdieu schätzt die objektiv oppositionelle Position des 'art social' positiver
     ein als etwa Sartre, der die Haltung dieser Gruppe als "sous-produit de
     l'idéalisme bourgeois" bezeichnet (*Qu'est-ce que la littérature?*, S. 149); zu
     einer positiveren Einschätzung kommt ebenfalls Hartmut Stenzel, *Der histori-
     sche Ort Baudelaires*. München, Fink, 1980, S. 59-67.

– Die Vertreter des 'l'art-pour-l'art' nehmen jedoch innerhalb des literarischen Feldes eine strukturell ambivalente Position ein; in ihrer ausschließlichen Berufung auf ästhetische Kriterien widersetzen sie sich sowohl dem Bürgertum als auch dem Volk und noch mehr deren literarischen Vertretern. Durch die Behauptung eines Alleinvertretungsanspruchs in ästhetischen Fragen (der dem Anspruch auf absolute *symbolische* Macht gleichkommt) kompensierten diese Schriftsteller ihre objektive Situation als 'fraction dominée' (aufgrund der Marktabhängigkeit). Indem sie sich sowohl dem 'art social' als auch dem 'art bourgeois' widersetzten und damit jede soziale Funktion der Kunst ablehnten, konnten diese Schriftsteller nur im Prinzip der Kunst um der Kunst willen eine Möglichkeit finden, den ihrer schriftstellerischen Praxis innewohnenden Widerspruch aufzulösen. Der Kult des Stiles um des Stiles willen sei nichts anderes als das ästhetische Äquivalent eines politischen Indifferentismus und der Ablehnung jedes 'engagements'.

Wenn die Künstler des 'l'art-pour-l'art' als *Gruppe* die Widersprüche der Position des Künstlers im System der herrschenden Klassen zum Ausdruck brächten, so lassen sich überdies noch andere gruppenspezifische Merkmale ausmachen: so etwa auffällig übereinstimmende soziokulturelle Charakteristika (soziale Herkunft, Ausbildungsgang): fast alle stammen aus bekannten Arztfamilien der Provinz (Bouilhet, Flaubert, Fromentin) oder aus dem kleinen Landadel (Théodore de Banville, Barbey d'Aurevilly, die Brüder Goncourt); fast alle hatten ein Rechtsstudium unternommen (Banville, Barbey d'Aurevilly, Flaubert, Fromentin, Leconte de Lisle).

Die Wende nach 1850

Diese erste Analyse wird dann in *Les règles de l'art* differenziert. Die Ausbildung eines eigentlichen autonomen literarischen Felds vollzieht sich nach dieser Untersuchung während des Second Empire. Dieser Befund deckt sich mit den analogen Analysen von Sartre und Roland Barthes. So hatte der erstere in *Qu'est-ce que la littérature?* bei seiner Darstellung des Status des Schriftstellers im Laufe der Jahrhunderte festgestellt, daß das 17. Jahrhundert diesem die Aufgabe zuschrieb, die Wertvorstellungen der herrschenden Elite (Adel, Kirche), die sich als aktives Publikum konstituierte, widerzuspiegeln, währenddem der Schriftsteller der Aufklärung, wenn er seine eigene Sache (die Gedankenfreiheit) verteidigte, gleichzeitig auch für die Anliegen des aufsteigenden Bürgertums (die politische Demokratie) eintrat und mit dem Diskurs vom – abstrakten – universellen

Menschen dieser Klasse die Ideologie lieferte, die ihr erlaubte, sich an die Spitze der unterdrückten   Stände zu stellen. Nach dem Triumph des Bürgertums habe sich jedoch nur eine Minderheit der Schriftsteller dem utilitaristischen Postulat dieser nun machtausübenden und so auch repressiven Klasse gebeugt, während die besten unter ihnen zum ersten Mal *gegen* ihr Publikum schrieben: "Die Literatur, völlig absorbiert von der Entdeckung ihrer Autonomie, wird für sie selber zum Objekt. Sie geht über zu ihrer reflexiven Phase; sie erprobt ihre Methoden, bricht die alten Rahmenbedingungen, versucht im Experiment ihre eigenen Gesetze zu bestimmen und neue Techniken zu schmieden."[4] Nach Sartre ist dieser Prozeß um die Mitte des Jahrhunderts abgeschlossen: "Nach 1850 gibt es kein Mittel mehr, um den tiefen Widerspruch zu verheimlichen, der die bürgerliche Ideologie von den Forderungen der Literatur trennt."[5]

Denselben Einschnitt stellt auch Roland Barthes fest, der die Entwicklung der Literatur unter dem Blickwinkel der Schreibweise – der 'écriture' – betrachtet. Während sich nach 1650 eine die sozialen Bedingungen transzendierende Sprache und eine Schreibweise durchgesetzt hätten, die bloß mehr instrumentellen Charakter hatten und für die formale Probleme nur rhetorisch-ornamentaler Natur waren, so habe sich dieser universalistische Mythos der *einen* Schreibweise um 1850 zerschlagen und die literarische Form sei nunmehr nicht mehr bloß neutrales Medium, sondern zum eigentlichen Bedeutungsträger geworden.[6]

Ein eigentliches autonomes literarisches Feld bildet sich auch nach Bourdieus Analyse in *Les règles de l'art* während des Second Empire. Er

---

4   Jean-Paul Sartre, *Qu'est-ce que la littérature?* Paris, Gallimard, 1970, S. 153 (übersetzt von J.J.).

5   Jean-Paul Sartre, *Qu'est-ce que la littérature?*, S. 148-149.

6   "C'est alors que les écritures commencent à se multiplier. Chacune désormais, la travaillée, la populiste, la neutre, la parlée se veut l'acte initial par lequel l'écrivain assume ou abhorre sa condition bourgeoise. Chacune est une tentative de réponse à cette problématique orphéenne de la Forme moderne: des écrivains sans Littérature" (Roland Barthes, *Le degré zéro de l'écriture*. Paris, Gonthier, 1970, S. 53-54). Die Bedeutung des Faktums der Schreibweise nach 1850, die auch Barthes von infrastrukturellen Motiven her erklärt (Entstehung des modernen Kapitalismus, Stratifizierung der französischen Gesellschaft in drei antagonistische Klassen), wird auch von Jacques Leenhardt in seinen literatursoziologischen Ansatz eingebracht (*Lecture politique du roman 'La Jalousie' d'Alain Robbe-Grillet*. Paris, Editions de Minuit, 1973, S. 14-16).

entwirft zunächst ein Bild des ökonomischen und politischen Kontextes. Im Vordergrund stehen zu diesem Zeitpunkt ökonomisch bedeutsame Parvenus ohne kulturelle Interessen. Wenn die Schriftsteller von Napoleon III. hofiert werden, dann nicht, weil dieser sich als Mäzen versteht, sondern weil er von ihnen Unterordnung erwartet. Auch dem Markt kommt keine befreiende Wirkung zu; er bestimmt von außen das literarische Schaffen (über Verkaufserfolge oder Stellen). Die politischen Instanzen, allen voran die kaiserliche Familie, üben einen direkten Einfluß auf das literarische Feld aus. Sie sind nicht mehr wie im 18. Jahrhundert Plattformen einer Gegenöffentlichkeit, sondern 'sanfte' Mittel der Domestizierung durch das Feld der Macht. Die Salons strukturieren das Feld ähnlich wie früher Zeitschriften oder Verlage: auf der einen Seite die Salons des Hofes, die eine mondäne, eklektische Literatur fördern, auf der anderen Seite der Salon der Prinzessin Mathilde, die mit Flaubert und Gautier als Gästen elitäreren Prinzipien folgt. Die Interaktion zwischen literarischem und politischem Feld zeigt sich im Augenblick des Bovary-Prozesses, bei dem Flaubert ein ganzes Netz von Personen, die dem Macht-Pol nahestehen, zu mobilisieren vermag, im Unterschied zu Baudelaire, der seinen Prozeß verliert.[7] Die strukturelle Dominanz des politischen Feldes manifestiert sich überdies in der Presse, die unter dem Verdikt der Zensur steht.

Eine der wichtigsten morphologischen Änderungen des literarischen Feldes besteht nach Bourdieu jedoch im Auftreten junger Angehöriger aus der Mittelschicht oder aus dem Volk – zumeist aus der Provinz –, die über Bildungskapital, jedoch über keine ökonomischen Ressourcen verfügen, die sich, da kaum andere Chancen offenstehen, literarischen Berufen zuwenden, die vorher eher vom Adel oder der Bourgeoisie ausgeübt wurden. Diese 'intelligentsia prolétaroïde' findet in den literarischen Berufen ein bescheidenes Auskommen, aber auch neue Formen der Abhängigkeit. Die Gruppe zeichnet sich durch einen eigenen Lebensstil aus, der – als Bohème – gerade durch die literarischen Darstellungen von Murger, Champfleury bis Balzac und Flaubert die neue soziale Vorstellung vom Dichter prägt. Wenn die Bohème aufgrund der mageren Ressourcen dem Volk nahesteht, so gleicht doch ihr freier Lebensstil eher demjenigen der Aristokratie; auf jeden Fall widersetzen sie sich dem kleinbürgerlichen Ordnungssinn. Sie schaffen so ein Klima, das aufgeschlossen ist für ein nicht-konformistisches Kunstverständnis.

---

7   Siehe dazu: Klaus Heitmann, *Der Immoralismusvorwurf gegen die französische Literatur im 19. Jahrhundert*. Bad Homburg, 1970.

Ein autonomes literarisches und künstlerisches Feld bildet sich, wie Bourdieu ausführt, gerade in dem Augenblick, als das Bürgertum sich daran schickt, das Feld der literarischen Produktion völlig unter seine Kontrolle zu bringen. Der Widerwille, den die Parvenus ohne Kultur bei Flaubert oder Baudelaire auslösten, förderte den Bruch mit der sie umgebenden Welt, der notwendig war, damit sich die Welt der Kunst, der Literatur als ein gesonderter Bereich konstituieren konnte: "ein Reich innerhalb des Kaiserreichs". Die Konstituierung einer 'reinen Kunst' widerspiegelt so nicht Tendenzen des sozialen und politischen Bereiches, sondern artikuliert sich vielmehr als *Reaktion*. Das Scheitern der Revolution von 1848 und die Trostlosigkeit des Second Empire trugen zur Enttäuschung der politischen und sozialen Hoffnungen bei, die den Kult der reinen Kunst – 'l'art-pour-l'art' – als Prinzip und letzte Instanz erscheinen ließen: "Es gibt nichts mehr [...] Man muß sich einschließen und gebeugten Hauptes sein Werk fortsetzen wie ein Maulwurf." So faßte Flaubert 1858 eine Stimmung, die nicht nur er so empfand.

Der reine Künstler

Baudelaire ist für Bourdieu eine emblematische Figur des ethisch fundierten Widerstandes gegen die Unterordnung unter die herrschende Macht. Seine persönliche Revolte konnte nur darum weiterwirken, weil es einen sozialen Bereich gab, der die Unabhängigkeit von der ökonomischen und politischen Macht zum Prinzip erhob. Dieses Prinzip sollte sich aber erst am Ende des Jahrhunderts durchsetzen. In der kritischen Phase der fünfziger Jahre ging es darum, die Fundamente der literarischen Legitimität selber zu formulieren, die sich zuallererst einer Produktion widersetzte, die nur der politischen Macht gehorchte. Wenn Baudelaire sich um einen Sitz in der Académie française bewarb, dann war das auch eine Herausforderung der etablierten literarischen Ordnung: "ein symbolisches Attentat"[8]. Er verlangte von einer offiziellen Instanz die Anerkennung, die ihm nur der kleine Kreis der Avantgarde zollte. "Im Unterschied zu Flaubert setzte er sein ganzes Werk unter das Zeichen der Herausforderung, des Bruchs, er verstand sich bewußt als unvereinnahmbar."[9] Die Position von Baudelaire war wohl analog zu derjenigen von Flaubert; er brachte jedoch eine heroische Dimension ein, die sich für Bourdieu aus dem unterschiedlichen

---

8 Pierre Bourdieu, *Les règles de l'art*, S. 95.
9 Pierre Bourdieu, *Les règles de l'art*, S. 99 (übersetzt von J.J.).

Familienhintergrund erklärt. Nach seinem Prozeß stand Flaubert als größter Schriftsteller seiner Zeit da, während Baudelaire stigmatisiert, aus der guten Gesellschaft ausgeschlossen wurde und seine *Fleurs du Mal* in ihrer zweiten Auflage bei der breiten Presse kaum noch ein Echo fanden. Er verkörperte die extremste Position der Avantgarde, jene der Revolte gegen alle Institutionen; er distanzierte sich auch von den realistischen Ambitionen der Bohème, der er vorher nahestand, weil dort nach ihm der Kunstwille zu wenig akzentuiert war. Er verfolgte eine eigentliche Politik der Unabhängigkeit, wählte einen kleinen Avantgarde-Verleger, Poulet-Malassis, der ihm keine Breitenwirkung garantieren konnte, wieder im Unterschied zu Flaubert, der den bekannten Verleger Lévy und die *Revue de Paris* von Maxime du Camp als Publikationsplattformen aussuchte. Baudelaire begründete so die Opposition zwischen dem kommerziellen Verlagswesen und den Avantgarde-Verlegern. Er definierte überdies eine neue Rolle der Literaturkritik, die sich nicht an den herrschenden Normen orientierte, sondern die Anomie zum Prinzip erhob und jedem Dichter seinen eigenen Nomos zugestand, der sein Werk konstitutierte.

Die Position des 'l'art-pour-l'art' bildete sich nach Bourdieu gegen diejenige des 'art bourgeois', aber auch des 'art social', die sich beide über ihre Haltung zu feldexternen sozialen Instanzen definierten. Dies mag vielleicht etwas schematisch klingen. Die Vertreter des 'art social' und des 'art réaliste' teilen mit dem Lager des 'l'art-pour-l'art' die Ablehnung der Bourgeoisie und der bourgeoisen Kunst.[10] Wenn unter dem Begriff 'réalisme' in der öffentlichen Debatte alle Tendenzen subsumiert wurden, die die bestehende Ordnung zu bedrohen schienen, so distanzierten sich doch Flaubert und Baudelaire ausdrücklich von dieser Zuordnung. Die Vertreter des 'l'art-pour-l'art' gingen in ihrer Opposition viel weiter. Ihre ästhetische Distanz stellte das eigentliche Prinzip einer symbolischen Revolution dar. Sie hatten sich vom moralischen Konformismus des 'art bourgeois' ebenso entfernt wie von den ethischen Zugeständnissen einer sozialen oder realistischen Kunst, die das Volk hypostasierte.[11] Für die Position des 'l'art-pour-l'art' gibt es keine soziale Entsprechung im Feld der Macht. So

10 Dies müßte hinsichtlich von Champfleury noch präzisiert werden.
11 Es fällt auf, daß auch der Soziologe sich von jeder "complaisance éthique" gegenüber dem 'art social' hütet, deren Inhalte ihm sympathisch erscheinen können. Aber es geht nicht darum, sondern um die wissenschaftliche Rekonstruktion eines Autonomisierungsprozesses und der Entstehung einer eigenen unabhängigen Logik. Künstlerische, literarische, intellektuelle Autonomie wird dabei – unausgesprochen – immer positiv valorisiert.

entsteht der neue Typ des modernen Schriftstellers oder Künstlers, "der sich in totaler, auschließlicher Weise seiner Aufgabe widmet, indifferent gegenüber den Forderungen der Politik und den Weisungen der Moral, keine andere Gesetzgebung anerkennend als die spezifische Norm seiner Kunst"[12].

Diese anti-ökonomische Welt, die sich an einem ökonomisch dominierten, symbolisch aber dominanten Pol situierte – in der Lyrik mit Baudelaire und dem Parnasse, im Roman mit Flaubert – konnte als Publikum bloß mehr auf die unmittelbaren literarischen Produzenten zählen, der eigentliche 'Gewinn' war in ihren Augen der Nachruhm. Es entwickelte sich so eine 'paradoxale Ökonomie': "der Künstler kann nur auf der symbolischen Ebene gewinnen, wenn er auf der ökonomischen verliert".[13] Um jedoch dem unmittelbaren Markt widerstehen zu können, mußte der reine Künstler ökonomisch abgesichert sein (über eine Rente oder ein Erbe verfügen), was wiederum nicht deterministisch verstanden werden darf. Die möglichen Wirkungen der ökonomischen Ausstattung hängen immer vom jeweiligen Stand des Feldes ab. Der soziale Ursprung, das betont auch Bourdieu hier wieder, kann nicht ein vordergründiges mechanisches Erklärungsprinzip darstellen; es geht hier vielmehr um eine dialektische Beziehung zwischen einem Habitus und einem Feld.

Die Differenzqualität Flauberts

Bourdieu rekonstruiert den künstlerischen Standpunkt, von dem aus Flaubert seine Poetik definierte. Der Roman, dem er sich widmete, galt als niedrige Gattung – erst 1863 wurde zum ersten Mal ein Romancier in die Académie française gewählt! Durch all das, was er in sein Romanschaffen investierte, gelang es Flaubert, die Gattungshierarchie zu verändern und dem Roman einen Rang zu verschaffen, der dem der berühmten Vorfahren entsprach – Cervantes und Balzac –, auf die er sich ausdrücklich bezog. Bourdieu arbeitet gut heraus, wie Flaubert sich gegenüber der Gruppe des realistischen Romans (Champfleury, Duranty) abgrenzte, die die Differenzqualität zwischen dem politischen und dem literarischen Feld verkannte. Flaubert nahm nach dem Erfolg der *Madame Bovary* eine paradoxe Situation ein, die ein Kritiker hellsichtig als die des "Realismus des l'art-pour-l'art" bezeichnete, was erklärt, daß er später sowohl dem Realismus als

---

12 Pierre Bourdieu, *Les règles de l'art*, S. 115 (übersetzt von J.J.).
13 Pierre Bourdieu, *Les règles de l'art*, S. 123 (übersetzt von J.J.).

auch dem Formalismus zugerechnet wurde. Er, der als Realist eingestuft wurde, schrieb seinen ersten großen Roman "aus Haß gegen den Realismus". "Wie einen trivialen Dialog schaffen, der gut geschrieben ist" – damit definierte er prägnant seine Situation. Er fand dergestalt in der schriftstellerischen Praxis seine spezifische Differenzqualität, die einen absoluten Stilwillen mit einem extrem banalen Sujet verband. "Das Mittelmäßige gut schreiben", so kondensierte er 1853 sein ästhetisches Programm. Er versuchte, die höchsten formalen Ansprüche, die Gautier und die Parnassiens für die Lyrik formulierten, für die Romanprosa geltend zu machen und subvertierte gleichzeitig die gängige Hierarchie der Sujets.[14] "Ich werde eine *geschriebene* Realität schaffen, was selten ist" – in dieser Formel kommt die ganze Originalität des literarischen Schaffens von Flaubert zum Ausdruck. Bourdieu hebt sehr schön hervor, daß "geschriebene Realität" gerade nicht im Sinne einer vorrangig referentiell orientierten Beschreibungsintention zu verstehen ist.[15] Die Innovation läßt sich an Rezeptionszeugnissen ablesen, die Flaubert entweder einer 'realistischen' oder einer formalistischen Tradition zuordneten. Kein Zufall, daß Baudelaire allein die innere Spannung zwischen den beiden Prinzipien als Kern

---

14 Die Themen-Hierarchie hatte seit dem 17. Jahrhundert sowohl für die Literatur als auch für die Malerei eine außerordentliche normative Wirkung. Siehe dazu auch Joseph Jurt, "La peinture et le paradigme littéraire au XVIIe siècle", *Papers on French Seventeenth Century Literature*, vol. XIV, n° 26, 1987, S. 61-81. Man wird sich an die äußerst aufschlußreichen Ausführungen von Erich Auerbach über die Stiltrennung in seinem fundamentalen Werk *Mimesis* erinnern. Bourdieu vergleicht später die Flaubertsche Überwindung der Sujet-Hierarchie mit dem Verfahren Manets, der Hohes und Niedriges, Nobles und Vulgäres malte und bewußt alle nicht-ästhetischen Unterschiede der Sujets vernachlässigte. Courbet wird eine ähnliche Rolle wie Champfleury zugeschrieben. Dieser wandte sich von den sublimen Gegenständen ab, dem Vulgären und Mittelmäßigen zu und verkehrte so die alte Hierarchie in ihr Gegenteil. Manet und Flaubert lehnten indes jede Themen-Hierarchie ab. Nur: Courbet ist jetzt noch ein Begriff, wer aber kennt Champfleury? Die unterschiedlichen Kanonisierungsprozesse wären zu untersuchen.

15 "Il ne s'agit de rendre moins que d'*écrire* le réel (et non de le décrire, de l'imiter, de le laisser en quelque sorte se produire lui-même, représentation naturelle de la nature); c'est-à-dire de faire ce qui définit en propre la littérature, mais à propos du réel le plus platement réel, le plus ordinaire, le plus quelconque qui, par opposition à l'idéal, n'est pas fait pour être écrit" (*Les règles de l'art*, S. 143).

seines Werkes erkannte, "ein nervöser, malerischer, subtiler, außerordentlicher Stil bei einer banalen Vorlage"[16].

In seinem Willen zur Innovation bezog sich Flaubert – implizit oder explizit – auf fast alle möglichen Positionen im Feld, und zwar nicht nur auf die literarischen im engeren Sinne. Er entlehnte den Geschichts- und Naturwissenschaften nicht nur eine spezielle Methode, sondern auch einen Denkstil, eine Philosophie der Unvoreingenommenheit, die ihm erlaubte, dem Predigtstil des 'art social' zu entgehen.[17]

Die *Education sentimentale* ist für Bourdieu das vollendete Beispiel der Auseinandersetzung mit allen möglichen relevanten Standpunkten im Feld. Die Thematik selber situiert sich am Schnittpunkt von romantischer und realistischer Tradition. Flaubert setzte sich vor allem mit Balzac auseinander, dem er eine ambivalente Bewunderung zollte, indem er ein ihm verwandtes Sujet wählte und gleichzeitig dessen Ästhetik überwand.[18] Flauberts Anspielungen auf andere Positionen der literarischen Tradition belegen, daß der Roman mit Flaubert ins Stadium der Reflexivität eingetreten ist, die für Bourdieu ein untrügliches Zeichen der Autonomie des Feldes darstellt. Der Schriftsteller objektivierte nicht nur die Positionen, *gegen* die er anschrieb, sondern auch die Struktur der Beziehung, die er als Schriftsteller mit den grundlegenden Positionen des Feldes teilte, dies vor allem über die Figur von Frédéric, die Bourdieu nicht mehr, wie in einem früheren Aufsatz, als *alter ego* des Schriftstellers bezeichnet,

---

16 Zitiert in: *Les règles de l'art*, S. 143.

17 "Ce qu'ont de beau les sciences naturelles: elles ne veulent rien prouver. Aussi, quelle largeur de faits et quelle immensité pour la pensée!" Siehe dazu auch Joseph Jurt, "Le statut de la littérature face à la science: l'exemple de Flaubert", *Ecrire en France au XIXe siècle*. Longueil (Montréal), 1989, S. 175-192.

18 Die ambivalente Beziehung zu Balzac ließe sich sicher noch vertiefen. Siehe dazu André Malraux, *L'homme précaire et la littérature*. Paris, Gallimard, 1977, S. 115-116. Ulrich Schulz-Buschhaus, "Stendhal, Balzac, Flaubert", in: Peter Brockmeier/Hermann Hubert Wetzel (Hrsg.), *Französische Literatur in Einzeldarstellungen*, Bd. 2. Stuttgart, Metzler, 1982, S. 7-71; A. Vial, "Flaubert, émule et disciple émancipé de Balzac", *R.H.L.F.*, Juli-September 1948; Raymonde Debray-Genette, "Simplex et Simplicissima: de Nanon à Félicité", in: Philippe Hamon/Jean-Pierre Leduc-Adine (Hrsg.), *Mimésis et sémiosis. Littérature et représentation*. Paris, Nathan, 1993, S. 229-246.

sondern als passive Kehrseite, als *mögliche* Position.[19] Flaubert überwand die Ohnmacht Frédérics, indem er die objektive Wahrheit des Feldes darstellte, das auch ihn – ähnlich wie Frédéric – zum Spielball der Kräfte hätte werden lassen können. Durch die Arbeit an der Form wurden im Werk jene Strukturen sichtbar und lesbar, die der Schriftsteller, wie jeder soziale Akteur, in sich birgt und die ohne diese Anamnese implizit oder unbewußt blieben, versteckt unter den Automatismen des Alltagsdiskurses. Flaubert "versteht es wirklich, beim Leser durch die Kraft seiner Schreibweise jenen intensiven Blick auf das Wirkliche hervorzubringen, und zwar jene Wirklichkeit, die systematisch von den üblichen Konventionen und Konformismen weggewischt wird"[20].

'L'Education sentimentale' als Analyse der sozialen Welt

Als 'hors d'oeuvre' oder, wie er selber schreibt, als Prolog seines Werkes führt Bourdieu seinen Ansatz exemplarisch in einer Sozioanalyse der *Education sentimentale* vor.[21] Durch diese Betrachtungsweise soll der Beweis erbracht werden, daß der Roman selbst eine Analyse der sozialen Welt ist, der mit einem soziologischen Begriffsinstrumentarium entschlüsselt werden kann, was den meisten Interpreten bisher entgangen sei, auch

---

19 "A la différence de l'indétermination passive de Frédéric, le refus actif de toutes les déterminations associées à une position déterminée dans le champ intellectuel, auquel il était incliné par sa trajectoire sociale et les propriétés contradictoires qui étaient à son principe, le prédisposait à une vue plus haute et plus ample de l'espace des possibles, et du même coup à un usage plus complet des libertés qu'en recelaient les contraintes" (*Les règles de l'art*, S. 153).

20 Pierre Bourdieu, *Les règles de l'art*, S. 160 (übersetzt von J.J.).

21 Eine erste Fassung dieses Aufsatzes war 1975 unter dem Titel "L'invention de la vie d'artiste" in Bourdieus Zeitschrift *Actes de la recherche en sciences sociales* (2, S. 67-93) erschienen, die aber von der Flaubert-Forschung kaum zur Kenntnis genommen wurde. Eine deutsche Übersetzung der differenzierteren zweiten Fassung gab die Zeitschrift *Sprache im technischen Zeitalter*, 103/104, 1987, S. 173-189 u. 240-255. Die Anregungen von Bourdieus Analyse sind auch eingegangen in unsere Studie zur *Education sentimentale* (Joseph Jurt, "Die Wertung der Geschichte in der *Education sentimentale*, *RZLG*, 7, 1983, S. 141-168; dazu auch die Reaktion von Ulrich Schulz-Buschhaus, "Zeugma und zeugmatische Erfahrung in Flauberts *Education sentimentale*", *ZfSL*, XCV, 1985, S. 26-40).

Lukács, der in Flauberts Werk einen vorrangig psychologischen Roman gesehen habe.[22] Die Struktur des Werkes entspreche derjenigen des sozialen Raumes, in dem sich Frédéric bewege.[23] Frédéric verweigere in der transitorischen Periode der Adoleszenz die *illusio* – Terminus, der für Bourdieu in den letzten Jahren immer wichtiger wurde –, das heißt das Sich-Einbringen in das Spiel, in das Spiel der Kunst oder das Spiel des Geldes, die der Romanheld Frédéric als eine Illusion von Wirklichkeit bezeichnet, um sich in die wahre Illusion zu flüchten, die ihren Charakter nicht verheimlicht – die Illusion der Romanfiktion. Frédéric, wie Emma Bovary oder Don Quijote oder Flaubert "nehmen die Fiktion ernst, weil es ihnen nicht gelingt, die Wirklichkeit ernstzunehmen"[24]. Die Kräfte des Feldes der Macht organisieren diese Fiktion, selbst wenn sie sich bloß vermittelt über die Interaktion der Personen oder der psychologischen Beziehungen äußern. Das Primäre ist das Soziale. Der "fast feminine Charme" von Frédéric, von dem Deslauriers spricht, ist nicht nur ein psychologisches Faktum, sondern körperlicher Ausdruck einer sozialen Differenz, die sich auch in einem 'weiblichen' Verständnis des Geldes äußert – als Instrument des Vergnügens und des Luxus, und nicht der Macht. Die soziale Differenz von Frédéric besteht darin, daß er sich weigert, sein Erbe anzutreten, während Cisy es reproduziert und Martinon es vergrößert. Er möchte in einem Zustand der Nicht-Determinierung bleiben, will sich nicht zwischen den Polen Geld und Kunst, reiner Liebe und käuflicher Liebe entscheiden, macht im Verlauf des Romans aber die Erfahrung der Inkompatibilität der beiden Welten. Wenn die Welt des

---

22 Bourdieu resümiert die Position Lukács' nach der sehr vereinfachenden Darstellung von Lucien Goldmann in *Pour une sociologie du roman*. Lukács' Interpretation war viel komplexer. Siehe G. Lukács, *Die Theorie des Romans*. Neuwied, Luchterhand, 1971, S. 110-117.

23 Man könnte hier auch auf J. Lotmann verweisen, für den die sekundäre Modellierung des sozialen Raumes und der Transgression der Raumgrenze als Ereignis – in einer eher formalistischen Sicht – ein konstitutives Element der Romangattung darstellt (J. Lotmann, *Die Struktur literarischer Texte*. München, Fink, 1972, S. 311-340. Siehe auch die Analyse Balzacs durch Rainer Warning, die von diesem Ansatz ausgeht (Rainer Warning, "Chaos und Kosmos. Kontingenzbewältigung in der *Comédie humaine*", in: Hans Ulrich Gumbrecht/ Karlheinz Stierle/Rainer Warning [Hrsg.], *Honoré de Balzac*. München, Fink, 1988, S. 9-56).

24 Pierre Bourdieu, *Les règles de l'art*, S. 33.

'amour pur' derjenigen der reinen Kunst entspricht[25] und die der käuflichen Liebe der des Kommerz, so verengt sich die Spannung zwischen Kunst und Macht immer mehr, während das Oszillieren zwischen den beiden Formen der Liebe konstant bleibt. Bourdieu sieht aber in der Struktur des Romans nicht nur die Struktur des sozialen Feldes eingeschrieben, sondern in noch vermittelterer Form diejenige des literarischen Feldes. Der reinen Liebe entspricht der Pol des 'l'art-pour-l'art'; der käuflichen Liebe entspräche 'l'art bourgeois majeur' ('théâtre bourgeois'), das man mit der Figur von Madame Dambreuse assoziieren könne, und der 'art bourgeois mineur' (Vaudeville, Cabaret, Feuilleton) lasse sich mit der Person Rosanettes in Verbindung bringen. Man kann sich fragen, welche Textindizien eine solche Metaphorisierung des literarischen Feldes begründen. Die Beziehung Flauberts zu Frédéric ist aber für Bourdieu nicht die einer Projektion, sondern die einer Objektivierung, einer Selbstanalyse: "Flaubert trennt sich von Frédéric, von der Nicht-Determination und der Ohnmacht, die ihn definieren, dadurch, daß er die Geschichte Frédérics schreibt, dessen Ohnmacht sich gerade in seiner Unfähigkeit zu schreiben, Schriftsteller zu werden, äußerte."[26] Das Schreiben erlaubt in der Tat, die Determinationen und die Grenzen der sozialen Existenz zu überwinden, die dazu zwingt, eine Position einzunehmen, einer Gruppe anzugehören. Zeitlosigkeit und Ubiquität sind indes die 'göttlichen' Attribute des reinen Beobachters. "Die Gabe der *sozialen Allgegenwart*, die Frédéric anstrebt, wird sich fortan in die gesellschaftliche Bestimmung des Schriftstellerberufs einschreiben, wird eingehen in das Bild des Künstlers als eines ungeschaffenen 'Schöpfers', ohne Bindungen und Wurzeln, das nicht nur das literarische Schaffen bestimmt, sondern auch die Art und Weise, die Situation des Intellektuellen zu leben."[27]

---

25 "Comme l'amour pur est l'art pour l'art de l'amour, l'art pour l'art est l'amour pur de l'art" (*Les règles de l'art*, S. 48).
26 Pierre Bourdieu, *Les règles de l'art*, S. 50 (übersetzt von J.J.).
27 Pierre Bourdieu, *Les règles de l'art*, S. 50 (übersetzt von J.J.).

3

Das Subfeld der Poesie im zweiten Kaiserreich

Auf der Basis der Kategorien Bourdieus versuchte Michael Einfalt, den Ausdifferenzierungsprozeß im Feld der Presse während der ersten Hälfte des Second Empire zu rekonstruieren.[1] Er betrachtet die behandelten Autoren nicht von einem heutigen Kanonisierungshorizont aus, sondern aus der Perspektive der Zeitgenossen. In seinen Augen greifen für diese erste Phase des Autonomisierungsprozesses die gruppensoziologischen Kategorien noch nicht richtig; sie führten überdies dazu, den eigentlichen Status der Dichter-Individuen, die sich keiner Gruppe zuordneten, zu verkennen. Baudelaire steht in der Untersuchung von Michael Einfalt im Vordergrund. In Bourdieus *Règles de l'art* wird dem Verfasser der *Fleurs du mal* ebenfalls die radikalste Form literarischer Autonomie zugeschrieben, die vor allem in ihrer Lebenspraxis über die Radikalität Flauberts hinausgeht.

Die Originalität Baudelaires wird in der Untersuchung von Michael Einfalt offensichtlich, weil die Konturen vor allem durch den Kontrast zu den anderen Positionen im Subfeld der Poesie herausgearbeitet werden, auch der Positionen, die damals wohl bedeutsam waren, sich aber nicht durchsetzten konnten. Der Verfasser will die Aussagen der Dichter nicht bloß in ihren strategischen Funktionen verstanden wissen, sondern als eigentliche Funktionsbestimmung der Dichtung in der Öffentlichkeit. Die Analyse hält sich nicht ausschließlich an explizite Aussagen der Dichter, sondern verfolgt die – impliziten – Spuren des Autonomisierungsprozesses auch in den Werken selbst.

Michael Einfalt sieht erste Indizien der Autonomisierung schon in der Lyrik Victor Hugos in den dreißiger Jahren, die keine unmittelbare – auch politische – Nützlichkeit intendierte, wohl aber den Fortschritt als Zielvorstellung im Auge behielt. Der Dichter verstand sich nicht mehr als aktiver

---

1 Michael Einfalt, *Zur Autonomie der Poesie. Literarische Debatten und Dichterstrategien in der ersten Hälfte des Second Empire*. Tübingen, Niemeyer, 1992 (MIMESIS, 12).

Führer, sondern als Schiedsrichter, der gesellschaftliche Neutralität beanspruchte.

Tendenzen hin zur Autonomisierung zeigten sich indes auch bei der Gruppe des Petit Cénacle, für welche Unabhängigkeit Voraussetzung für literarische Originalität war und die sich nur mehr an einen eng begrenzten Kreis von Interessenten richtete und den Anspruch der intellektuellen Führerschaft, wie ihn Victor Hugo behauptete, aufgab. Als sich in den dreißiger Jahren der Petit Cénacle als 'Bohème' neu konstituierte, da wurden Ärmlichkeit und auch die erzwungene Lohnarbeit zu konstituierenden Elementen des neuen Künstlertums. Zur alten Kritik Gautiers am Nützlichkeitskriterium von Dichtung gesellte sich nun auch die Kritik an der Notwendigkeit von Lohnarbeit. Die literarische Bohème bildete eigene Produktionsnormen aus, konnte jedoch noch nicht auf eine Literaturkritik zählen, die ihr die spezifische gesellschaftliche Anerkennung gesichert hätte.

Dichterische Autonomie bei Théophile Gautier und Leconte de Lisle

Wenn bei Hugo und der literarischen Bohème schon seit den dreißiger Jahren Tendenzen eines Dichtungsverständnisses sichtbar werden, das sich nicht mehr in erster Linie an externen Normen orientiert, so kommt nach Michael Einfalt doch der dichterischen Autonomie erst bei Gautier und Leconte de Lisle zu Beginn des Second Empire programmatischer Charakter zu. Théophile Gautier hatte das Ideal des 'l'art-pour-l'art' immer durchgehalten; er brachte jedoch der Februarrevolution von 1848 seine Sympathien entgegen, nicht so sehr aus politischen Gründen, sondern weil sie die von ihm schon 1830 gehegte Hoffnung belebte, die liberale Revolution werde der Kunst den ihr gebührenden Platz einräumen. Gautier, der in seinem Vorwort zu *Mademoiselle de Maupin* (1835) jeden unmittelbaren Sinnzusammenhang zwischen der Kunst und und der Gesellschaft geleugnet hatte,[2] glaubte nunmehr an eine mögliche Synthese zwischen

---

2   Siehe etwa seinen ironischen Hinweis auf die 'critique utilitaire', die Fragen stelle wie: "A quoi sert ce livre? Comment peut-on l'appliquer à la moralisation et au bien-être de la classe la plus nombreuse et la plus pauvre" (zitiert nach Herbert S. Gershman/Kernan B. Whitworth [Hrsg.], *Anthologie des préfaces de romans français du XIXe siècle*. Paris, Juillard, 1964, S. 166-167); siehe im selben Band, S. 171: "Je renoncerais très joyeusement à mes droits de Français et de citoyen pour voir un tableau authentique de Raphaël, ou une

der Kunst und der neuen Republik, zwischen ethischen und ästhetischen Zielsetzungen.[3] Doch setzte bei Gautier bald schon die Ernüchterung ein, da die Republik nicht die von ihm erhoffte Wiederbelebung der Romantik zu bewirken vermochte. Er zog sich völlig von der politisch-sozialen Realität zurück, um nunmehr die ersten Gedichte der *Emaux et Camées* zu entwerfen, die ganz von einem autonomen Kunstverständnis getragen waren. Die Grundsatzerklärung im Eingangsgedicht der 1852 erschienenen Sammlung bedeutete die Abwertung von Gesellschaft und Publikum. So wie Goethe sich in Weimar von den Dingen zurückgezogen hatte, habe er seine künstlerischen Kostbarkeiten ('emaux et camées') geschaffen, ohne auf den Sturm zu achten, der um die geschlossenen Fenster tobte.[4]

belle femme nue." Gautier erhob sich seit den dreißiger Jahren gegen eine 'nützliche' Konzeption der Dichtung, wie sie Sainte-Beuve und Lamartine vertraten, die dieser eine moralische oder politische Erziehungsfunktion zuschrieben. Indem er die totale Unabhängigkeit des Künstlers proklamierte, trug Gautier zur Schaffung einer neuen Schriftstellervorstellung bei, der des 'Künstlers' ('l'artiste'). Wenn sich nun zahlreiche Dichter über den Begriff des 'artiste' definierten, der aus dem Bereich der bildenden Kunst stammte, so bedeutete dies nach Pascal Durand, daß sie nur noch die Ebene der Form als relevant erachteten; die 'Botschaft' des Textes verlor an Bedeutung gegenüber der technischen Ausführung. "Aussi, le credo de l'artiste engendre-t-il une morale de l'artisanat: fruit d'un savoir-faire et d'une volonté de perfection, l'oeuvre vaut autant par la qualité de son fini que par la somme d'efforts qu'elle aura coûtés pour y parvenir [...] L'écrivain n'est plus le porte-parole de l'humanité, ni même d'une classe particulière; il ne s'adresse qu'à la communauté symbolique de ses pairs [...] Bref, l'art pour l'art, cela signifie aussi bien: l'art pour les artistes" (Pascal Durand, "Artistes et voyants", in: *Atlas de littérature*. Paris, Encyclopedia Universalis, 1990, S. 228).

3   So schrieb er anläßlich der Neueröffnung der Oper am 6. März 1848: "Le peuple ne leur [aux femmes] fera un crime ni de leur beauté, ni de leur parure. Il admire l'une et fabrique l'autre; car il est artiste et ouvrier. Ainsi, changez bien souvent de robes et de chapeaux par patriotisme [...] Les artistes sont nombreux; qu'ils écrivent, chantent, peignent et sculptent des oeuvres nouvelles pour un monde nouveau" (Zitat nach René Jasinski, *A travers le XIXᵉ siècle*. Paris, Minard, 1975, S. 239).

4   "Comme Goethe sur son Divan à Weimar s'isolait des choses [...]/Sans prendre garde à l'ouragan qui fouettait mes vitres fermées/Moi j'ai fait Emaux et Camées."
     In seiner Besprechung eines Vaudeville mit dem Titel *La propriété, c'est le vol* vom 11. Dezember 1848 erklärte nunmehr Gautier Armut und Reichtum als gegenüber dem absoluten Wert des Schönen irrelevante Begriffe. "Dès la

Ganz ähnlich war die Entwicklung von Leconte de Lisle; er war
zunächst Mitarbeiter bei der fourieristischen Zeitung *La démocratie pacifi-
que*, dann bei einer Zeitschrift derselben Tendenz, *La Phalange*; er zählte
überdies zu einem Jakobinerklub, der aktiv die Revolution vorbereitete.[5]
Er identifizierte sich mit den Opfern des Junimassakers von 1848, ver-
brachte zwei Tage mit ihnen im Gefängnis, nach Sartre deshalb, weil er
die Sache verloren wußte, um so gemäß der Logik "wer verliert gewinnt"
als politisch Engagierter unterzugehen und als 'Dichter' aufzuerstehen.[6]
Leconte de Lisle wird seine Absage an eine politisch-soziale Funktion der
Kunst programmatisch im Vorwort zu seinen *Poèmes antiques* formulie-
ren, die 1852 im selben Jahr wie Gautiers *Emaux et Camées* erschienen:
"Die Poesie, die sich in der Kunst verwirklicht, wird keine heroischen
Taten mehr hervorbringen; sie wird keine sozialen Tugenden auslösen."[7]
Im Unterschied zu Hugo plädierte Leconte de Lisle nicht für den künst-
lerischen Fortschritt, sondern für die Rückkehr zur Antike (ähnlich auch
Gautier: "Homère n'a pas été dépassé"), verabschiedete sich aus der
Gegenwart und verstand die Autonomie als Freiheit, sich in die antike
Vergangenheit zurückzuversetzen. Die konservative Kritik sah in seinem
Werk jedoch ihre Normen nicht bedroht, weil er kaum als Erneuerer
auftrat und im Unterschied zu Gautier vor allem die Bedeutung der Arbeit
und nicht so sehr diejenige der Inspiration betonte.[8]

fin de 1848, Gautier a perdu les espoirs qu'il fondait sur la Révolution de
Février. Plus que jamais le progrès lui apparaît un leurre [...] il estime dérisoi-
re et vaine toute action sociale" (René Jasinski, *A travers le XIXᵉ siècle*, S.
241).

5 Siehe dazu Paul Lidsky, *Les écrivains contre la Commune*. Paris, Miespero,
   1970, S. 13: "Leconte de Lisle, jeune républicain gagné aux idées socialistes
   prend l'initiative des politiciens qui aboutissent à l'abolition de l'esclavage;
   nommé délégué du gouvernement provisoire en Bretagne, il entreprend une
   tournée de propagande révolutionnaire."
6 Siehe Jean-Paul Sartre, *L'idiot de la famille*. Paris, Gallimard, 1972, Bd. III,
   S. 359.
7 "La poésie realisée dans l'art n'en fondera plus d'activités héroïques, elle
   n'inspirera plus de vertus sociales."
8 In den Augen von Pascal Durand ist der 'Formalismus' eines Leconte de
   Lisle auch ein Mittel, um die Zensur im Zweiten Kaiserreich zu umgehen,
   indem er sich in die Betrachtung der ewigen Formen zurückzog und Texte
   produzierte, die keiner sozialen Nachfrage entsprächen. Die 'ésthetistes'
   schienen all die Werte zu negieren, auf die sich die dominante Schicht berief,
   durch ihren Anti-Utilitarismus, die Faszination des Scheiterns, die Verachtung

Baudelaire zwischen Spiritualisten und 'Ecole moderne'

Die sich bei Leconte de Lisle und Gautier abzeichnende Autonomie der Dichtung stand, wie Michael Einfalt ausführt, in einem Konkurrenzverhältnis zu zwei anderen Tendenzen: zur Dichtung der Spiritualisten sowie zur 'Ecole moderne'. Wenn die konservativen Kritiker die spiritualistische Dichtung bevorzugten, dann immer im Namen eines Primats des moralisch-erbaulichen Gehalts über die literarische Form, die schon vorgegeben sei. Es handelt sich so um die Valorisierung eines Gegenpols zur autonomen Poesie. Die Spiritualisten lehnten in Gautier die Radikalisierung der literarischen Technik Victor Hugos ab, in Maxime du Champs *Chants modernes* dessen inhaltliche Radikalisierung. Dieser fühlte sich wie Hugo als Dichter berufen, für den Fortschritt der Menschheit zu wirken. Entgegen der spiritualistischen Poesie-Auffassung war für ihn die Moderne Signatur der Dichtung, während die Autonomen ihre Abwendung von der Gesellschaft durch die Thematisierung der Antike und eine pikturale Verfahrensweise zum Ausdruck brachten. Baudelaire wird als erster die Negation der Gesellschaft mit dem Bekenntnis zur Moderne in Verbindung bringen, wie das Michael Einfalt in einsichtiger Weise herausarbeitet. Baudelaire setzt dem Rausch des technischen Fortschritts die poetische Schönheit als Produkt künstlerischer Tätigkeit entgegen. Michael Einfalt zeigt dies in einer intensiven Untersuchung des Gedichts "Spleen LXXVI" auf. Der Dichter tritt gegen einen großen Teil der ästhetischen, philosophischen und weltanschaulichen Visionen seiner Zeit an und teilt auch nicht die gängige Vorstellung poetischer Schönheit. Schmerz, Fatalität und Katastrophe sind das Substrat seiner Dichtung. Auerbach hatte die Welt des *Spleen* schon als die einer "ausweglosen Verzweiflung" charakterisiert. Michael Einfalt begnügt sich nicht mit dieser Feststellung einer zeitlosen Erfahrung, sondern versucht, im Gedicht "eine etwas konkretere gesellschaftliche Wahrnehmung" herauszuarbeiten. Die bisherige historisch-soziologische Baudelaire-Forschung hatte die Gedichte zu einsinnig auf politische Ereignisse bezogen.[9] Michael Einfalt weitet den Blick aus auf

des Fortschritts. Indem sie die Schreibweise als absolute Suche nach der Perfektion verstanden, ersetzten sie letztlich bloß den aristokratischen Mythos der Inspiration durch den 'bürgerlichen' Wert der Arbeit. War ihre politische Enthaltsamkeit nicht das Resultat der Verinnerlichung der Marginalisierung durch ein Regime, das harmlose Ästheten eher tolerierte als engagierte Dichter? (nach Pascal Durand, "Artistes et voyants", S. 229).

9   Zu dieser Tendenz der Baudelaire-Forschung siehe auch Joseph Jurt, "De

die industrielle Moderne als neue Wahrnehmungsform. Er zeigt auf, "wie die poetische Gegenwelt den der Abhängigkeit im Drogenrausch vergleichbaren Zustand der gesellschaftlichen Lethargie überwindet"[10]. Der Ennui ist zum bestimmenden Element der künftigen gesellschaftlichen Entwicklung geworden. Poesie erscheint als einzige Möglichkeit, sich einer als unheilvoll empfundenen Welt zu entziehen. Baudelaire ist Endpunkt einer Entwicklung seit der Romantik.

Nach Michael Einfalt ist ein – mindestens vorübergehender – Paradigmenwechsel in der ästhetischen Auseinandersetzung im Umfeld der Pariser Weltausstellung von 1855 zu situieren. Die Kontroverse um den Nutzen der Dichtung markierte damit eine neue Phase der Autonomie-Debatte. Die industrielle Moderne wurde als Gegenstand der Poesie entdeckt. Das Industriezeitalter bedeutete auch das Ende der Naturlyrik, mithin des Grundpfeilers der spiritualistischen Dichtung. Nach Achille Kauffmann ist es Aufgabe der Dichter, die Poesie der Industrie im kollektiven Gedächtnis festzuhalten. Die industrielle Poesie stand so im Gegensatz zur autonomen Dichtung, die den industriellen Fortschritt ablehnte, als auch zur spiritualistischen Dichtung, welche vor allem die ländliche Natur beschwor. In die industrielle Dichtung ging so auch der poetische Taumel ein, den technische Erneuerungen in der Wahrnehmung der Beobachter hervorriefen (die neue Erfahrung von Geschwindigkeit und der neue Lebensrhythmus). In der Weltaustellung von 1855 feierte die 'zivilisierte Welt' eine neue Ära friedlichen Wettstreits. Die industrielle Fertigung galt es mit ästhetischen Zielen zu verbinden. Gerade auch die französischen Produkte sollten sich durch ihre Schönheit und Eleganz auszeichnen. "Son industrie touche à l'art."[11] Darum war der Staat auch bemüht, im Bereich des Geschmacks eine Lenkungsfunktion einzunehmen. Maxime du Camp befürwortete diese Verbindung von Industrie und Kunst, lehnte aber nationalistische zugunsten universeller Beweggründe (Zukunft der Menschheit) ab; vor allem die Gruppe um die *Revue de Paris* legte sich auf die

---

l'analyse immanente à l'histoire sociale de la littérature en Allemagne depuis 1945", *Actes de la recherche en sciences sociales*, 78, Juni 1989, S. 94-101.

10 Michael Einfalt, *Zur Autonomie*, S.64.

11 A. de Valon, "Le Tour du monde à l'exposition de Londres", *Revue des deux mondes*, XXI, 1851 zitiert bei Michael Einfalt, *Zur Autonomie*, S. 183; siehe dazu auch Joseph Jurt, "L'accélération du rythme temporel dans la littérature moderne", in: Martin Bullinger (Hrsg.), *Von der bürokratischen Verwaltung zum Verwaltungsmanagement*. Baden-Baden, Nomos-Verlag, 1993, S. 149-159.

Industrie als die Kraft der Zukunft fest. Sie lehnte eine platte realistische Kunst ebenso ab wie die autonome Dichtung als auch die Institution der Académie française (als Hort der Reaktion). Eine zeitgemäße Poesie sollte sich an den aktuellen gesellschaftlichen Anforderungen orientieren. Die *Chants modernes* von Maxime du Camp hatten aufgrund ihrer Aufmachung dasselbe elitäre Publikum im Visier wie die autonome Poesie. Die industrielle Poesie konnte aber die letztere nicht entthronen, weil ihre Legitimität auf heteronome Prinzipien (bloße Revolutionierung des Inhalts) beruhte. Leconte de Lisle, der Wortführer der autonomen Dichtung, thematisierte in seinen *Poèmes et Poésies* weiterhin die Antike, weil ihm du Camp die Moderne als poetischen Gegenstand entrissen hatte.

Nach 1855 wurde nun die autonome Dichtung von der offiziellen Literaturkritik – aufgrund ästhetischer Kriterien – durchaus anerkannt; sie schuf sich auch eigene Konsekrationsinstanzen: Gautier antwortete auf ein Gedicht von Banville mit einem eigenen Gedicht.[12] Der Kritiker Asselineau unterschied zwischen Banvilles Formkult und Baudelaires Intensität und Leidenschaft und benannte so auch die beiden Tendenzen der autonomen Dichtung. Neu bei Baudelaire war "le sentiment moderne"; er besetzte damit eine bisher vakante Position innerhalb der autonomen Dichtung. Die neugegründete Zeitschrift *Le Présent*, die eine ganze Reihe von Arbeiten Baudelaires veröffentlichte, gab sich so als Organ der radikalen Ausprägung autonomer Literatur zu erkennen. Bei der französischen Wagner-Debatte von 1860-1861 wurde Baudelaires Meinungsführerschaft offensichtlich. Seine Stellungnahme für Wagner ("Il me semble que cette musique était la mienne") beruhte auf einem Kunstverständnis, das dasjenige der radikalen autonomen Dichtung war: Echte Kunst ist nur den Rezipienten offen, die ähnlich wie der Künstler mit der Kraft der Imagination begabt sind. Baudelaire präsentierte sich als vollendeten Dichter, der die Legitimation zur Beurteilung der Großen in Malerei, Musik und Dichtung besaß. Zu Beginn der sechziger Jahre schien sich der literarische Autonomieanspruch gegenüber dem Konzept einer spiritualistischen Dichtung durchzusetzen. Innerhalb einer Elite, die sich vom breiten Publikum abspaltete, hatte sich die literarische Formerneuerung als Kriterium literarischer Wertschätzung durchgesetzt.

In der bisherigen Forschung war die 'Situation' Baudelaires zu unmittelbar über das Verhältnis seines Werks zur Gesellschaft bestimmt

---

12 Siehe dazu Rudolf Baehr, "Die formale Verwirklichung durch Th. Gautiers Kunstidee in seinem Gedicht 'L'Art'", *Die neueren Sprachen*, 12, 1963, S. 18-29.

worden. Die einen definierten die 'L'art-pour-l'art'-Tendenz als reine gesellschaftliche Rückzugsposition; andere sahen in Baudelaires Dichtung avantgardistische politische Positionen übersetzt. In der Analyse von Michael Einfalt wird offensichtlich, daß die autonome Dichtung bei Baudelaire gerade in ihrem Autonomie-Anspruch auch eine radikale gesellschaftliche Gegenposition darstellte.

Die Entwicklung der Gruppe des 'Parnasse'

Während Michael Einfalt die Radikalität der Position von Baudelaire im Hinblick auf die anderen Positionen im Subfeld der Poesie herausarbeitete, hatte Rémy Ponton in einer früheren Untersuchung die Schule des 'Parnasse' isoliert, um in der Langzeit-Analyse die gruppenlogischen Mechanismen zu bestimmen. Das besondere Augenmerk gilt dabei der strategischen Funktion ästhetischer Programme in Hinsicht auf den Erwerb symbolischen Kapitals. Rémy Ponton[13] unterscheidet dabei vier Phasen des Wegs hin zur Konsekration, die ihm für die Entwicklung literarischer Gruppen dieser Periode als typisch erscheinen.

Um die Umrisse der 'Parnasse'-Gruppe zu bestimmen, bezog sich Ponton auf die Klassifikation, die Jules Huret in seiner *Enquête sur l'évolution littéraire* vorschlug, ebenso wie auf Selbstaussagen der Dichter, die sich zur Gruppe zählten. Das Sozialbild der Gruppe kristallierte sich nach dieser Analyse um die Namen von Hérédia, Sully-Prudhomme, Coppée, Mendès, A. Silvestre (die alle zwischen 1837 und 1842 geboren wurden) und insbesondere um Leconte de Lisle (Geburtsjahr 1818), dem die ersten den Rang eines 'Meisters' zuerkannten.[14] Leconte de Lisle erreichte allerdings diesen Autoritäts-Status erst im Verlaufe einer Reihe von Etappen:

Bis zu seinem programmatischen Vorwort zu seiner Sammlung *Poèmes antiques* (1852) galt Leconte de Lisle als Nachahmer der arrivierten

---

13 Rémy Ponton, "Programme ésthétique et accumulation du capital symbolique: L'exemple du Parnassse", *Revue française de sociologie*, XIV, 1973, S. 202.

14 Der Altersunterschied von zwanzig Jahren zwischen dem 'Meister' und der Gruppe der Bewunderer, die sich um ihn schart, ist nach Rémy Ponton nicht nur für die Parnasse-Gruppe spezifisch; dieselbe Altersstruktur findet sich in den folgenden Generationen wieder, als unter den Denominationen Symbolismus und Décadence sich wieder Gruppen von Schülern um zwei um zwanzig Jahre ältere 'Meister' – Mallarmé und Verlaine – bilden.

Romantiker, stieß aber überhaupt auf kein Echo und verfügte so über keine symbolische Macht. Da er deshalb nichts von der Anpassung an den herrschenden Kanon zu erwarten hatte, erhob er sich in seinem Vorwort gegen die etablierten literarischen Werte (gegen die Vertreter der Romantik wie Lamartine, Vigny, Musset) ebenso wie gegen die Sprecher des politischen Feldes im literarischen Feld (Ponsard, Augier, die Repräsentanten der 'école du bon sens') und stellte auch die herrschenden Inhalte in Frage, plädierte für 'impersonnalité' (vs. "aveu public des angoisses du coeur"), für politische 'neutralité' (vs. "monde de l'action") und forderte "des formes nettes et plus précises" als Kontrast zu den Nachlässigkeiten des Ausdrucks der Bekenntnislyrik. Indem er das Scheitern der Romantik proklamierte, zog Leconte de Lisle die Lehre aus dem Mißerfolg seiner eigenen ersten (romantisierenden) Versuche.

Die Position von Leconte de Lisle im Jahre 1852, der innerhalb der etablierten symbolischen und ökonomischen Ordnung marginalisiert ist, gleicht derjenigen des 'Propheten', der sich einer Tradition, die von der Priesterschaft getragen und verkörpert wird, entgegenstellt. Der Dichter stellt sich in seiner "Préface" als Erneuerer einer pervertierten Religion dar. Durch seine 'häretische' Stellungnahme isoliert er sich, aber gleichzeitig erregt er die Aufmerksamkeit einer Generation junger Schriftsteller, die sich ebenfalls in Opposition zur etablierten symbolischen Ordnung befinden und denen er die Parolen des Widerstands liefert.

In einer dritten Phase (ab 1870) finden sich die 'Schüler' jeden Samstag im Salon von Leconte de Lisle ein und bilden so um den Meister einen Kreis analog der 'Gemeinde', die sich um den 'Propheten' formiert, wenn er auf Resonanz stößt.

Die innovative Inspiration von Leconte de Lisle scheint jedoch zu versiegen, als sich der Kreis von Bewunderern definitiv um ihn geschart hat; der Dichter vollzieht nunmehr eine Rationalisierung des ästhetischen Programms. Das ursprüngliche ästhetische Konzept wird dabei aber nicht verleugnet, sondern banalisiert, seiner subversiven Elemente entledigt und auf technische Aspekte (metrischer oder grammatikalischer Natur) reduziert, was noch erlaubt, sich gegenüber denjenigen abzugrenzen, die nicht Mitglieder der Gruppe sind. Die Erringung der symbolischen Macht durch die Parnasse-Gruppe ab 1870 impliziert so eine konservative Routinisierung des ursprünglichen ästhetischen Programms. Eine Reihe von symbolischen Auszeichnungen (Aufnahme der Parnassiens in die Académie française zwischen 1881 und 1894 und der parallele Aufstieg innerhalb der Rangordnung der Légion d'honneur) sowie die Erlangung materieller Vorteile (Übertragung von Staatsstellen oder von Posten als Literaturkritiker) bezeugt die Institutionalisierung der symbolischen Macht, die die Parnassiens innehaben, die sich jetzt in einer Position der Wahrung des symbolischen Besitzstandes befinden analog zu derjenigen der 'Priesterschaft', die die orthodoxe Lehre verteidigt.

Gegen den 'Orthodoxie'-Anspruch des Parnasse, der nun die dominante Position innerhalb des literarischen Feldes einnimmt, wird sich die neue ästhetische 'Häresie' des Symbolismus erheben.

4

Literaturmarkt und Gattungshierarchien in der zweiten Hälfte des 19. Jahrhunderts

Pierre Bourdieu betont sehr stark, daß die Vertreter der autonomen Kunst den ästhetischen (symbolischen) Eigenwert der Werke in radikaler Opposition zum jeweiligen wirtschaftlichen 'Wert' sehen. Die Verankerung innerhalb der Logik der wirtschaftlichen Produktion (oder die Indifferenz gegenüber dieser Logik) ist ein entscheidendes Kriterium hinsichtlich des hierarchischen Ranges der einzelnen literarischen Gattungen. Im Laufe der zweiten Hälfte des 19. Jahrhunderts modifizierte sich jedoch diese vorher relativ stabile Hierarchie, was in Zusammenhang stand mit bedeutenden Veränderungen des Literaturmarktes, die in Analysen von Rémy Ponton und Christophe Charle, deren Resultate wir hier vorstellen, minutiös nachgezeichnet wurden.[1]

Die Entwicklung des Literaturmarktes wurde, nach den beiden Autoren, in der zweiten Hälfte des 19. Jahrhunderts durch eine sehr starke Expansion geprägt. Während in der Periode von 1840-1875 im Schnitt jährlich 544 Titel veröffentlicht wurden, verdoppelte sich diese Zahl gegen Ende des Jahrhunderts; 1900-1905 zählte man jährlich 1 394 neue Buchtitel. Als Zeitraum intensiven Wachstums schälte sich dabei die Periode von 1875-1890 heraus; das Jahrzehnt 1890-1900 war jedoch durch eine Krise der literarischen Buchproduktion gekennzeichnet (die Zahl der jährlich veröffentlichten Titel sank um 20%), während ab 1900 ein neuer Wachstumszyklus begann, der aber weniger intensiv war als derjenige vor 1890. Wenn die Krise vor 1865 vor allem durch politische Gründe bedingt war (Zensur im *Second Empire*), so erklärt sich diejenige nach 1890 durch wirtschaftliche Faktoren (vorgängige Überproduktion). Es läßt sich offenbar ein Parallelismus zwischen den Phasen der allgemeinen Konjunktur-

---

1   Christophe Charle, *La crise littéraire à l'époque du Naturalisme. Roman, Théâtre et Politique.* Paris, Presses de L'Ecole Normale Supérieure, 1979. Rémy Ponton, *Le champ littéraire en France de 1865 à 1905 (recrutement des écrivains, structure des carrières et production des oeuvres).* Paris, EHESS, 1977.

entwicklung und derjenigen des Buchmarkts feststellen; die Krise schlägt in der Buchproduktion wohl später durch, dauert aber länger an.

Die Entwicklung des Marktwerts der einzelnen Gattungen

Der Zyklus Expansion/Krise machte sich aber nicht für alle Gattungen in derselben Weise bemerkbar. Im Jahrzehnt 1876-1885 läßt sich ein großer Expansionsschub für die Roman- (+ 136%) und die Lyrikproduktion (+ 98%) feststellen, während die Theaterveröffentlichungen abnehmen (– 12,2%). Im Zeitraum 1886-1890 expandiert vor allem die Lyrik (+ 65,9%), aber auch das Theater (+ 46%), der Roman jedoch weniger (+ 27%). Die Krise von 1890-1990 macht sich für die Romanproduktion bemerkbar (- 38%), während sich die Expansion des Theaters (+ 12%) und der Lyrik (+ 2 %) verlangsamt. Bei der Romanproduktion (als Feuilleton in der Presse oder als Buch im Verlag) schlägt die Wirkung der Krise mehr durch als bei der Lyrik, die weniger unmittelbar vom Markt abhängig ist, da sie oft auf Kosten des Autors oder in kleinen Zeitschriften veröffentlicht wird. Die Anzahl der veröffentlichten Buchtitel sagt wohl etwas aus über die ökonomische Situation der einzelnen Gattungen, vor allem in verlegerischer Hinsicht. Für das ökonomische 'rendement' aus der Sicht des Schriftstellers ist jedoch die Auflagenhöhe von größerer Bedeutung; hier ist für den Roman in der zweiten Hälfte des Jahrhunderts ein sehr großer Aufschwung zu verzeichnen, der einerseits durch neue Drucktechniken, andererseits durch die Ausweitung des Publikums bedingt war. Während die durchschnittliche Auflagenhöhe unter der Julimonarchie 1 200 bis 1 500 Exemplare betrug, lag diese während des Zweiten Kaiserreichs zwischen 2 700 und 3 000 Exemplaren; zu diesem Aufschwung trug auch die Preisbildung der Verlage bei, so der Band zu 2 Fr. bei Calman-Lévy, der Charpentier-Band zu 3.50 Fr. und der Hachette-Band zu 2 Fr. Wenn vor 1848 jährlich etwa 300 000 bis 400 000 Roman-Exemplare verkauft wurden, so hatte 1911 ein einziger Roman wie *La débâcle* eine Auflagenhöhe von fast einer halben Million erreicht; aber auch andere Werke von Zola kannten um 1905 schon beachtliche Auflagenziffern: *Nana* (204 000), *Lourdes* (165 000), *L'Assommoir* (151 000). Alphonse Daudet erzielte annähernde Werte mit *Sapho* (310 000), *Tartarin sur les Alpes* (206 000), *Tartarin de Tarascon* (175 000).[2] Marcel Prévost zählte

---

2   Zahlen nach Rémy Ponton, *Le champ littéraire*, S. 54.

1905 vier Autoren auf, deren Gesamtproduktion die Schallgrenze von einer Million überschritten habe (Georges Ohnet, Maupassant, Bourget und Marcel Prévost); etwa 15 Romanciers erzielten ein Jahreseinkommen von über 50 000 Fr.

Diese hohen Auflagenzahlen gingen auf die Ausweitung des Publikums zurück; der Roman sprach offenbar ein sozial neues Publikum an, das eine Zwischenstellung zwischen dem gebildeten Pariser Publikum und der Schicht der Feuilleton-Roman-Leser aus dem Volk bildete, eine Schicht, die noch nicht ins Theater ging, aber mittels privater Kulturkonsumation Zugang zur legitimen Kultur hatte. Die Bildung dieses neuen Romanpublikums erklärt Christophe Charle vor allem aus der Ausdehnung der Schulbildung seit 1860, aber auch aus einer starken Bewegung der Erwachsenenbildung; gleichzeitig weitete sich auch die Population der höheren Schulen aus (die zwischen 1840 und 1860 eine Zuwachsrate von jährlich 3,5% kannte). Die neuen Fakultäten der Literatur- und Naturwissenschaften verzeichneten ebenfalls immer höhere Studentenzahlen. Die Literatur wurde so von einem immer größer werdenden Massenpublikum rezipiert, wurde aber auch Objekt wissenschaftlicher Erfassung durch einen kleinen Kreis von Spezialisten (bezeichnend ist in diesem Zusammenhang die Gründung der *R.H.L.F.* im Jahre 1894). Das Quartier Latin wurde zum Fermentationsplatz für die Zirkel und Zeitschriften der Avantgarde. Die Entstehung der Avantgarde ist so für Charle ein "komplementäres Phänomen zum Auftreten einer Massen-Literatur"[3].

Die Ausweitung des Roman-Publikums erklärt sich aber nach demselben Autor nicht nur durch die breitere Schulbildung, sondern auch aus dem Verfall der populären Lesekultur aufgrund der Vereinheitlichung des Literaturmarktes, der nun in das System der industriellen Produktion einbezogen wurde. So läßt sich im Zweiten Kaiserreich die Auflösung der traditionellen Kolportageliteratur feststellen, zunächst wegen der politischen Repression, aber auch wegen der Vereinheitlichung des Marktes dank der Verkehrserschließung durch die Eisenbahn, die das Kolportagesystem überflüssig machte. Dieser Markt – der mehrere Millionen bei einem breiten ländlichen Publikum ausmachte – wurde nun anderen Zweigen der Kulturkonsumation zugewiesen: So wurden die Kolportageschriften ersetzt durch die via Eisenbahnnetz verteilten Bücher, was der Ausweitung des Romanpublikums zugute kam, oder aber durch die Presse als Träger des Feuilleton-Romans.

---

3 Christophe Charle, *La crise littéraire*, S. 45.

Wenn die Ausweitung des Romanpublikums und damit die Erhöhung
der Roman-Auflagen für die zweite Hälfte des 19. Jahrhunderts ein un-
bestreitbares Faktum ist, so läßt sich das für den Bereich der Lyrikproduktion keineswegs behaupten. So kannten die Lyrikbände der Symbolisten
nur sehr geringe Auflageziffern: *Limbes de lumières* von Gustave Kahn
525 Exemplare, 200 für *Chantefable un peu naïve* von Mockel und 325
für Mallarmés *Pages*[4] (während Lamartines *Méditations* in drei Jahrzehnten eine Verkaufsziffer von 30 000 Exemplaren erreicht hatten). Der *Mercure de France*, das Organ der Symbolisten, zählte bloß 3 000 Abon-
nenten, und von der sehr bekannten Lyrik-Anthologie von Van Bever und
Léautaud *Poètes aujourd'hui* verkauften sich innerhalb eines Jahres nur
6 000 Exemplare. Diese Zahlen belegen, so bemerkt Rémy Ponton zu
Recht, daß die Lyrik der Jahre 1870-1900 kaum mehr von einem breiten
Publikum, sondern nur mehr von einem kleinen Kreis (der zum Teil auch
wieder aus Dichtern bestand) rezipiert wurde; die Lyrik konnte nicht mehr
wie zur Zeit der Romantik mit einem relativ breiten Publikum von Kennern rechnen. Das Subfeld der Poesie kannte so seit 1865 wegen des
Fehlens einer eigentlichen Nachfrage und mithin auch einer ökonomischen
Sanktion ein quasi-autonomes Funktionieren. Auffällig ist auf jeden Fall
die gegenläufige Entwicklung der Auflagehöhen von Lyrik und Roman;
das geringe wirtschaftliche 'rendement' der Lyrik-Produktion weist auf
einen objektiven, sozialen und ökonomischem Niedergang dieser Gattung
hin, der allerdings mit einem ungemindert hohen symbolischen Stellenwert
korreliert, der sich ja auch in der hohen Anzahl der veröffentlichten Lyrik-
Bände niederschlug.

Bei der wirtschaftlichen Situation des Theaters ist zu beachten, daß die
Einnahmen nicht nur (oder nicht in erster Linie) von der Zahl der veröffentlichten Exemplare, sondern von derjenigen der Aufführungen her-
stammten, was wiederum von der Anzahl der Theatersäle abhängt. Die
Theatereinnahmen kannten auch eine fortlaufende Steigerung bis zum
Anfang der achtziger Jahre; ein Höchststand wurde 1883 erreicht; nachher
stellt man einen Rückgang fest, der bis 1892 dauerte, worauf eine Periode
der Stagnation folgte.

Die Krise des Theaters ist ebenfalls eine Folgeerscheinung der ökonomischen Entwicklung der anderen Sektoren, wobei die Frequenzen des
Theaters durch das Verhalten des spezifischen, relativ begüterten Publikums bestimmt wurden. Die begüterte Bourgeoisie reduzierte zu Zeiten der

---

4   Nach Rémy Ponton, *Le champ littéraire*, S. 55.

Krise den Theaterbesuch, ohne ihn jedoch völlig aufzugeben, weil er ein Zeichen sozialer Klassenzugehörigkeit war. Ein Teil dieses Publikums ersetzte den Theaterbesuch durch weniger aufwendige Darbietungen, vor allem durch das nun so beliebte Café-concert (1894 gab es in Paris ebenso viele Café-concert- wie Theatersäle; die Einnahmen des *Olympia* waren 1900 höher als diejenigen der *Comédie française*). Da die Theater-Direktoren zu Zeiten der Krise auf sichere Werte setzten und keine Experimente wagen wollten, mußten sich die jungen non-konformistischen Autoren einen Ausweg durch die Gründung neuer Avantgarde-Kommunikationskanäle suchen, wovon die Gründung des *Théâtre Libre* (1887), des *Théâtre de l'Art* (1891) und des *Théâtre de l'Oeuvre* (1893) zeugen. Die Einnahmen aus den Theateraufführungen waren immerhin so hoch, daß Lyriker oder selbst Romanciers eine Theaterkarriere versuchten, so die naturalistischen Romanciers im *Théâtre Libre* nach 1887, die Symbolisten im *Théâtre de l'Oeuvre* nach 1893.

Die Entwicklung des symbolischen Wertes der Gattungen

Der wirtschaftliche Marktwert der einzelnen Gattungen korreliert aber nicht mit deren symbolischem Stellenwert innerhalb der herrschenden Gattungshierarchie. So nahm der Roman bis Ende der achtziger Jahre eine subalterne Position innerhalb dieser Hierarchie ein, die wie zur Zeit der Romantik von der Lyrik und dem Theater beherrscht wurde.[5] Christophe Charle weist darauf hin, daß fast alle literarischen Schulen – mit Ausnahme des Naturalismus – Gattungen mit langer klassischer Tradition pflegten[6]: Lyrik oder Theater; die Romantik begann mit dem Theater und stieß erst später zum Roman; Parnasse, Symbolismus und Surrealismus widmeten sich fast ausschließlich der Lyrik (und allenfalls noch dem Theater), lehnten jedoch den Roman (man erinnere sich etwa an die

---

5   Siehe P. Barbéris, in: P. Abraham/R. Desné, *Manuel d'histoire littéraire de la France*. Paris, Editions sociales, 1973, IV, S. 2: "Un jeune homme désireux de s'exprimer et de s'affirmer par la littérature ne songeait guère, en 1820, à se faire romancier. Tout au plus pour vivre, ou parce qu'il se sentait plus à l'aise dans un genre mineur, libre de règles et n'engageant pas à grand chose, pouvait-il risquer quelque récit [...] Le roman relevait de l'industrie, de la spéculation, du genre confidentiel ou des activités d'amateur [...] On aurait vainement cherché un romancier parmi les académiciens."

6   Christophe Charle, *La crise littéraire*, S. 83-84.

Aussagen von Breton oder Valéry) als markthörige Gattung ab. Balzacs *Comédie humaine* verweise durch ihren Titel auf Dante (und damit auf Poesie). Balzac, so fährt Charle fort, "klassifiziert sein Romanwerk bezeichnenderweise nicht gemäß gängiger Romankategorien: *Etudes de moeurs au XIXᵉ siècle* orientiert sich an Kategorien des Theaters ('scènes', 'comédie'); *Etudes philosophiques* sind phantastische oder poetische Werke, und die *Etudes analytiques* entsprechen der klassischen Moralistik."[7]

Der schwache symbolische Rang des Romans wird auch dadurch belegt, daß vor 1885 kaum Romanciers in die Académie française aufgenommen wurden. Während vor diesem Einschnitt diese Institution Mitglieder der wichtigsten poetischen Schulen, Romantik und Parnasse, aber auch die Vertreter des *Théâtre du bon sens* und selbst des Boulevard-Theaters in ihren Reihen begrüßt hatte, bildeten Romanciers die große Ausnahme; der erste Roman-Autor unter den "Unsterblichen" war der 1858 aufgenommene Jules Sandeau, der im übrigen auch (moralisierende) Theaterstücke geschrieben hatte; ihm folgten zwei mondäne Romanschriftsteller, die als Mitarbeiter der konservativen *Revue des deux mondes* über einen gewissen Kredit verfügten: Octave Feuillet (1862) und Victor Cherbuliez (1881). Dem Roman ging vor allem wegen der Feuilleton-Praxis, die den Romancier in einem Abhängigkeitsverhältnis von der Presse erscheinen ließ, das hohe Prestige ab; dies läßt sich wiederum an der Sozialstruktur der Population der Romanciers ablesen. Die Schriftsteller, die aus der Oberklasse stammten, Industriellen- und Bankierssöhne, sowie Schriftsteller, die aus dem gehobenen intellektuellen oder politischen Bürgertum kamen, wählten vorzugsweise Lyrik und Theater als ihre Gattung und viel seltener den Roman. Schriftsteller aus der Unterschicht waren hingegen viel eher Romanciers (42,1%) als Lyriker (21,1%) und noch weniger Theaterschriftsteller (10,5%). Bei den Romanciers war überdies der Anteil derjenigen, die bloß über eine Volksschulbildung verfügten, größer als bei den Lyrikern und den Theaterautoren.

Es läßt sich eine signifikante Relation zwischen der Gattungswahl und dem hierarchischen Rang der Gattungen feststellen. Aufgrund des geringen symbolischen Stellenwerts wird der Roman von Schriftstellern mit relativ hohem sozialen, kulturellen und ökonomischen Kapital selten gewählt. Schriftsteller aus der Unterschicht scheinen sich wohl auch deswegen dem Roman vorzugsweise zuzuwenden, weil dieser ein geringeres kulturelles

---

7   Christophe Charle, *La crise littéraire*, S. 18.

Kapital vorauszusetzen, aber größere Rendite zu verheißen schien. Die niedrige ökonomische Rentabilität der Lyrik erklärt wohl auch, daß sich die Schriftsteller, die aus der Geschäftsbourgeoisie stammten, relativ selten für diese Gattung entschieden.

Die Gattungshierarchie war keineswegs ein festes Gefüge; auch sie veränderte sich ebenso wie die ökonomische Position der einzelnen Gattungen, was wiederum das sich wandelnde Wahlverhalten der Schriftsteller, vor allem der jeweils neuen Generationen, erklärt. Die spezifische Gattungswahl der jeweils neu auftretenden Schriftsteller wurde von Christophe Charle[8] untersucht, der zunächst ein frappierendes Anwachsen der Zahl der Schriftsteller, vor allem für das Jahrzehnt 1876-1885 feststellte, das er aus der Ausdehnung der Sekundarschulausbildung erklärt, die insbesondere das Kleinbürgertum und das mittlere Bürgertum erfaßte; aus dieser Schicht rekrutierten sich die meisten neuen Autoren, die aufgrund des vor allem im Bereich der traditionellen Karrieren – Medizin und Recht – überfüllten Stellenmarkts ihr neu erworbenes kulturelles Kapital in der Presse und in der Literaturproduktion sinnvoll einsetzen zu können glaubten. Zur Zeit der Expansion wählten diese neuen Schriftsteller den Roman als präferentielle Gattung; in der zweiten Hälfte der achtziger Jahre entschieden sich jedoch die meisten der neuen Schriftsteller für die Lyrik, indes die Zahl der neuen Romanciers immer noch stieg, jedoch deutlich langsamer. Das Theater wurde von vielen als Zweitgattung gewählt. In den neunziger Jahren entschieden sich die jungen Autoren noch mehr für das Theater als für den Roman. Charle spricht hier von einer dialektischen Beziehung zwischen den Entscheidungen der neuen Schriftsteller und der Entwicklung des Literaturmarktes; die Strategien der literarischen Gruppen müssen in diesem Zusammenhang gesehen werden: So entspricht die vorzugsweise Hinwendung der jungen Autoren zum Roman in den achtziger Jahren dem Erfolg der naturalistischen Schule; der große Zudrang zur Lyrik ist eine Folgeerscheinung des Durchbruchs der Symbolisten in der zweiten Hälfte der achtziger Jahre. Die massive Entscheidung der neuen Schriftsteller im folgenden Jahrzehnt für das Theater geht einher mit den Versuchen des avantgardistischen Theaters (*Théâtre Libre* und *Théâtre de l'Art*), die zur Entdeckung junger Autoren beitrugen. Charle hält als Bilanz fest, daß sich die jungen Autoren vorzugsweise für Gattungen entschieden, die in eine Phase des Erfolgs eingetreten seien; Gattungswechsel lasse sich vor allem in jenen Bereichen feststellen, wo der Kon-

8 Christophe Charle, *La crise littéraire*, S. 52-54.

kurrenzdruck infolge des massiven Einströmens neuer Autoren zu groß
geworden sei; so erkläre sich die Hinwendung naturalistischer Romanciers
und symbolistischer Lyriker zum Theater. Die bestehenden Gattungshierarchien bestimmten zweifelsohne die
Entscheidung der Schriftsteller für diesen oder jenen Tätigkeitsbereich. Der
Wandel eines bestimmten Karrieretypus hatte nicht nur seine Folgen für
die Morphologie des literarischen Milieus; er veränderte selbst die Problematiken und Formen der Werke und letztlich auch die Struktur des literarischen Feldes. Besonders aufschlußreich war hier der Wandel der Beziehung von Roman und Lyrik in der zweiten Hälfte des 19. Jahrhunderts,
ein Wandel, der eine Veränderung der Rekrutierungsbasis, der Inhalte und
der Karrierebedingungen mit sich brachte. Der modifizierte Stellenwert der
beiden Gattungen wird eine entscheidende Rolle bei der Konstituierung
der literarischen Gruppen des Symbolismus und des Psychologischen
Romans spielen.[9]

9   Rémy Ponton, *Le champ littéraire*, S. 64.

5

Literarische Gruppen im Subfeld der Poesie zur Zeit des Fin de siècle: Symbolisten und 'Décadents'

Neben dem symbolischen Stellenwert und dem ökonomischen Rang einer Gattung, der durch die Entwicklung eines Literaturmarktes bedingt ist, spielt insbesondere für die Poesie die literarische Gruppe die Rolle einer wichtigen Determinante. Die Konstituierung literarischer Gruppen ist so eine typische Manifestation der Autonomisierung des Feldes. Die Romantik etwa stellte noch nicht eine literarische Gruppe im modernen Sinn dar, sondern war vielmehr eine Bewegung, ein globales soziales Phänomen politischer und ideologischer Natur, so daß es kein Zufall war, wenn unter dieser Bezeichnung nicht nur Schriftsteller, sondern auch Politiker, Ideologen, Beamte und Notabeln subsumiert wurden.[1] Eigentliche literarische Gruppen bildeten sich erst nach 1850 zur Zeit des sich abzeichnenden Autonomisierungsprozesses, etwa mit der Gruppe des Parnasse, von der schon die Rede war. Die literarischen Gruppen werden im wesentlichen bestimmt durch ihre Position innerhalb der Morphologie des literarischen Feldes (dominanter Pol, dominierter Pol, intermediäre Position) und damit auch durch ihre Relation zu den anderen Gruppen (Opposition oder Homologie). Die Gruppe konstituiert sich als eine strategische Vereinigung, die

---

1 Siehe dazu Christophe Charle, *La crise littéraire*, S. 18: "Cet universalisme exprime l'inachèvement de l'autonomie relative du champ littéraire, la faible spécialisation de l'écrivain par rapport à la classe dirigeante. Leur vie sociale ne se limite pas à une stratégie purement littéraire, aussi est-il difficile d'assigner une limite précise à ce mouvement." Zu dieser Problematik siehe auch Joachim Schultz, *Literarische Manifeste der 'Belle Epoque' Frankreichs 1886-1905*. Frankfurt a.M., Peter Lang, 1981, S. 57-66: *Literarische Gruppen und Schulen;* Miklós Szabolcsi, "Groupe, école, courant", *BRP*, XVIII, 1979, S. 61-67; Joseph Strelka, *Die gelenkten Musen. Dichtung und Gesellschaft*. Wien, 1971, S. 37-46: "Der Schriftsteller als Mitglied einer Gruppe"; Friedhelm Kröll, "Die Eigengruppe als Ort sozialer Identitätsbildung. Motive des Gruppenanschlusses bei Schriftstellern", *Deutsche Vierteljahrsschrift für Literaturwissenschaft und Geistesgeschichte* 52, 1978.

sich zum Ziel setzt, die Position symbolischer Macht zu erreichen, um so die literarische Legitimität innerhalb des Feldes zu bestimmen. Der einzelne Schriftsteller schließt sich zumeist nach Maßgabe des sozialen und kulturellen Kapitals, das er jeweils einbringen kann, dieser oder jener Gruppe an.

Seit dem Beginn der achtziger Jahre läßt sich in Frankreich in der Tat ein Mentalitätswandel, eine Unruhe, eine innere Bewegung vor allem bei den jungen Dichtern feststellen, die auch das relativ stabile Gefüge der literarischen Gruppen verändert, wobei sich das Unbehagen, der Widerstand zunächst noch recht diffus äußert, von außen als Zerfallserscheinung etikettiert wird; die Vertreter dieser Bewegung akzeptieren indes den Begriff der 'décadence' als eine ihrem Selbstverständnis angemessene Bezeichnung.[2] Später artikuliert und institutionalisiert sich dieser Widerstand gegen die etablierten Schulen des Parnasse und des Naturalismus in spezifischen literarischen Gruppen. Gruppen bilden sich jedoch zumeist um einen 'maître', der eine Vorreiterposition einnimmt, der den Widerstand gegen die herrschenden Bewegungen schon antizipiert und durch programmatische Äußerungen oder exemplarische Werke für die kommende literarische Generation die Losungen liefert; so artikulierte Leconte de Lisle in seinem Vorwort zu den *Poèmes antiques* 1852, wie dies schon Rémy Ponton in seiner Analyse hervorhob, seine Opposition gegen die dominante romantische Lyrik und wurde so zum bewunderten Vorbild der Generation der etwa zwanzig Jahre jüngeren Dichter, die sich in der Gruppe des Parnasse um ihn konstituieren sollten.

Mallarmé und Verlaine als 'Märtyrer'

Die Generation der jungen Dichter der achtziger Jahre erkannte ihre Meister in Mallarmé und Verlaine. Beide hatten sich zunächst im Umkreis des Parnasse bewegt; im ersten wie im zweiten *Parnasse contemporain*

---

2   Für Fritz Schalk ist die Periode des Fin de siècle, die er ebenfalls auf die beiden letzten Jahrzehnte des 19. Jahrhunderts eingrenzt, bestimmt durch den Begriff der 'décadence': "Es ist eine Wendung, die mit Wörtern wie décadence, décadisme, déliquescence, snobisme, dilettantisme sich verbinden und wie ein Prinzip erscheinen könnte, das in seiner Entfaltung das Alte und Überkommene aus den Fugen treibt" (Fritz Schalk, "Fin de siècle", in Roger Bauer u.a. [Hrsg.], *Fin de siècle. Zur Literatur und Kunst der Jahrhundertwende.* Frankfurt a.M., Klostermann, 1977, S.3).

(1866, 1869) waren Gedichte von ihnen aufgenommen worden. Die Gedichte, die beide Autoren 1874 und 1875 für die dritte Ausgabe des
Parnasse vorlegten, wurden jedoch vom Redaktionskollegium zurückgewiesen. Dieser faktische Ausschluß aus dem Kreis des Parnasse stellte
nicht nur für das Selbstverständnis von Verlaine und Mallarmé einen
wichtigen Einschnitt dar, sondern verlieh den beiden in den Augen der
jungen Generation eine Art Märtyrerstatus.[3] "Nein, der Autor ist unwürdig
und seine Verse sind die schlechtesten, die man je gesehen hat"[4], erklärte
Anatole France angesichts der vorgelegten Gedichte von Verlaine. Das,
was hier jedoch verurteilt wurde, war nicht so sehr, wie Rémy Ponton zu
Recht bemerkt, die mangelnde ästhetische Qualität Verlaines, sondern eher
der soziale Status des Dichters, seine 'Unwürdigkeit', im Klartext: seine
Beteiligung an der Commune, der Gefängnisaufenthalt, die Orgien mit
Rimbaud, sein bohémienhafter Lebensstil – Züge, die gerade der kleinbürgerlichen Aufsteigerfraktion des Parnasse ein Dorn im Auge sein mußten.
Verlaine machte indes in seinem Gedicht "Art poétique" von 1874 gerade
seinen Bohème-Status zum Thema der Dichtung; Dichtung wurde jetzt von
ihm als 'chanson grise' besungen, während er noch 1866 im Epilog der
Poèmes Saturniens in Parnasse-Manier einer (kleinbürgerlichen) Leistungs-
moral das Wort geredet hatte.

Mallarmé jedoch war nicht wegen seines sozialen Status aus dem
Parnasse ausgeschlossen worden. "Man würde sich über uns lustig machen", meinte Anatole France nach der Lektüre von "L'Après-midi d'un
faune". Er brachte damit eine Meinung zum Ausdruck, die schon lange
vorher in den Kreisen der Parnassiens über Mallarmé verbreitet war: Man
hielt ihn für leicht verrückt. Dieser Vorwurf wurde ihm nicht so sehr
wegen seiner hermetischen Diktion entgegengebracht, sondern wegen der
Intransigenz seiner Haltung, wegen des Absolutheitscharakters, den er der
Dichtung zuschrieb, während die Parnassiens sehr wohl zwischen ihrem
eigenen Ich und ihrer Rolle als Dichter zu unterscheiden verstanden.[5]

Rémy Ponton erklärt diesen absoluten Habitus Mallarmés aus dem

---

3 Zum folgenden siehe die Untersuchung von Rémy Ponton, *Le Champ littéraire en France, de 1865 à 1905*, Paris, EHESS 1977, der wir wertvolle Informationen verdanken; außerdem Joseph Jurt, "Les mécanismes de constitution
   de groupes littéraires: l'exemple du symbolisme", *Neophilologus*, 70, 1986,
   S. 20-33.
4 Nach Jacques Suffel, *Anatole France par lui-même*. Paris, Seuil, 1954, S. 18.
5 Siehe dazu Jean-Paul Sartre, "L'engagement de Mallarmé", *Obliques*, 18-19,
   1979, S. 180.

Klassenethos seiner Vorfahren, die über Generationen dem Beamtenstand angehörten, so außerhalb der Gesetze des Marktes lebten und sich ihrer Aufgabe sehr oft mit einer absoluten Überzeugung widmeten. Das dichterische Schaffen wird von Mallarmé gleichzeitig als Kompensation seines sozialen Status als Englischlehrer in der Provinz empfunden, der den Erwartungen der Familie kaum entsprach. Der Hermetismus der Dichtung steht in bewußtem Gegensatz zum pädagogisch-kommunikativen Sprachgebrauch der Schule. Die hermetische Diktion ist jener formelle Bruch mit der Sprache und damit auch mit der sozialen Realität, der sich mit seiner sozialen Situation vereinbaren ließ.[6]

Erste Bewunderer

Mallarmé und Verlaine blieben indes in den siebziger Jahren und darüber hinaus weitgehend unbekannt, und ihr Name stieß beim Durchschnittsleser kaum auf Resonanz. Jacques Lethève spricht zu Recht von einer langen Periode des Schweigens bis 1884.[7] Das Werk der beiden Dichter existierte jedoch als latentes Kapital, als Geheimtip einer kleinen Minderheit. "Nur einige neugierige und eingeweihte Leser lesen und meditieren Verse, die sie in unbekannten Zeitschriften aufstöbern, oft abschreiben und an andere, die ebenso fanatisch sind, weitergeben."[8] Diese kleine Gemeinde von Bewunderern hat jedoch noch keine soziale Existenz; handelt es sich hier doch um eine private und individuelle Bewunderung, die noch kaum artikuliert wird; überdies sind es junge Liebhaber, die noch über keine symbolische Macht verfügen. Das, was für Mallarmé und Verlaine eine persönliche Antwort auf eine spezifische Situation war – hermetische Dichtung für den einen, Lyrik als Ausdruck der Spontaneität und des Gefühls für den anderen –, wird nun von der Generation der jungen Dichter aufgegriffen, als Anti-Parnasse-Programm verstanden und teilweise auch systematisiert. Die jungen Dichter hatten sich seit dem Beginn der achtziger Jahre in kurzlebigen, bohèmehaften Zirkeln im Quartier Latin oder im Montmartre-Viertel getroffen, so etwa im Künstlercabaret *Le Chat Noir* und in Clubs, deren Namen schon für sich sprechen – in den Clubs der Hydropathes, der Hirsutes, der Zutistes, der Jemenfoutistes – und

6   Nach Rémy Ponton, *Le champ littéraire*, S. 228.
7   Jacques Lethève, *Impressionnistes et Symbolistes devant la presse*. Paris, Armand Colin, 1959, S. 164.
8   Jacques Lethève, *Impressionnistes*, S. 164 (übersetzt von J.J.)

deren Atmosphäre von André Barre so beschrieben wird: "Man redete über alles, aber mit Humor. Man wollte einander durch Witz, Originalität und Exzentrizität übertreffen. Man reihte Paradox an Paradox und das Bier half dabei."[9] Gleichzeitig entstand im Kreis dieser Grüppchen eine Unzahl ebenso kurzlebiger Zeitschriften, die vom selben Geist geprägt waren, so *Le Chat Noir* ab 1882, dann auch *La Nouvelle Rive gauche*, die dann ab 1883 unter dem Titel *Lutèce* erschien und die Cladel, Verlaine, Rollinat, Ajalbert und Charles Morice zu ihren Mitarbeitern zählte. Wenn man in *Lutèce* im Prinzip den jungen Tendenzen der Lyrik sympathisch gegenüberstand, so wurde doch Mallarmé und seinen Freunden ein gewisses Mißtrauen entgegengebracht, während Verlaine stets eine große Wertschätzung genoß. Damit kündigten sich hier schon innerhalb der jungen Generation der Dichter Regruppierungstendenzen an, die zunächst noch durch das gemeinsame Bemühen um Innovation und die dadurch verbundene Opposition gegen die herrschenden Richtungen der Lyrik verdeckt wurden, die aber dann zu Tage treten mußten, als eine breite Öffentlichkeit von der Existenz einer oppositionellen Literatur erfuhr.

Die Wende von 1884

Eine eigentliche Wende stellt das Jahr 1884 dar: "Dem Schweigen folgte die Polemik und der Radau"[10], schreibt Jacques Lethève. Die Veröffentlichung, die wesentlich dazu beitrug, das Schweigen zu brechen, war Verlaines Serie *Les Poètes maudits*, in der der Dichter Mallarmé, Rimbaud und Tristan Corbière vorstellte; die Aufsätze erschienen in den letzten Monaten von 1883 in *Lutèce*, um dann 1884 als Broschüre ein noch breiteres Publikum zu erreichen. Verlaine bedient sich hier eines religiösen Vokabulars ('maudits', 'absolus'), um die zu Unrecht vergessenen Dichter zu hypostasieren. Die Sprache Verlaines ist gleichzeitig die Sprache der Anklage, der Anklage gegen die Hüter der symbolischen Ordnung, die die wahren Werte verkannt hätten. Verlaine vertrat die Sache der 'verkannten Dichter' mit um so größerer Überzeugung, da es auch seine Sache war. Von der Neueinschätzung, die er für die 'poètes maudits' forderte, profitierte auch er. Die jungen Dichter hatten in Verlaine einen ihrer Meister gefunden.

---

9 André Barre, *Le Symbolisme. Essai historique sur le mouvement poétique en France de 1885 à 1900.* Paris, Jouve, 1911, S. 74 (übersetzt von J.J.).
10 Jacques Lethève, *Impressionnistes*, S. 166.

1884 erschien jedoch nicht nur *Les Poètes maudits*, sondern auch Huysmans Roman *A rebours*, in dem die junge Generation ihre Aspirationen, aber auch ihr eigenes literarisches Pantheon wiederfand – der Protagonist Des Esseintes besitzt in seiner Bibliothek Gedichtbände von Verlaine und Mallarmé. Vom Dichter wird gesagt, daß er in einer Zeit des allgemeinen Wahlrechts und des Profits fern vom Literaturbetrieb lebe, die allgemeine Sottise mit Verachtung strafe und fern von der Welt Gefallen finde an den Überraschungen des Intellekts, an den Visionen seines Gehirns. In den Besprechungen des Romans von Huysmans griff die Kritik die literarischen Präferenzen des Protagonisten auf, um darin einen Beweis seiner Extravaganz zu sehen – so die Reaktion von Jules Lemaître – oder aber ein Zeichen der Hellsichtigkeit – dies das Urteil von Charles Morice, eines künftigen Theoretikers des Symbolismus. Zweifellos trug das Buch von Huysmans wesentlich dazu bei, die 'verkannten Dichter' aus dem Halbdunkel herauszuholen, dies um so mehr, da das Werk nicht nur das enge Publikum der Lyrik-Zeitschriften, sondern einen breiten Kreis von Romanlesern erreichte.

Für den Verfasser von *A rebours* hatte sich in der Tat die 'décadence' im Werke Mallarmés in vollendeter Form verkörpert. Der Roman *A rebours* wurde zur Bibel der jungen Generation, und des Esseintes stellte in seiner Weltflucht, in seiner Suche nach immer neueren und selteneren Grenzerfahrungen, in seiner Kunstwelt die Vollendung des 'esprit décadent' dar, den Huysmans in einer prägnanten Formel einfing, als er die "décadence d'une littérature" charakterisierte. Es ging dabei nicht so sehr um die geschichtsphilosophische Idee des Zerfalls einer Zivilisation, sondern um die enttäuschte Feststellung, daß man zu spät in eine veraltete Welt eintrete, in der alles schon gesagt sei.

Der Begriff 'décadent' fand weitere Verbreitung durch ein Pastiche der neuen Dichtung, das unter dem Titel *Les Déliquescences. Poèmes décadents d'Adoré Floupette* 1885 veröffentlicht wurde – die eigentlichen Verfasser waren Henri Beauclair und Gabriel Vicaire. Der Begriff der Dekadenz schien nicht nur im Untertitel auf, sondern auch in den Überschriften der beiden letzten Gedichte "Bal décadent" und "Décadents"; in der Sammlung fand sich aber ein Text "Idylle symbolique" – eine Bezeichnung, die nach Jacques Lethève zum ersten Mal im Zusammenhang mit der jungen Poesie auftauchte. Maurice Barrès hatte im übrigen in seiner Zeitschrift *Taches d'encre* in einem Aufsatz über die neuen Tendenzen der Literatur einen Abschnitt unter dem Titel "Les décadents" Rimbaud, Verlaine und Mallarmé gewidmet und dabei als spezifischen Zug des letzteren die Schaffung des Symbols mittels der Poesie hervorgehoben.

Les Poètes maudits, A rebours und *Les Déliquescences* hatten die 'Meister' der neuen, bis jetzt verkannten Poesie vorgestellt und diesen eine gesellschaftliche Präsenz verliehen; diese Präsenz innerhalb der öffentlichen Meinung war aber noch nicht gleichbedeutend mit der Bildung einer literarischen Gruppe; diese ist auf eine materielle Basis als Vorbedingung für die Institutionalisierung angewiesen: eine solche war der Salon von Mallarmé.

Die Institutionalisierung der Gruppe: der Salon von Mallarmé

Die Strukturen der 'Gemeinde', die sich in den achtziger Jahren um Mallarmé bildete, sind denjenigen der Parnasse-Gruppe, die sich ab 1863 regelmäßig im Salon Leconte de Lisle traf, sehr ähnlich. Die Dienstags-Empfänge im kleine Salon Mallarmés an der rue de Rome, die Anfang 1880 nur einige intime Freunde vereint hatten, wurden erst 1885 nach der Veröffentlichung von *A rebours* und *Les Poètes maudits* berühmt. Das Ereignis, das wesentlich zur Bekanntheit Mallarmés beitrug, war indes die Publikation des Gedichts "Prose (pour des Esseintes)" in der *Revue indépendante* im Januar 1885. Nunmehr fanden sich Edouard Dujardin, Teodor Wyzewa und Félix Fénéon, René Ghil, Pierre Quillard und Ephraïm Mikhael, André Fontainas, Francis Vielé-Griffin und Henri de Régnier, Louis de Cardonnel und Jean Moréas, Albert Mockel, Georges Rodenbach, Camille Mauclair und Gustave Kahn regelmäßig im Salon der rue de Rome ein. Die Teilnehmer der Dienstags-Empfänge betonten übereinstimmend die charismatische Ausstrahlung Mallarmés. In ihren spontanen Analogien greifen sie immer wieder auf das religiöse Vokabular zurück, was uns allerdings nicht vergessen lassen sollte, daß eine solche 'Faszination' immer auch das Ergebnis einer Interaktion ist, eine Projektion, die eine Ambiance schafft, die eine charismatische Austrahlung geradezu fordert. Wenn Gustave Kahn die 'religiöse Atmosphäre' des Salons mit einem gewissen kritischen Abstand beschrieb,[11] so haben andere Gäste diese Haltung internalisiert und bezeichneten sie als authentische Erfahrung, ohne sich über deren Mechanismen Rechenschaft abzulegen. Albert Mockel schrieb so über die Gespräche im Salon Mallarmés, daß die Gäste inmitten der Gnade und der Auserlesenheit des Wortes jenem selbstlosen

---

11 Gustave Kahn, *Symbolistes et Décadents*. Paris 1902 (Genève, Slatkine Reprints 1977) S. 22.

Kult der Ideen beiwohnten, der die religiöse Freude des Geistes ausmache.[12] Wenn die Schüler versuchten, ihren Meister zu sakralisieren und die Begegnungen in seinem Salon wie einen Kult zu feiern, dann auch um den Bereich der Poesie als einen geheiligten Bezirk abzugrenzen, dessen Zutritt dem Profanen verwehrt ist, und um so aus der Lyrik ein geheiligtes Wissen zu machen, das nur einer kleinen Gruppe von Eingeweihten vorbehalten ist. Mallarmé, dessen Dichtung vor allem durch ihren hermetischen Charakter gekennzeichnet ist, scheint für diese Prophetenrolle prädisponiert zu sein. Der Hermetismus, der bei ihm letztlich metaphysisch begründet war, scheint seinen Schülern dazu gedient zu haben, ihre marginale Situation innerhalb des literarischen Feldes zu sublimieren.

Die Abgrenzung gegenüber anderen Gruppen

Eine literarische Gruppe konstituiert sich nicht allein durch die Vereinigung um einen charismatischen Meister und durch die Erarbeitung einer spezifischen Konzeption der literarischen Praxis, sondern vor allem auch durch die Abgrenzung gegenüber anderen Gruppen. Ein gemeinsames Bewußtsein verband diejenigen, die sich als Symbolisten verstanden; sie wandten sich aber auch gemeinsam gegen den Rationalismus und den Szientismus. Gemäß der Logik des Feldes grenzten sie sich aber in erster Linie gegenüber den beiden etablierten literarischen Gruppen ab: Parnasse und Naturalismus.[13] Zwischen den Symbolisten und den Parnassiens existierte vor allem eine ideologische Unvereinbarkeit. Die ersteren warfen den Schülern Zolas vor, sich bloß an die äußere Erscheinung der Dinge zu halten, nur an eine photographische Wiedergabe der Realität zu denken. Der Naturalismus trage, so Gustave Kahn, dem Bedürfnis nach Beschwörung, Legenden, Träumen, Phantasien, die die Werke Poes oder Heines prägten, überhaupt nicht Rechnung. Für Mallarmé, der immerhin den 'unerhörten' Sinn für das Leben bei den Naturalisten lobte, kann die Aufgabe der Literatur nicht in der Reproduktion der Wirklichkeit bestehen. Die Dinge existieren schon; wir brauchen sie nicht zu schaffen; es gilt, die

12 Albert Mockel, *Un héros*, 1899 (zitiert nach Noël Richard, *Profils symbolistes*. Paris, Nizet 1978, S. 93.).
13 Zum Folgenden siehe Joseph Jurt, "Synchronie littéraire et rapports de force; le champ poétique des années 80", *Oeuvres et Critiques* XII, 2, 1987, S. 19-33.

Beziehungen zwischen ihnen zu erfassen.[14] Gustave Kahn monierte die mangelnde Kohärenz des Naturalismus als Schule. Die Werke Zolas mit ihren romantischen Szenen entsprächen nicht der realistischen Intention seiner Theorie. So fänden sich kaum Schüler, die von der Theorie oder der dichterischen Praxis Zolas inspiriert würden. Zola habe sich so etabliert, daß es neben ihm kaum Platz für andere Naturalisten gebe.

Die Antinomie zwischen Symbolisten und Naturalisten erklärt sich vor allem auch aus den unterschiedlichen Positionen, die beide im literarischen Feld einnahmen. Die Naturalisten schienen ihre Legitimität auf die Angemessenheit ihrer Werke gegenüber der Masse der Leser zu stützen, kurz: auf ihre Breitenwirkung; sie zählten wie die Presse zum Feld der Breitenproduktion. Die naturalistische Legitimation wurde von den Symbolisten radikal in Frage gestellt; denn sie versuchten, die Tradition des Parnasse fortzusetzten und beriefen sich auf die Legitimität der reinen Kunst, die nur eine kleine Elite anspreche.

Zwischen den Symbolisten und den Parnassiens gab es keinen Legitimationskonflikt dieser Art, da sich beide am Prinzip der reinen Kunst orientierten. Die Symbolisten warfen indes den Parnassiens vor, 'falsche' Revolutionäre gewesen zu sein, nur eine verbale Revolte formuliert zu haben, die sich nicht in wahrhaft neuen Werken niedergeschlagen habe. Gustave Kahn präsentierte die Symbolisten dagegen als die eigentlichen Neuerer, die durch die Infragestellung der traditionellen Metrik einen neuen Aufschwung der Poesie bewirkt hätten. Sie hätten diese Haltung ohne jeden Kompromiß eingenommen, ohne auf die literarische Macht oder auf Freundschaften Rücksicht zu nehmen. Man warf den Parnassiens ebenfalls vor, ihre ursprüngliche Intention banalisiert zu haben, weil sie die Poesie auf rein formale Fragen wie die des Reims reduziert hätten. Gustave Kahn sprach in bezug auf Banville von 'Akrobatik', und auch Mallarmé schien den Vorwurf des Formalismus zu formulieren, als er sagte, die Parnassiens seien die absoluten Diener des Verses gewesen, dem sie sogar ihre Persönlichkeit opferten.[15] Nach der Konzeption von Banville, so meint Gustave Kahn, solle der Dichter als Handwerker, der sich tadellos auf sein Handwerk versteht, für jede Gelegenheit ein Gedicht liefern können, als eine Art öffentlicher Schriftsteller. Die Parnassiens

---

14 Mallarmé in Jules Huret, *Enquête sur l'évolution littéraire*. Paris, Charpentier, 1891, S. 64.
15 Jules Huret, *Enquête*, S. 59.

verstünden sich nicht als inspirierte Dichter, sondern als skrupulöse Gelehrte und indifferente 'Macher'.[16]

Der jungen Dichter-Generation gesteht Mallarmé indes zu, den Formalismus überwunden und den wahren Grund der Poesie – das Geheimnis – wiederentdeckt zu haben, das durch die Dichtungspraxis der Parnassiens banalisiert worden sei.[17] Die Abgrenzung gegenüber anderen Gruppen des literarischen Feldes spielte eine wichtige, ja entscheidende Rolle bei der Konstituierung der Gruppe der Symbolisten. Die Kohäsion der Gruppe beruhte auf einer Reihe von negativen Ausschlußkriterien: Man lehnte die lyrische und romanhafte Anekdote ab, wies die geschlossene Kunst der Parnassiens zurück, ebenso den Victor-Hugo-Kult, protestierte gegen die Plattheit der Naturalisten, verzichtete auf mikroskopische Analysen, um wieder Synthesen zu wagen und war offen für die Anregungen fremder Literaturen, besonders derjenigen der großen Russen und Skandinavier.[18]

Die – ästhetische und ideologische – Opposition gegenüber den Parnassiens und den Naturalisten war auch ein Gegensatz von zwei Generationen. Die Gruppe um Mallarmé repräsentierte indes nicht die gesamte oppositionelle junge Poesie. Die Oppositionsbewegung spaltete sich in zwei Gruppen. Neben den Symbolisten manifestierten sich die 'Décadents'. Wie ist diese Kristallisation in zwei parallele Dichtergruppen, die beide von derselben Position als 'Dominierte' ausgingen, zu erklären?

Die Spaltung der jungen Poesie: Symbolisten und 'Décadents'

Die symbolistische Gruppe, die sich um den Salon Mallarmés konstituiert hatte, setzte sich ab gegenüber den jungen Dichtern, die im Quartier Latin

---

16 Gustave Kahn, *Symbolistes et Décadents*, S. 364.
17 Siehe dazu Mallarmés Ausführungen in Jules Huret, *Enquête sur l'évolution littéraire*, S. 60: "[...] les jeunes sont plus près de l'idéal poétique que les Parnassiens qui traitent encore leurs sujets à la façon des vieux philosophes et des vieux rhéteurs, en présentant les objets directement. Je pense qu'il faut, au contraire, qu'il n'y ait qu'allusion. La contemplation des objets, l'image s'envolant des rêveries suscitées par eux, sont le chant: les Parnassiens, eux, prennent la chose entièrement et la montrent; par là ils manquent de mystère; ils retirent aux esprits cette joie délicieuse de croire qu'ils créent. *Nommer* un objet, c'est supprimer trois quarts de la jouissance du poème qui est faite du bonheur de deviner peu à peu."
18 So Gustave Kahn, *Symbolistes et décadents*, S. 51-52.

geblieben waren und die dort die Tradition der Bohème unter der Bezeichnung 'décadence' weiterführten. Sowohl Gustave Kahn als auch René Ghil situierten die jungen 'Décadents' 'rive gauche' im Gegensatz zum Salon Mallarmés auf der anderen Seite der Seine. Die Bildung der Gruppe der rue de Rome bedeutet so den Wechsel eines Teils der jungen Poesie von der 'rive gauche' zur 'rive droite'. Es handelte sich dabei nicht nur um eine geographische, sondern um eine soziale Veränderung. Die Verlagerung des Zentrums eines Teils der jungen Dichter vom Quartier Latin zur 'rive droite' bedeutete innerhalb der stark hierarchisierten Pariser Stadtgeographie eine sozial aufsteigende Linie.[19] Durch ihre Situierung auf der 'rive droite' unterschieden sich die Symbolisten gegenüber den 'Décadents', die im Quartier Latin geblieben waren und gewannen dadurch auch an sozialem Ansehen.

Während die gesamte oppositionelle junge Poesie in der ersten Hälfte der achtziger Jahre mit der Bezeichnung der 'décadence' belegt worden war, bildete sich nun um Anatole Baju und seiner seit April 1886 erscheinenden Zeitschrift *Le Décadent* eine eigentliche Gruppe, die den Namen 'Décadents' für sich reklamierte. Die Ausgangspunkte der beiden Gruppen – 'Décadents' und Symbolisten – waren identisch; die Mitglieder beider Schulen zählten zur selben Generation: "Die Aktion der Symbolisten und der 'Décadents' gegen die herrschende Literatur war parallel", schrieb Ernest Raynaud, der zur letzteren Gruppe gehörte.[20] Die soziale Position der Symbolisten ('rive droite' vs. Quartier Latin) schlug sich jedoch im

---

19 Christophe Charle stellte für die Avantgarde-Zeitschriften eine ähnliche Verlagerung fest. Diese Zeitschriften wurden alle im Quartier Latin gegründet, rekrutierten dort ihre Mitarbeiter und fanden dort auch ihre spezifische Leserschaft. Einige davon werden aber vom dominanten Pol angezogen. Die solidesten wechseln so zur 'rive droite' hinüber (so die *Revue blanche*, die *Revue indépendante, les Ecrits pour l'Art*). Es muß jedoch hinzugefügt werden, daß der Salon Mallarmés, der sich auf der 'rive droite' befand, sich wohl gegenüber der Bohème des Quartier Latin abgrenzte, ohne sich jedoch in die Sphäre des dominanten Pols zu integrieren; denn die Vertreter dieser Fraktion wohnten zuallermeist im 8. oder im 16. Arrondissement. Die Wohnung Mallarmés (Nr. 87 und dann 89 der rue de Rome) befand sich im 17. Arrondissement, d.h. *am Rande* der schönen Viertel (siehe Christophe Charle, "Situation spatiale et position sociale. Essai de géographie sociale du champ littéraire à la fin du 19ᵉ siècle", *Actes de la recherche en sciences sociales*, 13, 1977, S. 51,54,57).

20 Ernest Raynaud, *La Mêlée symboliste (1870-1890)*, I. Paris, La Renaissance du Livre, 1918, S. 117.

größeren 'Ernst' der Gruppe nieder, der *ex contrario* aus der Reaktion der 'Décadents' ablesbar ist.[21] Die 'Décadents', so schreibt wiederum Ernest Raynaud, legten weniger einstudierte Gravität in ihre Manifeste hinein, versuchten nicht, diesen eine wissenschaftlichen Anstrich oder den Reiz eines Axioms oder einer algebraischen Formel zu geben.[22] Was das soziale Bild der Symbolisten gegenüber demjenigen der 'Décadents' unterschied, war ihre radikalere Haltung, welche die Traditionen der Vergangenheit ablehnte und jeden Kompromiß ausschloß. Die 'Décadents' hingegen machten mit der Vergangenheit nicht *tabula rasa*. Sie sahen unabdingbare Reformen vor, die man mit Methode und Vorsicht durchführen sollte. Die Symbolisten hingegen wollten nichts von den alten Traditionen behalten und versuchten, eine völlig neue Ausdrucksweise zu schaffen.[23]

Wenn die Symbolisten sich auf Mallarmé und seine Suche nach der absoluten Idee mittels der Poesie bezogen, so beriefen sich die 'Décadents' eher auf Verlaine und sein Bemühen, in der Dichtung die Gefühlsbewegung zum Ausdruck zu bringen. Verlaine hatte in der Tat eine ganze Reihe von Gedichten und Aufsätzen in der Zeitschrift *Le Décadent* veröffentlicht. Für die neue Folge dieser Zeitschrift schrieb er eine "Ballade pour les décadents"[24]. In der Nummer vom 1. Januar 1888 wurde ein Brief Verlaines an Baju publiziert, den dieser als eine Art Prinzipienerklärung vorstellte. Es handelte sich dabei um einen Kommentar des von Baju eingeführten Begriffs 'Décadisme', der die als negativ empfundene Bezeichnung 'Décadence' ersetzen sollte: In der Tat stand die Gruppe der 'Decadents' dem eigentlichen Décadence-Gedanken – dem Genuß der Zerfallserscheinungen, die als ein letztes Aufbäumen einer sterbenden Welt betrachtet werden – relativ fern.[25] Wenn sich die 'Décadents' auf Verlaine beriefen, so stand allerdings dessen Habitus der Institutionalisierung einer stabilen Gruppe eher im Weg; war der Dichter doch, vor allem seit 1886, sehr oft im Spital oder aber hielt sich in den Cafés auf. Wenn

---

21 Siehe Ernest Raynaud, *La Mêlée symboliste*, S. 101.

22 Ernest Raynaud, *La Mêlée symboliste*, S. 115.

23 Ernest Raynaud, *La Mêlée symboliste*, S. 118.

24 Rémy Ponton weist darauf hin, daß in dieser Ballade ein wichtiger Zug, der diese Gruppe bestimmte, angesprochen wird, die wirtschaftliche Not: "Bien que la bourse chez nous pèche/Princes, régnons, doux et divins./ Quoi que l'on pense ou que l'on prêche, /Nous sommes les bons écrivains".

25 In der ersten Nummer des *Décadent* fand sich bezeichnenderweise schon ein Manifest mit dem Titel "Le Progrès" von Pierre Vareilles (Pseudonym von Anatole Baju).

Verlaine, auf Drängen seiner jungen Freunde, um 1889 ebenfalls einen Empfangstag einführte – den Mittwoch –, so waren diese Empfänge, wie Rémy Ponton bemerkt, nur eine blasse und wenig dauerhafte Kopie der Mardis von Mallarmé. Die bohèmehafte Existenz Verlaines neigte überdies wenig zu solch regelmäßigen Verpflichtungen. Zudem lagen ihm Gespräche über ästhetische Fragen nicht; lieber redete er von seinen Geld- und Gesundheitssorgen. Der Verfasser von *Jadis et Naguère* verstand es kaum, Abstand zu wahren und jene geistige Autorität zu verkörpern, die die jungen Bewunderer von ihm erwarteten. Die Gruppe um Mallarmé trug innerhalb des Subfeldes der jungen Poesie den Sieg davon: "Der Mann des Tages ist Mallarmé. Seine 'Dienstage' haben einen fast offiziellen Anstrich bekommen ... Offensichtlich hat Mallarmé über Verlaine triumphiert. Der Salon hat die Kneipe besiegt"[26]. Mit dieser Bemerkung scheint Guy Michaud nahezulegen, das höhere soziale Kapital erkläre den 'Sieg' der Gruppe der rue de Rome. Wie Rémy Ponton aufgezeigt hat, spielte das kulturelle und soziale Kapital der Schriftsteller in der Tat eine wichtige Rolle als Selektionsvariable innerhalb einer Population von Dichtern, die ursprünglich dieselben Ideen teilten und die zur selben Generation zählten. So trugen Herkunft und Ausbildungsgang der Symbolisten zweifelsohne auch zur Kohärenz der Gruppe bei. Die Mehrheit der Symbolisten absolvierten ihre Gymnasialstudien in Paris (neun von vierzehn, davon sechs im Lycée Condorcet, wo Mallarmé zwischen 1871 und 1884 unterrichtet hatte). Außer René Ghil und Ajalbert stammten alle Symbolisten aus der Mittelschicht, dem Großbürgertum oder der Aristokratie. Alle, außer Ghil, hatten auch ein Hochschulstudium hinter sich; die meisten hatten Rechtswissenschaft studiert.[27] Die Mitglieder der Gruppe der 'Décadents' stammten indes meistens aus bescheidenen Verhältnissen und verfügten über ein geringes kulturelles Kapital.[28] Wenn die Haltungen der Gruppen

---

26 Guy Michaud, *Le Message poétique du symbolisme*. Paris, Nizet, 1947, S. 345 (übersetzt von J.J.).

27 Rémy Ponton, *Le champ littéraire*, S. 242-243. Ponton hat die Berufe der Väter der Symbolisten zusammengestellt: Kahn: Handelsmann; Moréas: Staatsanwalt; Merrill: Rechtsberater der amerikanischen Botschaft in Paris; Ajalbert: Landwirt; Rodenbach: Großvater Botschafter; Hérold: Präfekt; Fontainas: Advokat; Wyzewa: Arzt; H. de Régnier: hoher Beamter; Vielé-Griffin: Richter; Mockel: Industrieller; Dujardin: Offizier.

28 Anatole Baju beispielsweise war Sohn eines Müllers und hatte seine Gymnasialstudien nicht abgeschlossen: Rémy de Gourmont spricht vom "manque de culture fondamentale que décèlent ses écrits" (*Promenades littéraires*, IV.

zunächst aus derselben Position des dominierten Pols formuliert werden,
so erklären sich die verschiedenen Ausformungen der beiden Gruppen in
nicht unerheblichem Maße aus dem Unterschied der sozialen Herkunft und
des Ausbildungsgangs. Die sich daraus ergebenden unterschiedliche Positionen lassen sich in folgendem Schema zusammenfassen:

1. Gemeinsamkeiten

– "parallele Aktion"
– "dieselben Gegner" (Parnasse, Naturalismus)
– "dieselben Vorbilder"
– "vom selben Wunsch erfaßt, mehr Geheimnis, mehr Traum, mehr Musik in
  die Dichtung einzubringen" (E. Raynaud)

2. Unterschiede

	Décadents	Symbolisten
soziales Kapital:	Herkunft: meistens Handwerker	zumeist aus der Mittelklasse, dem Großbürgertum, dem Adel
kulturelles Kapital:	niedrig	zumeist Hochschulbildung
Meister:	Verlaine	Mallarmé
institutioneller Rahmen:	Cafés	Salon
geographisches Zentrum:	Quartier Latin	Rive droite

Paris, Mercure de France, 1927, S. 45). Paterne Berrichon war Sohn eines
Händlers; Frédéric Casals Sohn eines Schneiders aus dem Hérault und verließ
die Schule mit 14 Jahren; Ernest Raynaud stammte aus einer Angestellten-
familie. Einzig Albert Aurier, Sohn eines Notars aus Chateauroux, und Laurent Tailhade, dessen Vater Justizbeamter in Toulon war, hatten ein höheres
soziales Profil; der erstere wandte sich bezeichnenderweise dem Symbolismus
zu, der letztere trennte sich ebenfalls von den 'Décadents' (Rémy Ponton, *Le
champ littéraire*, S. 238-239).

	Décadents	Symbolisten
ästhetisches Ideal:	musikalischer Ausdruck subjektiver Emotionen "genaue Übersetzung der Phänomene des Lebens" "Klarheit" "Einfachheit" (Verlaine) "Transposition"	Suche nach der reinen Idee "nicht die Sache schildern, sondern die Reaktion, die sie hervorruft" "Suggestion" (Mallarmé) "Dunkelheit" Hermetismus
theoretisches Gerüst:	Verlaine: kaum theoretische Reflexion; Berufung auf den "gesunden Menschenverstand"; Naivität	Mallarmé: bestimmt die Elemente einer ästhetischen Theorie (1880-1895)
Haltung gegenüber der Tradition:	kein radikaler Bruch; Anknüpfung an die Romantik und an die volkstümliche Dichtung (romance)	radikaler Bruch: "eine neue Ausdrucksweise"
politische Haltung	Fortschrittsglaube	gesellschaftspolitischer Pessimismus

Die objektiven Gegensätze der beiden Gruppen der jungen Poesie führten auch die beiden Meister Verlaine und Mallarmé dazu, die Trennschärfe der Konzeptionen stark zu betonen. Um voll den Erwartungen der 'Décadents' zu entsprechen und um die Distanz zu unterstreichen, die ihn vom Symbolismus trennte, plädierte Verlaine für die Werte der Naivität, der Ehrlichkeit, des 'Konkreten' als eigentliche poetische Eigenschaften. Mallarmé hingegen entspricht der Rolle des Theoretikers, die ihm als dem 'maître à penser' des Symbolismus abverlangt wird, und versucht, in der Korrespondenz mit seinen Schülern und in seinen kritischen Aufsätzen der symbolistischen Ästhetik einen hohen Kohärenzgrad zu verleihen.

Im Jahre 1889 hört die 'Décadence' auf, als literarische Schule zu existieren. Die Mitglieder der Gruppe zerstreuen sich, wenden sich der Politik zu wie Baju oder der Karikatur wie Casals oder finden den Weg zum Symbolismus wie Aurier. Der Symbolismus verfügt nun über einige solide Zeitschriften wie *La Plume*, *L'Ermitage* und *Mercure de France* und findet auch Beachtung in den bedeutenden Presseorganen wie *Le Temps* und *La Revue des deux mondes*.[29] Doch hat dadurch die Gruppe um Mallarmé keineswegs die dominante Position des literarischen Feldes erreicht. Denn der Symbolismus, der jetzt akzeptiert wurde, war ein moderater Symbolismus, dessen radikale Aspekte in einem Universal-Symbolismus – "zu aller Zeit war die Kunst symbolisch"[30] – aufgelöst wurden. Bezeichnenderweise galten die positiven Reaktionen vor allem dem Band *Le Pèlerin passionné* von Moréas (1891), der zum Kompromiß mit der traditionellen Lyrik neigte, während der Band *Pages* von Mallarmé, der im selben Jahr erschien, auf ein viel geringeres Echos stieß. Die Gruppe, die nunmehr eine dominante Position einnahm, war diejenige des psychologischen Romans um Barrès, Bourget, Anatole France, de Voguë; mit ihr hielt erstmals eine Gruppe von *Romanciers* Einzug in die Académie française. Die Mitglieder des Parnasse behaupteten aber auch in den neunziger Jahren ihre Stellung sowohl in der Akademie als auch in den für die symbolische Macht so wichtigen Positionen der Literaturkritik, und ein Catulle Mendès verkündete in triumphierendem Ton hinsichtlich des Symbolismus: "Seine Poetik ist schon überholt und veraltet."[31] Innerhalb des Feldes der Poesie wird sich 1897 mit dem Naturismus eine neue literarische Gruppe bilden, die den Symbolismus ablehnt und die für eine Rückkehr zur Außenwelt plädiert,was von Ernest Raynaud als eine "offensive Rückkehr des Naturalismus" gedeutet wurde.[32]

29 Zur weiteren Entwicklung des Symbolismus siehe Joseph Jurt, "Les mécanismes de constitution de groupes littéraires: exemple du symbolisme", S. 28-33.
30 Barrès in: Jules Huret, *Enquête*, S. 19.
31 Zitiert bei E. Raynaud, *La Mêlée symboliste*, II, S. 170.
32 E. Raynaud, *La Mêlée symboliste*, II, S. 170.

6

Die Entwicklung im Subfeld des Romans: Vom Naturalismus zum Psychologischen Roman

Eine monistische Vorstellung der literarischen Entwicklung, die von einer epochenspezifischen globalen Bewegung ausgeht, vermag der Komplexität des literarischen Lebens nicht gerecht zu werden. Ein synchroner Schnitt erlaubt es, die Ko-Präsenz verschiedener Kräfte sichtbar zu machen, die um die symbolische Macht kämpfen. Dieser Feldeffekt wurde schon von den Zeitgenossen des Fin de siècle wahrgenommen, etwa von Jules Huret, der in seiner berühmten Untersuchung über die literarische Entwicklung 1891 zwischen vier feldinternen Kräften unterschied, deren Beziehungen als konfliktuell erschienen: "Die Aktualität führte uns die Schlacht der Psychologen gegen die Naturalisten und der Symbolisten gegen die Parnassiens vor Augen."[1] Wenn das Subfeld der Poesie in den achtziger Jahren durch die Opposition der Symbolisten gegen den Parnasse – und im geringeren Maße gegen den Naturalismus – geprägt war, so dominierte im Subfeld des Romans die Auseinandersetzung der Psychologen mit den Naturalisten.

Die Naturalisten

Die Naturalisten standen so auf derselben Linie wie die Parnassiens: beide wurden von der nachrückenden Generation in Frage gestellt. Christophe Charle hat in prägnanter Weise die Analogien, aber auch die Unterschiede zwischen den beiden Gruppen herausgearbeitet.[2] Die Hüter der literari-

---

1 Jules Huret, *Enquête*, S.XI. Huret erkannte auch klar, daß es bei diesen konfliktuellen Beziehungen nicht nur um eine reine Konfrontation von Ideen ging: "Force m'était donc de noter, sous les apparences hautaines d'une lutte pour l'art, les âpres et douloureuses et basses nécessités de la lutte pour la vie" (im selben Band, S. XXI).

2 Christophe Charle, *La crise littéraire*, S. 63-90: "Scission et consécration, le naturalisme." Wir fassen im folgenden die Resultate seiner Untersuchung zusammen.

schen Macht setzen indes dem Naturalismus einen größeren Widerstand
entgegen als dem Parnasse. Der Non-Konformismus der naturalistischen
Romanciers zog jedoch keineswegs eine soziale Ächtung nach sich; zählten sie doch zu den meist gelesenen Autoren. Sie bildeten nicht wie die
Parnassiens eine 'Gemeinde', die sich um einen 'prophetischen' Meister
schart, um das reine ästhetische Ideal zu verteidigen; sie beriefen sich
vielmehr auf das Modell des Wissenschaftlers und kündigten so das Ende
der 'reinen' Ästhetik an.[3] Da der Roman von ökonomischen Faktoren
abhing, waren die Naturalisten auch mehr zu Kompromissen gezwungen.
Die Struktur der Gruppe der Naturalisten entsprach dem üblichen dichoto-
mischen Modell: um einen älteren Meister scharen sich die jüngeren
Schüler, die derselben Generation angehören. Zola, 1840 geboren, war
sieben bis zehn Jahre älter als seine Schüler.[4] In einer der öffentlichen
Äußerungen seiner Poetik, im Vorwort zur zweiten Auflage von *Thérèse
Raquin* (1868), nahm Zola jedoch nicht den Gestus der 'prophetischen'
Revolte an wie Leconte de Lisle in seinem Vorwort zu den *Poèmes anti-
ques* 1852. Zola verstand sein Vorwort bewußt nicht als Manifest; der
Duktus der Ausführungen war defensiv. Er verteidigte sich angesichts des
Skandals, den der Roman beim Erscheinen – zu Unrecht – ausgelöst habe.
Sein Ziel sei bloß ein wissenschaftliches gewesen. Es sei nur um einen
einzigartigen physiologischen Fall gegangen, um die Suche nach dem
Wahren, die der analytischen Sezierarbeit des Chirurgen entspreche. Er
habe die wissenschaftliche Analyse angewandt, die moderne Methode, ein

---

3 Jacques Dubois unterstrich ebenfalls, daß durch die Berufung auf die Wissen-
    schaften die Legitimität des Naturalismus nicht mehr bloß ästhetischer Natur
    war: "Le prophétisme zolien ne va pas dans le sens du retour à la pureté
    littéraire, slogan habituel des écoles nouvelles, mais au nom d'un rapproche-
    ment avec la science se tient plutôt en retrait de la littérature: une légitimité
    non ésthetique s'introduit dans son discours et elle se double de toute une
    idéologie volontariste du travail, de l'efficacité, mal accordée au charisme"
    (Jacques Dubois, "Emergence et position du groupe littéraire", in: Pierre
    Cogny [Hrsg.], *Le Naturalisme*. Colloque de Cerisy-la-Salle. Paris, U.G.E.,
    1978, S. 89).
4 Alexis (1847), Huysmans (1848), Mirbeau (1848), Maupassant (1850), Céard
    (1851), Hennique (1851). Der Altersunterschied zum Meister ist relativ
    gering; die Beziehungen beruhen auf Freundschaft, denn es gilt, im Kiel-
    wasser des Erfolgs von Zola symbolisches Kapital zu gewinnen und weniger
    darum wie beim Parnasse, eine angesehene literarische Tradition zu hüten
    (nach Christophe Charle, *La crise littéraire*, S. 64-65).

universelles Instrument der Untersuchung, dessen man sich in diesem Jahrhundert so intensiv bediene, um den Weg zur Zukunft zu finden.[5] Der Romancier wollte sich so in eine zeitgenössische Tradition einschreiben, die die Literatur transzendiert und er wandte sich nicht so sehr gegen eine vorgängige literarische Gruppe oder Bewegung.[6] Auch in der Schrift *Le roman expérimental* (1880) folgte Zola den Prinzipien der Wissenschaft, die Claude Bernard in seiner *Introduction à la médecine expérimentale* formuliert hatte,[7] und lehnte jede Analogie zur Religion ab, die vorher das Vokabular der literarischen Schulen geprägt hatte. Er sei kein Messias, kein Kirchenfürst, kein Meister, der eine neue Religion verkünde; er sei *bloß* wie ein Geschichtsschreiber, der eine allgemeine Entwicklung protokolliere.[8]

5   Siehe Emile Zola, *"Préface à Thérèse Raquin"*, in: Herbert S. Gershman / Kernan B. Whitworth (Hrsg.), *Anthologie des Préfaces de romans français du XIXe siècle*. Paris, Juillard, 1964, S. 347-251.

6   Jacques Dubois läßt indes mit dem Vorwort zu *Thérèse Raquin* eine 'prophetische' Phase des Naturalismus beginnen. Denn Zola empfehle sich hier im Kontext des Skandals, der vom Roman hervorgerufen wurde, als möglicher 'Meister' für die jüngere Generation. Aber auch Dubois betont, daß das Vorwort nur indirekt auf die bestehende Literatur reagiere: "Son texte prophétise: contre les errements passés, ceux de la fiction et de la fantaisie, il dit l'avènement d'une littérature sérieuse qui, même, ne sera presque plus de la littérature" (Jacques Dubois, "Emergence", a.a.O., S. 84). Dubois definiert die erste Phase von *Thérèse Raquin* als die einer 'leeren Revolte'. Zola nehme wohl gegen die Ästhetik der Romantik Stellung, finde jedoch keine eigentliche Schule des Romans, an der er sich abarbeiten könnte. Bezeichnenderweise sprach er im Vorwort von *Thérèse Raquin* schon von einer Gruppe naturalistischer Schriftsteller, die noch gar nicht existierte. Self-fullfilling prophecy!

7   In den Augen von Christophe Charle ist die Selbstdarstellung des Romanciers als Gelehrter, der experimentell die gegenwärtige Gesellschaft untersucht, auch eine Reaktion auf den Skandal, den *L'Assommoir* 1877 hervorgerufen hatte. Zola wehrte sich dagegen, durch die Polemik in ein politisches Lager eingeordnet zu werden. Er wollte dem Roman, der durch die Nachbarschaft mit dem Feuilleton und dem Journalismus kompromittiert war, dieselbe Würde verleihen, die Taine oder Fustel de Coulanges der Geschichtswissenschaft zu geben verstanden (Christophe Charle, "Situation de Zola dans le champ littéraire",*lendemains*, 36, 1986, S. 42-43).

8   Für Jacques Dubois stellt die Periode von 1874 bis 1875 den eigentlichen Höhepunkt in der Entwicklung des Naturalismus dar mit dem Erfolg von

Wenn Jacques Dubois von einem Kult der Theorie spricht, so weist Christophe Charle jedoch gerade auf die Tatsache hin, daß sich Zola nicht als Meister einer Schule verstand. Während die Kohäsion des Parnasse auf der Zustimmung zu einer 'geoffenbarten' Doktrin beruhte, so fanden sich die Naturalisten eher aufgrund von Freundschaftsbeziehungen zusammen. Das gemeinsame Projekt der *Soirées de Médan* war Ausdruck dieser freundschaftlichen Beziehungen. Die Veröffentlichung eines Bandes von Novellen, die zumeist schon vorher geschrieben worden waren, sollte dazu dienen, die jüngeren vom Erfolg Zolas profitieren zu lassen (darum auch die Anspielung auf seinen Wohnsitz Médan). Sobald der einzelne jedoch Erfolg hatte, hatte die Beteiligung an der Gruppe nicht mehr dieselbe Bedeutung. Maupassant trennte sich schon 1881 nach dem Erfolg von *Boule de suif* von der Gruppe. Nach 1881 verzichtete Zola auf eine weitere literaturtheoretische Tätigkeit, um sich nur noch dem Romanwerk zu widmen. Huysmans nahm mit *A rebours* 1884 eine Gegenposition zum naturalistischen Programm ein[9] und versuchte so etwas wie einen symbolistischen Roman. Céard verzichtete nach 1881 auf die Romanproduktion und Hennique wandte sich drei Jahre später dem Theater zu.

In den Augen von Christophe Charle war diese Entwicklung in der Theorie Zolas schon angelegt. Um den Wissenschaftsbezug auszugleichen, hatte er den bedeutenden Anteil des jeweiligen persönlichen Temperaments unterstrichen. Entgegen der Annahme der Kritiker zeichneten sich nach Zola die Naturalisten nicht durch eine identische Schreibweise, sondern durch ihre Originalität aus. Durch den Bezug auf die Wissenschaft wurde der Naturalismus von Zola in eine allgemeine historische Bewegung eingeordnet, die Wissenschaft der Religion, Materialismus dem Idealismus, Revolution der Reaktion entgegensetzte. Die Vorstellung einer eigenständigen Entwicklung *innerhalb* des Naturalismus blieb ein frommer Wunsch. Die meisten Naturalisten außer Alexis fanden ihren eigenen Weg, indem sie sich vom Naturalismus verabschiedeten. Diese Opposition nahm mit dem *Manifeste des cinq* 1887 groteske Formen an, da die jüngeren Naturalisten ihren Meister 'exkommunizierten', weil er "zu weit" gegangen sei, während sonst die 'Meister' zu kühne Schüler ausschließen. Zola wurde – trotz zahlreicher Kandidaturen – nicht in die Académie française gewählt,

---

L'Assommoir 1877 und dem Kult der Theorie im *Roman expérimental* (1880), der im selben Jahr wie die *Soirées de Médan* erscheint ("Emergence", a.a.O., S. 86-87).

9 Siehe dazu Hans Sanders, *Institution, Literatur und Roman*. Frankfurt a.M., Suhrkamp, 1981, S. 168-208: "Naturalismus und Ästhetizismus".

obwohl das die 'normale' Krönung der etablierten Avantgarde war (etwa des Parnasse). Im Unterschied zu den anderen Schulen weigerte sich Zola auch, aus dem Naturalismus ein mondänes Phänomen zu machen.[10]

Unbestreitbar war indes der große Publikumserfolg der Naturalisten, namentlich Zolas. Christophe Charle erklärt den Erfolg mit dem Auftreten einer neuen Publikumsschicht, deren Geschmack der naturalistischen Ästhetik entsprach, sich aber unterschied von den Interessen einer gebildeten Schicht, die die Poesie vorzog, oder vom bürgerlichen Publikum, das gerne ins Theater ging. Die Resonanz Zolas bei den Lesern der Gemeindebibliotheken lasse vermuten, daß sich dieses Publikum aus den unteren Schichten des Bürgertums rekrutierte. Wenn die traditionellen Literaturkritiker so heftig gegen die naturalistische Literatur protestierten, dann auch, weil die legitime Literatur durch dieses neue Phänomen einer Breitenliteratur bedroht erschien, die weder auf ihren literarischen noch auf ihren sozialkritischen Anspruch verzichtete, – zwei Intentionen, die sich in der ersten Hälfte des 19. Jahrhunderts noch nicht deckten.

Wenn die Beziehung des Naturalismus zum Publikum gegenüber der traditionellen Beziehung der Avantgarden zur Leserschaft ein neues Phänomen darstellte, das den wirtschaftlichen Erfolg zu erklären vermag, so stand dieser im Gegensatz zum symbolischen Skandal, den die Naturalisten in den Sphären der literarischen Legitimation auslösten. Christophe Charle spricht von einer intermediären Position der Naturalisten im literarischen Feld. Aufgrund des sozialen Ursprungs der Mitglieder und des anvisierten Publikums war der Naturalismus in einer dominierten Situation gegenüber dem Parnasse; durch Publikumserfolg hatten die Naturalisten indes einen höheren Status als die Avantgarde, die nur in kleinen Intellektuellenkreisen bekannt war. Der Naturalismus war so zwischen dem dominanten und dem dominierten Pol hin- und hergerissen. Der Teil der Naturalisten mit höherem 'Kapital' neigte dem dominanten Pol zu und strebte die Konsekration an, und wenn es nur die der Aufnahme in die Académie Goncourt war; die weniger 'dotierten' verharrten indes in einer Postion der Ablehnung der etablierten Ordnung.

Zola selber sollte sich Anfang der neunziger Jahre mit dem Roman *L'Argent* umorientieren. 1891 plädierte er im Gespräch mit Jules Huret für eine Art 'Klassik des Naturalismus', gab die Postition des objektiven wissenschaftlichen Beobachters auf und nahm mehr diejenige des politisch engagierten 'Propheten' ein. Dieser sollte gleichzeitig auch einen Weg aus

---

10 Siehe Jacques Dubois, "Emergence", S. 87.

der Krise weisen, die sich im allgemeinen pessimistischen 'Zeitgeist' des
Fin de siècle manifestierte. Wenn der realistische Roman des Zweiten Kaiserreichs (mit Champfleury und Duranty) – mit ähnlichen Intentionen wie die der Naturalisten –
keinen Erfolg erzielte, so erklärt sich die Resonanz der Naturalisten nach
Charle aus den morphologischen Veränderungen des literarischen Feldes.
Der Druck der externen politischen Kräfte war nicht mehr derselbe wie zur
Zeit Napoleons III. Die Schriftsteller aus den sogenannten 'neuen Schichten' hatten ein Publikum gefunden, das sich nicht mehr mit der Trivial-
literatur à la Octave Feuillet zufrieden geben wollte.

Der Psychologische Roman

Im Unterschied zur positiven Resonanz, die die Naturalisten bei der –
neuen – Leserschaft fanden, artikulierte sich seit den achtziger Jahren eine
Gegenreaktion von seiten der Vertreter des literarischen Feldes, von den
Dichtern der 'Décadence' und des Symbolismus, aber auch von der neuen
Schule des Psychologischen Romans. Die Opposition zwischen den symbolistischen Lyrikern und den naturalistischen Romanciers erklärt sich, wie
wir schon angeführt haben, aus der gegensätzlichen Position, die die
beiden Gruppen innerhalb des literarischen Feldes einnehmen. Die Auseinandersetzung zwischen den Vertretern des psychologischen Romans und
den Naturalisten, die in einer Studie von Rémy Ponton[11] untersucht wurde, kann nicht aus denselben Motiven erklärt werden, da die beiden
Gruppen denselben Sektor des Marktes der symbolischen Güter im Auge
hatten: die Gattung Roman. Während die Symbolisten in der großen Presse
kaum ein Echo fanden, verfügten die 'Psychologen' über zwei wichtige
Tribünen: die *Revue des deux mondes*, in der Brunetière seine heftigen
Attacken gegen den Naturalismus publizierte und wo E. M. de Voguë den
russischen Roman vorstellte, sowie die *Nouvelle Revue*, welche die ersten
Essais von Pierre Loti sowie die literaturkritischen Arbeiten von Paul
Bourget veröffentlichte. Die Gruppe der 'Psychologen' besaß zudem
wichtige Stützpunkte im Bereich der Tagespresse: Anatole France als
Literaturkritiker der einflußreichen Zeitung *Le Temps* sowie Jules Le-
maître, der Theaterkritiker des *Journal des débats*. Diese unbestreitbare

---

11 Rémy Ponton, "Naissance du roman psychologique. Capital culturel, capital
    social et stratégie littéraire à la fin du 19ᵉ siècle", *Actes de la recherche en
    sciences sociales*, 4, 1975, S. 66-81.

Position symbolischer Macht kann wohl die Gegnerschaft zum Naturalismus erklären, die das einigende Prinzip der Gruppe ausmachte, zu der
vor allem Barrès, Bourget, Desjardins, Anatole France, P. Loti, Hervieu,
de Voguë, Rod, J. Lemaître und F. Brunetière zählten.

Rémy Ponton sucht indes die Gründe dieser Opposition der 'Psychologen' gegen die Naturalisten noch besser zu erfassen mittels einer Analyse der soziokulturellen Charakteristika der Mitglieder der beiden Gruppen. Die 'Psychologen' unterschieden sich von ihren naturalistischen
Rivalen durch ihre soziale und bildungsmäßige Ausstattung: Die Schüler
Zolas sowie die Vertreter der zweiten naturalistischen Generation entstammten zumeist dem 'Volk' oder dem Kleinbürgertum (57%) oder dem
mittleren Bürgertum (43%), waren außerdem benachteiligt durch ihre
Herkunft aus der Provinz sowie durch wenig prestigeträchtige Bildungs-
Curricula. Die 'Psychologen' dagegen entstammten sowohl sozial wie
kulturell besser dotierten Schichten: alter Adel (de Voguë), Hochschul-
bourgeoisie (Bourget, Desjardins), intellektuelles Bürgertum (Brunetière,
Barrès), Handelsbürgertum (Hervieu). Die 'Psychologen' kleinbürgerlicher
Herkunft konnten indes auf eine große kulturelle Mitgift zurückgreifen, so
Rod und Lemaître als Lehrersöhne sowie Anatole France, der aus einer
Buchhändlerfamilie stammte. Alle 'Psychologen' erhielten ihre Ausbildung
in Paris und schlossen ihre Studien oft mit einem Hochschuldiplom ab,
während nur zwei Naturalisten über einen solchen Abschluß verfügten.[12]

Die Unterschiede der sozialen Herkunft und der Ausbildung können
aber allein den Gegensatz Naturalisten / 'Psychologen' noch nicht ausreichend erklären; die spezifische Konfiguration des literarischen Feldes
zwischen 1875 und 1890 spielte eine ebenso wichtige Rolle.

Rémy Ponton unterstreicht den schon von Christophe Charle konstatierten bedeutsamen Aufschwung der Gattung des Romans sowohl was
die Anzahl der veröffentlichten Werke als auch die Auflagenziffern betrifft. Ähnlich wie bei Charle wird auch hier die Lyrikproduktion einge-
schätzt, die wohl eine große Steigerung der Anzahl der veröffentlichten
Titel kannte (im Jahre 1887 wurden 225 Lyrikbände veröffentlicht gegenüber 73 im Jahre 1873), jedoch äußerst niedrige Auflagenziffern. Es
erschienen aber auch viel mehr Lyrik-Produzenten (zwischen 1885 und

---

12 Christophe Charle hat sehr gut herausgearbeitet wie sich auch die Situation
    der Psychologen, Naturalisten und Symbolisten innerhalb der stark wertbezo-
    genen Stadtgeographie von Paris klar voneinander abgrenzt (siehe Christophe
    Charle, "Situation spatiale et position sociale. Essai de géographie sociale du
    champ littéraire du 19ᵉ siècle", a.a.O.).

1890 traten 66 neue Lyriker auf, während es in den zehn Jahren zuvor nur 41 waren). Die Lyrik nahm aber nach wie vor, wie schon bemerkt wurde, die dominante Position innerhalb der Gattungshierarchie ein und galt als privilegierter Weg hin zur Konsekration (d.h. zur Aufnahme in die Académie française). Die große Zunahme der Lyrikproduktion hatte so eine Intensivierung des Konkurrenzdrucks zur Folge. Die künftigen Verfasser psychologischer Romane, ausgestattet mit denselben soziokulturellen Charakteristika wie die Parnassiens der vorhergehenden Generation, schienen zunächst ganz natürlich für eine Lyrikerkarriere vorbestimmt zu sein; fast alle begannen auch tatsächlich ihre schriftstellerische Laufbahn mit der Produktion von Gedichten. Bourget und Anatole France legten zunächst Gedichtbände vor, ebenso Jules Lemaître; de Voguë schrieb ebenfalls Gedichte, ohne sie jedoch zu veröffentlichen. Hervieu und Barrès verkehrten im Salon von Leconte de Lisle. Wenn sie sich dann trotzdem dem – psychologischen – Roman zuwandten, so war dieser Schritt, nach Rémy Ponton, durch eine 'stratégie de reconversion' motiviert, die auf einer Analyse der objektiven Karrieremöglichkeiten beruhte: Diese Schriftsteller verzichteten auf eine prestigereiche, aber übersättigte literarische Praxis – die Lyrik – und widmeten sich dem Roman, dessen hierarchischer Rang wohl niedriger war, dessen Wettbewerbsbedingungen jedoch günstiger erschienen. Indem sie den Begriff der Psychologie mit dem des Romans koppelten, beabsichtigten sie, die Gattung aufzuwerten, denn der Begriff Psychologie erinnerte an Taine, neben Renan eine der großen Autoritäten des intellektuellen Feldes. Die 'Psychologen' investierten außerdem ihr soziales und kulturelles Kapital in die Gattung, indem sie die psychologische Analyse (vs. Milieubeschreibung) sowie die Evokation der gehobenen Gesellschaft (vs. Darstellung des Volkes)[13] einführten, um sich so von den Naturalisten abzusetzen und dem Roman eine neue Legitimation zu verschaffen. Dieses strategische Kalkül ging im übrigen auch voll auf, da die meisten Vertreter des psychologischen Romans (zwischen 1888 und 1906) in die Académie française aufgenommen wurden.

Die Konsekration dieser Romanciers-Gruppe trug – so die Schlußfol-

---

13 Dabei wurde eine signifikante Relation zwischen der psychologischen Relevanz einer Figur und deren gesellschaftlicher Stellung postuliert; so Barrès: "Il doit y avoir plus de luttes et d'intéressants débats dans l'âme, par exemple, d'une impératrice détrônée qui a connu toutes les gloires et toutes les ruines que dans l'âme d'une femme de ménage dont le mari rentre habituellement ivre ou la bat ou dans celle d'un sioux attaché au poteau de guerre" (zitiert bei Rémy Ponton, "Naissance du roman psychologique", a.a.O., S. 74).

gerung Rémy Pontons – zur Veränderung der Struktur des literarischen Feldes bei. Zwischen der Lyrik und dem Roman fand im Zeitraum zwischen 1885 und 1895 ein Transfer des symbolischen Kapitals statt: Die Romangattung in ihrer psychologischen Variante verfügte nun über eine wachsende Legitimität, während die Lyrik sukzessive den Vorrang, den sie seit der Romantik innehatte, einbüßte.

Bezeichnenderweise waren es gerade die intellektuell und sozial am besten ausgerüsteten Dichter, die sich zuerst von der Poesie abwandten, so etwa Pierre Louÿs, Sohn eines Advokaten, sowie Charles Morice und Edouard Dujardin. Rémy de Gourmont und Henry de Régnier, zwei Dichter adeliger Herkunft, widmeten sich nun dem Theater. Auch André Gide, Sohn eines Hochschullehrers, nahm mit der Veröffentlichung von *Paludes* (1895) von der symbolistischen Dichtung Abstand. Zwischen 1895 und 1914 bildete sich keine poetische Gruppe von Dauer mehr aus. Für Rémy Ponton ist es bezeichnend, daß das Weiterleben des Symbolismus nach 1895 vor allem von Nicht-Franzosen gesichert wurde, denen er eine gewisse 'soziale Blindheit' attestiert: so von den Amerikanern Stuart Mill und F. Vielé-Griffin sowie den Belgiern Maeterlinck, Rodenbach, Fontainas, Mockel und van Leberghe.[14]

Die objektiven Zwänge, denen die Poesie zur Zeit des Symbolismus unterlag, dessen Vertreter nicht mehr die Konsekration durch die Aufnahme in die Académie française kannten, wurden, nach Rémy Ponton, von Mallarmé verinnerlicht und schlugen sich in seiner Thematik nieder. Die Esoterik, der asketische Pessimismus, die Obsession des Todes und des Nichts, die das Denken Mallarmés prägten, seien Züge, die man

---

14 Dieses Phänomen läßt sich indes auch unter einem anderen Blickwinkel sehen. Die Entwicklung der Kommunikations- und Diffusionsmöglichkeiten erlaubte eine rasche internationale Ausbreitung der symbolistischen Bewegung; so fanden sich im Kreis von Mallarmé nicht bloß die genannten Amerikaner, sondern auch der Engländer Symons, der Grieche Moréas; in Europa entstanden analoge Gruppen, die in intensiven Kontakten untereinander standen: in Belgien, in England (mit dem Rymer's Club), in Deutschland (um Stefan George), in Rußland (mit Soloviev, Biely, Briousov). Hier zeichnete sich schon erstmals eine Internationalisierung des literarischen Lebens ab, die die Avantgarde des 20. Jahrhunderts kennzeichnen wird. (nach Pascal Durand, "Artistes et voyants", S. 229). Siehe dazu auch Dario Gamboni, "Paris et l'internationalisme symboliste", in: *Künstlerischer Austausch. Artistic Exchange*. Akten des XXVIII. Internationalen Kongresses für Kunstgeschichte, Berlin 1992. Berlin, Akademie Verlag, 1993, S. 277-280.

sowohl auf eine einzigartige soziale und biographische Laufbahn als auch auf die soziale Deklassierung der Poesie zurückführen könne.[15]

15 Rémy Ponton, *Naissance du roman psychologique*, S. 72. Zum hohen Autonomiegrad des literarischen Feldes seit den achtziger Jahren siehe Pierre Bourdieus *Les règles de l'art*, S. 165-200: "L'émergence d'une structure dualiste". Der entscheidende Faktor der Entwicklung ist für ihn die Ausbildung einer dualistischen Struktur innerhalb des literarischen Feldes. Die Differenzierung nach einzelnen Gattungen (mit unterschiedlichem symbolischen Stellenwert) verlor so ihre strukturierende Effizienz zugunsten einer Opposition von zwei Polen innerhalb eines jeden Subfeldes: 'production pure / grande production'. Diese Opposition, die sich über das jeweilige anvisierte Publikum definierte (Elite oder breites Publikum), beruhte auf dem Kriterium des Bruches (oder Nicht-Bruches) mit den Prinzipien der wirtschaftlichen Ordnung. Im Bereich der Poesie hatte sich schon zu Beginn des Jahrhunderts ein autonomer Faktor, eine Avantgarde ausgebildet. Flaubert beanspruchte diese Position für den Roman, und die Psychologen der achtziger Jahre beriefen sich auf das Prinzip der Autonomie gegenüber den Naturalisten, die sich über die Publikumsresonanz legitimierten. Im Bereich des Theaters manifestierte sich zuletzt eine autonome Avantgarde mit dem Théâtre libre von Antoine. Die Logik der Abfolge der einzelnen Schulen schien die der permanenten Revolution zu sein: "Chaque révolution réussie se légitime elle-même, mais légitime aussi la révolution en tant que telle, s'agirait-il de la révolution contre les formes esthétiques qu'elle a imposées. Les manifestations et les manifestes de tous ceux qui, depuis le début du siècle, s'efforcent d'imposer un *nouveau* régime artistique, désigné par un concept en -isme, témoignent que la révolution tend à s'imposer comme le *modèle* de l'accès à l'existence dans le champ" (*Les règles de l'art*, S. 180). Zu einem ähnlichen Fazit wie Bourdieu kommt auch Marc Angenot. In den Jahren 1830-1840 bildete die Romantik noch ein organisches Ganzes, das sowohl Poesie, Drama und Roman umfaßte. Diese Einheit ist nun in den achtziger Jahren zerbrochen: "En 1889, il serait absurde de dire que Zola est le romancier d'une littérature dont Mallarmé ou Moréas sont les poètes! Les écrivains sont contemporains, mais ils ont cessé d'être coïntelligibles [...] leurs choix artistiques sont incompatibles" (Marc Argenot, "Le champ littéraire et le discours social en 1889", in: Albert Halsall [Hrsg.], *Text and Ideology*. Ottawa, Tadarc, 1986, S. 31).

7

Literarisches Feld und künstlerisches Feld

Die nicht unproblematische, aber trotzdem fruchtbare 'Heirat' zwischen der Malerei und der Literatur in der zweiten Hälfte des 19. Jahrhunderts war nach Théodore Reff trotz häufiger Unabhängigkeitserklärungen der Partner und gelegentlicher Beziehungen mit anderen Künsten einer der charakteristischsten Züge der Epoche.[1] Es geht hier nicht so sehr um die Beziehungen zwischen Individuen oder um gemeinsame Züge von Werken, sondern um institutionelle Relationen, die sich über den Feldbegriff erfassen lassen. Pierre Bourdieu unterstreicht darum auch, daß Wesentliches nicht verstanden werden kann, wenn man sich an die Grenzen einer einzigen Tradition – der literarischen oder der künstlerischen – hält, die oft noch durch die Abgrenzung der Gebiete in Wissenschaftsdisziplinen verstärkt werden. Gerade im Verlauf des Prozesses der Autonomisierung im 19. Jahrhundert waren die Wechselbeziehungen zwischen Malern und Schriftstellern bedeutsam geworden, da beide in reziproker Weise von den Unabhängigkeitsbestrebungen des jeweils anderen profitieren konnten.[2]

Die Institutionalisierung der visuellen Künste

Innerhalb des Systems der Künste, das man bezeichnenderweise schon früh als System betrachtete, postulierte man stets eine besondere Nähe zwischen Literatur und Malerei. Das System der *Artes liberales*[3] des Mittelalters schloß indes die Malerei ebenso wie die Bildhauerei als manuelle Tätigkeiten aus und wies sie als 'Handwerke' dem Zunftsystem zu. Die Maler kämpften jedoch seit der Renaissance für die Nobilitierung

---

1   Théodore Reff, "Degas and the Literature of 'his time'", in: Ulrich Finke (Hrsg.), *French Nineteenth Century Painting and Literature*. Manchester, 1972, S. 182.
2   Pierre Bourdieu, *Les règles de l'art*, S. 190.
3   Siehe dazu Ernst Robert Curtius, *Französische Literatur und lateinisches Mittelalter*. Bern/München, Francke, 1969, S. 47.

ihrer Kunst. Man berief sich auf die berühmte Formel von Horaz *Ut pictura poiesis, pictoribus atque poetis aequa potestas* (die sich jedoch auf die Betrachterperspektive bezogen hatte), um die Gleichwertigkeit von Malerei und Dichtung zu betonen. Man setzte die visuellen Künste mit der Literatur gleich, um den ersteren den Status und das Ansehen zu verleihen, über die die Dichtung schon lange verfügte. Die Maler trugen selber zur Aufwertung ihres Bereiches bei durch eine intensive theoretische Reflexion, durch die emblematische Visualisierung der Theorie (etwa bei Carducho im 17. Jahrhundert) und schließlich durch ihre künstlerische Produktion. Maler wie Leonardo da Vinci betonten nicht bloß die intellektuelle Dimension ihrer Tätigkeit, indem sie an die unabdingbaren theoretischen Voraussetzungen ihrer Kunst (Geometrie, Arithmetik und Perspektive) erinnerten, sondern sie hoben auch die Fähigkeit der Maler hervor, das zum Ausdruck zu bringen, was bisher als privilegierter Bereich der Literatur galt: das Seelenleben und die Zeitlichkeit.[4] Auch die Malerei der französischen Klassik orientierte sich völlig am Modell der Literatur, mit der sie zu rivalisieren gedachte. Das läßt sich ablesen an der inhaltlich bestimmten Themenhierarchie, am Ehrgeiz, die Leidenschaft zum Ausdruck zu bringen[5], sowie an der Privilegierung der Zeichnung (als der intellektuelleren Form) gegenüber der Farbe.[6] Dario Gamboni plädierte darum zu Recht in einem programmatischen Aufsatz für die vergleichende Untersuchung der beiden Felder nicht als zweier äquivalenter Orte der Produktion von verschiedenen symbolischen Gütern, sondern als differenzierter Positionen, die im Kampf um die symbolische Hegemonie in einem Konkurrenzverhältnis stehen.[7] Institutionelles Instrument der Nobilitierung der visuellen Künste war im klassischen Frankreich die Académie Royale de Peinture et de Sculpture, die im Jahre 1648 gegründet wurde. Die freien Künstler versuchten sich von den Zwängen und Kontroversen der

---

4   Siehe dazu Joseph Jurt, "Les arts rivaux. La description littéraire – le temps pictural (Homère, Poussin, Le Brun)", *Neophilologus*, 72, 1988, S. 168-169 sowie Dario Gamboni, *La plume et le pinceau. Odilon Redon et la littérature.* Paris, Les Editions de Minuit, 1989, S. 10-11.

5   Siehe dazu Thomas Kirchner, *L'expression des passions. Ausdruck als Darstellungsproblem in der französischen Kunsttheorie des 17. und 18. Jahrhunderts.* Mainz, Verlag Philipp von Zabern, 1991.

6   Siehe Joseph Jurt, "La peinture et le paradigme littéraire au XVIIᵉ siècle", *Papers on French Seventeenth Century Litterature*, XIV, 26, 1987, S. 61-81.

7   Dario Gamboni, "A travers champs. Pour une économie de rapports entre champs littéraire et champs artistique", *lendemains*, 36, 1984, S. 22.

Zünfte zu befreien, die mit Hilfe des Parlamentes eine Monopolposition beanspruchten. Sie wandten sich an den König mit der Bitte um die Einrichtung einer Akademie nach dem Vorbild der Accademia di San Luca von Rom. Die Krone konnte durch diese Institution die Zünfte (und mithin das Parlament) in Schranken weisen und billigte gleichzeitig den Künstlern größeren Freiraum zu. Der Akademie wurde ab 1655 das Monopol der Ausbildung zugesprochen, die sich durch ihren intellektuellen Charakter auszeichnete (hier wurden Architektur, Geometrie, Perspektive, Arithmetik, Anatomie, Astronomie gelehrt).[8] Gleichzeitig wurde die Akademie auch zum Ort der Ausarbeitung einer Theorie, der dieselbe normative Funktion zukam wie derjenigen der Académie française im Bereich der Sprache und der Literatur. So läßt sich bei der Kunst-Akademie dasselbe didaktische Wechselverhältnis von Autonomisierung und Vereinnahmung feststellen wie bei ihrer älteren Schwester, der Académie française.[9] Die Künstler hatten ihre Unabhängigkeit von der Zunft sowie ihre Nobilitierung erreicht, wurden aber immer mehr vom Staat instrumentalisiert, der indes der akademischen Doktrin gleichsam Gesetzescharakter verlieh. Die Verquickung mit dem Staat äußerte sich schon 1661 in der Ernennung Colberts zum Vize-Protektor der Institution. Den Studenten wurde bereits ab 1663 vorgeschrieben, jedes Jahr im Zusammenhang mit dem Grand Prix in einer Arbeit die heldenhaften Taten des Königs darzustellen.[10]

Die normative Funktion der Akademie hielt sich im Bereich der Malerei noch weit bis ins 19. Jahrhundert, während sich die Literatur dank des Marktes, dank eigener Institutionen, dank der Struktur literarischer Gruppen viel früher emanzipieren konnte.[11] Pierre Bourdieu[12] und Dario Gamboni sprachen darum zu Recht von einem ungleichen Rhythmus des Autonomisierungsprozesses in den beiden Bereichen, ja von einer 'Ver-

---

8 Siehe dazu Nikolaus Pevsner, *Academies of Art. Past and Present*. Cambridge University Press, 1948, S. 87-88.

9 Siehe die Ausführungen zur Académie française in diesem Band S. 113 ff.

10 Nach Thomas Kirchner, *L'expression des passions*, S. 11-15.

11 Christophe Charle spricht in diesem Zusammenhang von einer langen Phase der ideologischen und der politischen Liberalisierung vom Empire libéral bis zur Republik der Radikalen, während der der Staat auf autoritäre Methoden der Lenkung des literarischen Feldes verzichtete, indem er die Zensur nach und nach aufgab und 1881 die lokale Pressefreiheit promulgierte (Christophe Charle, *La crise littéraire*, S. 17).

12 Pierre Bourdieu, *Les règles de l'art*, S. 190.

spätung' des künstlerischen Feldes *Malerei*.[13] Das 19. Jahrhundert war, wie Pierre Bourdieu in einem Aufsatz ausführt, noch weitgehend durch die Vorherrschaft der akademischen Malerei bestimmt, und diese orientierte sich vorzugsweise am literarischen Paradigma.[14] Die akademische Malerei war in ausgeprägtem Maße institutionalisiert und vermochte ihre normative Kraft auf breiter Linie durchzusetzen, vor allem durch das Ausbildungsmonopol, das in Ateliers begann, quasi als Vorbereitungsklasse zur Ecole des Beaux-Arts; weitere normative Instrumente waren der jährlich vom Staat organisierte *Salon* – als Weg zum exklusiven Markt – sowie der jährlich ausgeschriebene Wettbewerb um den *Grand Prix*, der dem Gewinner einen Aufenthalt in der Villa Medici in Rom einbrachte. Bourdieu verglich dieses System mit demjenigen der Grandes Ecoles. Die Malerlaufbahn, die durch die Ecole de Beaux-Arts bestimmt war,[15] war vor allem eine Karriere. Man könne von einer 'Kunst von Professoren' sprechen, für die die technische Ausführung und das geschichtliche Wissen, das dargestellt wird, bedeutsam sind. Die Kunst folgte festgesetzten Regeln, die die legitimen Themen und die legitime Art, sie zu behandeln, festlegten. Die Intention der Akademie, die visuellen Künste zu nobilitieren, wirkte weiter und zwang die Künstler, Gelehrsamkeit an den Tag zu legen. So wird dem Inhalt der Primat zugewiesen sowie dem Ausdruck einer humanistischen Bildung, die der Malerei vor allem eine referentielle Funktion zuweist, die der gelehrte Betrachter zu entziffern wisse. Der Graben zwischen dem Künstler und dem 'Bourgeois' wurde so überwunden; dieser könnte sich hinsichtlich der Inhalte auf seine Schulbildung verlassen (um die literarischen und geschichtlichen Anspielungen zu verstehen) und hinsichtlich der Technik auf sein 'sentiment du déjà-vu' des Salon-Vertrauten. Das Bemühen um die 'Lesbarkeit der Werke' und die Suche nach technischer Virtuosität mündeten in eine Ästhetik des 'Abgeschlossenen' ('fini'), die alle Spuren der Arbeit oder des spezifisch 'Male-

---

13 Dario Gamboni, "A travers champs", a.a.O., S. 27.

14 Pierre Bourdieu, "L'institutionalisation de l'anomie", *Les Cahiers du Musée national d'art moderne*, 19-20, Juni 1987, S. 6-19. Wir fassen im folgenden diese Ausführungen zusammen.

15 Siehe Pierre Bourdieu, "L'institutionnalisation de l'anomie", a.a.O., S. 9: "L'Ecole, c'est-à-dire l'Etat, garantit leur valeur, en garantissant, comme pour une monnaie fiduciaire la valeur de leurs titres et des titres qu'ils décernent. Et elle garantit aussi la valeur de leurs produits, en leur assurant le quasi-monopole du seul marché existant, le Salon [...] c'est en ce sens que l'on peut dire que [...] l'art académique est un art étatique."

rischen' (Pinsel, Farbe, Stift) zu verwischen suchte. Am Ende dieses Prozesses einer 'autodestruktiven Vollendung' erschien, wie Bourdieu schreibt, das Bild als ein literarisches Werk wie ein anderes, das mit denselben Instrumenten entziffert werden könne wie die Dichtung, das eine Geschichte erzählen, eine Hierarchie der Gegenstände manifestieren, Bedeutung transportieren sollte.

Der Bruch mit der akademischen Norm

Mit dem Erscheinen einer immer größeren Zahl von Malern wurde nach Bourdieu im Laufe des 19. Jahrhunderts das Monopol der akademischen Institution in Frage gestellt; die 'Überzähligen' fanden sich in einem negativ freien künstlerischen Milieu wieder, der Bohème, die sich neben der und gegen die Institution ausbreitete, in der sich die Denkart und der Lebensstil des 'artiste' entwickelte. Die Akademie, die als Apparat den gesamten Bereich der Malerei kontrollierte, verlor so sukzessive ihre normative Kraft. Es entwickelte sich ein Feld, in dem in freier Konkurrenz um das Monopol der künstlerischen Legimität gekämpft wird, wo keiner mehr unbestritten als absolute Verkörperung der Norm, des *nomos*, auftreten kann, selbst wenn alle im Feld diese Position erstreben. Die Ausbildung eines Feldes bedeutet so, nach Bourdieu, die Institutionalisierung der Anomie.[16]

Während die Akademie die Konzeption einer 'literarischen' Malerei vertrat, fanden die Schriftsteller, wie Bourdieu weiter ausführt, in der Figur des oppositionellen Künstlers (des 'artiste'), der sich der akademischen Norm widersetzte oder von der Institution zurückgewiesen wurde ('les refusés'), die emblematische Figur des heroischen Rebellen, dessen Originalität sich am Unverständnis ablesen läßt, mit dem man ihm begegnete.[17] Die Schriftsteller, die sich schon seit langem von der norma-

---

16 Siehe Pierre Bourdieu, "L'institutionnalisation de l'anomie", a.a.O., S. 16: "Révolution de très grande portée, qui au moins dans l'ordre de l'art en train de se faire, abolit toute référence à trancher en dernière instance: le monothéisme du nomothète central, cède la place à la pluralité des cultes concurrants des multiples dieux incertains."

17 Das Normenmonopol der Académie hatte zur großen 'Sichtbarkeit' und zu einem heroischen Erscheinungsbild der Opposition gegen die Institution geführt. Siehe dazu Dario Gamboni: "L'unicité et l'officialité de l'institution académique, contrainte à un minimum de transparence, la publicité faite aux

tiven Macht der Akademie emanzipiert hatten, unterstützten die revoltierenden Künstler in ihrem Kampf und entwarfen ein begeistertes Bild ihrer heroischen Haltung des Bruches mit der Institution. Hugo, Vigny oder Musset brachten bei ihrer Verteidigung des Künstler-Märtyrers gleichzeitig auch ihre Verachtung der Spießer zum Ausdruck.[18] Vor allem Baudelaire zeichnete das Bild des Künstlers als eines einsamen Helden, der wie Delacroix das Leben eines Geistes-Aristokraten führte, allen Ehrungen gegenüber indifferent und nur an das Nachleben denkend.[19] Die Maler gaben so den Schriftstellern – ähnlich wie die 'exemplarische Prophetie' im Sinne Max Webers – das Modell des reinen Künstlers vor, dessen Werk keinen unmittelbaren Zweckvorstellungen untergeordnet war.[20] Die Maler, die mit der akademischen Norm brachen, fanden Unterstützung bei den Schriftstellern, die schon zur Zeit der Romantik mit der bürgerlichen Ordnung gebrochen hatten. Die Schriftsteller konnten aber auch, wie Bourdieu richtig hervorhebt, von den 'häretischen' Malern lernen, die – so ein Monet – jede Themenhierarchie, aber auch jede didaktische, moralische oder politische Instrumentalisierung der Kunst ablehnten – ein Beispiel für Schriftsteller, die (obwohl schon seit langem von akademischen Zwängen befreit) als Künstler der Sprache – ein zunächst funktionalistisches Kommunikationsmittel – unmittelbarer der Forderung nach einer 'Botschaft' ausgesetzt waren.[21]

Das Monopol der akademischen Norm wurde endgültig gebrochen, als

exclusions qu'elle prononçait (voir les divers 'Salons des Refusés' mis sur pied au cours du 19ᵉ siècle) permettaient l'émergence d'une solidarité des dominés et l'apparition de mouvements de contestation ou de révolte organisés" (Dario Gamboni, "A travers champs", a.a.O., S. 25).

18 Nach Pierre Bourdieu, *Les règles de l'art*, S. 192-193; siehe dazu S. 193: "Désintéressement contre intérêt, noblesse contre bassesse, largesse et audace contre mesquinerie et prudence, art et amour purs contre art et amour mercenaires, l'opposition s'affirme partout, dès l'époque romantique, dans la littérature d'abord, avec les innombrables portraits contrastés de l'artiste et du bourgeois (Chatterton et John Bell, le peintre Théodore de Sommervieux et le vieux drapier Guillaume de *La Maison du chat qui pelote*, etc.), mais aussi et surtout dans l'art de la caricature [...]".

19 Siehe "L'oeuvre et la vie d'Eugène Delacroix", in: Charles Baudelaire, *Oeuvres complètes*, Bd. II. Paris, Gallimard, 1990 ('Bibliothèque de la Pléiade'), S. 742-770.

20 Zum Begriff 'artiste' siehe in diesem Band zu Gautier, S. 144 f.

21 Pierre Bourdieu, *Les règles de l'art*, S. 195; zu Monets 'Revolution' siehe auch Pierre Bourdieu, "L'institutionalisation de l'économie", a.a.O., S. 13-14.

die Regierung der III. Republik 1881 aufhörte, den jährlichen Salon zu organisieren und damit auch das Monopol der Definition des 'legitimen' Kunstwerkes und dessen Konsekration aufgab.[22] Die 'Macht' wurde ausdrücklich vom Staat den Künstlern übergeben, im Namen der Freiheit der letzteren. Im November 1884 wurde überdies durch ein Dekret der Akademie die Vollmacht entzogen, über die Lehre in der Ecole des Beaux Arts und in der Villa Medici zu bestimmen.[23]

Die Autonomisierung des künstlerischen Feldes vollzog sich so mit einer gewissen Verspätung gegenüber derjenigen des literarischen Feldes. Zola konnte 1880 die größere Unabhängigkeit der Literatur gegenüber staatlichen Instanzen hervorheben; und er warnte die jungen Literaten davor, sich darüber zu beklagen, die Regierung fördere die Literatur nicht in demselben Maße wie die Malerei und die Bildhauerkunst. Dies seien gefährliche Vorhaltungen. Die 'Ehre' der Literatur bestehe gerade in ihrer Unabhängigkeit.[24]

Das System 'Kunsthändler – Kunstkritiker'

Mit der Aufgabe der monopolistischen Kontrolle des Bereichs der visuellen Künste durch die Akademie etablierte sich ein neues Konsekrations- und Diffusionssystem, das Harrison und Cynthia White als 'System Kunsthändler – Kunstkritiker' bezeichneten. Eine seiner Bedingungen war der Aufstieg von Paris zum kulturellen Weltzentrum, mit einer massiven Konzentration von Kunsthändlern, die in der französischen Hauptstadt für einen internationalen Kundenkreis arbeiteten; aber auch die Internationalisierung der Population der Kunststudenten, steigende Preise für die zeitgenössische französische Malerei und die französische Prädominanz bei der Bildung der Begriffe und der Wertungskriterien der Kunstkritik trugen zur Etablierung dieses Systems bei.[25]

---

22 Dario Gamboni, "Odilon Redon et ses critiques. Une lutte pour la production de la valeur", *Actes de la recherche en sciences sociales*, 66/67, März 1987, S. 26.
23 Nach Pierre Bourdieu, "L'institutionnalisation de l'anomie", a.a.O., S. 16.
24 Emile Zola, "L'argent et la littérature", in: *Le roman expérimental*. Paris, Garnier-Flammarion, 1971, S. 197.
25 Harrison und Cynthia White, *La carrière des peintres du XIXe siècle*. Paris, 1991, S. 87 ff., zusammengefaßt nach Dario Gamboni, "Paris et internationalisme symboliste", a.a.O., S. 278.

Wenn wir soeben auf die Ungleichzeitigkeit des Autonomisierungsprozesses zwischen beiden Feldern hinwiesen, so darf man doch die
Existenz einer bestimmten Anzahl von feldübergreifenden Invarianten
nicht übersehen.[26] Zu diesen Invarianten zählt der Charakter der kulturellen Produkte, die von Pierre Bourdieu als 'symbolische Güter' mit Doppelcharakter (Bedeutung und Ware) definiert werden.[27] Der symbolische
Wert der kulturellen Produkte existiert jedoch nicht an sich; die materiellen Objekte, die durch den Künstler oder den Schriftsteller geschaffen
werden, werden erst zu Kunstwerken, wenn sie als solche erkannt und
anerkannt werden – durch die zuständigen Selektions- und Konsekrationsinstanzen. Eine Soziologie der Kunst und der Literatur darf darum, wie
wir schon gesehen haben, als Konstituenten der Produktion nicht nur die
direkten Produzenten des Werkes in ihrer Materialität ins Auge fassen,
sondern auch diejenigen, die Sinn und Wert des Werkes schaffen: die
Kritiker, Verleger, Galeriedirektoren, Mitglieder der Konsekrationsinstanzen, Akademien, Salons, Jurys und das Gesamt der Personen, die dazu
beitragen, 'Konsumenten' zu bilden, die fähig sind, das Kunstwerk als
solches, das heißt als Wert, zu kennen und zu erkennen.[28]

---

26 "Les champs se présentent à l'appréhension synchronique comme des espaces
    structurés de positions (ou de postes) dont les propriétés dépendent de leur
    position dans ces espaces et qui peuvent être analysés indépendamment des
    caractéristiques de leurs occupants (en partie déterminés par elles). Il y a des
    lois générales des champs: des champs aussi différents que le champ de la
    politique, le champ de la philosophie, le champ de la religion ont des lois de
    fonctionnement invariantes [...]" (Pierre Bourdieu, "Quelques propriétés des
    champs", in: *Questions de sociologie*. Paris, Editions de Minuit, 1980,
    S. 113).
27 Siehe in diesem Band, II., S. 91 f.
28 P. Bourdieu, "Le champ littéraire: préalables critiques et principes de métho-
    de", *lendemains*, 36, 1984, S. 9; siehe P. Bourdieu, "Lettre à Paolo Fossati à
    propos de la *Storia dell'arte italiana*", *Actes de la recherche en sciences
    sociales*, 31, Jan. 1980, S. 91: "Si l'on pense dans cette logique, on voit que
    le 'sujet' de la production et du produit artistiques (qui a pour condition
    cachée la production de l'artiste comme tel, c'est-à-dire comme *producteur de
    fétiches*) n'est pas l'artiste ou l'artisan (peu importe) mais l'ensemble des
    agents, producteurs d'oeuvres considérées comme artistiques (grands ou petits,
    célèbres, c'est-à-dire *célébrés*, ou inconnus), critiques, collectionneurs, inter-
    médiaires, conservateurs, etc., qui ont *partie liée* avec l'art, qui sont *intéressés*
    par l'art, qui vivent de l'art (ou même de l'histoire de l'art) et *pour* l'art, qui
    luttent (et collaborent, dans et par cette lutte même) pour imposer une défini-

In den achtziger Jahren wurden die Mittel zur Schaffung des symbolischen Werkes, die vorher im Bereich der Kunst im alleinigen Besitz staatlicher Instanzen waren, zu Objekten der Auseinandersetzung zwischen den einzelnen Protagonisten des künstlerischen Feldes. Wenn das neue System dem unabhängigen Kunsthändler die Priorität einräumte, so wurde der Kunstkritiker zu dessen unabdingbarem Korrelat; mußte er doch zur Schaffung des symbolischen Werts der Werke beitragen in uneigennütziger Weise, aber so auch − implizit − deren ökonomischen Wert begründend.[29]

Dario Gamboni unterscheidet zwischen drei Polen der Kunstkritik: eine 'wissenschaftliche' Kunstkritik, die möglichst objektiv und präzise sein will, die vor allem in angesehenen Zeitschriften wie der *Gazette des Beaux Arts* praktiziert wird; dann eine 'literarische' Kunstkritik, die eine subjektive und 'synthetische' Sicht pflegt, im Sinne der romantischen Tradition; schließlich eine 'journalistische' Kunstkritik, die man in der Tagespresse findet.[30]

Uns interessiert hier vor allem der zweite Typus der Kunstkritik, dem in den beiden letzten Jahrzehnten des 19. Jahrhunderts eine eminente Bedeutung zukam. Dario Gamboni schlägt in diesem Kontext vor, von einem eigentlichen Feld der Kunstkritik zu sprechen, fügt dann aber gleich hinzu, daß dessen Charakteristikum der schwache Autonomiegrad sei.[31] Ich würde meinen, daß die Kunstkritik der Schriftsteller zunächst im literarischen Feld beheimatet ist, aber durchaus eine Funktion (der Wertkonstituierung) im künstlerischen Feld ausübt; sie situiert sich so an der Grenzlinie zwischen den beiden Feldern.[32] Die Kunstkritik der Schriftstel-

---

tion de l'art et de l'artiste (et de l'histoire de l'art et de l'artiste)." Jean-Paul Bouillon scheint einen ähnlichen Standpunkt zu vertreten, wenn er dazu aufruft, zu unterscheiden zwischen dem Prozeß, der das Kunstwerk als solches konstituiert, und der materiellen Genese. Bei dieser Konstitution gelte es der realen Funktion der Kunstkritik bei der Konstitution des Kunstobjektes Rechnung zu tragen (J.-P. Bouillon, "Mise au point théorique et méthodologique", *Revue d'Histoire littéraire de la France*, 80, 6, 1980, S. 886-887).

29 Nach Dario Gamboni, "Odilon Redon et ses critiques", a.a.O., S. 26.

30 Dario Gamboni, "Propositions pour l'étude de la critique d'art du XIXe siécle", *Romantisme*, 71, 1991, S. 10.

31 Siehe Dario Gamboni, "Propositions pour l'étude de la critique d'art du XIXe siècle", S. 12.

32 Siehe dazu Joseph Jurt, "Huysmans entre le champ littéraire et le champ artistique", in: *Huysmans: une esthétique de la décadence*. Actes du colloque

ler stellt zunächst ein für das künstlerische Feld heteronomes Element dar. Nachdem sich die Malerei aus der staatlichen Bevormundung befreit hatte, schien sie nun der normativen Kritik der Schriftsteller zu unterliegen: "Nach dem Regime des Säbels das Regime der Literaten" rief Gauguin um die Jahrhundertwende in drastischer Weise aus.[33]

Was aber legitimierte Schriftsteller, in kompetenter Weise von Werken der visuellen Kunst zu sprechen? Die vorgebrachte Legitimation war qualitativer und schlicht historisch-faktischer Natur. Den literarischen Kunstkritikern kam zunächst die schon bestehende Suprematie der Literatur innerhalb des Systems der Künste sowie ihr intellektueller Status zugute. Die metadiskursiven Möglichkeiten der Sprache, die ihre eigentliche Domäne ist, verleihen den literarischen Kritikern zusätzliche Vorteile.[34] Wenn der Maler über Werke schreiben oder sprechen will, muß er das Medium wechseln; der Schriftsteller bleibt als Kritiker in seinem angestammten Medium. Die sprachliche Ausdrucksfähigkeit soll so die mangelnde professionelle Kompetenz kompensieren. Zudem wird noch von einer gemeinsamen ästhetischen Basis der beiden Künste ausgegangen. Der Schriftsteller-Kritiker vermag überdies, die literarischen Quellen der Werke

de Bâle, Mulhouse et Colmar. Organisé par André Guyaux, Christian Heck et Robert Kopp. Genève-Paris, Slatkine, 1987, S. 115-126; siehe dazu auch Dario Gamboni, "Propositions", S. 12: "D'un point de vue sémiotique, [la critique d'art] est, en effet, attachée aussi bien au système verbal, qu'elle cherche à mettre en relation". Jean-Paul Bouillon definiert die Kunstkritik als "pure littérature mais ne tenant son existence que d'un objet d'une autre *nature*", das zum künstlerischen Feld zählt (J.-P. Bouillon, "Mise au point", a.a.O., S. 882). Es handelt sich hier natürlich um einen extensiven Literaturbegriff. Denn alles zur Kunst *Geschriebene* stellt in der Tat neben den Kunstwerken einen eigenen Bereich der Kunstwissenschaft dar. Siehe dazu die Pionierarbeit von Julius von Schlosser: *Die Kunstliteratur. Ein Handbuch zur Quellenkunde der neueren Kunstgeschichte*. Wien, Schott, 1924.

33 Paul Gauguin, *Racontars de rapin*. Paris, Falaize, 1951, S. 29, zitiert bei Dario Gamboni, "'Après le régime du sabre, le régime de l'homme de lettres'. La critique d'art comme pouvoir et comme enjeu", in: J.-P. Bouillon (Hrsg.), *La critique d'art en France 1850-1900*. Actes du colloque de Clermont-Ferrand. Saint Etienne, CIEREC, 1989, S. 9. Siehe dazu auch Pierre Bourdieu: "Les écrivains sont, pour les peintres, des libérateurs aliénants. Et cela d'autant plus que, avec la fin du monopole académique de consécration, ces *taste makers* sont devenus des *artist makers* qui, par leur discours, sont en mesure de faire l'oeuvre d'art comme telle" (*Les règles de l'art*, S. 196).

34 Siehe Dario Gamboni, "A travers champs", a.a.O., S. 22-23.

zu entziffern. Wenn sich in Frankreich seit Diderot eine spezifische literarische Kunstkritik ausgebildet hatte, die im 20. Jahrhundert über Valéry bis Butor weitergeführt wurde, dann nach Anita Brookner auch darum, weil man den Schriftstellern die Intuition zuschrieb, die Genies der Zukunft zu erkennen.[35]

Schließlich entwickelte sich in Frankreich eine Tradition der poetischen Literaturkritik, die den Schriftstellern geradezu den Primat zuwies. Diese Auffassung illustrierte Baudelaire zu Beginn seines *Salon* von 1846. In seinen Augen war die beste Kritik die unterhaltsame und poetische, nicht die kalte und algebraische, die alles erklären wolle und weder Haß noch Liebe äußere. Die beste Besprechung eines Bildes sei ein Sonett oder eine Elegie.[36] Nur Kunst vermöge der Kunst zu entsprechen – das Wortkunstwerk des Schriftstellers und nicht der professionelle Diskurs des bloßen Kritikers. Schließlich existierten neben diesen qualitativen Legitimationen auch noch rein faktische. Angesichts der Ausdehnung der Presse und des Anwachsens der Zahl der virtuellen Schriftsteller bildete der Journalismus, wie Christophe Charle betonte, eine intermediäre Etappe zwischen den ersten Beschäftigungen und der Literatur. Das kulturelle Objekt verlieh dieser Art von Journalismus einen relativ hohen Stellenwert. Innerhalb der Tradition der poetischen Kritik konnte der Verfasser auch schon seine stilistischen Fähigkeiten an den Tag legen und gleichzeitig seine ästhetische Urteilskraft ausweisen.[37]

Nachdem das staatliche Monopol im Bereich der Literatur seit den achtziger Jahren nicht mehr wirksam war, führte das neue System, das sich im privaten Bereich etablierte, zu einer Atomisierung der Abhängigkeitsbeziehungen, die nicht mehr so durchsichtig und in stetem Wandel begriffen waren, was zu einer Privilegierung von privaten Interessen (oder Gruppeninteressen) führte.[38] Die Individualisierung bedeutet indes nicht, daß sich im neuen System überhaupt keine Gesetzesmäßigkeiten mehr

35 Siehe Anita Brookner, *The Genius of the Future. Studies in French Art Criticism.* London-New York, Phaidon, 1971.
36 Charles Baudelaire, *Oeuvres complètes*, T. II. Paris, Gallimard, 1975, S. 418.
37 Nach Dario Gamboni, *La Plume et le Pinceau;* siehe dort S. 71: "En tant qu'antichambre de la littérature, le critique d'art peut leur permettre non seulement d'exercer et de monnayer leur plume, mais d'accumuler une partie du capital symbolique – notoriété, reconnaissance, 'prestige' – nécessaires à l'entrée et au succès dans le champ littéraire."
38 Dazu und zum folgenden siehe Dario Gamboni, "A travers champs", S. 25-26.

feststellen ließen. Die Haltung der Künstler gegenüber den Kritikern wurde auch bestimmt durch deren jeweilige Positionen innerhalb des Feldes.[39]

Die Allianz der dominierten Schriftsteller und Maler

Christophe Charle sieht in der Entstehung der literarischen Gruppen eine Antwort auf die Individualisierung des literarischen Feldes, als eine Folge der Autonomisierung. Die Verbindungen, die Schriftsteller oder Schriftstellergruppen mit Künstlern oder Künstlergruppen eingingen, beruhten oft auf einer Homologie der Positionen in den jeweiligen Feldern, die noch verstärkt wurden durch analoge Situationen innerhalb des sozialen Raumes oder durch biographische Beziehungen, die durch die Zentralität von Paris gefährdet wurden. Als sich Künstlergruppen in der Konkurrenzsituation des freien Marktes bildeten, waren diese für die öffentliche Manifestation ihrer ästhetischen Programme oft auf Schriftsteller und Kritiker als Sprachrohre angewiesen, die bisweilen für die Formulierung einer emblematischen Gruppenbeziehung verantwortlich waren und dabei auch ein Interesse hatten, die Affinität zur eigenen literarischen Doktrin zu unterstreichen. So wurden Künstler wie Cézanne, Monet, Degas, Sisley, Berthe Morisot, Pissarro, Renoir, Boudin, die es satt hatten, immer von den Jurys der offiziellen Salons zurückgewiesen zu werden und dann 1874 erstmals als Gruppe eine freie Ausstellung ohne Jury organisierten, von einem Kunstkritiker mit der (pejorativ gedachten) Bezeichnung 'Impressionisten' behaftet (nach Monets Bild *'Impression, soleil levant'*) – ein Name, der dann von der Gruppe aufgegriffen wurde. In ähnlicher Weise wird Anfang der neunziger Jahre – wiederum ein Kritiker – die Gruppenbezeichnung Symbolismus für eine Malergruppe vorschlagen.[40] Für das künstlerische

---

39 Raymonde Moulin arbeitete so gewisse Gesetzmäßigkeiten heraus: die jungen Künstler, die zu einer Gruppe zählen (die 'Anwärter'), unterhielten enge und positive Beziehungen zu den Kunstkritikern, die Ausgeschlossenen (die am meisten 'Dominierten') sprachen der Kritik jede Legitimität ab und die arrivierten Künstler (die 'Dominanten') bagatellisierten den Einfluß der Kritik. (Raymonde Moulin, *Le marchée de la peinture en France*. Paris, Les Editions de Minuit, 1967, S. 157-162 zitiert bei Dario Gamboni, "A travers champs" , S. 30).

40 In den fünfziger Jahren hatte Champfleury als Schriftsteller den Begriff und die Doktrin des Realismus artikuliert, auch um dadurch, vom Prestige Courbets zehrend, die Existenz einer breiten künstlerischen Gruppe zu suggerieren

Feld der achtziger Jahre wird man allerdings nicht bloß von der aktiven, heteronomen Rolle der zumeist aus dem literarischen Feld stammenden Kunstkritiker ausgehen dürfen, deren Einfluß die Vertreter der visuellen Künste passiv hätten erdulden müssen. Es existierten vielmehr komplexe Beziehungen der Interdependenz und der Interaktion. Vertreter des künstlerischen Feldes begrüßten in einer frühen Phase die Wertkonstituierung durch das 'Wort' der literarischen Kritiker. Das Beispiel von Huysmans belegt dies.[41] Huysmans selber wählte als Objekte seiner Kritik Bilder von Künstlern aus, die noch über eine geringe institutionelle Verankerung verfügten. Die Künstler, die nicht auf allgemeine Zustimmung stießen, waren seiner Sympathie sicher.[42] Er widersetzte sich logischerweise der etablierten Malerei, die durch die offiziellen, vor allem staatlichen Instanzen ausgezeichnet wurde; er pries, so 1881, vielmehr die 'Unabhängigen'. Sie seien die einzigen, die in Frankreich über Talent verfügten, und gerade sie lehnten die Hilfe des Staates ab.[43] Wenn Huysmans dann erklärte, der Staat habe sich geirrt und seine Auszeichnungen gingen nur an Intriganten und Mittelmäßige, dann zweifelt er nicht nur an der Hellsichtigkeit der offiziellen Instanzen, sondern präsentiert gleichzeitig sich selber als eine Autorität, die die wahren Talente zu erkennen vermöge. Huysmans widersetzte sich aber auch den 'Trägheits'-Elementen innerhalb des Feldes, den Traditionen, Stereotypen und Konformismen. Er unterstrich bei den Impressionisten die Verachtung der Konventionen, die man seit Jahrhunderten angewandt habe, um diesen oder jenen Lichteffekt hervorzubringen;[44] ebenso hob er die Innovationen hervor, die diese Künstler beim inneren Aufbau ihrer Werke eingebracht hätten.[45] Die Institutionen, die sich als Hüter einer ästhetischen 'Orthodoxie' im Bereich der Kunst und der Literatur verstanden – die Ecole des Beaux-Arts und die Ecole normale supérieure werden von ihm abgelehnt zugunsten der

---

(siehe dazu Luce Abélès, *Champfleury, l'art pour le peuple*. Paris, Editions de la Réunion des musées nationaux, 1990, S. 26-28).

41 Sie dazu Joseph Jurt, "Huysmans entre le champ littéraire et le champ artistique", a.a.O.

42 "Tout artiste qui va à l'encontre de l'approbation générale attire sa sympathie même si l'oeuvre de cet artiste n'est pas conforme à ses goûts personnels" (Charles Maingon, *L'Univers artistique de J.-K. Huysmans*. Paris, Nizet, 1977, S. 8).

43 Joris-Karl Huysmans, *L'Art moderne*. Paris, Stock, 1903, S. 281-282.

44 *L'Art moderne*, S. 44.

45 *L'Art moderne*, S. 275.

Bewegungen, die den Vorrang der beiden Institutionen angriffen: die Naturalisten und die 'Unabhängigen', das heißt die Impressionisten. Bezeichnenderweise zog er 1881 eine Parallele zwischen der impressionistischen Bewegung, die sich von den unsäglichen Vorschriften der akademischen Malerei befreit habe, und der Literatur, die sich im Gefolge Flauberts, der Gebrüder Goncourt und Zolas in der Bewegung des Naturalismus artikuliert habe.[46] Die Parallele, die zwischen beiden Bewegungen hergestellt wurde, beruhte nicht nur auf Affinitäten struktureller oder thematischer Natur, sondern auch auf der Homologie der Positionen, die beide Gruppen innerhalb ihres jeweiligen Feldes einnahmen. Naturalismus und Impressionismus vertraten in gleicher Weise 'häretische' Positionen. Wir haben schon ausgeführt, daß der Naturalismus, trotz oder wegen des Breitenerfolges, die Position der symbolischen Macht nicht erreichte; die heftige Kampagne der *Revue des deux mondes*, die vor allem von Bourget und Brunetière angeführt wurde, war dafür ein ebenso schlagender Beleg wie die anti-naturalistische Reaktion, die von den 'Décadents', den Symbolisten und den Vertretern des Psychologischen Romans seit dem Beginn der achtziger Jahre formuliert wurde.[47]

Gerade weil Zola mit seinem Erfolg die Bewegung monopolisierte, gelang es nur wenigen Schülern, aus seinem Schatten zu treten. Huysmans kann darum nicht völlig mit dem Naturalimus identifiziert werden. Seine Situation innerhalb der Gruppe war eher marginal; er erschien trotz seiner Anstrengungen, wie Charles Maingon schreibt, als eine Art "Unter-Zola"[48]. Christophe Charle situiert ihn bei den Naturalisten, die im Bereich der Formeln des Meisters vegetierten und einen eigenen Weg suchten.[49] Im späteren Vorwort zu *A rebours* rekonstruierte er seine damalige Einschätzung der Bewegung von Zola, die sich erschöpft hatte, weil sie

---

46 *L'Art moderne*, S. 245; siehe dazu auch: Anita Brookner, *The Genius of the Future*, S. 155: "Whereas Zola could never accept the fact that the Impressionists were performing as audicious and original a task in painting as the naturalists in literature, Huysmans is perfectly convinced of the parity between the two arts and is constantly drawing literary parallels, making the specific claim that the Impressionists have reformed painting as Flaubert, Goncourt, and Zola have reformed literature [...]"
47 Siehe im vorliegenden Band, S. 168 f. und S. 182 ff.
48 Charles Maignon, *L'Univers artistique*, S. 23.
49 Christophe Charle, *La crise littéraire*, S. 73.

sich immer in denselben Kreisen drehte. Der Vorrat an Literatur, die vor allem auf Beobachtung beruhte, sei aufgebraucht gewesen.[50]

Die marginale Position Huysmans erklärt vielleicht, warum er Maler 'entdeckte', die sich in einer analogen Situation innerhalb des künstlerischen Feldes befanden: Gustave Moreau und Odilon Redon. ebenso hatte er in entscheidender Weise dazu beigetragen, daß die 'poètes maudits' Verlaine und Mallarmé aus dem Schatten hervortraten, indem er sie sehr positiv in seinem Roman *A rebours* erwähnte.[51] Zu Gustave Moreau sagte Huysmans ausdrücklich, daß es nicht gemeinsame Ideen waren, die seine Bewunderung für den Künstler begründeten.[52]

Die Situation von Odilon Redon, dessen öffentliche Laufbahn erst Anfang der achtziger Jahre begann, war die der vollendeten Marginalität.[53] Er gehörte nicht zu den 'offiziellen' Malern, hatte sich aber auch keiner Oppositionsbewegung angeschlossen, die formalen Versuche der Impressionisten waren ihm fremd. Es erstaunt darum nicht, daß Redon in einer Randposition und ohne Unterstützung eines Kunsthändlers sich an die Presse und die Kritik wandte. Nachdem er 1879 zwei Lithographie-Alben veröffentlicht hatte, organisiserte er Ausstellungen von Zeichnungen und Gravuren in den Redaktionsräumen von Pariser Presseorganen (*La vie moderne* 1881 und *Le Gaulois* 1881) – ein Vorhaben, das sich als fruchtbar erwiesen hatte, weil er die Aufmerksamkeit von Kritikern wie Hennequin und Huysmans auf sich zog, die sich dann auch für seine Werke einsetzten. Hennequin schilderte Redon in seinem ersten Aufsatz in der *Revue littéraire et artistique* 1882 gleich als Repräsentanten jener Geister, die in der Kunst nicht mehr wissenschaftliche Gewißheiten, sondern die

---

50 J.-K. Huysmans, *A rebours*. "Préface écrite vingt ans après le roman". Paris, Gallimard, 1983, S. 58.

51 Siehe dazu im vorliegenden Band, S. 166 f.

52 "Je [le] trouve merveilleux", schrieb er in einem Brief an Pissarro, "si éloigné qu'il soit de toutes mes idées [...]. Je ne l'ai jamais vu, je ne le connaîtrai probablement jamais, et malgré l'étonnement que je vois autour de moi, alors que je le soutiens, je ne puis m'empêcher de le trouver raffiné et exquis, par dessus tous les autres" (von Jacques Lethève veröffentlichter Brief im *Bulletin de la Bibliothèque nationale,* Juni 1979, S. 94).

53 Im folgenden stützen wir uns auf Dario Gamboni, "Odilon Redon et ses critiques", a.a.O., S. 25-34; ders., "Remarque sur la critique d'art, l'histoire de l'art et le champs artistique à propos d'Odilon Redon", *Revue suisse d'art et d'archéologie,* Bd. 39, 1982, S. 104-108 und *La Plume et le Pinceau,* S. 63-90: "Redon inventé par les littérateurs".

unbekannte Schönheit, das Fremdartige, das Schöpferische, den Traum,
neue, kostbare Ausdrucksmittel suchten. Hennique reihte ihn unter die
'esprits décadents' ein, und mithin auch in eine Bewegung, die zunächst
literarischer Natur war. Redon profitierte nicht allein vom Kritikerinter-
esse. Die 'Entdeckung' eines Malers wie Redon, der schon über ein breites
und originelles Oeuvre verfügte, das noch völlig unbekannt war, brachte
auch dem 'Entdecker', wie Dario Gamboni hervorhebt, beträchtlichen
symbolischen Gewinn.[54] Redon, dem es gelang, dank der Intervention der
Kritiker die Schweigemauer zu durchbrechen, anerkannte durchaus den
Prozeß der Wertekonstitution durch das Wort der Schriftsteller, als er 1882
an Hennique schrieb, sein Aufsatz habe ihn erkennen lassen, daß die Kritik
auch eine schöpferische Tätigkeit sei und daß er in gewissem Maße an
seinem Werk, das in der Einsamkeit entstanden sei, mitgewirkt habe.[55]

Die 'literarische' Kunstkritik Huysmans

Die Kunstkritik eines Schriftstellers setzt immer eine implizite Vorstellung
der literarischen Beziehung zwischen Literatur und Malerei voraus. Diese
Frage stellte sich für Huysmans insbesondere, da er selber aus einer
Malerfamilie stammte und von sich behauptete, er habe seine Berufung
zum Schriftsteller beim Betrachten von Gemälden der holländischen
Schule im Louvre erkannt. Seit den siebziger Jahren hatte er versucht, so
Helen Trudgian, Gemälde mit dem Mittel des Wortes zu schaffen.[56] In
seinen Augen gab es eine Art Wettbewerb zwischen beiden künstlerischen
Ausdrucksweisen. Für ihn waren die beiden Bereiche nicht radikal verschieden und er gründete seine Konzeption einer Interdependenz auf
Baudelaires Theorie der Correspondances, wie das klar aus seinem Brief
an Marcel Batillat hervorgeht: "Ich glaube, daß die Feder mit dem Pinsel
rivalisieren, ja sogar noch Besseres schaffen kann und ich glaube auch,
daß diese Versuche den Bereich der heutigen Literatur erweitert haben."[57]
Die Behauptung einer generellen Osmose der Künste schließt bei Huysmans keineswegs die Idee einer Hierarchie aus; zweifellos behauptet er die

---

54 Dario Gamboni, "Odilon Redon et ses critiques", a.a.O., S. 27.
55 Brief an Hennique vom 5. März 1882, zitiert bei Dario Gamboni, "Odilon
    Redon", a.a.O., S. 27.
56 Helen Trudgian, L'Esthétique de J.-K. Huysmans. Genève, Slatkine Reprints,
    1970, S. 25.
57 Zitiert bei Dario Gamboni, La Plume et le Pinceau, S. 108

Überlegenheit der Literatur.[58] Es war im übrigen bezeichnend, daß er die Produktion der Künstler immer auf literarische Werke bezog. So suchte er die 'Vorläufer' für Redon bei den Dichtern Baudelaire und vor allem Edgar Poe.[59] Die Kunst von Gustave Moreau brachte er in Verbindung mit einer *Tentation de Saint Antoine*, die von den Brüdern Goncourt neu geschrieben worden wäre; Moreaus *Hélène* verglich er mit Flauberts *Salammbô*;[60] die künstlerische Ausdrucksweise von Degas erinnerte an die der Brüder Goncourt.[61] Die Überlegenheit des literarischen Diskurses erwähnte er ausdrücklich in einem Brief, den er 1879 an Edmond de Goncourt zu dessen Studien über die Kunst des 18. Jahrhunderts schrieb: "Welch stolzes Argument, um die Überlegenheit der Feder über den Pinsel zu beweisen [...] so groß auch die Maler im allgemeinen sein mögen, sie sind in ihrer Disziplin befangen und sie versuchen nicht einmal auszubrechen, sondern ziehen sich mit Hartnäckigkeit darauf zurück. So vollendet auch ihr Instrument sein möge, kommt es je der Feder gleich, die mit einer gleichbleibenden Geschmeidigkeit, mit einer ebenso präzisen Vollkommenheit die Gemälde von Boucher oder Prud'hon wiederzugeben und sie überdies in den Menschen zu versetzen vermag, der sein Leben von damals vor uns noch einmal lebt?"[62]

Vom Postulat der Überlegenheit der Literatur leitete sich fast logischerweise der Status ab, den der Schriftsteller für seine Kunstkritik innerhalb des literarischen Systems zu behaupten versuchte. Er wünschte nicht, daß man diese nur aufgrund ihrer kunstkritischen Relevanz, ihrer referentiellen Funktion beurteilte. Er reklamierte von Anfang an einen literarischen Status für seine kritischen Texte. Das geht etwa auch aus der Tatsache hervor, daß er seine Ausstellungsberichte 1883 in einem Sammelband *L'Art moderne* veröffentlichte. Gegenüber Lucien Descaves beklagte er sich, daß die Kritiker die literarischen Qualitäten des Bandes zu wenig gewürdigt hätten. Er habe versucht, jenseits der ausgedrückten Meinungen

---

58 "La plume peut [...] donner mieux" (zitiert bei Dario Gamboni, *La Plume*, S. 108).

59 J.-K. Huysmans, *L'Art moderne*, S. 30; siehe dazu auch im Roman *A rebours*, S. 159-160: "[...] une lecture d'Edgar Poe dont Odilon Redon semblait avoir transposé, dans un art différent, les mirages d'hallucination et les effets de peur [...]".

60 *L'Art moderne*, S. 153-154.

61 *L'Art moderne*, S. 137.

62 J.-K. Huysmans, *Lettres inédites à Edmond de Goncourt*. Paris, Nizet, 1994, S. 57 (übersetzt von J.J.).

eine Art 'poèmes en prose' zu schreiben, das Ganze wie einen Roman zu
gestalten, das System der Beschreibung der Bilder mit demjenigen des
Autors zu verbinden, dem Buch die Form eines persönlichen Werkes zu
geben.[63] Der literarische Status wurde noch mehr unterstrichen im zweiten Band der Kunstkritiken *Certains*, der 1889 erschien. Die Texte nahmen
in der Tat die Form von 'poèmes en prose' an oder sie integrierten sich
in den Handlungsablauf eines Romans wie *A rebours*; die beiden berühmten *Salomé*-Bilder von Gustave Moreau werden in *A rebours* nacheinander
beschrieben, so daß sich die statischen Bilder zu einer narrativen Folge
fügen. Das berühmteste Beispiel einer solchen 'literarischen Transposition'
war, wie Dario Gamboni schreibt, der Text zur Lithographienreihe *Hom-
mage à Goya* von Redon, der von Huysmans als Traumbericht konzipiert
wurde und erst im letzten Paragraphen das Kunstwerk nannte, auf das sich
der Text bezog.[64]

Die Produktion des sozialen Wertes der Werke durch den kritischen
Text war so vor allem eine Produktion von Sinn. In seiner Fähigkeit, die
mehr oder weniger hermetischen Bedeutungen des Kunstwerkes zu verstehen und zu entziffern, fundierte der Kritiker die Legitimität seines
Diskurses über Werke der Kunst.[65] Indem er auf ein Kunstwerk mit der
Schaffung eines autonomen literarischen Textes antwortete, würdigte er
dieses und suchte gleichzeitig, die Überlegenheit der Literatur über die
anderen Künste zu belegen. Die von Redon bewußt gepflegte ikonogra-
phische und semantische Ambiguität forderte eine solche exegetische
Arbeit geradezu heraus, ähnlich wie die hermetischen und suggestiven
Texte der Symbolisten. *Ex contrario* wird dies auch belegt durch eine
Reaktion des Naturalisten Octave Mirbeau aus dem Jahre 1886, der ausführt, Odilon Redon sei in der Malerei der einzige, der der großen Bewegung des Naturalismus widerstehe, welche das Geträumte dem Gelebten,
das Ideal der Wahrheit entgegensetze. Seine Themen seien so weit von
jeder Beobachtungstatsache entfernt, daß seine vagen Formen jede belie-
bige Deutung zuließen.[66] Huysmans realisierte so mit seinem Dialog der
Künste sein Ideal einer ästhetischen Kommunikation, die nur Eingeweihten
offenstehen sollte, die er in *A rebours* in bezug auf das 'poème en prose'
entworfen hatte: "Der Roman, der so konzipiert wäre, kondensiert auf

---

63 Brief von Anfang Sommer 1884.(*Lettres inédites à E. de Goncourt*. S. 106).
64 Siehe dazu auch Marc Eigeldinger, "Huysmans découvreur d'Odilon Redon",
    Revue des sciences humaines, XLIII, 170-171, 1978, S. 210-212.
65 Dario Gamboni, "Odilon Redon", a.a.O., S. 27-29.
66 "Odilon Redon", a.a.O., S. 29-30.

einer oder zwei Seiten, würde so zu einer gedanklichen Vereinigung zwischen einem magischen Schriftsteller und einem idealen Leser, eine geistige Zusammenarbeit, der etwa zehn höhere in der ganzen Welt verstreute Geister zustimmen würden, ein Genuß, den Feinsinnigen dargeboten, der ihnen allein zugänglich ist."[67]

Symbolismus in der Malerei

Die literarischen Kunstkritiker leisteten den Malern in dieser ersten Phase des freien Marktes zweifellos Dienste; sie münzten diese Tätigkeit aber auch um, damit sie ihnen auch im literarischen Feld Gewinn brachte. Mit dem 'Symbolismus' in der Malerei wurde sogar eine ganze Gruppe aus literarischer Sicht und literarischen Interessen konzipiert.[68] Albert Aurier, ein Dichter, der als 'Décadent' begonnen hatte und dann zu einem der eifrigsten Vertreter des Symbolismus wurde, hatte im März 1891 im *Mercure de France*, dem wichtigsten symbolistischen Organ, das Manifest einer symbolistischen Kunst veröffentlicht: "Le symbolisme en peinture. Paul Gauguin." Die neue Schule, zentriert um Gauguin, sollte den alten Begriff des Impressionismus ablösen. Zwei Jahre später sprach Emile Bernard davon, man habe die Bezeichnung Symbolismus aus durchsichtigen Gründen in der Malerei eingeführt, um den ursprünglichen Begriff 'synthétiste' (für Vereinfachung der Formen) zu ersetzen. Anläßlich des Bankettes *Pèlerin passionné* habe man diese Aktion gestartet, um die literarische symbolistische Bewegung durch eine analoge künstlerische Bewegung zu erweitern.[69] Bei diesem berühmten, zum Erscheinen des Gedichtbandes *Le Pèlerin passionné* von Jean Moréas am 2. Februar 1891 veranstalteten Bankett, das Mallarmé präsidierte, wurde in der Tat Gauguin als Meister der symbolistischen Schule gefeiert. Zur selben Zeit weitete sich der Symbolismus aus in Richtung der Gattung des Theaters und erreichte auch eine internationale Dimension. Die Bewegung hatte die Phase der öffentlichen Anerkennung erreicht, die gleichzeitig den Beginn der Mondänisierung bedeutete.[70] Die Aktion 'Symbolismus in der Malerei' reihte sich ein in einen Prozeß der Eroberung des kulturellen Feldes.

---

67 *A rebours*, S. 331 (übersetzt von J.J.).
68 Siehe dazu Dario Gamboni, "Le 'symbolisme en peinture' et la littérature" und "'Après le régime du sabre le régime de l'homme de lettres'", a.a.O.
69 Zitiert bei Dario Gamboni, *La Plume et le Pinceau*, S. 195.
70 Zitiert bei Dario Gamboni, "Le 'symbolisme en peinture'", a.a.O., S. 14.

Aurier versuchte, sich zum Interpreten und Sprecher der jungen Maler-
Generation zu machen. Der Direktor des *Mercure de France* sprach in
einem Brief an ihn auch offen von der Strategie der Zeitschrift, durch
einen Kenntnisvorsprung in die Welt der Malerei "einzudringen".[71]
   Die Maler waren indes keineswegs bloß passive Opfer einer Vereinnahmung durch die Literaten. Anfang des Jahres 1891, als Gauguin die
Aktion vorbereitete, die ihm die Abreise nach Tahiti ermöglichen sollte,
unternahm er vielfach Schritte bei Schriftstellern, und erreichte, daß
Octave Mirbeau ihm einen Aufsatz im *Figaro* widmete, der als Einleitung
zum Auktionskatalog diente.[72] Er schaffte es, daß er im literarischen und
journalistischen Kontext der öffentlichen Anerkennung des Symbolismus
als repräsentativer Vertreter mit der Bewegung in Verbindung gebracht
wurde – dies schon im schon genannten Aufsatz von Albert Aurier.
   Die Beziehungen zwischen Literatur und Malerei reduzierten sich, wie
Dario Gamboni zu Recht anführt, nicht auf die strategische Funktion
wechselseitiger Vereinnahmungen. Es gab durchaus Gemeinsamkeiten auf
der Ebene der ästhetischen Theorie und der stilistischen Ausdrucksweisen.
Dario Gamboni sieht auch thematische Affinitäten in der Literatur und der
Kunst des Fin de siècle, etwa im Johannes-dem-Täufer-Salomé-Motiv,
über das die Künstler sich oft selber als Märtyrer der Gesellschaft darstellten.[73] Ganz unterschiedlich war indes die Vorstellung des Primats von
Form und Material, die ein Maurice Denis 1890 proklamierte, zu literarischen Konzeptionen etwa eines Josephin Péladan, der für die Priorität des
Sujets und eine Themenhierarchie anläßlich des II. Salons der Rosen-
kreuzer (1892) plädierte.

Der Kampf um die Autonomie der Malerei

Im Laufe der neunziger Jahre versuchten sich Maler immer mehr aus der
Abhängigkeit von der literarischen Kunstkritik zu lösen. Gegenüber der
relativ wohlwollenden Kritik erklärte der nun bekannte Odilon Redon
1894, jeder Schreiber wolle ihn für seinen 'Glauben' vereinnahmen; Redon

---

71 Siehe dazu Joseph Jurt, "Le mécanisme de constitution de groupes littéraires:
    l'exemple du symbolisme, S. 28-32: "La position du groupe symboliste dans
    le champ littéraire au début des annéss 90".
72 Dario Gamboni, "Après le régime du sabre", a.a.O., S. 208.
73 Siehe dazu und für das Folgende Dario Gamboni, "Le symbolisme en pein-
    ture", a.a.O., S. 14-15.

ging jetzt auch auf Distanz zu Huysmans, der ihn nicht voll verstanden hätte. Die Reserven erklären sich auch aus dem 'literarischen' Charakter der Kunstkritik Huysmans, die in Form von Sammelbänden Eindrücke verewigte und eine 'dekadente' Deutungsweise verfestigte, zu einer Zeit, als Redons Entwicklung schon längst weitergegangen war. In ähnlicher Weise reagierten Gauguin und Pissarro; vor allem der erstere war sich bewußt geworden, daß das künstlerische Feld noch keineswegs autonom war, weil der Diskurs über die Kunst weitgehend in den Händen der literarischen Vertreter lag. 1889 schrieb er an André Fontainas, in einem langen Kampf hätten sich die Maler von der offiziellen Schuldoktrin befreit, von dieser Überzahl von Rezepten, außerhalb derer es keinen Ruhm und kein Geld gab. Sie seien nun frei, aber am Horizont zeichne sich eine neue Gefahr ab. Die ernsthafte, gutgemeinte und gelehrte Kritik versuchte ihnen eine Methode des Denkens und des Träumens aufzuzwingen: Dies wäre dann eine neue Versklavung. Nur von dem erfüllt, was ihr Bereich sei, die Literatur, vernachlässigten diese das, was sie bewege: die Malerei.[74] 1902 schickte Gauguin seine *Racontars de rapin* an Fontainas, die er als Gegen-Kritik verstand und wo er zu beweisen versuchte, daß die Maler nicht auf die Hilfe und die Belehrung der Literaten angewiesen seien. Die Maler wurden selber zu den Produzenten des legitimen Diskurses über die Malerei.[75] Indem sie einen grundsätzlichen (und nicht bloß graduellen) Unterschied zwischen Literatur und Malerei im Namen des Konzepts der 'peinture pure' behaupteten und den Literaten vorwarfen, die Spezifität der Kunst und vor allem die spezifischen formalen Aspekte zu vernachlässigen, versuchten sie, ihre völlige Autonomie zu erreichen.[76]

---

74 Wortlaut zitiert bei Dario Gamboni, "A travers champs", a.a.O., S. 24.

75 Siehe dazu auch Dario Gamboni, "Redon écrivain et épistolier", *Revue de l'art*, 48, 1980, S. 68-71.

76 Siehe dazu Pierre Bourdieu: "Le processus d'autonomisation est inséparable de la conquête d'un langage spécifique, condition de la répudiation de l'assimilation, ennoblissante mais aliénante, de la peinture à la poésie (*ut pictura poësis*) et de la prise de conscience et de la revendication de la spécifité" (Pierre Bourdieu, "Lettre à Paolo Fossati", a.a.O., S.92). Den Endpunkt dieser Entwicklung wird Marcel Duchamp darstellen, der vorschlug, die Maler sollten die Universität besuchen, um denselben intellektuellen Status zu erreichen wie die übrigen freien Berufe und nicht mehr als höheres Handwerk eingestuft werden. Darum unterstrich er immer mehr den konzeptuellen Anteil der Kunst, der nicht auf die Exegese der Kritiker angewiesen sei: "La peinture est un langage en soi et ne devrait pas avoir besoin des littérateurs pour être

Ein Beleg für die Professionalisierung der Kunstkritik war die Gründung
eines eigenen Berufsverbandes im Jahre 1889: das 'Syndicat de la presse
artistique française'. Die literarische Kunstkritik verlor neben der journalistischen und der wissenschaftlichen allmählich an Bedeutung.[77]
   Die Verteidigung der Spezifität der Künste fand auch im literarischen
Felde ihr Echo, wo man sich der Musik zuwandte, einer abstrakten
'Kunst', die als neues Modell dienen konnte, um die allgemeine Tendenz
in Richtung Formalismus zu lenken und zu rechtfertigen. Der Kontakt der
Schriftsteller mit den Malern führte zweifellos dazu, daß die ersteren für
die formale Spezifität der Kunstwerke in einem größeren Maße sensibi-
lisiert wurden. Im Namen einer Malerei, die nicht in erster Linie eine
'Botschaft' zu vermitteln habe, wandte sich Zola gegen Proudhon, der das
Werk von Courbet für didaktische Zwecke dienstbar machen wollte:
"Lassen Sie dem Philosophen das Recht, uns zu belehren, lassen Sie dem
Maler das Recht, uns Emotionen zu vermitteln. Ich glaube nicht, daß Sie
vom Künstler fordern dürfen, daß er belehre; ich stelle ausdrücklich die
Wirkung eines Gemäldes auf die Sitten der Masse in Abrede."[78]

comprise." Das Gemälde werde schließlich durch den Betrachter konstituiert,
und die Interpretationen hätten nur Aussagekraft hinsichtlich der Interpreten:
"[chaque critique] a sa note particulière, qui n'est pas forçement fausse, ni
vraie, qui est intéressante, mais seulement intéressante en considérant l'homme qui a écrit cette interprétation" (zitiert nach Dario Gamboni, *La Plume et
le Pinceau*, S. 239); siehe dazu auch Pierre Bourdieu: "C'est sans doute
seulement avec Duchamp que les peintres parviendront à une stratégie propre
à leur permettre d'utiliser le littérateur sans être utilisé par lui et à échapper
ainsi à la relation d'infériorité structurale par rapport aux producteurs de
métadiscours où les place leur statut de producteurs d'objets nécessairement
muets" (*Les règles de l'art*, S.197).

77 Wenn Camille Mauclair 1903 noch einmal schrieb, die Kunstkritik sollte für
    die Schriftsteller ein Grund zum Stolz sein, sie sollten ebenso stolz auf eine
    schöne Kritik wie auf ein schönes Gedicht sein, so war das bloß mehr ein
    nostalgischer Wunsch:" A ce moment, le journalisme commence en effet
    d'être regardé et organisé comme une profession; simultanément, l'histoire de
    l'art universitaire définit son territoire et la défense puriste de la spécificité
    des arts repousse à la périphérie, en littérature comme en peinture, toute
    pratique intersémiotique et référentielle" (Dario Gamboni, "Propositions",
    a.a.O., S. 15).

78 Emile Zola, *Mes haines*, S. 34, zitiert bei Pierre Bourdieu, *Les règles de l'art*,
    S. 196 (übersetzt von J.J.).

8

Die Geburt der Intellektuellen aus dem Geist der Dreyfus-Affäre

Wenn Zola Manet gegen die Forderungen der offiziellen Kunstrichter der Akademie und des Salons in Schutz nahm, dann verteidigte er auch seine eigene Freiheit, denn seine Position im Feld war homolog zu derjenigen des Malers. In seinen Augen war der Künstler, wie Pierre Bourdieu zu Recht hervorhebt,[1] nur vor sich selber verantwortlich, frei gegenüber den Forderungen der Moral und der Gesellschaft. Er verteidigte so das Recht auf eine ganz persönlichen Sicht; gemäß seinem Konzept ging es nicht bloß um die Darstellung von Wirklichkeit, sondern um eine Wirklichkeit, die durch das Prisma eines Temperaments, eines Autors gefiltert wird. Bei Monet begeisterte ihn nicht ein objektiver Realismus, sondern der ganz persönliche Zugriff, und in *Germinie Lacerteux* lobte er weniger die naturalistische Beschreibung als die freie Äußerung einer Persönlichkeit, die besondere Sprache einer Seele. Diese Betonung der Macht des schöpferischen Individuums und dessen Recht auf die freie Selbstbehauptung öffnete den Weg für eine so radikale Äußerung der Freiheit des Schriftstellers wie es *J'accuse* und der Kampf für Dreyfus war.[2]

---

1 Pierre Bourdieu, *Les règles de l'art*, S. 199-200.

2 Pierre Bourdieu, *Les règles de l'art*, S. 200. Nach Bourdieu muß man sich vor dem hagiographisch erbaulichen Bild hüten, das von Zola vor allem in der schulischen Tradition entworfen wurde. Der Verteidiger von Dreyfus war der Verteidiger der Freiheit des Künstlers auch gegen ein moralisierendes und politisch affirmatives (im Sinn des Sozialismus) Kunstverständnis eines Proudhon; er zitiert in diesem Kontext Zola: "J'ai défendu M. Manet comme je défendrai toute ma vie toute individualité franche qui sera attaquée. Je serai toujours du parti des vaincus. Il y a une lutte évidente entre les tempéraments indomptables et la foule" (zitiert bei Pierre Bourdieu, *Les règles de l'art*, S. 189).

Zola: Vom 'Wissenschaftler' zum 'Propheten'

Christophe Charle hat die Entwicklung Zolas bis hin zu diesem Kulminationspunkt präzise nachgezeichnet.[3] Wenn der Autor von *L'Assommoir* sich zuerst als beobachtender Wissenschaftler verstand, so neigte er doch immer mehr zu einer engagierteren Literaturauffassung. Wenn er auch selber keine Lösungsvorschläge vorlege, so äußerte er sich im Zusammenhang von *L'Assommoir*, so sei es am Gesetzgeber, aus der Beschreibung der Mißstände Konsequenzen zu ziehen. Nach *Germinal* und dem Verbot des aus dem Roman entwickelten Stückes nahm Zola eine noch prophetischere Haltung ein. Wenn künftighin Katastrophen die Welt erschütterten, dann sei es, weil man nicht auf ihn gehört habe. Im Roman *L'Oeuvre* stellte er die Problematik des Künstlers dar, der wie der Proletarier in *Germinal* in der bürgerlichen Gesellschaft zu den Dominierten zählt. Nur der Romancier scheitert im Roman nicht, weil er sich mit der Gesellschaft seiner Zeit auseinandersetzt. In *L'Argent* von 1891 schilderte Zola nicht mehr bloß einen Ausschnitt wie in *La Terre* oder *Germinal*, sondern die Gesellschaft als Ganzes; diese neue globale Sicht entsprach nach Christophe Charle der Position, die der Schriftsteller im literarischen Feld erreicht hatte – dank seines Massenerfolges und der Anerkennung durch seinesgleichen; war er doch 1891 zum Präsidenten der Société des gens de lettres gewählt worden. Für ihn war der Erfolg ein Zeichen, daß seine Werke einem sozialen Bedürfnis entsprachen im Unterschied zu den ästhetischen Haarspaltereien der Dichter, die nur für Eingeweihte schrieben. In der Umfrage von Jules Huret definierte er sich nicht mehr als 'Wissenschaftler', sondern als 'Prophet', der Erwartungen der beunruhigten Massen entsprechen und Utopien für die Zukunft entwerfen muß. In dieser prophetischen Phase war er überzeugt, daß er politische Verantwortung übernehmen mußte, gerade weil er an ein Mandat aufgrund seines Massenerfolges glaubte. Ohne das Bewußtsein Zolas, ein Dominanter zu sein, der aber von den Dominanten zurückgewiesen wird und der dann bereit war, die Dominierten in der Gesellschaft (so wie er im Feld dominiert war) zu verteidigen, läßt sich, so Charle, sein Engagement für Dreyfus nicht erklären.[4]

---

3   Christophe Charle, "Situation de Zola dans le champ littéraire", *lendemains*,
    36, 1984, S. 42-46.
4   Christophe Charle, "Situation de Zola", a.a.O., S. 45.

Es erstaunt, daß Zola sich in einem Moment durchsetzte, als nach allgemeiner Meinung (etwa in der Umfrage von Jules Huret) der Naturalismus als tot, durch den psychologischen Roman besiegt erklärt wurde. Pierre Bourdieu weist indes zu Recht darauf hin, daß nun Zola seine Strategie änderte und mit *Le Rêve* selber einen psychologischen Roman schrieb. Trotz seines Massenerfolgs und den 'vulgären' Thematiken seiner Romane war seine realistische Sicht von Dauer, weil er es vermochte, die herrschenden Wahrnehmungsweisen zu verändern und die Unabhängigkeit und die besondere Würde des *homme de lettres* zum eigentlichen Prinzip zu machen; er begründete ein neues Selbstverständnis des Schriftstellers: das des 'intellectuel'[5]. Die Entstehung dieses neuen Typus des Schriftstellers (und Wissenschaftlers) wurde von Christophe Charle in mehreren Studien untersucht, auf die wir hier zurückkommen werden.[6]

Wenn am Ende des 19. Jahrhunderts für die politisch intervenierenden Schriftsteller ein neuer Begriff geprägt wurde, dann auch weil diese Tradition eine neue Qualität erhielt. Die historische Innovation des Eingreifens der Schriftsteller anläßlich der Dreyfus-Affäre bestand nach Hans-Ulrich Gumbrecht darin, daß sie bereits auf das Phänomen der öffentlichen Meinung zugeschnitten war, die im 19. Jahrhundert die raisonnierende Öffentlichkeit der Aufklärungszeit abgelöst hatte.[7] Mit Victor Hugo hatte der – engagierte – Dichter noch unbestritten als Emblem der Nation gelten können. Gegen Ende des Jahrhunderts, vor allem im Gefolge des verlorenen deutsch-französischen Krieges, angeregt durch die deutschen Erfolge – Claude Digeon diagnostizierte diese Entwicklung zu Recht als "crise allemande de la pensée française"[8] – wurde der Wissenschaftler zu

---

5 Siehe dazu Pierre Bourdieu: "Il lui fallait pour cela produire une figure nouvelle, celle de l'intellectuel, en inventant pour l'artiste une vision de subversion prophétique, inséparablement intellectuelle et politique, bien fait pour rencontrer des défenseurs militants, tout ce que ses adversaires décrivaient comme l'effet d'un goût vulgaire ou dépravé" (*Les règles de l'art*, S. 186).

6 Im folgenden nehmen wir auch Elemente einer eigenen Studie auf: Joseph Jurt, "Status und Funktion der Intellektuellen in Frankreich im Vergleich zu Deutschland", in: Henning Krauß (Hrsg.), *Offene Gefüge. Literatursystem und Lebenswirklichkeiten*. Festschrift Fritz Nies. Tübingen, Narr, 1994, S. 329-345.

7 Hans-Ulrich Gumbrecht, *Zola im historischen Kontext*. München, Fink, 1978, S. 105.

8 Neben der von Digeon konstatierten positiven Rezeption der deutschen

einer alternativen symbolischen Figur. Pasteur verkörperte den Gelehrten im Dienste des Fortschritts. Die Schriftsteller selbst beriefen sich, wie wir schon gesehen haben, auf dieses positive Bild des Wissenschaftlers, auf das Prestige der Wissenschaft, die Naturalisten ebenso wie die Vertreter des Roman psychologique.[9] Zolas Rekurs auf Taine und Claude Bernard war hier symptomatisch. Im Begriff des 'intellectuel' sollte gerade diese neue soziale Autorität der Wissenschaft eingehen.[10]

Wissenschaft in Frankreich unterstrich Fritz Nies deren Kehrseite: das Stereotyp des detailversessenen, spekulativen obrigkeitshörigen deutschen Gelehrten, dem man in der Literatur begegnet (Fritz Nies, "L'érudit allemand: un mythe français en voie de disparition?", in: *Mélanges offerts à Jacque Grange*. Publications de l'Université de Nantes, 1989, S. 233-247).

9   Siehe dazu auch Joseph Jurt, "Le statut de la littérature face à la science: le cas de Flaubert", in: Graziella Pagliano/Antonio Gómez-Moriana (Hrsg.), *Ecrire en France au XIXe siècle*. Longueil [Montréal], Le Préambule, 1989, S. 175-192.

10   Christophe Charle erwähnt im Zusammenhang mit den politischen Interventionen von Taine, Pasteur, Renan und Berthelot nach 1870: "Ces engagements témoignent à la fois de la reconnaissance de l'autorité nouvelle du savant, non seulement en tant que notable [...] mais en tant que représentant de la science et d'une autre façon d'aborder les problèmes politiques et sociaux en fonction des méthodes spécifiques de leur spécialité" (Christophe Charle, *Naissance des 'intellectuels' [1880-1900]*. Paris, Les Editions de Minuit, 1990, S. 33). In seinem Überblick über die verschiedenen Typen des Selbstverständnisses der intellektuellen Elite seit dem 18. Jahrhundert stellt derselbe Autor eine immer größere Autonomisierung fest und gleichzeitig einen immer höheren Anspruch hinsichtlich der Legitimierung. Charle spricht von einer "ligne constante, celle de la revendication d'une autonomie croissante par rapport à la religion établie (cas du philosophe), à la classe dominante (pour le poète et l'artiste) ou aux professions intellectuelles et au public (savant, artiste). De moins en moins de producteurs culturels peuvent se conformer à cet idéal toujours plus exigeant [...] cet élitisme croissant est d'une certaine manière la réponse idéologique à l'évolution morphologique du champ intellectuel" (im selben Band, S. 37-38). Siehe dazu überdies: Christophe Charle, "La science et les savants: le début de l'âge d'or?", in: Laurent Gervereau/Christophe Prochasson (Hrsg.), *L'affaire Dreyfus et le tournant du siècle (1894-1910)*. Nanterre, BDIC, 1994, S. 66-71.

Die neue Kategorie der 'intellectuels'

Christophe Charle hat sehr genau nachgezeichnet, wie der Begriff der 'intellectuels' als neue Bezeichnung des Selbstverständnisses der intellektuellen Elite seit der zweiten Hälfte der achtziger Jahre aus spezifischen historischen Bedingungen entstanden ist. 'Philosophe' oder 'savant' meinten herausragende Individuen, 'intellectuels' war indes eine Gruppenbezeichnung. Der erste Beleg findet sich in Léon Bloys Roman *Le désespéré* (1886), der vom "groupe intellectuel ameuté" sprach. Die Begriffe 'prolétariat intellectuel' und 'aristocratie intellectuelle' traten gleichzeitig auf, waren Ausdruck der Wahrnehmung einer Krise innerhalb des intellektuellen Feldes sowie Manifestation der Kritik an einer Gesellschaft, die die Kompetenzen der Intellektuellen verkenne, welche aber durchaus ihren Anspruch als Elite geltend zu machen dachten.[11] Gegen Ende der achtziger Jahre war die Kritik an der republikanischen Elite, die die Macht innehatte, die aber durch Skandale kompromittiert war, sowohl auf der extremen Rechten (Drumont) wie auch bei den Sozialisten (Jaurès) immer lauter geworden. Der Begriff der 'prolétaires intellectuels' hatte eine revolutionäre Zielrichtung auch als Alternative zur etablierten Elite angenommen. Vor allem die jungen Schriftsteller und Wissenschaftler stellten eine Gegenöffentlichkeit dar und zogen den klassischen Formen der politischen Intervention (Parlamentsarbeit, Journalismus) neue Wege vor (punktuelle Interventionen zu Ereignissen oder Umfragen). Bernard Lazare wurde zum Protagonisten der politisierten Schriftstellergeneration, die dem Anarchismus nahestand; Lucien Herr, Mitglied der Sozialistischen Partei und Bibliothekar an der Ecole Normale Supérieure, spielte eine analoge Rolle für die Gruppe der Hochschullehrer. In diesem Kontext wuchsen literarische und politische Avantgarde zusammen; die erstere gab ihre ästhetizistische Position auf. Geschichtliche Relevanz kam diesen verschiedenen Ansätzen jedoch erst durch die Dreyfus-Affäre zu, die im kollektiven Gedächtnis Frankreichs, wie Christophe Charle zu Recht betont, ähnlich präsent ist wie die Französische Revolution, auf deren Werte sich die Dreyfusards explizit beriefen. Wenn Jules Guesde Zolas öffentliche Stellungnahme für Dreyfus am 13. Januar 1898 als den "größten revolutionären Akt des Jahrhunderts" bezeichnete, dann auch weil hier zunächst ein einzelner alle etablierten Kräfte – Regierung, Generalstab, Parlament und selbst Justiz – zwang, eine Affäre weiterzuverfolgen, die

---

11 Siehe Christophe Charle, *Naissance des 'intellectuels'*, S. 62-63.

sie alle am liebsten im Keim erstickt hätten.[12] Zola hatte zu einem außergewöhnlichen Mittel gegriffen: zum Skandal. Wenn er mit dem in *L'Aurore* vom 13. Januar 1898 veröffentlichten Brief – der nicht nur in den 300 000 Exemplaren der Zeitung, sondern auch als Plakat und Broschüre vertrieben wurde – die obersten Staatsorgane – und allen voran den Staatspräsidenten – anklagte, dann mußten diese entweder schweigen und damit die Berechtigung der Vorwürfe eingestehen oder ihn wegen Verleumdung anklagen, was erlaubte, den schon kassiert geglaubten Fall Dreyfus neu aufzurollen. Zola hatte indes die Zusammenhänge auf der Basis bloßer Indizien erschlossen und konnte keine eindeutigen Beweise für seine These vorlegen. Darin lag auch die Kühnheit seines Vorgehens.

Entscheidend war indes, daß durch *J'accuse* nicht nur die Staatsorgane provoziert, sondern auch die Intellektuellen auf den Plan gerufen wurden, oder besser gesagt: die 'intellectuels' als spezifische Gruppe artikulierten sich erstmals nach der Veröffentlichung von *J'accuse*. Am 14. Januar 1898 erschien in der Zeitung *L'Aurore* ein Text, der von mehreren Schriftstellern, Hochschullehrern, Künstlern und Journalisten unterzeichnet war, allerdings nicht unter dem Titel 'Manifeste des intellectuels', wie man später behauptet hat, sondern schlicht unter der Überschrift "Une protestation". "Die Unterzeichneten protestieren gegen die Verletzung der juristischen Formen beim Prozeß von 1894 und gegen die Geheimnisse, die die Affäre Esterhazy umgeben, und verlangen nachdrücklich die Revision."[13] Während etwa zwanzig Tagen erschien diese Protestnote in *L'Aurore* mit einer immer größeren Anzahl von Unterschriften. Die Künstler, vor allem die Schriftsteller, unterzeichneten schlicht mit ihrem Namen: so

---

12 Christophe Charle, *Naissance des intellectuels*, S. 142. Er zitiert in diesem Zusammenhang eine Aussage H. Rainaldys über die extrem geringe Zahl der ursprünglichen Dreyfus-Parteigänger: "Les statistiques les plus sérieuses établissent en effet qu'il n'y avait, au mois de janvier 1898, pas plus de deux mille Français résolus à défendre les droits d'un innocent et à vouloir la révision complète du procès Dreyfus solidairement avec Zola." Zur ganzen Affäre Dreyfus siehe auch Joseph Jurt, "Agitation und Aufklärung – die Bedeutung der öffentlichen Meinung, der publizistischen und schriftstellerischen Intervention bei der Affäre Dreyfus", *Mainzer Komparatistische Hefte*, 3, 1979, S. 29-48. Zur Kühnheit des Vorgehens von Zola siehe: Henri Mitterand, "Pourquoi Zola a écrit *J'accuse*", *L'Histoire*, 173, Januar 1994, S. 44-47.

13 *L'Aurore*, 14. Jan. 1898, zit. bei Jean-François Sirinelli, *Intellectuels et passions françaises. Manifestes et pétitions*. Paris, Fayard, 1990, S. 25 (übersetzt von J.J.).

Anatole France, Marcel Proust[14], André Gide. Die meisten Unterzeichner, die aus dem Universitätsmilieu stammten, fügten ihrem Namen jedoch den akademischen Grad hinzu: 'licencié ès lettres', 'licencié ès sciences', 'agrégé de l'université'. Das, was diese Intervention charakterisierte – 80 Prozent der Protestierenden unterzeichneten mit ihrem Titel – war, daß man sich nicht bloß als Staatsbürger äußerte, sondern von der akademischen Qualifikation außerhalb des beruflichen Kontextes eine Legitimität der Kritik gegen bestehende politische oder juristische Autoritäten ableitete. Dies gab dem neuen Begriff der 'intellectuels' eine symbolische und politische Bedeutung.[15] Clémenceau, den die These der Unschuld des Hauptmanns Dreyfus überzeugt hatte, bediente sich schon Ende Januar 1898 des Begriffes, um die Unterzeichner des Protestes zu charakterisieren; er war sich der Neuheit des Begriffes jedoch bewußt; er setzte ihn kursiv.[16]

Wenn sich die 'intellectuels' in dieser Debatte der politischen Öffentlichkeit auf die Autorität ihrer spezifischen Kompetenz beriefen, dann war dies ein neues Faktum. Neu war auch die kollektive Natur des Protestes – darum auch gleich zu Beginn die plurale Form des Begriffs. Die Intervention Zolas war ja auch eine Einzelaktion gewesen so wie die politischen Stellungnahmen Victor Hugos oder Lamartines[17], die sich allein auf ihre Autorität als Individuen, als herausragende Dichter stützen konnten. Zolas These von der Unschuld Dreyfus' widersprach den gängigen

---

14 Zu Proust siehe auch Joseph Jurt, "Politisches Handeln und ästhetische Transposition. Proust und die Dreyfus-Affäre", in: *Marcel Proust. Lesen und Schreiben*. Frankfurt a.M., Insel-Verlag, 1983, S. 85-107.

15 Nach Christophe Charle, *Naissance des 'intellectuels'*, S. 143.

16 "N'est-ce pas un signe, tous ces *intellectuels* venus de tous les coins de l'horizon qui se groupent sur une idée?" (zitiert bei Pascal Ory/Jean-François Sirinelli, *Les intellectuels en France, de l'Affaire Dreyfus à nos jours*. Paris, Armand Colin, 1986, S. 6).

17 Lamartine wurde in Deutschland bezeichnenderweise vor allem als Dichter rezipiert; seine gleichzeitige politische Aktivität etwa im Vorfeld und während der 48er Revolution wurde vernachlässigt; dabei hatte er als erster den Begriff des engagierten Dichters geprägt ("le poète responsable, actif et engagé"). Als Parlamentarier, Staatsmann und Dichter hatte er sich intensiv für die Sklavenbefreiung eingesetzt. Siehe dazu Joseph Jurt, "Lamartine et l'émancipation des Noirs", in: D. Droixhe/K.H. Kiefer (Hrsg.), *Images de l'africain de l'antiquité au XIXe siècle*. Frankfurt a.M./Bern/New York, Verlag Peter Lang, 1987, S. 113-128.

Annahmen des 'gesunden Menschenverstandes'.[18] Die Solidarisierung
vieler 'Intellektueller' mit dem Schriftsteller wirkte so als eine Art Kaution
dafür, daß seine Annahme nicht bloß die 'verrückte' Idee eines einzelnen
war. Neben der hohen Anzahl der Protestierenden spielte auch deren
Gewicht eine nicht unerhebliche Rolle. Zola selbst verkörperte den unabhängigen Schriftsteller, der sich nicht in den dominanten Pol des literarischen Feldes einfügte, der – wie wir gesehen haben – aufgrund seines
literarischen Erfolgs[19] gleichzeitig einen sozialen und literarischen Kampf
führte; er war sehr bekannt. Bezeichnenderweise unterschrieb Anatole
France als zweiter; als Mitglied der Académie française verfügte er über
großes Ansehen. Entscheidend war aber auch, daß Emile Duclaux, Leiter
des Institut Pasteur, Jean Psichari, als Vertreter der neuen Universität
(EPHE) und Schwiegersohn Renans, ihren Namen einbrachten, sowie die
Witwe Michelets, deren Mann schon eine Präfiguration des 'intellectuel'
war. Der kollektive Protest vereinte das elitäre Prinzip der großen Namen
mit dem demokratischen, das ohne Rangunterschied viele noch unbekannte
Schriftsteller ihre Unterschrift neben diejenige von Zola und Anatole
France setzen ließ, die so gleichberechtigt an der Funktion der sich enga-
gierenden 'intellectuels' partizipierten.

Die neuen Elemente dieser Art des kollektiven Protests lagen auf der
Hand. Sie wurden insbesondere von den Dreyfus-Gegnern wahrgenommen,
die als erste den Begriff ins Spiel brachten – allerdings mit einer für sie
negativen Konnotation. Der Literaturkritiker Fernand Brunetière soll
damals gemäß M. Paléologue zum kollektiven Protest folgendes geäußert

---

18 Siehe Christophe Charle: "Dire que Dreyfus est innocent, c'était affirmer par
    exemple que la lune apparaît en plein jour, que la terre n'est pas ronde. Cela
    semblait une insulte au sens commun. Pour les premières personnes qui
    emploient le mot 'intellectuel', ça veut dire des gens qui sortent de la norme,
    qui se permettent d'affirmer des choses que la plupart des gens ne croient pas.
    Il y a déjà l'idée d'une dissidence, et cette dissidence s'est maintenue souvent
    dans le sens actuel" (Christophe Charle, "Les intellectuels en France depuis
    un siècle: naissance perpétuelle ou mort annoncée", *Noroit,* 319, 1991, S. 5).

19 In den Augen von Alain Pagès war vor allem der Bekanntheitsgrad Zolas für
    die enorme Resonanz von *J'accuse* verantwortlich. Siehe dazu Alain Pagès,
    "L'intellectuel et la littérature nationale à l'époque de l'Affaire Dreyfus. Le
    cas d'Emile Zola", in: Michel Espagne/Michel Werner (Hrsg.), *Philologiques
    III. Qu'est-ce qu'une littérature nationale? Approches pour une théorie
    interculturelle du champ littéraire.* Paris, Editions de la Maison des Sciences
    de l'Homme, 1994, S. 248.

haben: "Und diese Petition, die man bei den 'intellectuels' zirkulieren läßt!
Allein schon das Faktum, daß man neulich das Wort 'intellectuel' erfunden hat, um als eine Art Adels-Kaste die Leute zu bezeichnen, die in Laboratorien und Bibliotheken leben, diese Tatsache allein zeigt eine der lächerlichen Eigenheiten unserer Epoche auf, ich meine den Anspruch, Schriftsteller, Gelehrte, Professoren, Philologen zu Übermenschen zu erheben."[20]

'Intellectuels' war hier eine pejorative Bezeichnung, welche diesen gerade die Kompetenz und das Recht absprach, im Bereich der politischen Öffentlichkeit zu intervenieren. Diese Ansicht wurde vor allem von Barrès vertreten, der am 1. Februar 1898 in der Zeitung *Le Journal* einen Artikel mit dem Titel "La protestation des intellectuels!" veröffentlichte. Er hob vor allem den Widerspruch hervor, der darin bestehe, sich auf Menschenrechte und demokratische Prinzipien zu berufen und sich gleichzeitig als eine über den Massen stehende Elite zu artikulieren. Barrès erkannte, daß Logik und Ratio das Engagement der 'intellectuels' bestimmten. Er aber verlangte, daß man die Existenz überindividueller Kräfte anerkenne, die der Mensch nicht zu meistern vermöge. Das geht – *ex negativo* – aus der Definition des Intellektuellen in seinem Buch *Scènes et doctrines du nationalisme* hervor, den er als Individuum bezeichnet, das überzeugt ist, daß sich die Gesellschaft auf der Logik fundieren solle und der verkenne, daß sie jedoch auf vorausliegenden Notwendigkeiten beruhe, die vielleicht sogar der individuellen Vernunft fremd seien[21].

Der Begriff der 'intellectuels', der bei Barrès und Brunetière einen negativen Beigeschmack hatte, wurde von den Betroffenen gemäß einem

---

20 M. Paléologue, *Journal de L'Affaire Dreyfus*, Paris, 1955, S. 90-91 (übersetzt von J.J.). Brunetière, ein alter Feind des Naturalismus, widersetzte sich *J'accuse* nicht im Namen des Prinzips der Unabhängigkeit, sondern im Namen einer Autonomie der Nicht-Intervention. Die Intervention eines noch so berühmten Romanciers in eine Angelegenheit der Militärjustiz erscheine ihm ebenso deplaziert wie die Stellungnahme eines Gendarmerie-Obersten zur Frage des Ursprungs der Romantik, schrieb er in seiner Broschüre *Après le procès* 1899 (zitiert bei Alain Pagès, "L'intellectuel et la littérature nationale", a.a.O., S. 244).

21 M. Barrès, *Scènes et doctrines du nationalisme*. Paris, 1902, S. 45. Barrès hatte gleichzeitig seine Argumentation, die den Intellektuellen die Berechtigung einer Intervention in politischen Fragen grundsätzlich absprach, wieder unterminiert, indem er den 'dreyfusards' den Charakter einer *wahren* Elite abstritt.

klassischen Verfahren als positive Selbstbezeichnung aufgegriffen. So von Lucien Herr in seinem offenen Brief "A Monsieur Maurice Barrès", den er 1898 in der *Revue Blanche* als Antwort auf dessen Artikel im *Journal* publizierte. Die Tragweite dieser neuen Form der politischen Intervention war indes so groß, daß auch das gegnerische Lager, die 'anti-dreyfusards', Intellektuelle für ihre Sache zu gewinnen trachteten so daß sich dieses soziale Modell über ein politisches Lager hinaus universalisierte. Barrès schrieb im Januar 1899 in bezug auf die Petition der Ligue de la Patrie française: "Das Wichtigste ist, daß man nicht wird sagen können, die Intelligenz und die Intellektuellen seien nur auf einer Seite gestanden."[22]

Die 'dreyfusards' stellten dann nicht so sehr die akademische Kompetenz der 'intellectuels' der Gegenseite in Frage, sondern vielmehr deren mangelnde Autonomie; diese stünden, so wendete man ein, im Dienste nicht-intellektueller Kräfte wie der Armee oder bestätigten schlicht die bestehende soziale Ordnung. Der Bezug auf Ideen, d.h. auf Prinzipien, charakterisierte in der Tat die 'intellectuels', welcher politischen Couleur sie auch angehören mochten. Der leidenschaftliche Konflikt im Zusammenhang mit der Dreyfus-Affaire erklärte sich wohl auch daher, daß in der Diskussion der 'intellectuels' zwei fundamentale Wertvorstellungen aufeinanderprallten. Hier wurde die Debatte reaktiviert, die durch die Französische Revolution ausgelöst worden war. Auf der einen Seite waren diejenigen, für die die durch die Französische Revolution propagierten Menschenrechte grundlegend waren,[23] die den Primat der Rechte des Indivi-

---

22 *Le Journal*, 2. Jan. 1899. Zitiert bei Christophe Charle, *Naissance des 'intellectuels'*, S. 160-161. Siehe dazu auch derselbe Autor: "Ainsi se crée une nouvelle communauté politique qui se recrute essentiellement dans certains milieux intellectuels [...] la dynamique de l'affaire Dreyfus, la nécessité de mobiliser l'opinion publique, les nouveaux procédés employés pour la mobiliser vont aboutir à diffuser ce mot 'intellectuels'. Il ne va pas seulement désigner une partie de l'opinion. Il désigne à présent toute une série de gens qui ont des opinions opposées, mais qui tous considèrent qu'ils ont une responsabilité dans le débat publique, qu'ils ont à défendre leurs idées publiquement et qu'ils ont à les défendre au nom de plusieurs principes" (Christophe Charle, "Les intellectuels en France depuis un siècle", a.a.O., S. 7).

23 Péguy war so voller Bewunderung für eine Nation, die es verstand, "de mettre toute sa force, une énorme force de travail et une énorme force d'inquiétude au service d'une cause même individuelle, pour faire d'*un* homme ce que tant de peuples n'eussent point fait pour leur propre existence [...] cette affaire en fera l'éternel honneur de la France" (Charles Péguy, *Oeuvres complètes*, Bd. II, Paris, Gallimard, 1940, S. 361).

duums gegenüber der Staatsraison verteidigten. Für die Gegenseite war der Staat, nicht das Individuum, primär. Dieser Staat sei durch die Armee zu verteidigen, und in Zeiten der Bedrohung von außen dürfe man sich keine inneren Konflikte leisten.

Die Intervention der Schriftsteller und die Logik des literarischen Felds

Sowohl Christophe Charle wie Pierre Bourdieu erklären die Intervention Zolas und diejenige der Schriftsteller aus der Logik des literarischen Feldes. Zola war, so Charle, aufgrund seiner einzigartigen Position im literarischen Feld der einzig mögliche für eine erfolgversprechende Aktion.[24] Wegen seines Non-Konformismus befand er sich in einer 'prophetischen' Situation, die homolog war zu derjenigen der Avantgarde und somit der 'dreyfusards'. Die Schwäche derjenigen, die für die Revision kämpften, bestand indes in ihrer marginalen Situation am Rande des literarischen und des politischen Feldes. Aufgrund seiner Massen-Resonanz – im Unterschied zu den 'dreyfusards' – war die Intervention Zolas so wertvoll, für ihn selbst aber auch äußerst riskant: Er konnte alles verlieren. Indem er die Debatte außerhalb des engen Rahmens des Parlamentsbereichs und der traditionellen Kontroversen situierte und sich auf Kriterien ideologischer und literarischer Natur (Wahrheit und Gerechtigkeit) berief, zwang Zola das literarische Feld, das vorher abseits stand, Stellung zu beziehen.[25] Mit seiner Intervention zugunsten von Dreyfus führte Zola

24 Man erinnere sich an Léon Blums Hinweis: "Pour les dreyfusards, Zola était moins un héros qu'un allié inattendu et inestimable. Pour les adversaires, il était un métèque, un perverti, un demi-dément, un agent vénal du Syndicat" (Léon Blum, *Souvenirs de l'Affaire Dreyfus*. Paris, Gallimard, 1935, S. 133-134).

25 Christophe Charle, "Champ littéraire et champ du pouvoir: les écrivains et l'Affaire Dreyfus", *Annales*, 32/2, März-April 1977, S. 252-253. Der Bezug auf universelle Werte charakterisiert nach Christophe Charle das Selbstverständnis der Intellektuellen, die so in Konkurrenz treten zur politischen Elite, die – eigentlich – als Hüter des Gemeinwohls auftreten müßte: "Cet antagonisme (Vérité et Justice contre Ordre et Nation) donne une existence sociale aux 'intellectuels'. Alors que toutes les professions ou les classes tendent à cette époque à s'organiser collectivement pour défendre leurs intérêts, les intellectuels se présentent bien comme un groupe social défini par ses fonctions, ses rites, ses hiérarchies propres, mais les seuls intérêts qu'ils prétendent défendre sont des intérêts désintéressés, des valeurs universelles ou des

auch in den Augen Bourdieus nicht politische Betrachtungsweisen in das literarische Feld ein, sondern berief sich in seiner Unabhängigkeit auf die Universalität von Prinzipien (Wahrheit und Gerechtigkeit), die das literarische Feld bestimmten. Grundlage war die Unabhängigkeit der Hüter dieser Werte gegenüber den politischen Forderungen (Patriotismus) und den ökonomischen Zwängen. *J'accuse* war nicht Ausdruck eines Verlustes von Autonomie, sondern Ausdruck dieser Autonomie.[26] Bourdieu erhebt sich ausdrücklich gegen die These, die Intellektuellen verlören im Maße der fortschreitenden Autonomisierung an politischer Wirkkraft; er stellt die kritische Potenz eines Zola oder eines Sartre der anerkannten, aber abhängigen Macht eines Corneille oder eines Racine oder auch derjenigen der Aufklärer des 18. Jahrhunderts entgegen.[27]

---

institutions générales. Ils se posent ainsi en rivaux évidents de l'élite chargée de ces causes générales, le personnel politique" (Christophe Charle, *Histoire sociale de la France au XIX* siècle*. Paris, Seuil, 1991, S. 272).

26 "Ainsi, paradoxalement, c'est l'autonomie du champ intellectuel qui rend possible l'acte inaugural d'un écrivain qui, au nom des normes propres du champ littéraire, intervient dans le champ politique, se constituant ainsi en intellectuel" (Pierre Bourdieu, *Les règles de l'art*, S. 186).

27 Zur Autonomie als Vorbedingung der politischen Intervention siehe auch Bourdieus Aussage an anderer Stelle: "Lorsque Sartre, et les 121, se dressent contre la Raison d'Etat, et appellent au soutien de 'l'ennemi', ils renouvellent la rupture inaugurale de Zola affirmant l'irréductibilité des valeurs universelles de vérité et de justice. L'autonomie du monde intellectuel, qui rend cette rupture possible, est une véritable création continuée: elle ne peut survivre que dans et par le refus de lâchages et des lâchetés souvent infimes en apparence, à l'égard des pouvoirs, dans et par les innombrables refus, les innombrables ruptures, souvent invisibles, à travers lesquels se crée la liberté (dont on oublie qu'elle n'est pas un donné métaphysique, mais une conquête historique)" (Interview in *Art Press*, 1992, S. 122). Bourdieu schreibt dem Modus der Intervention von Zola (auf der Basis institutioneller Unabhängigkeit) eine exemplarische Bedeutung zu, so in der bewußt als normativ konzipierten Stellungnahme "Pour un corporatisme de l'universel" am Schluß von *Les règles de l'art* (S. 461-465), und auch im Gespräch mit Hans Haacke: "Selon le modèle inventé par Zola, nous devons et nous pouvons intervenir dans le monde politique, mais avec les moyens et les fins qui sont les nôtres" (Pierre Bourdieu/Hans Haacke, *Libre-échange*. Paris, Seuil, 1994, S. 38). Siehe dazu auch Joseph Jurt, "L'engagement de Zola pour Dreyfus et la logique du champ littéraire", in: *Fin de siècle: De la France de Zola à l'Europe du Naturalisme*. Actes du Colloque international de Strasbourg 1995.

Die Reaktionen der Schriftsteller zur Dreyfus-Affäre sowie die Beweggründe ihres Engagements lassen sich nicht erklären, wenn man die einzelnen Schriftsteller isoliert betrachtet. Die Positionen der Schriftsteller innerhalb des literarischen Feldes waren, wie Christophe Charle ausgeführt hat, für ihre Stellungnahmen entscheidend. *Grosso modo* lassen sich, wie wir schon dargestellt haben, innerhalb des literarischen Feldes der neunziger Jahre drei Sektoren ausmachen: der *dominante Pol* der Mitglieder der Académie française (im wesentlichen die Vertreter des Parnasse, des psychologischen Romans sowie einzelne arrivierte Dramatiker); dann der *dominierte Pol* der literarischen Avantgarde (Symbolisten, Naturisten, Avantgarde-Theater) und schließlich ein *intermediärer Sektor* der Autoren, die Massenerfolge erzielten (und darum vom Publikum abhängig waren im Unterschied zur Avantgarde, jedoch nicht die offizielle Konsekration durch die Aufnahme in die Académie française erfahren hatten: im wesentlichen die realistischen und naturalistischen Romanciers). Erstaunlicherweise, so führt Christophe Charle aus, nahmen die Schriftsteller nicht so sehr im Hinblick auf ihre politische Position (rechts-links) Stellung zur Affäre Dreyfus – die meisten Parteien waren ja in dieser Frage gespalten –, sondern reagierten in relativ kompakter Weise aufgrund ihrer Positionen innerhalb des literarischen Feldes: die Inhaber der literarischen 'Macht' (dominanter Pol) waren zuallermeist 'antidreyfusards', während die Vertreter des dominierten Poles für Dreyfus Stellung bezogen. So war die eigentliche Kampagne für die Revision des Prozesses von Bernard Lazare ausgegangen, der sich sowohl politisch als auch literarisch und sozial in einer – marginalen – Avantgarde-Position befand als Leiter einer kleinen symbolistischen Zeitschrift *Les entretiens politiques et littéraires*;[28] dabei trat er gleichzeitig für eine soziale Kunst ein und artikulierte sich politisch als anarchistischer Sozialist, während die meisten Juden sich aufgrund ihrer Assimilationspolitik mit der bestehenden Ordnung identifizierten. Nach dem Aufruf von Zola entschieden sich die meisten der Avantgarde-Schriftsteller, die sich oft um kleine literarische Zeitschriften gruppierten, für die Sache von Dreyfus; so Proust, F. Gregh, D. Halévy vom *Groupe du Banquet*, Gide vom *Groupe de la Conque*, dann die Schriftsteller, die sich um die *Revue blanche* scharten wie Vielé-Griffin, Mallarmé, Péguy, L. Blum, J. Psichari, J. Renard, J. Benda, die Symbolisten Fénéon, Maeter-

---

28 Siehe dazu Jean-Denis Bredin, *Bernard Lazare*. Paris, Editions de Fallois, 1992 sowie "Dossier: Bernard Lazare et l'Affaire Dreyfus", *Les cahiers de l'Alliance Israélite universelle*, 3, August 1992, S. 7-19.

linck, Saint-Pol Roux, P. Fort, Verhaeren, um die bekanntesten zu nennen; die 'antidreyfusards' dieses Sektors bildeten eine minime Minderheit: Pierre Louÿs, Léautaud und Valéry.[29] Die Dreyfus-feindlichen Schriftsteller rekrutierten sich jedoch zumeist aus dem dominanten Pol, gehörten zur etablierten literarischen Gruppe des psychologischen Romans (P. Bourget, F. Brunetière, J. Lemaître, E. M. de Voguë, P. Loti, M. Barrès[30]) sowie des Parnasse (F. Coppée. J.-M. Hérédia, H. de Bornier); eine prominente Ausnahme bildete der zur Gruppe des psychologischen Romans gehörende Anatole France, der sich für die Dreyfus-Sache entschied. Die Gruppe des intermediären Sektors, dem auch Zola zuzurechnen ist, war jedoch gespalten.

Gesamtgesellschaftliche Bedingungen der Intervention

Welches waren die konjunkturellen und strukturellen Bedingungen, die die Entstehung der Gruppe der 'intellectuels' in Frankreich in den neunziger Jahren des letzten Jahrhunderts erklären? Damit es zu einer wirksamen politischen Intervention der Intellektuellen kommen kann, ist zunächst die Existenz einer demokratischen Öffentlichkeit unabdingbar. Dies ist zweifellos eine Minimalbedingung. Die fundamentalen Freiheiten müssen garantiert sein: Pressefreiheit, Versammlungsfreiheit. Diese Bedingungen existierten im damaligen Frankreich.[31]

Das Land war eine der wenigen Republiken im damaligen Europa. Eine ähnliche Intervention wäre im deutschen Kaiserreich nicht möglich gewesen.[32] Vor allem aber war diese Intervention gerade in einer Demokratie notwendig. Das lag wohl daran, daß, wie gesagt, die republikanische

29 Siehe dazu Marcel Thomas, "Le cas Valéry", in: Géraldi Leroy (Hrsg.), *Les écrivains et l'Affaire Dreyfus*. Paris, P.U.F., 1983, S. 103-112. In diesem Band finden sich weitere ausgezeichnete monographische Aufsätze zur Haltung einzelner Schriftsteller in der Dreyfus-Affäre.

30 Siehe dazu Zeev Sternhell, "Le nationalisme organique de Maurice Barrès", in: Géraldi Leroy (Hrsg.), *Les écrivains et l'Affaire Dreyfus*, S. 123-136 sowie Pierre Aubéry, "L'intelligence des Juifs chez Maurice Barrès", *The Romanic Review*, LL, 3, Oktober 1969, S. 192-205.

31 Durch das Pressegesetz von 1881 war die totale Pressefreiheit promulgiert worden.

32 Wir nehmen hier Gedanken auf, die Christophe Charle in seinem Vortrag "Les intellectuels en France" ansprach.

Elite, die an der Macht war, diese Macht teilweise mißbraucht hatte und in eine Reihe von Finanzskandalen verstrickt war – man denke etwa an den Panama-Skandal von 1894. Die Intellektuellen traten auf den Plan, um an die Grundwerte zu erinnern, die durch die politische Elite mißachtet wurden. Die Legitimität der politischen Strukturen wurde parallel dazu ebenfalls durch soziale Bewegungen in Frage gestellt, die der Meinung waren, die Republik sei durch die Bourgeoisie vereinnahmt worden. Der strukturelle Gegensatz 'intellectuels' vs. 'élite politique' ist zweifelsohne eine frankreichspezifisches Phänomen.[33]

Wie aber war es denkbar, daß sich dieser Gegensatz gerade in Frankreich artikulieren konnte? Damit die Aktion auf die öffentliche Meinung möglich war, mußten auch kulturelle Bedingungen erfüllt sein. Frankreich war gerade auch dank der während der III. Republik durch Jules Ferry eingeführten Schulpflicht zu einem alphabetisierten Land geworden, in dem jedermann Zeitung lesen konnte,[34] während zur Zeit des Second Empire die Hälfte der Bevölkerung noch keinen Zugang zur Presse hatte. Im letzten Jahrzent des 19. Jahrhunderts war es dank eines weitverbreiteten Pressesystems möglich, eine nationale Breitenwirkung zu erzielen. Nach der Affäre Dreyfus war es vorbei mit der exklusiven Macht einer kleinen Politikerelite; diese mußte nun mit der Kontrolle der vierten Macht der Demokratie, der täglichen Äußerung der öffentlichen Meinung, rechnen.[35]

Mit der Existenz einer öffentlichen Meinung, die sich landesweit im Medium der Presse artikulierte, entstand auch die soziale Rolle desjenigen, der über das Wort verfügt und der Meinungen auszudrücken vermag.

---

33 "Cet éloignement des intellectuels par rapport au champ du pouvoir constituait l'une des origines de l'intervention par ceux-ci de nouvelles formes d'intervention politique, c'est-à-dire précisément des modes d'action intellectuels" (Christophe Charle, *Naissance des intellectuels*, S. 32).

34 Das Pressewesen entwickelte sich vor allem intensiv nach 1870 durch technische (Rotationsprinzip) und organisatorische Fortschritte und vor allem wegen des 1881 promulgierten Pressegesetzes. 1895 zählte man in Paris 2.400 Zeitungen und Zeitschriften, darunter 41 politische Tageszeitungen mit etwa sechs Millionen Lesern. Lieselotte Schmidt wies in ihrer Arbeit *Edouard Drumont – Emile Zola* (Berlin 1962, S. 19-23) zu Recht darauf hin, daß ein halbes Jahrhundert zuvor eine Affäre Dreyfus auch bei identischen geistigen Voraussetzungen kaum denkbar gewesen wäre, weil die Zeitung damals noch das Privileg einer kleinen Elite war.

35 Pierre Miquel, *L'Affaire Dreyfus*. Paris, P.U.F., 1961, S. 119.

Diese Rolle wurde von den Journalisten wahrgenommen, deren Zahl gerade in dieser Periode zunahm, aber auch von den immer zahlreicher werdenden Hochschullehrern, die ein immer breiteres Publikum an Studenten erreichten. Die Zahl der an den Hochschulen Studierenden hatte sich zwischen 1891 und 1908 in Frankreich verdoppelt. Die Zahl der Schriftsteller ist zwischen 1891 und 1899 ebenfalls gewachsen: um 22,9 Prozent.[36] Wichtiger aber noch ist die Tatsache, daß die Literatur in Frankreich über einen Status verfügte wie kaum anderswo. Darum war es kein Zufall, daß Zola und Anatole France eine so herausragende Wirkung auf die öffentliche Meinung erzielten. Von dem Prestige der Literatur zeugen im übrigen viele Phänomene der Alltagskultur bis heute, die etwa Priscilla Parkhurst Ferguson in ihrem Buch *La France, nation littéraire* auflistet.[37]

Wenn die 'intellectuels' in Frankreich ein so starkes Gegengewicht zur politischen Elite bilden konnten, dann lag das auch – darin sind sich Pascal Ory, Jean-François Sirinelli und Christophe Charle einig – an dem politischen und kulturellen Zentralismus, wie ihn nur Frankreich kennt. Die massive Konzentration der intellektuellen Produzenten, der Medien und der Verlagshäuser in Paris ließ diese zu einem Machtfaktor werden, was wiederum zur Autonomisierung des intellektuellen Feldes betrug. Für Deutschland stellt Christophe Charle zunächst eine geringere soziale Kohärenz innerhalb der Gruppe der Intellektuellen fest. Zwischen den freien Intellektuellen und den Hochschullehrern existiere eine soziale Distanz. Den letzteren komme in Deutschland die höchste soziale Legitimität zu, die man in Frankreich jedoch den Schriftstellern zubillige. Die Hochschullehrer bildeten überdies in Deutschland wegen der dezentralen Universitätsstruktur bloß kleine Gruppen.[38] Die deutschen Professoren identifizieren sich darum vielmehr mit der politischen Elite an der Macht und verstanden sich als Teil dieser Elite, nicht als kritisches Gegengewicht. Dies wurde noch dadurch verstärkt, daß die Hochschullehrer in Deutschland aus einer homogenen sozialen Gruppe stammten. Nach einer

---

36 Nach Christophe Charle, *La crise littéraire à l'époque du Naturalisme*, S. 42.
37 Priscilla Parkhurst Ferguson, *La France, nation littéraire*. Bruxelles, Labor, 1991, S. 301-305.
38 "[En Allemagne] il y a dans chaque ville des journaux et une université; il en résulte que dans chaque ville il n'y a qu'un petit nombre de journaux et un petit nombre d'universitaires. Donc ils ne peuvent pas avoir la visibilité, le poids social que peut avoir un journaliste français ou un universitaire français qui parle à des milliers d'étudiants ou qui écrit pour des centaines de milliers de lecteurs" (Christophe Charle, "Les intellectuels en France", a.a.O., S. 9).

vergleichenden Untersuchung kamen um die Jahrhundertwende in Deutschland 47,4 Prozent der Professoren aus dem Bereich intellektueller Berufe (Ärzte, Pastoren, Schriftsteller); in Frankreich bloß 27,9 Prozent. Auch die Zahl der Professoren aus Beamtenfamilien war in Deutschland höher. In den meisten europäischen Ländern herrschte noch die aus der aristokratischen Gesellschaft stammende familieninterne soziale Reproduktion vor. Diese Form wich indes in Frankreich dem meritokratischen Prinzip der Republik. Der 'intellectuel' ist, nach Christophe Charle, zumindest in der sozialen Vorstellung, das reinste Produkt dieses neuen Modus der Reproduktion der Eliten.[39]

---

39 Christophe Charle, *Naissance des 'intellectuels'*, S. 229-230.

9

Legitime Literatur und Avantgarde in den zwanziger Jahren

Die morphologische Entwicklung des Feldes nach der Jahrhundertwende

Der Autonomisierungsprozeß des literarischen Feldes im 19. Jahrhundert war bestimmt durch die fast absolute Dichotomie zwischen der symbolischen und der ökonomischen Hierarchie.[1] Für eine radikale Avantgarde waren Breitenwirkung und wirtschaftlicher Erfolg *per se* kompromittierend. Einzig die Resonanz bei einer ausgewählten literarischen Elite galt als Indiz ästhetischer Qualität. Diese Entwicklung wurde im 20. Jahrhundert, wie Anna Boschetti aufgezeigt hat, nicht in dem Sinne weitergeführt.[2] In dem Augenblick, wo der Druck der ökonomischen Handelslogik am stärksten war, schien auch die Literatur über eine große Autonomie zu verfügen, so daß sie den Verlagen gegenüber ihre eigene Wertehierarchie durchzusetzen vermochte. Die Anzahl der publizierten Bücher erreichte zwar schon 1889 einen Höhepunkt (14 849 Titel), der in der ersten Hälfte des 20. Jahrhunderts kaum mehr je eingeholt wurde (von den veröffentlichten Büchern waren 20 Prozent bis 28 Prozent literarische Werke im eigentlichen Sinn). Die Auflagenzahlen stiegen indes deutlich an: von 1 500 auf 5 000 im Schnitt für einen Roman. Das virtuelle Publikum – diejenigen, die über eine Mittel- oder Hochschulbildung verfügten – vergrößerte sich sukzessive.[3] Das Buch wurde aber auch durch andere

---

1   Siehe im vorliegenden Band S. 135 ff.

2   Siehe Anna Boschetti, "Légitimité littéraire et stratégies éditoriales", in: Henri-Jean Vivel (Hrsg.), *Histoire de l'édition française*, Bd. IV: *Le livre concurrencé 1900-1930*. Paris, Promodis, 1986, S. 481-527. Wir stützen uns im folgenden vor allem auf diese Studie.

3   Die Zahl der Studenten stieg von 30 000 im Jahre 1900 auf 80 000 im Jahre 1935 an; 1960 werden es 194 000 sein (nach Christophe Charle, "Les intellectuels en France", a.a.O., S. 11).

Medien konkurrenziert, wie Presse, Film, Radio.[4] Wenn Gedichtbände von Eluard noch mit einer Auflage von 100 Exemplaren erschienen, so konnte indes ein Sartre von den Autorenhonoraren (vor allem des Theaters und der Filmszenarios) leben. Die innovative Literatur bestimmte die Definition des literarischen 'Wertes' und forderte so auch die Erwartungen eines Massenpublikums heraus. Die Avantgarde-Dichtung fand durchaus auch die Aufmerksamkeit eines breiteren Publikums; populäre Gattungen (wie der Kriminalroman) inspirierten andererseits die 'Höhenkammliteratur'. Das Anwachsen des Publikums und die Industrialisierung des Buchmarktes stellten, wie Anna Boschetti schreibt, wohl eine Gefahr für die Literatur dar, boten aber gleichzeitig auch die Möglichkeit, die Autonomie gegenüber den Forderungen des Marktes zu verteidigen und zu vergrößern, wobei eine totale Unabhängigkeit auch für die Avantgarde-Produktion nie möglich war.

Am Anfang des Jahrhunderts publizierten Schriftsteller wie Valéry, Gide oder Pierre Louÿs ihre Texte in kleinen Avantgarde-Zeitschriften wie *L'Ermitage*, *La Conque*, im *Mercure de France* oder in kleineren spezialisierten Verlagen mit geringem Verbreitungsradius. Bis zu seinem Werk *La Porte étroite* (1906) finanzierte Gide die Publikation aller seiner Werke aus eigener Tasche. Das Profil des Verlegers wurde indessen immer mehr geprägt durch 'seine' Autoren; Calmann-Lévy war der Verlag von Loti und Anatole France; Stock derjenige der 'dreyfusards'. Die Wahl des Verlegers beruhte auf der doppelten ökonomischen und symbolischen Logik, die das Feld bestimmte, das sich sowohl von den Forderungen des etablierten Pols der Académie als auch von der reinen Ökonomie abzugrenzen versuchte.

Anna Boschetti beschreibt als Beispiel der neuen Legitimität das Verlagshaus Mercure de France, das sich bewußt auf der rive gauche etablierte, eine eigene Öffentlichkeit mit dem von Rachilde organisierten literarischen Abenden zu schaffen versuchte und sich von den traditionellen Instanzen des Boulevards und der Salons distanzierte. Der Verlag blieb der Intransigenz des symbolistischen Programms[5] treu, verachtete die Werbung, weigerte sich, Dichtung wie eine Ware zu betrachten, verlegte vor allem Gedichtbände mit Auflagenzahlen von 500 bis 1000 Exemplaren. Der Mercure de France war, so Anna Boschetti, das kohärenteste Produkt des Autonomisierungsprozesses. Diese ästhetische Souveränität entging jedoch dem traditionellen Schicksal der Avantgarde-Unternehmen:

---

4   Siehe Christophe Charle, "Les intellectuels en France", a.a.O., S. 14.
5   Siehe im vorliegenden Band S. 172 f.

dem wirtschaftlichen Fiasko. Das stellte eine entscheidende Veränderung dar. Das alte Konsekrationssystem, mittels dessen die dominante Klasse eine direkte Kontrolle über die Festlegung der literarischen Legitimität ausübte, hatte seine normative Kraft eingebüßt. Der Erfolg des Mercure de France verdankte sich dem gewachsenen interessierten Publikum (was die Abhängigkeit vom Kapital verminderte), aber auch dem herausragenden Ansehen sowie dem unverwechselbaren Profil, das der *Mercure de France* als Zeitschrift erworben hatte. Das symbolische Kapital konnte so durchaus zum Aufstieg eines wirtschaftlich soliden Unternehmens beitragen. Ästhetische Qualität schloß, wie das Beispiel bewies, den Erfolg nicht mehr aus.

Für diese Modifikation der literarischen Legitimität und der Verlegerstrategien führt Anna Boschetti das Beispiel der beiden Verlage Grasset und Gallimard an. Bernard Grasset verfügte über eine solide volkswirtschaftliche Ausbildung, verstand sich gleichzeitig auch als Entdecker, machte Jagd auf junge verheißungsvolle Autoren, deren gesamtes künftiges Werk er sich jeweils sichern wollte.[6] Ihm ging es auch darum, breite Schichten für anspruchsvolle Literatur zu gewinnen, und er scheute nicht vor kommerziellen Methoden zurück, die im engeren Bereich der legitimen Literatur vorher verpönt gewesen waren.[7]

Eine wichtige Rolle als Konsekrationsinstanz spielte nun die literarische Presse, welche diejenige des Salons und der Académie ablöste; André Billy sprach von einer eigentlichen 'intellektuellen Emanzipation'. Die Avantgarde-Schriftsteller schrieben in den literarischen Rubriken der Zeitungen, über 40 Tageszeitungen verfügten über eine solche Rubrik; 1922 wurde ein eigener Berufsverband gegründet (Association des courrieristes littéraires). Mit *Comoedia* war sogar eine Tageszeitung ausschließlich dem literarischen, künstlerischen und Theater-Leben gewidmet (1907-1914). Mit den *Nouvelles littéraires* entstand 1922 eines der ersten wichtigen literarischen Wochenblätter.[8] Die neue Macht der Presse stellte indes für das literarische Feld auch eine Gefahr dar; denn diese urteilte aufgrund einer Wertehierarchie, die einer eigenen Logik gehorchte,

---

6 Zu den großen Autoren, die Grasset sich sichern konnte, zählten Mauriac, Maurois, Montherlant, Morand und Giraudoux.

7 Zum Verlag Grasset siehe auch Gabriel Boillat, *La librairie Bernard Grasset et les lettres françaises*. Paris, Champion, 1974.

8 Zur literarischen Presse siehe auch Joseph Jurt, *La réception de la littérature par la critique journalistique*. Paris, Jean-Michel Place, 1980, S. 365-396: "Annexe I: Dossier des périodiques".

einen Einfluß auf das Publikum, gar auf die Schriftsteller selber ausübte. Es war bezeichnend, daß nun die Journalisten neben dem Prix Goncourt (mit einer Schriftsteller-Jury) eigene Literatur-Preise einrichteten wie den Prix Femina, den Prix Renaudot und den Prix Interallié, der sogar nur für Journalisten bestimmt war.

Der Verlag Gallimard vermochte noch besser als Grasset, die neue literarische Legitimität, gepaart mit wirtschaftlichem Erfolg, zu verkörpern. Wenn Grasset den Erfolg garantierte, dann Gallimard, der Verlag der *N.R.F.*, das Ansehen. Daß Proust bewußt von Grasset zu Gallimard wechselte, war dafür ein untrügliches Indiz. Die *N.R.F.* vereinte zunächst (1909) eine Gruppe von Schriftstellern, die untereinander freundschaftlich verbunden waren, denselben literarischen Geschmack teilten und dann ab 1911 eine Verlagsstelle einrichteten; man sprach schon früh von einem 'esprit *N.R.F.*' Als eigentlicher *spiritus rector* erwies sich André Gide, der wie Jean Schlumberger aus dem protestantischen Großbürgertum stammte.[9] Gide war zu einer Leitfigur des literarischen Lebens geworden. Vielé-Griffin hatte ihn in einem Aufsatz in *L'Ermitage* schon 1898 als 'directeur de nos consciences' bezeichnet. Mit dem Werk *Paludes* hatte er sich vom symbolistischen Einfluß freigeschrieben; er verwies Barrès, aber auch Mallarmé auf ihre Plätze und entwarf mit den *Nourritures terrestres* eine neue Ethik.[10] Valéry und Claudel brachten das Prestige der Dichtung in die Gruppe der *N.R.F.* ein, die den Primat der Literatur sowie die Werte des Maßes und des Ausgleichs hochhielt. Die Gruppe setzte sich ab von den mondänen Salons, der Académie ebenso wie von der Avantgarde von gestern, die sich um den *Mercure de France* gruppiert hatte. In den Décades de Pontigny schuf man eine eigene Plattform, wo man intensiven Kontakt mit Hochschullehrern pflegte. Das Profil des Professors, der zugleich Schriftsteller war, gewann an Bedeutung. Aufgrund der klaren Linie verfügte die *N.R.F.* über ein beträchtliches symbolisches Kapital. Dazu trug auch die Figur Gaston Gallimards bei, der aus einer reichen Pariser Kunstliebhaber-Familie stammte und der sich vor allem als Verleger verstand, der komplementär zu Gide wirkte. Diese Arbeitsteilung trug zur Akkumulation des symbolischen *und* ökonomischen Kapitals des

---

9 Siehe dazu Auguste Anglès, *André Gide et le premier Groupe de la Nouvelle Revue française*. Paris, Gallimard, 1978.

10 Siehe dazu auch Joseph Jurt, "André Gide – Von der Freiheit zu einer neuen Ethik", *Schweizer Rundschau*, 69, Mai-Juni 1970, S. 146-156.

Hauses bei, das sich genau am Schnittpunkt der Avantgarde und des 'Tout-Paris' situierte und so alle Positionen besetzen konnte.[11]

Ein Weiterleben der 'intellectuels'?

Mit Anna Boschetti läßt sich so feststellen, daß das literarische Feld in den ersten Jahrzehnten des 20. Jahrhunderts seine Autonomie gegenüber den wirtschaftlichen Pressionen behaupten konnte, daß die ästhetische Qualität nicht mehr notwendigerweise antinomisch zum wirtschaftlichen Erfolg stehen mußte. Ende des 19. Jahrhunderts war aber auch die Figur des 'intellectuel' am historischen Horizont erschienen, der auf der Basis universeller Werte, die das literarische Feld prägten, im Feld der Politik intervenierte. Sollte dieses Modell im 20. Jahrhundert überleben? Eine ganze Reihe von Intellektuellen mußte die bittere Erfahrung machen, daß ihre 'reine' Sache, die sie verteidigten, später instrumentalisiert wurde, daß die 'dreyfusards', einmal an der Macht, den hehren Prinzipien nicht mehr treu blieben. Clémenceau, der 1898 *L'Aurore* leitete, in der *J'accuse* veröffentlicht wurde, ließ 1906 als Innenminister auf Arbeiter schießen, ergriff Maßnahmen gegen die linke Gewerkschaft CGT, verteidigte statt der Menschenrechte die Staatsraison.[12] Diese Entwicklung stand im Zentrum von Péguys *Notre Jeunesse* (1910); der 'dreyfusisme', der zunächst eine Mystik war, der universelle Werte verteidigte, sei zur 'Politik' verkommen.[13] Ein ähnliches Fazit bestimmte die literarische Transposition

---

11 Siehe dazu auch Pierre Assouline, *Gaston Gallimard. Un demi-siècle d'édition française*. Paris, Seuil, 1983 ('Points'-Biographies).

12 Christophe Charle, "Les intellectuels en France", a.a.O., S. 10. Die meisten engagierten Schriftsteller am Vorabend des Ersten Weltkrieges hatten das Lager der Rechten gewählt und verteidigten nun individualistische Werte. "Il n'est de meilleur indice de cette double orientation du champ – divorce de principe entre littérature et politique, et revirement de gauche à droite – que l'attitude de la *N.R.F.*. Dès ses premiers numéros, la revue se réclame d'une pratique de la littérature dégagée de toute fonction idéologique. Mais, tout en ayant soin de préciser que ses préférences politiques 'n'ont rien de littéraire', elle ne cache pas qu'elle partage les soucis patriotiques de Barrès, Péguy, alors que ses fondateurs avaient été pour la plupart dreyfusards" (Anna Boschetti, "La légitimité littéraire", a.a.O., S. 523).

13 "J'essaierai de donner une représentation de ce que fut dans la réalité cette immortelle affaire Dreyfus. Elle fut, comme toute affaire qui se respecte, une affaire essentiellement mystique. Elle vivait de sa mystique. Elle est morte de

der Dreyfus-Affaire in Prousts *Recherche*[14] und vorher schon Zolas *Vérité* (1903), der enttäuscht war, daß das Engagement der Intellektuellen nicht

sa politique. C'est la loi, c'est la règle. *C'est le niveau des vies.* Tout parti vit de sa mystique et meurt de sa politique" (Charles Péguy, *Notre Jeunesse.* Paris, Gallimard, 1969, S. 64).

14 Obwohl Proust zur Zeit der Dreyfus-Affaire durchaus politisch handelte, schrieb er keine politisch 'engagierte' Literatur, was für ihn virtuell durchaus möglich gewesen wäre. "Diverses théories littéraires", so führt der Erzähler in *Le Temps retrouvé* aus, "[...] m'avaient un moment troublé – notamment celles que la critique avait developpées au moment de l'affaire Dreyfus et avait reprises pendant la guerre, et qui tendaient à 'faire sortir l'artiste de sa tour d'ivoire', et à traiter des sujets non frivoles ni sentimentaux, mais peignant de grands mouvements ouvriers, et, à défaut de foules, à tout le moins non plus d'insignifiants oisifs [...] mais de nobles intellectuels, ou des héros" (Marcel Proust, *A la Recherche du Temps perdu.* Paris, Gallimard, 1973, [La Pléiade], III, S. 881). Die Literatur, die einem unmittelbaren politischen Ziel untergeordnet wird, erliegt nach Proust dem Zwang zur Vereinfachung, zur unreflektierten Parteinahme, deren Komplexität dem Schriftsteller gerade hinsichtlich der Dreyfus-Affäre offenbar geworden war. Zudem kann das politisch-ethische Engagement, das dem Bürger schlechthin aufgegeben ist, die eigentliche schriftstellerische Aufgabe, seine Erkenntnisfunktion, nicht ersetzen, und gerade diese Gefahr sah Proust in der politischen Literatur eines Barrès: "Quant au livre intérieur de signes inconnus [....] Chaque événement, que ce fût l'affaire Dreyfus, que ce fût la guerre, avait fourni d'autres excuses aux écrivains pour ne pas déchiffrer ce livre-là; ils voulaient assurer le triomphe du Droit, refaire l'unité morale de la nation, n'avaient pas le temps de penser à la littérature" (Marcel Proust, *A la Recherche du Temps perdu.* Paris, Gallimard, 1973, [La Pléiade], III, S. 879). Diese Haltung als Ästhetizismus abzutun scheint mir nicht gerechtfertigt; denn es geht hier nicht um eine Literatur um der Literatur willen; sie ist zuletzt einer Wahrheitsethik verpflichtet. Einem Barrès "[qui] dès le début de la guerre [...] avait dit que l'artiste [...] doit avant tout servir la gloire de sa patrie" antwortete Proust: "il ne peut la servir qu'en étant artiste, c'est-à-dire qu'à condition [...] de ne pas penser à autre chose – fût-ce à la patrie – qu'à la vérité qui est devant lui" (Marcel Proust, *A la Recherche du Temps perdu.* Paris, Gallimard, 1973, [La Pléiade], III, S. 888). In dieser Wahrheitssuche trifft sich der Künstler mit dem politischen Selbstverständnis eines Picquart, so wie es in *Jean Santeuil* dargestellt wurde. Proust geht so über Swann hinaus, indem er nicht nur politisch handelt, sondern in diesem Handeln auch Gesetzmäßigkeiten zu erkennen und es in einem Kontext zu situieren sucht, um so das Panorama einer ganzen Epoche zu entwerfen. Siehe dazu auch Joseph Jurt, "Politisches Handeln und ästhetische Transposition. Proust und die Dreyfus-Affäre", in:

seine logische Lösung fand, daß Dreyfus bloß begnadigt, nicht aber frei-gesprochen wurde. Die Figur des Intellektuellen, der nach der Wahrheit sucht, der von den reaktionären Kräften der 'Finsternis' bedroht wird, stellte in *Vérité* bezeichnenderweise der Grundschullehrer dar.[15]

Die Intellektuellen, die sich so aktiv für das Prinzip der Menschen-rechte und gegen den Korpsgeist, gegen den Militarismus engagiert hatten, mußten den Ausbruch des Ersten Weltkrieges als ein totales Scheitern ihrer Vorstellungen empfinden, vor allem mit der Entfesselung irrationaler nationalistischer Leidenschaften und der Propaganda der Leute des Hinter-landes, die den Haß anfeuerten.

Trotzdem verschwand die Funktion des engagierten Intellektuellen nach dem Krieg nicht von der Bildfläche. Sein Wiedererscheinen ver-dankte sich gerade der 'Trauerarbeit' in der Folge des Weltkrieges. Eine ganze Generation von jungen Intellektuellen hatte den Tod in den Schüt-zengräben gefunden. 'Geopferte Generation' – dieser Begriff fand sich häufig in den Schriften der Nachkriegszeit. In diesem Kontext entstand eine starke pazifistische Bewegung, die an die frühe Tradition der 'drey-fusards' anknüpfte, die sich als Reaktion gegen den Militarismus manife-stiert hatte. Die bekannten Vertreter dieser Strömung waren Barbusse, der Autor des Romans *Le Feu,* und Romain Rolland mit *Au-dessus de la mêlée.* Die Politisierung eines Teils der Intellektuellen wurde geführt und verstärkt durch das historische Faktum der Oktober-Revolution, die als ein Echo der Französischen Revolution eingestuft wurde,[16] auf die sich die 'dreyfusards' ebenfalls bezogen hatten. Die Gründung der Kommunisti-

---

Marcel Proust. Lesen und Schreiben. Frankfurt a.M., Insel-Verlag, 1983, S. 85-107).

15 Siehe dazu Christophe Charle, "La lutte des classes en littérature: *L'Etape* de Paul Bourget et *Vérité* de Zola", in: Géraldi Leroy (Hrsg.), *Les écrivains et l'Affaire Dreyfus.* Paris, P.U.F., 1983, S. 225-233; siehe ders.: "[Zola] s'érige en porte-parole d'une classe qui avant d'être celle du peuple est la sienne. Mais dans le même temps il est déçu et découragé comme le montrent les notes préparatoires de *Vérité.* Dans la seule cause où il a cru pouvoir mettre la force de sa plume au service d'un innocent, il a le sentiment que l'intellec-tuel a été sacrifié à la raison d'Etat, puisque la 'vérité' a marché contraire-ment à sa prophétie, a été arrêtée avant de triompher" (Christophe Charle, "Situation de Zola", a.a.O., S. 45).

16 Siehe dazu Fred Kupfermann (Hrsg.), *Au pays des Soviets. Le voyage français en Union soviétique 1917-1939.* Paris, Gallimard/Juillard, 1979.

schen Partei in Frankreich im Jahre 1920 hatte für die Struktur des literarischen Feldes bedeutsame Konsequenzen, weil sich die Partei nicht auf das strikt politische Territorium beschränkte, sondern alle Bereiche der Gesellschaft zu verändern gedachte, zuletzt den literarischen Bereich mittels einer spezifischen Kulturpolitik und Ästhetik.[17] Andererseits konnten Schriftsteller glauben, in der kommunistischen Ideologie universelle Werte zu finden, die mit denjenigen des literarischen Feldes nicht unvereinbar erschienen. Als Klasse, die eine neue Universalität verkörpere (die klassenlose Gesellschaft), sollte das Proletariat für die Schriftsteller oder wenigstens für gewisse unter ihnen, wie Jean-Michel Péru schreibt, im Kontext nach dem Oktober 1917 und in der Folge des großen Scheiterns von 1914 zu einem neuen Emblem werden.[18]

Barbusse, fasziniert von der Oktoberrevolution, schrieb so der UdSSR messianische Werte zu. Wenn er 1923 in die KP eintrat, dann bedeutet das nicht, daß er sich die marxistische Doktrin, die den Primat des sozioökonomischen Unterbaus postulierte, zu eigen gemacht hätte. Er sah im Kommunismus vielmehr eine Weiterführung der Prinzipien der Aufklärung. Bei der Legitimation des pazifistischen Kampfes ging er jedoch immer mehr von der Parteiargumentation aus, also von Prinzipien des politischen Feldes, indem er sich auf die Idee des Klassenkampfes bezog und die Gewalt als Mittel der Politik befürwortete. Das Engagement eines Barbusse oder das der anderen Intellektuellen der KP war nicht mehr das eines Zola oder das der 'intellectuels dreyfusards', das, wie wir gesehen haben, auf dem Prinzip der Autonomie des literarischen Feldes beruhte. Das Recht der Schriftsteller, sich in die Politik einzumischen, das sich während der Dreyfus-Affäre durchgesetzt hatte, das aber auch während des 19. Jahrhunderts beansprucht worden war, wandte sich nun, wie Jean-Michel Péru ausführlich beschreibt, ins Gegenteil, zu Lasten der Intellektuellen, indem nun einer Fraktion des politischen Feldes das Recht zuerkannt wurde, sich mit literarischen Angelegenheiten zu beschäftigen. Die KPF, zunächst einfach Objekt eines symbolischen Appels an den Profanen, rührte somit an die Grundfesten der Automonie des literarischen Feldes.[19]

17 Zum Folgenden Joseph Jurt, "Schriftsteller und Politik im Frankreich der dreißiger Jahre", in: Peter Brockmeier/Hermann H. Wetzel (Hrsg.), *Französische Literatur in Einzeldarstellungen*, Bd. 3: *Von Proust bis Robbe-Grillet.* Stuttgart, Metzler, 1982, S. 133-216.

18 Jean-Michel Péru, "Une crise dans le champ littéraire français", *Actes de la recherche en sciences sociales*, 89, Sept.-Okt. 1991, S. 49.

19 Jean-Michel Péru, "Une crise dans le champ littéraire français", a.a.O., S. 48.

Der Pazifismus eines Romain Rolland beruhte nicht auf politischen Motiven wie derjenige von Barbusse. Für ihn war die geistige Unabhängigkeit unabdingbare Voraussetzung des intellektuellen Engagements. Selbst wenn er in der russischen Revolution zunächst eine Botschaft des Friedens und der Freiheit sah, so lehnte er doch die Methoden der Gewalt ab. "Ich konnte nicht die Götter Freiheit und Menschheit aufgeben, um allein dem Gott der Revolution zu dienen", erklärte er. In einer Antwort an Barbusse, die er im Januar 1922 in der Brüsseler Zeitschrift *L'Art libre* veröffentlichte, betonte er, in Rußland würden Humanität, Freiheit und Wahrheit der Staatsräson geopfert; der Zweck könne die Mittel nicht heiligen; der beste Dienst, den ein Schriftsteller der Revolution erweisen könne, sei die freie Kritik. Der Modus der Intervention eines Romain Rolland ähnelte dem von Zola; er war begründet durch universelle Werte und nicht durch eine politische Finalität. Als Schriftsteller nahm er einen Standpunkt 'über dem Getümmel' ein, der ihn immer zögern ließ, sich für die eine schon bestehende Option zu entscheiden, dies auch zur Zeit der Dreyfus-Affäre, als er – obwohl 'dreyfusard' – in seinem Stück *Les Loups* das heroische Duell zweier feindlicher Kräfte (Gerechtigkeit und Vaterland) darzustellen versuchte, indem er von jedem Lager den Respekt des jeweiligen Gegners abverlangt.[20]

Wenn der Pazifismus und der Kampf gegen den Krieg einerseits, die Oktoberrevolution und die Existenz einer kommunistischen Partei andererseits die Intervention – verschiedene Typen der politischen Intervention – der Intellektuellen motiviert hatten, so darf dabei ein anderer Faktor nicht unterschätzt werden: das Weiterbestehen einer starken Strömung der extremen Rechten, die vor allem von der neo-royalistischen Bewegung der Action française vertreten wurde, die just im Augenblick der Dreyfus-Affäre entstanden war und die den Primat des nationalen Interesses vor den Rechten der Individuen vertrat. Die Bewegung von Maurras, die sich entschieden der Republik widersetzte, hatte ein sehr breites Echo gefunden, das über die Kreise der eigentlichen Anhänger hinausging und sogar Schriftsteller wie Gide und Proust faszinierte. Davon zeugt das Manifest 'Pour un parti de l'intelligence', das 1919 vom Maurras-Anhänger Henri Massis formuliert worden war, als Antwort auf die 'Déclaration d'indépendance de l'esprit', die Romain Rolland veröffentlicht hatte. Massis und seine Mitstreiter dachten daran, die 'Internationale des Denkens' zu be-

---

20 Siehe dazu Bernard Duchatelet, "L'écho de l'Affaire Dreyfus dans l'oeuvre romanesque de Romain Rolland", in: Géraldi Leroy (Hrsg.), *Les écrivains et l'Affaire Dreyfus*, S. 288.

kämpfen, indem sie sich auf den Wert der Nation bezogen: "Die nationale Intelligenz im Dienste des nationalen Interesses, das ist unser erstes Prinzip."[21] Die Existenz dieser konterrevolutionären und antirepublikanischen Bewegung mobilisierte auf der Gegenseite die Parteigänger der Republik und brachte so eine Tradition der Dreyfus-Zeit wieder zum Erwachen.

Die Action française auf der einen, die Kommunistische Partei auf der anderen Seite suchten die Intellektuellen für ihre Sache zu gewinnen. Im ersten Zentralkomitee der KPF gab es eine beachtliche Anzahl von Intellektuellen, und das Parteiorgan *L'Humanité* widmete dem intellektuellen Leben eine ständige Rubrik. Nach 1923 kühlten sich die Beziehungen zwischen der KPF und den Intellektuellen merklich ab; die Partei war in ihre ouvrieristische Phase eingetreten. Davon zeugen etwa der Ausschluß von Boris Souvarine, eines der bedeutendsten Intellektuellen und zugleich Chefredakteurs bei *L'Humanité*, aus der Partei; mit ihm traten eine ganze Reihe von Mitgliedern aus, die ebenfalls der Trotzki-Linie nahestanden.

1927/28 fanden jedoch zwei neue Gruppen von Intellektuellen den Weg zur Partei: die Surrealisten und die Gruppe 'Philosophies'. Die Position der Surrealisten war die einer literarischen Avantgarde. Wenn sie eine autonome Literatur ablehnten und die Grenzen zwischen Kunst und Leben niederreißen wollten, so handelten sie doch als Literaten, die eine breite Konzeption der Literatur vertraten. Wenn Breton, Aragon, Eluard, Péret und Unik 1927 im Gefolge des französischen Kolonialkriegs in die

---

21 Das Manifest ist abgedruckt in: Jean-François Sirinelli, *Intellectuels et passions françaises. Manifestes et pétitions au XXe siècle.* Paris, Fayard, 1990, S. 49. Das Manifest von Massis war eine Antwort auf die Tatsache, daß nunmehr Schriftsteller wie Barbusse und Rolland 'linke' Tendenzen vertraten. Durch diese beiden Positionen war das literarische Feld als solches herausgefordert. Beleg dafür war der innere Konflikt, der die *N.R.F.* zu zerreißen drohte. Jacques Rivière plädierte für eine vorsichtige Öffnung gegenüber den Problemen, die *Clarté* aufwarf, während eine Mehrheit Maurras nahestand. Ein 'linkes' Engagement von seiten der Schriftsteller schien sich 1923 zu verstärken mit der Gründung von *Europe* als Replik auf die Zeitschrift im Kielwasser der Action française, die *Revue universelle*. Die Linke stellte aber noch keineswegs einen bedeutenden Anziehungspunkt dar: "La gauche n'attire encore que des écrivains en position de faiblesse, non reconnus ou discutés. *Le Feu*, oeuvre de témoignage, publiée par Flammarion, est loin de pouvoir procurer à son auteur, malgré son succès, une consécration légitime, et les jeunes du mouvement Clarté n'ont rien du profil des débutants d'avenir illustré par les surréalistes" (Anna Boschetti, "Légitimité littéraire", a.a.O., S. 523).

Kommunistische Partei eintraten, hatten sie keineswegs vor, sich als Gruppe aufzulösen, und sie legten durchaus Wert auf ihre institutionalisierte Autonomie. Als Avantgarde suchten sie nicht, so schreibt Jean-Michel Péru, die Anerkennung dieser Qualität durch die literarische Welt, die ein Barbusse verkörpert, sie suchten eher die Anerkennung der Äquivalenz ihrer Situation in der literarischen Welt zu den Revolutionären der politisch-kommunistischen Welt. Von den Kommunisten als Revolutionäre anerkannt zu werden, bedeutete für sie, ihr explosives Potential in den Augen der literarischen Welt noch zu steigern.[22] Die Surrealisten dachten nicht im geringsten daran, sich einzig politischen Befehlen unterzuordnen. Es war kein Zufall, wenn die Kommunistische Partei ihnen gegenüber skeptisch blieb und ihre Konzepte einer geistigen Revolution als Ausdruck eines kleinbürgerlichen Anarchismus einstufte.

Weder die Politik von Barbusse noch die von Romain Rolland und auch nicht die der Surrealisten waren während des ersten Jahrzehnts der Zwischenkriegszeit jedoch dominant. Gide, Valéry und Proust, die Leute der *N.R.F.* hatten den Zenit ihrer größten Ausstrahlung erreicht. Claude-Edmonde Magny hat aufgezeigt, wie sehr diese Autoren gegenüber der Welt und der sie umgebenden Gesellschaft ein distanziertes, gelöstes Verhältnis pflegten. Ihre Weltferne äußerte sich auch darin, daß sich in ihren Werken wenig (datierbare) Spuren der materiellen Welt finden. Diese Generation trat darum ausdrücklich für die Konzeption einer interesselosen Kunst ein, die sich mehr der psychologischen Introspektion widmen sollte.[23] Mit dieser Literaturvorstellung ging die Ablehung der Geschichte einher. Gide erklärte, daß er die Naturgeschichte der Geschichte vorziehe; die Notwendigkeit habe ihn immer mehr überzeugt als der Zufall (der für ihn die Geschichte war). Es erstaunt darum nicht, daß Julien Benda zu einer Leitfigur des Jahrzehnts wurde – ähnlich wie Barrès vor dem Ersten Weltkrieg. Sein Essai *La trahison des clercs* (1927) stieß auf enorme Resonanz. "Es würde mich nicht erstaunen", so schrieb Gide in sein Tagebuch, "wenn er einer unserer wichtigsten Führerfiguren würde".[24] Benda wandte sich vor allem gegen die Intellektuellen, die sich vor und während des Ersten Weltkriegs in den Dienst nationaler Leidenschaften gestellt hatten – Barrès, Maurras, Péguy. Der Intellektuelle, der Distanz hält zu den 'irdischen' Dingen, bleibe seiner Berufung als 'clerc'

---

22 Jean-Michel Péru, "Une crise dans le champ littéraire français", a.a.O., S. 51.
23 Claude-Edmonde Magny, *Histoire du roman français depuis 1918.* Paris, Seuil, 1971, S. 49.
24 André Gide, *Journal 1889-1939.* Paris, Gallimard, 1948, S. 1148.

treu, der nicht in die Arena der unmittelbaren Politik 'niederzusteigen' habe; denn es sei Aufgabe des 'Laien', sich um die (niedrigen) Dinge der Politik zu kümmern. Wenn Benda auch die Intellektuellen auf universelle Werte verpflichten wollte und Zolas Engagement durchaus positiv wertete, so entsprach seine Position doch nicht derjenigen des Verfassers von *J'accuse*. Denn Benda plädierte für eine Arbeitsteilung zwischen Intellektuellen und Politikern (die letzteren hätten sich nicht nach universellen geistigen Werten zu richten),[25] während Zola diese Werte gerade auch in das Feld der Macht einbringen wollte.

So lassen sich vier Positionen feststellen, die das literarische Feld der Zwischenkriegszeit strukturieren: die (dominante) Position von Valéry, Proust und Gide, die die Autonomie zu wahren versuchten durch eine Konzeption der 'reinen Kunst'; dann diejenige eines Romain Rolland, der auch in den Bereich der Politik eingreift, aber aus der Perspektive universeller Werte, dann die (dominierte) avantgardistische Position der Surrealisten, die ihre literarische Radikalität als Äquivalent zur politischen Revolution sehen, und schließlich die Schriftsteller der KPF, welche die literarische Autonomie zugunsten einer politischen Indienstnahme opfern.

Das soziokulturelle Profil der Surrealisten

Es scheint uns wichtig, die Gruppe der Surrealisten etwas näher zu beleuchten. Wegen ihrer stark anti-institutionellen Zielrichtung scheinen sie über einen Ansatz, der die Institutionalisierung des Literaturbetriebs in den Vordergrund stellt, *a priori* nicht verrechenbar zu sein. Peter Bürger bestimmte die bürgerliche Institution Literatur/Kunst in der zweiten Hälfte des 19. Jahrhunderts durch deren Abgehobenheit von der Lebenspraxis sowohl des institutionellen Rahmens als auch der Gehalte der Kunstwerke. Die historischen Avantgardebewegung hätte diese doppelte Institutionalisierung und damit die gesellschaftliche Funktionslosigkeit der Kunst radikal in Frage gestellt.[26] Die Avantgardebewegungen stellten sich

---

25 "C'est l'anarchie quand le clerc fait l'oeuvre du laïc, mais c'est aussi l'anarchie quand le laïc agit et parle en clerc, quand ceux qui ont la charge de défendre la nation manifestent leur culte pour l'abolition des frontières, l'amour universel ou autres spiritualités" (Julien Benda, *La trahison des clercs*. Paris, J.-J. Pauvert, 1965, S. 182).

26 Siehe dazu Peter Bürger, *Theorie der Avantgarde*. Frankfurt a.M., Suhrkamp, 1974, S. 34-35; zu Peter Bürgers Ansatz im vorliegenden Band S. 22 ff.

gleichsam außerhalb der Institution. Damit scheint jedoch die Aporie eines Ansatzes auf, der die Institution Literatur zu unmittelbar an eine Formation des sozialen Raumes ('das Bürgertum') bindet. In mehreren Studien, die von der Feldtheorie ausgehen (die von Jacques Dubois, Norbert Bandier, Anna Boschetti vorgelegt wurden), wird klar, daß sich die anti-institutionelle Revolte *innerhalb* des literarischen Feldes situierte.

Wir verdanken Jacques Dubois (und seinen Schülern Jean-Pierre Bertrand und Pascal Durand) eine grundlegende Studie, die vom Phänomen des radikalen Bruches der Traditionen durch die Surrealisten ausgeht, das soziale Profil der Gruppe zu definieren versucht, um zu ermitteln, welche sozialen Charakteristika die Bildung der Gruppe im literarischen Feld, ihre interne Ökonomie, ihre Ästhetik determinieren.[27]

Die Autoren erfassen zuerst das soziobiographische Profil der Mitglieder der Surrealismus-Gruppe; dazu zählen sie alle Autoren, die die Manifeste unterschrieben haben oder die offensichtlich die Gruppe frequentierten. Bei der ersten Gruppe der Surrealisten stammte nur ein Mitglied aus dem Proletariat: Delteil; drei kamen aus dem traditionellen Kleinbürgertum: Aragon, Crevel, Queneau; dem 'neuen' Kleinbürgertum waren Breton und Péret zuzurechnen (als Söhne kleiner Angestellter) sowie Desnos, Duhamel, Prévert und Vitrac aus höheren Angestelltenkreisen. Dem liberalen Bürgertum waren Artaud, Baron, Eluard, Leiris, Naville und Picon zuzurechnen, Limbour und Soupault dem nicht-liberalen Bürgertum. Die große Disparität der Gruppe hinsichtlich der sozialen Herkunft fällt auf; das neue Kleinbürgertum und das liberale Bürgertum waren mit je 33 Prozent jedoch dominant. Diese soziale Disparität ist wohl für die Schriftstellerpopulation generell typisch;[28] für Gruppen ist sie jedoch eher atypisch, deren Kohärenz auf affektiven Beziehungen und Ähnlichkeiten des Habitus beruhen (wie etwa bei der Gruppe der *N.R.F.*).[29] Die Autoren erklären die Disparität aus der Tatsache, daß sich die surrealistische Gruppe nach dem Krieg konstituierte, in einer Situation, wo die

---

27 Jean-Pierre Bertrand, Jacques Dubois, Pascal Durand, "Approche institutionnelle du premier surréalisme (1919-1924)", *Pratiques*, 38, Juni 1983, S. 27-53.

28 Siehe dazu die Untersuchung von Christophe Charle, "Situation du champ littéraire", *Littérature*, 44, Dezember, 1981, S. 8-20.

29 Wir haben die Kohärenz des sozialen Ursprungs als wichtige Charakteristiken der literarischen Gruppen schon bei den Naturalisten, den Vertretern des psychologischen Romans, den Symbolisten und den 'Décadents' feststellen können.

Grenzen zwischen den Klassen durchlässiger und die soziale Durch-
mischung stärker wurde. Die Gruppe läßt sich aber auch nach den Berufsbereichen der Väter
gliedern; Verwaltung: Breton, Pérec, Prévert, Vitrac; Kunst: Prévert;
Handel/Industrie: Aragon, Artaud, Crevel, Duhamel, Queneau; Finanzen:
Baron, Eluard, Leiris, Naville; Armee: Limbour. Auch das ist nach den
Autoren der Studie ein 'soziologischer Skandal': Keiner stammte aus dem
kulturellen Milieu der Hochschule, des Journalismus oder der Literatur.[30]
Die Entscheidung für die Literatur stellte für alle einen Bruch mit der
Familientradition dar. So ist es kein Zufall, wenn die Surrealisten in ihren
Schriften die Kleinkariertheit, den Klerikalismus, die Kulturlosigkeit ihrer
Familien an den Pranger stellten.[31] Das kollektive Projekt der Gruppen-
bildung der Surrealisten konnte, so die Hypothese der Autoren, auch auf
der Ablehnung der Familienideologie beruhen sowie auf dem Willen, die
aufgezwungene Familie durch eine gewählte – die Gruppe – zu ersetzen.

Untersucht wurden aber auch das kulturelle Kapital der Surrealisten,
insofern es sich am Parameter der Schulbildung ablesen ließ. Nur Grund-
schulausbildung: Duhamel; begonnene Mittelschulausbildung: Artaud,
Desnos, Eluard, Pérec, Prévert; begonnenes Hochschulstudium: Aragon,
Breton; abgeschlossenes Hochschulstudium: Leiris, Limbour, Naville,
Queneau, Soupault. Hier läßt sich feststellen, daß die Surrealisten, die
ihren jeweiligen Ausbildungsgang abgeschlossen hatten, sich als erste von
der Gruppe lossagten. Bezeichnender aber war, daß von sechzehn nur vier
ihren Studienzyklus abschlossen, wobei Leiris und Queneau das unter-
brochene Studium erst vollendeten, nachdem sie den Kreis von Breton
verlassen hatten. Der Abbruch des Studiums erklärt sich nach den Autoren
der Studie aus dem Willen, dem Ehrgeiz der Eltern zu widerstehen und
deren Wertvorstellungen abzulehnen. Denn gerade für das Kleinbürgertum
(Breton, Duhamel, Prévert) war das Studium ein Weg zum sozialen Aufstieg. Für die Großbürgersöhne (Soupault, Baron, Leiris) konnte das
Studium ein Mittel sein, um den sozialen Status zu wahren und kulturelles
Kapital zu mehren. Die Laufbahn, die zunächst gewählt wurde, zählte

---

30 Nach der Analyse eines umfangreichen Korpus von Schriftstellern der zweiten
   Hälfte des 19. Jahrhunderts, das Rémy Ponton erstellt hat, stammten immerhin
   13,7 Prozent der Schriftsteller aus der Fraktion der Intellektuellen (zitiert bei
   Christophe Charle, "Situation du champ littéraire", a.a.O., S. 9).
31 "Comme l'expressionnisme, le surréalisme n'est-il pas une révolte contre les
   pères avant d'être révolte contre les pairs?" fragen sich die Autoren unserer
   Studie (S. 31).

meist zu den freien Berufen: Medizin (Duhamel, Aragon, Soupault), Recht (Baron, Soupault), Militär (Limbour); eine polytechnische Ausbildung wurde von den Familien von Breton und Leiris angestrebt. Nicht eine Literatur- oder Lehrerlaufbahn, sondern naturwissenschaftlichen Berufen wird der Vorzug gegeben, da gerade die Diplome dieser Studiengänge den Führungsanspruch der Vertreter des Bürgertums zu legitimieren vermochten.[32] Der Abbruch des vorhergesehenen Studiums war so eine Herausforderung an die projektiven Strategien der Familie, die eine soziale Statussicherung oder -verbesserung intendierten.[33] Anna Boschetti interpretierte ihrerseits die Aufgabe des Studiums nicht bloß als Revolte gegen die Familie, sondern gleichzeitig auch als Ausdruck der ethischen Revolution des Surrealismus, der nicht nur die Literatur, sondern das Leben verändern wollte und darum auch von den Mitgliedern Konsequenzen für ihre Lebenspraxis forderte.[34]

Die Gruppe von Jacques Dubois weist auf eine Bemerkung von Marguerite Bonnet in ihrer Breton-Monographie hin, daß die anti-traditionelle Orientierung der surrealistischen Ästhetik ihren Ursprung in einer Gymnasialausbildung finde, die sich nicht mehr ausschließlich um die humani-

---

32 Siehe dazu Pierre Bourdieu, *La Noblesse d'Etat. Grandes Ecoles et esprit de corps*. Paris, Editions de Minuit, 1989.

33 Christophe Charle hebt hervor, daß die Kinder von Hochschullehrern und Beamten viel eher die Karriere ihrer Väter einschlagen, die berechenbar ist, während Schriftsteller eher aus den Bereichen des Handelsbürgertums oder der freien Berufe stammen, die durch Risiko und Autonomie geprägt sind: "L'exercice du métier d'écrivain même s'il autorise [...] une grande dispersion des profils sociaux d'origine, implique un éthos hérité plutôt fondé sur l'autonomie et le risque que sur le travail patient et la sécurité de la fonction publique". Die Entscheidung für den Schriftstellerberuf wird so im bürgerlichen Milieu als ein Bruch mit dem eigenen Karrieremodell betrachtet. Nach der Untersuchung von Charle sind nur 6,2 Prozent der Schriftsteller Schriftstellersöhne, während 18 Prozent der Hochschullehrer Söhne von Professoren und 29 Prozent der höheren Beamten Söhne von höheren Beamten sind (nach Christophe Charle, "Situation du champ littéraire", a.a.O., S. 14-15).

34 "Révolution éthique avant d'être artistique, le surréalisme exige de ses prophètes qu'ils témoignent de leur cohérence tout d'abord par leur vie. Ainsi Aragon, Breton, Boiffard, Gérard abandonnent leurs études de médecine, d'autres la Sorbonne, et beaucoup, par exemple Desnos, seront accusés, lors de leur excommunication, de s'être créé des dons littéraires et d'avoir, 'pour vivre', exercé des professions, comme le journalisme" (Anna Boschetti, "Légitimité littéraire", a.a.O., S. 508).

stischen Fächer Latein und Griechisch zentrierte. 1902 hatte man in der Tat einen Gymnasialzweig (moderne Fremdsprachen und Naturwissenschaften) eingerichtet, der mit dem 'baccalauréat moderne' abschloß. In den Augen von Norbert Bandier kam dieser neuen Ausbildungsrichtung für die Konstituierung des Surrealismus eine zentrale Bedeutung zu.[35] Der Autor geht von einem Gegensatz zwischen den 'lettrés' und den 'intellectuels' aus, der in der Zwischenkriegszeit zum Tragen kam. Die ersteren, die humanistisch Gebildeten, wurden mit einer neuen Generation konfrontiert, die aus dem Reform-Gymnasium stammten. Breton war ein Produkt dieser neuen Ausbildungsart. 1907 war er ins Lycée Chaptal eingetreten, belegte Deutsch und Englisch als moderne Fremdsprachen und absolvierte 1913 die Reifeprüfung im Zweig Naturwissenschaften/Moderne Fremdsprachen. Diese 'moderne' Ausbildung, die sich in Richtung Technik, Naturwissenschaften und angelsächsische Kultur orientierte, blieb nach Norbert Bandier nicht ohne Folgen für den literarischen Geschmack Bretons. Der Autor entwickelt die Hypothese, nach der die ästhetischen und ethischen Stellungnahmen des Surrealismus, mindestens teilweise, den Erwartungen der Generation entsprachen, die aus dem neuen Gymnasialtyp stammte, die sich einschrieb in den Kampf gegen die Domination der 'lettrés' im literarischen Feld. Hinter dem Surrealismus profilierte sich letztlich eine neue Konzeption der Kultur. Die Attacken gegen die dominanten literarischen Gattungen der zwanziger Jahre – gegen den Roman und die traditionelle Lyrik – erklärten sich auch aus dieser Perspektive. Der Surrealismus konnte sich andererseits auch auf dieses neue Publikum stützen, das eine Mehrheit darstellte infolge der elitären Auslese des Humanistischen Gymnasiums. Gerade die aktivsten Surrealisten, Breton, Vitrac, Eluard, Desnos und Péret, hatten eine Ausbildung ohne Latein und Griechisch genossen. Das literarische Pantheon, das die Surrealisten vorschlugen, wich darum erheblich von demjenigen der 'lettrés' ab, die sich auf die griechisch-römische Klassik und auf Autoren des französischen 17. und 18. Jahrhunderts beriefen. In den Listen von Breton figurierten auch angelsächsische Schriftsteller, französische Autoren des 19. Jahrhunderts und Zeitgenossen, die jedoch dem etablierten Markt des Romans fernstanden.

Die Arbeitsgruppe von Jacques Dubois weist auf ein anderes Phänomen hin, das sich auch der 'modernen' Ausbildung Bretons verdankt: eine Metaphorik, die oft auf ein naturwissenschaftliches Vokabular zurückgreift,

---

35 Norbert Bandier, "André Breton et la culture classique", *Europe*, 743, März 1991, S. 22-30.

so etwa die bekannten Titel: *Les champs magnétiques, Les Vases communicants* oder die Analyse der Metapher mit Hilfe von physikalisch-chemischen Begriffen. Und dann als Argument *ex contrario*: Aragon, der über die breiteste klassische Bildung verfügte, verließ 1932 die Gruppe und wandte sich gleichzeitig einer traditionellen Schreibweise zu (bürgerlicher Roman, Reimpoesie, Dichtung mit festen Formen).

Jacques Dubois und seine Gruppe rekonstruierte aber auch das soziobiographische Profil der Gruppe der Surrealisten Anfang der dreißiger Jahre, nachdem eine ganze Reihe von Mitgliedern ausgeschlossen worden war, aber auch neue hinzugekommen waren. Die Gruppe war bedeutend kohärenter: 65 Prozent stammten aus dem Großbürgertum, meist aus der Provinz; sie gaben seltener das Studium auf; mehrere widmeten sich dem Jura-Studium (Fourrier, Ponge, Sadoul). Wenn nun Großbürgersöhne massiv zu den Surrealisten stießen, dann auch weil das Profil und das Ansehen der Gruppe sich mittlerweile präzisiert hatte; diese dominierte den Sektor der Avantgarde und erschien als ebenbürtiger Konkurrent der *N.R.F.*. Breton profilierte sich als eindeutiger Meister, der über große Resonanz verfügte, war er doch neben Péret der einzige, der aus der ersten Gruppe geblieben war. Gegenüber den neu Angekommenen zählte er zehn Jahre mehr – ein Altersunterschied, den wir auch zwischen Zola und den Naturalisten festgestellt haben.

Von der Entstehung zur Konsolidierung der Gruppe

Jacques Dubois und seine Mitarbeiter rekonstruierten nicht bloß die soziale Zusammensetzung der Gruppe der Surrealisten und deren Bedeutung für die Entwicklung des Kreises; sie zeichneten auch den diachronen Prozeß der Gruppenbildung nach. Als die Surrealisten beschlossen, sich als Gruppe zu konstituieren, nahm, wie wir gesehen haben, die Gruppe der *N.R.F.* die dominante Position im Feld ein; die Gruppe, die sozial relativ kohärent war (Großbürgertum), einem angesehenen dynamischen Verlag angehörte und über großes Prestige verfügte, wirkte für junge Schriftsteller gleichzeitig als Anziehungs- und Abgrenzungspunkt. Selbst wenn Breton, Aragon oder Soupault anfänglich von der *N.R.F.* umworben wurden, so war ihnen doch klar, daß sie nie den seit langem besetzten Platz eines Gide oder eines Valéry einnehmen könnten; die einzige erfolgverheißende Strategie bestand darum in der Gründung einer eigenen Gruppe.[36]

---

36 Siehe dazu auch Anna Boschetti: Als Aragon, Breton, Soupault 1919 ihre

In einer ersten Phase – vor Dada – zwischen 1917 und 1920, suchte Breton noch nach einer bestimmten Richtung, war gleichzeitig angezogen von Apollinaire, den 'Überlebenden' des Symbolismus und Valéry, vom Pol der Modernität und dem der Legitimität. Breton begegnete Aragon in der Buchhandlung von Adrienne Monnier, wo auch Gide und Valéry, Apollinaire und Cendrars verkehrten.[37] Der Beginn der literarischen Laufbahn von Breton, Aragon und Soupault war keineswegs revolutionär; sie teilten eine große Leidenschaft für die Poesie; sie empfahlen sich mit ihren ersten Versuchen bei den etablierten 'Meistern' und ehrten diese mit positiven Besprechungen (etwa Breton mit seinem Aufsatz zu Apollinaires *Alcools*). Von einer eigentlichen Gruppe konnte man noch nicht sprechen. Eine Kristallisierung ergab sich erst durch das Erscheinen der Dada-Bewegung 1920/1921. Tristan Tzara wurde von Soupault in der Zeitschrift *Littérature* begeistert begrüßt. Die Dadaisten provozierten im Laufe des Jahres echte Skandale, griffen in ihren kurzlebigen Zeitschriften die etablierten Literaten massiv an. Die Bewegung erschien durch drei *leader* inspiriert zu sein: Tzara, Breton und Picabia, der zwischen den beiden hin und her pendelte. Nach der Studie von Bertrand, Dubois, Durand fügte sich Breton in die schon bestehende Gruppe ein, was ihn davon dispensierte, einen eigenen Kreis zu gründen; er profitierte von der größeren Kühnheit der Dadaisten, die nicht aus dem internen Feld stammten, und die darum ohne Hemmungen die dominanten Vertreter angreifen konnten, mit

Zeitschrift *Littérature* gründeten, waren sie gut zwanzig Jahre alt; die *N.R.F.*-Leute Gide, Claudel, Proust fast dreißig Jahre älter. Neben diesem Altersunterschied gab es aber auch einen literarischen Generationsunterschied. Die Surrealisten wurden zwischen 1896 und 1897 geboren. Mallarmé starb 1898. Die Surrealisten waren die erste Generation, die Mallarmé nicht mehr gekannt hatte. In der Zwischenzeit waren andere Schriftsteller am Horizont erschienen, die mit dem alten Jahrhundert abrechneten: Apollinaire, Max Jacob, Reverdy, Roussel, Cendrars, die vielmehr als Vorbilder für die jungen Surrealisten galten als die etablierten *N.R.F.*-Schriftsteller. Als die Surrealisten auf den Plan traten, waren sie mit den bestehenden (marginalen) Avantgarde-Kreisen (etwa der Zeitschriften *Sic, Nord-Sud*) längst vertraut (Anna Boschetti, "Légitimité littéraire", a.a.O., S. 505).

37 Zur Bedeutung der Librairie Adrienne Monnier als literarische Plattform siehe auch Chryssoula Kambas, "Rue de l'Odéon – Kreuzpunkt zwischen literarischem Establishment Frankreichs und deutscher Avantgarde im Exil", in: Hans Manfred Bock, Reinhart Meyer-Kalkus, Michel Trebitsch (Hrsg.), *Entre Locarno et Vichy. Les relations culturelles franco-allemandes dans les années 1930*. Paris, CNRS Editions, 1993, S. 769-788.

denen Breton persönlich verbunden war. Er selber verfügte über ein zu geringes eigenes soziales Kapital, um offen die großbürgerlichen *N.R.F.*- Leute herausfordern zu können. Der Schatten des radikaleren Tzara wurde indes immer länger; Breton suchte jedoch selber die Hegemonie innerhalb der Avantgarde zu erreichen, unter anderem durch die Organisation des 'Congrès pour la détermination des directives et la défense de l'esprit moderne' im Frühjahr 1922; ein Unternehmen allerdings, das scheiterte. In den Aufsätzen "Après Dada" (*Comoedia*, 2. März 1922) und "Lâchez tout" (*Littérature*, 1. April 1922) griff er Tzara an, appellierte an Picabia und artikulierte seine Stimmungslage: die Einsamkeit des Propheten.

Im Gefolge dieser Auseinandersetzung zeichnete sich das, was Aragon eine 'verschwommene Bewegung' nannte, ab. Die neue Serie von *Littérature*, jetzt bloß unter der Leitung von Breton und Soupault, markierte den Übergang vom Dada zum Surrealismus und die Bildung einer eigentlichen surrealistischen Gruppe (im August 1922).

Doch erst in der Zeit zwischen Herbst 1922 und Ende 1923 gelang es Breton, seiner Gruppe ein unverwechselbares Profil zu geben – der Begriff Surrealismus war bisher noch nicht gefallen. Jetzt bildete sich eine 'emotionale Gemeinschaft' aus, die in sich geschlossen war, geschart um ihre Meister als Objekte der Zuneigung und des Respekts, sich ihrer Kohärenz bewußt und den Austausch im geschlossenen Kreis pflegend. Während dieser Periode war das Leben der Gruppe nach innen gerichtet; sie trat nicht mit kollektiven Äußerungen an die Öffentlichkeit. Wichtig waren indes die spiritistischen Sitzungen ('les sommeils') der Gruppe, die Breton in dem Aufsatz "Entrée des médiums" beschwörte; in diesem Text wurde erstmals der Begriff Surrealismus vorgebracht, verstanden als ein "gewisser psychischer Automatismus". Breton begann nun eine eigene surrealistische Ästhetik zu formulieren; die Sitzungen verstärkten seine Dominanz über die Gruppe und auch deren innere Kohärenz gerade über die nicht bloß materielle, sondern auch symbolische Geschlossenheit. Die Sitzungen fanden in der Wohnung Bretons, 42, rue Fontaine, statt, der so als Hauptquartier der Gruppe ein großes magisches Fluidum zugesprochen wurde – ähnlich wie dem Salon Mallarmés. Die automatische Schreibweise, aber auch die kritische Tätigkeit waren Ausdruck einer sehr starken Fusion der einzelnen in der Gruppe, wie man sie vorher kaum je bei einer literarischen Schule angetroffen hatte. Dem zentralen Kern (mit Breton, Aragon, Eluard, Péret und Soupault) fügten sich andere Freundeskreise hinzu, so 1923 die Herausgeber von *Aventure* (Baron, Crevel, Limbour, Morise, Vitrac), 1924 diejenigen von *L'Oeuf dur* (Gérard, Lübeck, Naville), Ende 1924 die regelmäßigen Besucher des Ateliers von André Masson (Artaud,

Leiris, Turel) und endlich 1925 die Freunde der rue du Château (Duhamel, Prévert, Queneau).[38]

Der Phase der inneren Konsolidierung folgte nach der Analyse von Bertrand, Dubois und Durand diejenige des öffentlichen 'Auftauchens' ('émergence'), mit dem Ziel, die symbolische Macht zu erobern und in Konkurrenz zu treten mit anderen Gruppen, die als Rivalen dieselben Zielvorstellungen hegten. Hier wurde eine Logik der Abgrenzung lebenswichtig. Es gibt kein anderes Kriterium für die Existenz einer Schule, so schreibt Pierre Bourdieu, als ihre Fähigkeit, sich als Inhaber einer Position im Feld anerkennen zu lassen, gegenüber der die anderen sich situieren, sich definieren müssen.[39] Die Surrealisten 'erledigten' so zunächst die 'lästigen' Dadaisten, die 1923 noch überlebten, vor allem anläßlich eines denkwürdigen Abends des *Coeur à Barbe* am 6. Juli 1923, als Tzara noch einmal versuchte, einzelne Surrealisten zugunsten seines literarischen Großanlasses für sich einzuspannen und Breton seine Autorität mit Brachialgewalt durchsetzte.[40] Noch wichtiger war die Auseinandersetzung Bre-

---

38 Siehe dazu Anna Boschetti: "Par un paradoxe apparent, puisqu'en fait c'est une éclatante confirmation des lois du champ, c'est grâce à la rigueur de ses démarches que le surréalisme parvient à s'assurer une durée et un rayonnement extraordinaire pour une avant-garde [...] C'est parce qu'il confère ainsi à leurs efforts un sens et une légitimation qu'il reste tout au long de l'entre-deux-guerres le principale pôle de référence pour les différentes avant-gardes, de nouvelles recrues remplaçant sans cesse les anciens qui se sont détachés [...] Cette liste impressionnante peut donner une idée de la place du surréalisme dans l'histoire du champ, et expliquer l'attention que lui accorde la *N.R.F.*" ("Légitimité littéraire", a.a.O., S. 511-512).

39 Pierre Bourdieu, *Questions de sociologie*, S. 216.

40 "Au milieu de la représentation, il fait irruption dans la salle, accompagné d'Aragon, Eluard, Péret, etc. ... la violence cesse de n'être que symbolique: des horions sont échangés, des insultes fusent de part et d'autre, Breton, armé de sa canne, bondit sur le plateau et assène coup sur coup aux acteurs engoncés dans leurs costumes de carton; un violent coup de canne brise net le bras de Pierre de Massot. Entretemps, Tzara a fait appel à la police et désigne aux matraques ses anciens amis" (J.-P. Bertrand u.a., "Approche institutionnelle", a.a.O., S. 49). In den Augen von Pierre Bourdieu ist diese brachiale Intervention von Breton ein Beleg dafür, daß das literarische Feld eben nicht als Institution funktioniert, sondern als konfliktuelles Feld; denn wie die Auseinandersetzung zeige, gebe es nun gerade keine offizielle Schiedsinstanz, noch eine juridische oder institutionelle Garantie beim Kampf um die Verteidigung dominanter Positionen im Feld (vgl. *Les règles de l'art*, S. 321).

tons mit Goll im Jahre 1924, dessen Gruppe sich ebenfalls als surrealistisch verstand; sie leitete den Begriff jedoch von Apollinaire her und trat für einen Lyrismus der Überraschung und der Überrealität in einem eher rückwärtsgewandte Sinne ein. Breton mußte die Denomination seiner Gruppe von einer solchen Konnotation 'reinigen'; er erklärte die radikale Neuheit der surrealistischen Ästhetik, die er in einem Manifest zu artikulieren gedenke.

Die Funktion des Manifests

Das Manifest war in der Tat bei der Konstituierung literarischer Gruppen und ihrer notwendigen Abgrenzung zu einem wesentlichen Instrument geworden. Oft hatten vorher wegweisende Werke eine analoge Vorreiterrolle für Gruppen gespielt. Wir hatten auf die Funktion des Vorwortes von Leconte de Lisles *Poèmes antiques*[41] hingewiesen, Zolas Vorwort zu *Thérèse Raquin* und der Schrift *Le roman experimental* eignete noch nicht der literarische Manifest-Charakter.[42] Am 18. September 1886 hatte Jean Moréas im *Figaro* ein Manifest mit dem Titel "Le Symbolisme" veröffentlicht, dem aber keine programmatische Funktion zukam, weil die Prinzipien des symbolistischen Schreibens schon vorher in exemplarischen Werken realisiert worden waren. Moréas hatte bloß über ein Massenblatt die breite Öffentlichkeit mit der Existenz der Gruppe bekannt machen wollen.[43] Nach Joachim Schultz war der Text "Aux lecteurs" von Anatole Baju, den er der Zeitschrift *Le Décadent* 1886 voranstellte, ein großartiges

---

41 Siehe im vorliegenden Band S. 150 f..

42 Siehe im vorliegenden Band S. 178 f.

43 Joachim Schultz, "Das literarische Manifest zwischen Symbolismus und Surrealismus", *lendemains*, 36, 1984, S. 49-52; siehe ders., *Literarische Manifeste der 'Belle Epoque'. Frankreich 1886-1909. Versuch einer Gattungsbestimmung*. Frankfurt a.M./Bern, Lang, 1981. Joachim Schultz zitiert in diesem Zusammenhang auch einen interessanten Hinweis Kracauers auf die Bedeutung der Programmatik für die Konstitution von Gruppen: "Jede Idee, die eine Gruppe zusammenschweißt, kristallisiert sich zu einer Gestalt von scharfen Umrissen heraus. Sie wird zum politischen Programm, zum bestimmt ausgeprägten Leitsatz und Dogma, kurzum sie tritt als inhaltlich begrenztes Sollen auf, das Realisierung verlangt" (Siegfried Kracauer, *Das Ornament als Masse*. Frankfurt a.M., Suhrkamp, 1977: "Die Gruppe als Ideenträger", S. 130).

Beispiel für die beginnende Eigenständigkeit der Gattung der Manifeste (Theorie, und zugleich Parodie und Realisierung der Theorie), das aber von den Zeitgenossen als solches noch nicht erkannt wurde. Wenn Marinetti am 20. Februar 1909 im *Figaro* das erste futuristische Manifest veröffentlichte, dann verstand er dieses nicht bloß als Äußerung einer ästhetischen Konzeption, sondern auch als Propagandainstrument der Avantgarde und als ein eigentliches Kunstwerk. Dasselbe gilt für Tristan Tzaras *Manifeste Dada 1918*. Daß Breton eine *Leader*-Funktion innerhalb der Surrealismus-Gruppe erreichte, erklärt Joachim Schultz unter anderem auch aus der Tatsache, daß er mit der Gattung Manifest umzugehen verstand. Weil sich die Surrealisten in einem höchst heterogenen Umfeld behaupten mußten, genügte eine rein theoretische Stellungsbestimmung nicht; es mußten Manifeste sein, in denen die verkündete Theorie auch gleichzeitig realisiert wurde. Breton war dies schon 1924 geglückt.[44]

1924 trat Breton mit zwei Schriften an die Öffentlichkeit, mit *Pas perdus* im Februar, die Sammlung aller seiner vorherigen Artikel als Abschluß einer Periode – und dann im Oktober mit dem ersten Manifest des Surrealismus, dem die offizielle Funktion dieser Gattung zukam: es definierte die Gruppe im literarischen Feld, versuchte sich zu legitimieren und die Konkurrenten zum Schweigen zu bringen.[45]

Pascal Durand hat sehr gut die zentralen strategischen Linien des *Manifeste* herausgearbeitet, das nicht bloß den bestehenden literarischen Code radikal in Frage stellte, sondern sich gleichzeitig als Gegen-Programm zur *N.R.F.*, als neue *Doxa* verstand.[46] Zunächst verdammt das *Manifeste* den Roman als eine wenig anspruchsvolle, stark mimetische Gattung. Breton verurteilte die Gattung, die von den dominanten Autoren der zwanziger Jahre praktiziert wurde, um der Poesie wieder zum symbolischen Rang zu verhelfen, den sie zugunsten des Romans verloren

---

44 Siehe Joachim Schultz, "Das literarische Manifest", a.a.O., S. 51.

45 Siehe dazu Pierre Bourdieu, "*Faire date*, c'est imposer sa *marque*, faire reconnaître (au double sens) sa *différence* par rapport aux autres producteurs, c'est pourquoi les mots, noms d'écoles ou de groupes [...] ont tant d'importance [...] Ils font les choses: signes distinctifs, ils produisent l'existence dans un univers où exister c'est différer, 'se faire un nom'" (Pierre Bourdieu, "La production de la croyance", a.a.O., S. 39; siehe auch *Les règles de l'art*, S. 223).

46 Siehe Pascal Durand, "Stratégies d'argumentation et argumentation stratégique dans le *Manifeste du Surréalisme*", in: *5ᵉ colloque d'Albi. Argumentation et valeurs*. Albi, 1984, S. 199-220.

hatte.[47] Es erstaunt, daß die Surrealisten, die nicht mit großem sozialem Kapital antraten, für die Poesie optierten. Pascal Durand sieht darin den Beleg, daß sie die Suprematie im Feld anstrebten, indem sie sich gegen eine Gattung entschieden, die wohl ökonomisch, aber nicht unbedingt symbolisch 'rentabel' war,[48] überdies konnten sie kaum mit den Dominanten konkurrieren, die sich im Bereich des Romans ausgezeichnet hatten. Wenn Breton zwar der Roman-Gattung vorwarf, der Imagination einen zu geringen Platz einzuräumen,[49] so intendierte er gleichzeitig die dichterischen Versuche, über die Grenzen der Ratio hinauszuführen hin zum Wahn. Er berief sich dabei auf die Psychoanalyse Freuds, die damals noch wenig bekannt war. Die Berufung auf Freud war in diesem Kontext subversiv, gab aber der Bewegung gleichzeitig eine wissenschaftliche Legitimation.

Daraus abgeleitet wurde das Konzept der 'écriture automatique', die Weigerung, das Schreiben durch die eigene rationale Kritik lenken zu wollen. Das bedeutete eine radikale Subversion des dominanten Mythos

---

47 Siehe im vorliegenden Band im Kapitel 4 "Literaturmarkt und Gattungs-hierarchie in der zweiten Hälfte des 19. Jahrhunderts", S. 157 ff. Ein Beleg für den symbolischen Transfer waren Anatole France, Gide und Mauriac, die mit Vers-Bänden ihre Laufbahn begonnen hatten, um sich dann dem Roman zuzuwenden.

48 Für Norbert Bandier ist die Option für die Poesie auch Ausdruck einer Krise des literarischen Feldes. Während die Dichter die absolute Macht des Bildes über die Wirklichkeit behaupten, sind sie aber vom Massen-Literaturmarkt ausgeschlossen zugunsten des Romans. Der Widerspruch zwischen dem absoluten Macht- und Erkenntnisanspruch der Poesie und ihrer dominierten Position auf dem Literaturmarkt ist offensichtlich. "Le surréalisme naît donc de la conjonction historique de deux processus: l'achèvement de l'autonomisa-tion du signifiant dans l'écriture poétique et la marginalisation du secteur de la production poétique [...] En réinstallant la poésie dans une fonction de production du réel, le surréalisme annule ainsi symboliquement la situation concrète de celle-ci sur le marché littéraire. Affirmer le pouvoir *absolu* de la poésie apparaît dès lors comme une solution à l'état de crise vécu par la conscience poétisante, dans laquelle de nombreux poètes peuvent se recon-naître" (Norbert Bandier, *Analyse Sociologique du groupe surréaliste et de sa production de 1924 à 1929*. Lyon, Thèse de doctorat, 1988, S. 230).

49 Den Surrealisten ging es darum, einen Text zu schaffen aus Bildern, die den üblichen Gesetzen der Referentialität entgingen und dem trotzdem als Ziel eine poetische Kommunikation zugeschrieben wurde (Norbert Bandier, *Ana-lyse sociologique*, S. 231).

der Literatur, wie er seit Flaubert, vor allem auch bei der *N.R.F.* vorherrschte, der das Werk als Frucht unsäglicher Mühe darstellte, als Kampf des Dichters mit dem widerspenstigen Material der Sprache, der die literarische Qualität von der investierten Arbeit abhängig machte. Die Valorisierung der 'écriture automatique' war indes in einem gewissen Sinne, wie Pascal Durand schreibt, eine Reinterpretation des alten Konzepts der Inspiration, schrieb sich somit auch wieder in den Rahmen der Institution ein, die man in Frage stellte.

Eine neue literarische Praxis

Schließlich valorisierte das *Manifeste* auch sehr stark das Gruppenleben als solches, die Gruppe als geschlossenen Kreis, das Schreiben als kollektive Tätigkeit, was den traditionellen Mythos des einsamen Schöpfers radikal in Frage stellte. Daß das intensive Leben in der Gruppe nicht bloß ein Programmpunkt, sondern lebendige Praxis der Surrealisten war, rekonstruierte insbesonders Norbert Bandier in einem informativen Aufsatz.[50] Nicht mehr der Salon spielte nunmehr als guppenkonstitutiver Ort eine zentrale Rolle (wie noch im 19. Jahrhundert), sondern der Sitz von Zeitschriften, Buchhandlungen und vor allem Cafés (wie schon bei den 'Décadents' um Verlaine, was damals aber noch gegenüber dem Salon als Begegnungsort als devalorisierend eingestuft wurde). Die Gruppe um Breton traf sich so seit 1919 im Café *Certa*, im IX. Arrondissement, aus Abneigung gegen Montmartre und Montparnasse, wie Aragon schrieb. Innerhalb der stark sozial hierarchisierten Pariser Stadtgeographie war die Wahl der Begegnungsorte nicht ohne Bedeutung. Montmartre als altes überschätztes Künstlerviertel, das nun schon von Touristen und Nachtlokal-Besuchern überschwemmt war, wurde ebenso abgelehnt wie der Montparnasse, das neue künstlerische Viertel der 'Literaten', von denen man sich ebenso abzugrenzen versuchte. Der Dekor der Cafés, die man regelmäßig besuchte, regte die Schreibweise der Surrealisten an, die diese in die Thematik ihrer poetischen Texte integrierten ähnlich wie andere Objekte der städtischen Modernität (Straßen, Presseausschnitte, Filmsequenzen). Diese Objektwahl stand in Opposition zur legitimen politischen Objekthierarchie. Aragon beschrieb etwa den Dekor, die Konsumtion, die Reklame-Plakate

---

50 Norbert Bandier, "L'usage surréaliste des cafés", *Cahiers de l'Institut d'Histoire du Temps présent*, 1991.

des Café *Certa* genau, um sie dann in sein Werk *Le Paysan de Paris* zu integrieren.[51]

Nach 1924 traf sich die surrealistische Gruppe im Café *Le Cyrano*, das sich nahe Bretons Wohnung bei der Place Blanche befand, jetzt in der Nähe von Montmartre, fern von Montparnasse. Nach V. Crastre verkehrten in dem Lokal auch Freudenmädchen, Zuhälter, Theaterleute, Musiker von Nachtlokalen, Tänzerinnen vom Moulin-Rouge.[52] Die Anziehung dieses populären Halbwelt-Ortes war nach Norbert Bandier dem ästhetischen Projekt der Surrealisten durchaus adäquat. Es bestand eine Homologie zwischen der Wahl dieses Ortes und der poetischen Apologie der populären Romane und Filme, der 'anonymen Begegnungen', der 'schönen Reklamen', der 'überraschenden Funde', die nach Breton von einem 'wirklichen außer-literarischen Leben' zeugten.[53] Das Café war der Ort der täglichen Begegnung – ein viel intensiveres Gruppenleben als das der wöchentlichen Salon-Sitzungen der 'Parnassiens' oder der Symbolisten. Dieser Modus der Soziabilität erlaubte es der Gruppe, permanent im Feld zu intervenieren durch gemeinsam redigierte und signierte Texte, Flugblätter, Presseerklärungen. Norbert Bandier registrierte für die Zeit von Juni 1924 bis Dezember 1925 nicht weniger als neun Texte dieser Art. Am Surrealismus Interessierte wandten sich zunächst an das 'Bureau central de recherches surréalistes' (15, rue de Grenelle im 7. Arrondissement), um dann später am Leben der Gruppe im *Cyrano* zugelassen zu

---

51 Siehe dazu Franziska Sick, "Mythos und poetische Erkenntnis: *Le Paysan de Paris* (1926) von Louis Aragon", in: Eduard Reichel/Heinz Thoma, *Zeitgeschichte und Roman im Entre-deux-guerres*, Bonn, Romanistischer Verlag, 1993, S. 71-84.

52 V. Crastre, *Le drame du surréalisme*. Paris, Les Editions du temps, 1963, S. 82.

53 Pascal Durand hat sehr schön aufgezeigt, wie die dominante Literatur sich legitimiert durch die Abgrenzung gegenüber dem, was sie Massen-, Trivial-, Para- oder Infra-Literatur nennt, welche die Verfahren der legitimen Literatur aufgreift, sie banalisiert und wiederholt und damit auch – unbewußt – parodiert. Die Avantgarde revalorisiert in einem nicht naiven, sondern parodistischen Sinne die ausgegrenzte Massenliteratur, vor allem auch um dadurch die legitime Literatur zu provozieren. Die Intention ist so eher der Bruch mit der dominanten Literatur als die Identifikation mit der Massenliteratur. Die antiinstitutionelle 'Revolte' wird schließlich wieder in die Dynamik der Institution integriert, die für die Moderne im wesentlichen auf dem Prinzip der permanenten Innovation beruht (Pascal Durand, "D'une rupture intégrante. Avantgarde et transactions symboliques", *Pratiques*, 50, Juni 1986, S. 31-45).

werden. Die offene Struktur des *Cyrano* erlaubte nicht bloß die Integration neuer Themenbereiche in das poetische Universum, sondern auch die Etablierung eines weiten Kunst- und Künstlerbegriffs, der sich nicht an die traditionellen Kriterien – Schaffung eigenständiger Werke – hielt. Die surrealistische Tätigkeit von Tual, Noll und Morise, die zu den eifrigsten Gästen des *Cyrano* zählten, bestand vor allem im Unterzeichnen von gemeinsamen Erklärungen und der Publikation von 'automatischen Texten'. Man konnte aber auch Surrealist sein, indem man einfach am Gruppenleben teilnahm, ohne je etwas zu schreiben, wie Georges Bessière, Dédé Sunbeam oder Marcel Noll. Gerade darin äußerte sich die Strategie einer Avantgarde, die sich als 'anti-literarisch' verstand. So zählte nach Bandier etwa ein Kreis von fünfzig Mitgliedern zur Gruppe im weiteren Sinne. Die kollektive Strategie war notwendig für eine Gruppe, die in einem literarischen Sektor (Poesie) tätig war, der nur symbolischen Gewinn brachte, was die Kohäsion bedrohte, durch die Angebote, die unmittelbareren Gewinn verhießen (Roman, Journalimus). Die permanente Diskussion, die kollektive Reflexion, die Debatten waren notwendig, um die Spezifität des ästhetischen Projekts der Surrealisten zu wahren. Norbert Bandier sieht jedoch seit Beginn eine innere Spannung in diesem Projekt angelegt, das sich als eine neue Poetik verstand, die ihre Inspiration in der 'Allmacht des Traumes' und im 'interesselosen Spiel des Denkens' suchte, aber auch als eine eher existentielle Tätigkeit, die nicht unbedingt der literarischen Vermittlung bedurfte und die das wirkliche Wirken des Denkens verbal – oder nicht verbal – zum Ausdruck bringen wollte. Die letztere Dimension – die Transposition des Surrealismus im Leben – radikalisierte, wie Norbert Bandier ausführt, die anti-literarische Strategie und mußte letztlich zu einer Auflösung des Surrealismus als *literarische* Bewegung führen. Artaud wollte die Surrealisten 1925 auf diesen Weg führen; sie folgten ihm aber nicht – er verließ die Gruppe. Die Surrealisten orientierten sich in einem Sinn, der der Logik des literarischen Feldes entsprach.[54] Die anti-institutionelle Radikalität versuchte man dann auf

---

54 Wie sehr der Surrealismus letztlich eine *literarische* Bewegung blieb, läßt sich aus der schwachen Resonanz ablesen, die, wie Norbert Bandier ausgeführt hat, Man Ray bei der Bewegung von Breton fand. Er hatte eine Karriere als Avantgardefilmer versucht und berief sich damit auf die Surrealisten und das von ihnen als schöpferische Methode gepriesene Verfahren des Automatismus. Dieser Versuch scheiterte, weil er im Gegensatz zur Strategie des rein literarisch verstandenen ästhetischen Bruchs der Surrealisten stand, die dem 'Kunstfilm' den populären Film vorzogen, den sie als spontanes Medium der

einer anderen Ebene zu manifestieren, durch ethisch motivierte Stellungnahmen gegen die okzidentale Gesellschaft, die in politische Stellungnahmen mündeten und zur Annäherung an die leninistische Zeitschrift
Clarté führten.[55]

Nach Jacques Dubois und seiner Gruppe bewirkte der Surrealismus
eine dauerhafte Veränderung des literarischen Felds. Neben den Vertretern
einer moderaten Innovation etablierte sich nun die radikale, aber minoritä-
re Gruppe als Avantgarde, welche die Krise des Systems provozierte und
zum Ausdruck brachte. Im Namen des Konzepts der Modernität wurden
die Innovationsprozesse beschleunigt; darin war die Avantgarde revolutionär; aber sie operierte gleichzeitig im Sinne des Systems, weil sie versuchte, ihr anti-institutionelles Programm zur Leitlinie der *Institution* zu
machen. Die vorgeschlagenen Innovationen bezogen sich stets auf Aspekte
der legitimen Literatur, wie wir beim ersten *Manifeste* gesehen haben.[56]
Da die von der Avantgarde ausgelöste Gewalt im kleinen Kreis wirksam
wurde, stellte sie die Autonomie des literarischen Feldes nicht in Frage.

Poesie betrachteten. Man Ray berief sich überdies zu einem Zeitpunkt auf den
'Automatismus', als die Surrealisten schon begannen, von diesem Verfahren
Abstand zu nehmen (Norbert Bandier, "Man Ray, les surréalistes et le cinéma
des années 20", *Actes de la recherche en sciences sociales*, n° 88, Juni 1991,
S. 48-60).

55 Siehe dazu auch Norbert Bandier: "Par cette assimilation, déjà pratiquée
contre France et contre Claudel et à l'occasion de la dénonciation de l'expédi-
tion française du Maroc, le surréalisme fait apparaître de façon plus manifeste
une opposition latente du champ intellectuel entre d'une part un pôle qui
regroupe les lettrés autour de la défense de la civilisation occidentale et du
nationalisme et d'autre part un pôle qui ressemble ceux qui sont qualifiés
d'intellectuels autour des références au bolchévisme à l'internationalisme ou
au cosmoplitisme" (Norbert Bandier, "André Breton et la culture classique",
a.a.O., S. 27).

56 Pierre Bourdieu betonte seinerseits, daß der Autonomisierungsprozeß des
literarischen Feldes mit einer stets wachsenden Reflexivität einhergeht: Gerade
in den Werken der Neuerer sind die Verfahren und Motive früherer Werke,
die man überwinden will, präsent: "Paradoxalement, la présence du passé
spécifique n'est jamais aussi visible que chez les producteurs d'avant-garde
qui sont déterminés par le passé jusque dans leur intention de les dépasser,
elle-même liée à un état de l'histoire du champ: si le champ a une histoire
orientée et cumulative, c'est que l'intention même de *dépassement* qui définit
en propre l'avant-garde est elle-même l'aboutissement de toute une histoire
[...]" (*Les règles de l'art*, S. 337-338).

Der Apparat anerkannte – mit der Zeit – als legitim, was zunächst als skandalös und heterodox erschien. Pascal Durand spricht von einem Prozeß der progressiven Vereinnahmung. Avantgardistische Verfahren werden später von der legitimen Produktion übernommen, wandern zur 'mittleren' literarischen Produktion, um schließlich spät und banalisiert in der Massenliteratur zu erscheinen.[57] Der Autor verweist gerade auf die institutionelle Vereinnahmung des Dadaismus durch die Surrealisten, welche gegen den 'sterilen Nihilismus' von Dada die symbolische Kreativität betonten, die sich nicht in vielen kleinen Zeitschriften verzettelten wie die Dadaisten, sondern ein zentrales Organ schufen – *Littérature* –, das überdies durch ein anerkanntes Verlagshaus – Gallimard – vertrieben wurde, während die Mitstreiter Tzaras außerhalb des legitimen Systems zu bleiben gedachten.[58]

---

57 Michael Einfalt spricht seinerseits von diesem Prozeß, wenn er beschreibt, wie Dichter, deren Werke zum Zeitpunkt ihres Entstehens nur eine kleine Elite ansprachen, von folgenden Generationen einer hervorragende Stellung im literarischen Kanon zugewiesen bekamen und ihre Werke nicht selten zum allgemeinen Bildungsgut avancierten. So habe die literarische Formerneuerung der Symbolisten die gesellschaftliche Akzeptanz Leconte de Lisles in der Dritten Republik ermöglicht, und Baudelaire wurde kanonisiert im Augenblick der radikalen Innovation des Surrealismus. Mit der Aneignung gehe aber unweigerlich die Neutralisierung einher: "Kritisch", so schrieb Adorno, den M. Einfalt zitiert, "pflegen die Werke in der Ära ihres Erscheinens zu wirken; später werden sie, nicht zuletzt veränderter Verhältnisse wegen, neutralisiert. Neutralisierung ist der gesellschaftliche Preis der ästhetischen Autonomie. Liegen aber die Kunstwerke einmal im Pantheon der Bildungsgüter begraben, so sind auch sie selbst, ihr Wahrheitsgehalt beschädigt" (Theodor W. Adorno, *Ästhetische Theorie*. Frankfurt a.M., Suhrkamp, 1970, S. 339 [Michael Einfalt, *Zur Autonomie der Poesie*, S. 271]).

58 Pascal Durand, "D'une rupture intégrante", a.a.O., S. 42. Anna Boschetti betont allerdings, daß die Heirat mit Gallimard nicht auf Dauer angelegt war. Gallimard bemühte sich wohl sehr um die Surrealisten, obwohl die ökonomische Ausbeute ihrer Werke gering war (von *Le Paysan de Paris* wurden zwischen 1926 und 1944 bloß 1500 Exemplare verkauft; *Mourir de ne pas mourir* von Eluard wurde in einer Auflage von 535 Exemplaren aufgelegt). Breton zerstritt sich bald mit Paulhan und verließ Gallimard, ähnlich wie seine Freunde, um sich wieder von den Editions surréalistes oder kleinen Häusern wie Kra oder José Corti verlegen zu lassen (Anna Boschetti, "Légitimité littéraire", a.a.O., S. 510-511).

Jacques Dubois und seine Mitarbeiter sehen indes die eigentliche gegen-institutionelle Neuerung des Surrealismus nicht so sehr in der lärmenden Polemik gegen die Institution, sondern in der Schaffung eines äußeren Raumes der Literatur. Literatur und ihre Grenzen waren nicht mehr etwas 'Natürliches' oder 'Selbstverständliches'; durch die Surrealisten wird die arbiträre Setzung der 'Literatur' offenbar. 'Natürliche' Grenzen werden verschoben oder aufgehoben: Grenzen zwischen den einzelnen Künsten, den Gattungen, den Textsorten, den Schreibweisen, den Nationalliteraturen. Der Surrealismus promulgierte und praktizierte so eine offene, dezentrierte Literatur, die gleichzeitig Lebensstil, Moral und Politik sein sollte.[59] Darin lebe er mindestens als Bezugspunkt, bisweilen auch als Beispiel weiter.[60]

59 Siehe dazu auch Norbert Bandier: "A la différence des avant-gardes précédentes les discours théoriques qui accompagnaient l'émergence des pratiques textuelles surréalistes ne se limiteraient pas à une justification esthétique de nouvelles règles prosodiques mais appelaient à une transformation pratique de la socialité qui sous-tend le langage. Indissociablement lié à une opération de conquête de positions à l'intérieur du champ littéraire il y avait dans la stratégie surréaliste un projet d'écriture spécifique qui postulait la résolution 'poétique' des contradictions sociales" (Norbert Bandier, *Analyses sociologiques du groupe surréaliste*, S. 235).

60 J.-P. Bertrand, J. Dubois, P. Durand, "Approches institutionelle", a.a.O., S. 52-53.

10

Die Krise des literarischen Feldes in den dreißiger Jahren

Der Surrealismus hatte versucht, seine rein avantgardistische Position mit großem Rigorismus durchzuhalten, um sich jeder institutionellen Vereinnahmung zu entziehen; er wollte selbst die literarische Norm definieren, unabhängig von äußeren Instanzen. Aufgrund dieser Intransingenz, die keine Kompromisse duldete, stieß die Bewegung auf eine beschränkte Resonanz vor allem bei einem Kreis von Eingeweihten, galt aber als wichtigster Referenzpol für die Avantgarde der Zwischenkriegszeit.[1] Diese Position war in den dreißiger Jahren gefährdet. In der unmittelbaren Nachkriegszeit hatten Gide, Valéry und Proust mit ihrer Konzeption einer interesselosen Kunst die dominante Position eingenommen . Wenn die surrealistische Avantgarde sich selber als revolutionär definierte, so verteidigte sie gleichzeitig mit Nachdruck die Autonomie des literarischen Feldes.

Die neue politische Referenz

Mit der allgemeinen Krise der Gesellschaft (Weltwirtschaftskrise, Anwachsen der faschistischen Gefahr) bekam die politische Dimension eine ganz neue Dringlichkeit. Die politische Referenz verdrängte in einem gewissen Sinn die literarische. Paul Nizan stellte diese Veränderung fest,

---

1 Siehe dazu Anna Boschetti: "Par un paradoxe apparent, puisque en fait c'est une éclatante confirmation des lois du champ, c'est grâce à la rigueur de ses démarches que le surréalisme parvient à s'assurer une durée et un rayonnement extraordinaire pour une avant-garde. Le célèbre 'magnétisme' de Breton, son pouvoir d''éveilleur' ne sont rien d'autre que sa capacité de résister à l'institutionalisation et à ses effets, de faire à tout instant la théorie de sa pratique et de la pratique des autres. C'est parce qu'il confère ainsi à leurs efforts un sens et une légitimation qu'il reste tout au long de l'entre-deux-guerres le principal pôle de référence pour les différentes avant-gardes" ("Légitimité littéraire", a.a.O., S. 511).

als er schrieb: "In dem Augenblick, als Hegel und Marx in der Bewunderung der Jugend Rimbaud und Lautréamont verdrängten, trat ein historischer Wandel ein." Auch ein Maurice Sachs konstatierte als Chronist
denselben Wandel: "Die Jugend von heute [d.h. der dreißiger Jahre] haßt
alles Frivole, sie fürchtet die Heiterkeit und hält es mit der Seriosität, die
bis zur Langeweile gehen darf [...] Ihre Götter sind Malraux und Montherlant, wie Breton und Cocteau die unsrigen waren. Sie liebt Maurras und
Marx, wie wir Proust und Gide liebten. Und die großen Ideen interessieren
sie wie uns Romanfiguren."[2] Diese neue Generation sei von der Politik so
überzeugt wie die vorhergehende von der Dichtung; sie ereifere sich für
Monarchie, Faschismus und Demokratie, wie man sich zuvor mit Kubis-
mus, Surrealismus und Dada auseinandergesetzt habe.

Die Geschichte des literarischen Feldes seit der Romantik belegt, nach
Anna Boschetti, daß dann, wenn die politischen Spannungen besonders
intensiv wurden, sich das Engagement bei den Schriftstellern, und selbst
bei den bekanntesten, durchsetzte. Es brauche einen außerordentlichen
sozialen Druck, um jene Distanz zur Politik zu brechen, die für die
Schriftsteller das Symbol der Autonomie der Kunst darstelle. So sei *nach*
der Dreyfus-Affäre, wie nach 1848, die Politik für die Autoren, die eine
eminent *literarische* Konsekration anstrebten, wieder suspekt geworden.[3]

Die Krise einer kompromittierten politischen Elite konnte jedoch, wie
zur Zeit der Affäre Dreyfus, die Intellektuellen auf den Plan rufen, die
dann nicht im Namen politisch-technischer Vorstellungen intervenierten,
sondern auf der Basis universeller Werte. Für eine solche Intervention war
die Autonomie geradezu Voraussetzung. Es handelte sich indes in den
dreißiger Jahren nicht um diesen Typus des 'Engagements'. Es war nicht
nur so, daß dem politischen Feld nun innerhalb einer Felder-Hierarchie
eine bedeutendere Rolle als dem literarischen Feld zukam und sich so die
Gewichte verschoben, sondern die Autonomie des Feldes als solches war

---

2   Maurice Sachs, *Der Sabbat. Eine chronique scandaleuse.* München, dtv, 1970,
     S. 158-159. Denselben Referenzwechsel von den zwanziger zu den dreißiger
     Jahren hielt auch Emmanuel Mounier, Gründer von *Esprit*, als Zeitzeuge fest:
     "Une époque s'achevait: l'époque éblouissante de l'efflorescence littéraire de
     l'après-guerre: Gide, Montherlant, Proust, Cocteau, le surréalisme, ce feu
     d'artifice retombait sur lui-même [...] La littérature dans ce qu'elle a de plus
     gratuit avait dominé la première [décennie]. La seconde devait se donner aux
     recherches spirituelles, philosophiques et politiques" (Emmanuel Mounier,
     "Réflexions sur le personnalisme", *Synthèses*, 4, 1947, S. 25).
3   Anna Boschetti, "Légitimité littéraire", a.a.O., S. 521.

gefährdet. Denn das politische Feld versuchte, *seine* Normen auch im Bereich der Literatur durchzusetzen.[4] Christophe Charle stellt für die Periode eine wachsende Organisierung der Intellektuellen als soziale Gruppe fest. Vorher hätten sich diese von Fall zu Fall, punktuell engagiert. Neu sei jetzt die Figur der Partei-Intellektuellen, die in eine Partei einträten, konkrete Stellungnahmen formulierten und so ihre Autonomie als Intellektuelle verlören, da sie überzeugt seien, jenseits ihrer intellektuellen Interessen gäbe es höhere politische Interessen, die man nur innerhalb einer politischen Partei verteidigen könne. So entwickelte sich innerhalb der Gruppe der Intellektuellen eine Trennlinie zwischen zwei Positionen: Die einen hielten an der alten Konzeption des Intellektuellen fest, nach der man nur dann wirkungsvoll intervenieren könne, wenn man autonom bleibe und sich nicht auf Dauer an eine Partei binde. Die andern waren überzeugt, daß der Intellektuelle ein Bürger wie ein anderer sei und daß er eine wirkungsvolle Aktivität nur innerhalb einer Partei entfalten könne.[5]

---

4 Diesen Verlust der Autonomie des literarischen Feldes konstatierte auch Albert Thibaudet als Zeitgenosse und Literaturhistoriker der Zwischenkriegszeit, vor allem auch über den Wandel des Revolutionskonzepts, das sich nicht mehr an einer feldinternen Tradition orientierte, sondern in bezug auf eine höhere Autorität politischer Natur: "Crise d'autonomie dans la république des lettres? Les disputes proprement littéraires, les disputes où l'accent était mis sur la littérature sont de plus en plus absorbées par les disputes politiques et sociales, et mangées par elles [...] Il y a eu après la guerre ce qu'on a appelé la crise du concept de la littérature. Mais cette crise était encore une crise littéraire. Comme en 1830, en 1850, en 1885, subsistait le vieux concept des révolutions littéraires en *isme*. Il n'y a plus aujourd'hui de révolutionnaires littéraires, il n'y a que des littérateures révolutionnaires, les uns pour qui la révolution est à droite, les autres pour qui la révolution est à gauche. L'entrée massive du concept de révolution matérielle, politique, sociale, dans la conscience européenne a déclassé comme un luxe dans la république française des lettres le concept de révolution littéraire" (Albert Thibaudet, *Histoire de la littérature française de 1789 à nos jours*. Paris, 1969, S. 473-474).
5 Christophe Charle, "Les intellectuels en France", a.a.O., S. 13-14. Charle sieht eine weitere Trennlinie, die innerhalb der intellektuellen Gruppe sich zu diesem Zeitpunkt entwickelt wegen der Veränderung der Medienlandschaft. Während zur Zeit der Dreyfus-Affäre die Presse das einzige Medium war, über das man die Massen mobilisieren konnte, traten nun auch das Radio und das Kino (Wochenschau) auf den Plan, Medien, zu denen Intellektuelle nur eingeladen wurden, wenn sie berühmt waren.

Die Norm der 'proletarischen Literatur' und die Kräfte im Feld

Die Partei, das war vor allem die Kommunistische Partei, die sich jetzt in der Krise als eine Alternative präsentieren konnte, die sich überdies nicht nur im Bereich der Polit-Technik bewegte, sondern eine eigene Kulturpolitik entwickelte. Die universelle Dimension der Revolutionsidee übte auf die Schriftsteller eine nicht zu unterschätzende Faszination aus. Die Beziehungen zwischen Literatur und Revolution, zwischen Literatur und Proletariat beschäftigten Ende der zwanziger Jahre bis weit in die dreißiger Jahre zahllose Schriftsteller in Frankreich. Vor allem die kommunistische Norm einer 'proletarischen Literatur' stellte eine Herausforderung an das literarische Feld dar.

Während J.-P. Bernard[6] die Politik der 'proletarischen Literatur' als ein Diktat Moskaus betrachtet, das der KPF aufgezwungen wurde, waren es nach Jean-Michel Péru, auf dessen Studie wir uns im folgenden stützen, interne Gruppen, die ein eigenes Interesse am 'Ruf an den Profanen', an eine äußere Autorität, hatten, um sich zu legitimieren, was das literarische Feld als solches in seinem (autonomen) Bestand zu gefährden drohte.[7]

Es ging letztlich darum, von der Kommunistischen Partei die Anerkennung des revolutionären Charakters des jeweiligen Autors zu erhalten. Jean-Michel Péru unterscheidet dabei zwischen vier Positionen, die von verschiedenen Gruppen bezüglich dieser Debatte eingenommen werden: zunächst die Literaturkritiker der *Humanité*, die ihre Autorität (und ihr Publikum) einzig der Partei verdankten, dann die dominierten Schriftsteller (wie Poulaille, Dabit, Guilloux, Rémy), Autodidakten, die aus dem Volk stammten und die in der Position des 'proletarischen Schriftstellers' die Gelegenheit sahen, die literarische Bühne zu betreten und sich dort

---

6 J.-P. Bernard, *Le parti communiste et la question littéraire 1921-1930*. Grenoble, Presses universitaires de Grenoble, 1972.

7 "On peut dénommer 'appel au profane' la démarche qui consiste à en appeler à une autorité extérieure au champ [...] Cette démarche contient le risque – et la menace – d'une profanation du champ, d'un dévoilement des règles du jeu tacitement reconnues par tous ceux qui participent au jeu [...] Dans le cas présent, cet appel est émis non pas par quelques joueurs isolés, mais par des fractions importantes, d'où un danger d'éclatement du champ" (Jean-Michel Péru, "Une crise du champ littéraire français. Le débat sur la 'littérature prolétarienne' (1925-1935)", *Actes de la recherche en sciences sociales*, n⁰ 89, September 1991, S. 48).

Anerkennung zu verschaffen.[8] Die avantgardistischen Schriftsteller (vor allem die Surrealisten) suchten als Revolutionäre in der Literatur, diese Qualität von den politischen Revolutionären bestätigen zu lassen, um so ihre Position im literarischen Feld zu stärken. Die bereits anerkannten Schriftsteller (hier insbesondere Barbusse und Gide) mußten schließlich ihre Stellung gegen die Nachrückenden verteidigen, aber auch die Autonomie des Feldes zu wahren suchen, das durch den 'Ruf an den Profanen' (die Kommunistische Partei) bedroht war.

Nach seiner Moskau-Reise hatte Barbusse im Juni 1928 die kulturelle Wochenzeitschrift *Monde* gegründet, die sich an 'die konzentrischen' Kreise der Intellektuellen wenden und darum keine rein kommunistische Zeitschrift sein wollte. Einen breiteren Kreis anzusprechen, ohne sich von den Kommunisten zu trennen, dies war Barbusses riskante Strategie. Er berief sich auf internationale Autoritäten, die beide Pole repräsentierten: auf Clara Zetkin ebenso wie auf Einstein. In *Monde* kamen, neben vorbehaltlos proletarischen Autoren, auch Sozialdemokraten wie Henri de Man oder auch Ex-Kommunisten zu Wort. Diese Politik der Zusammenarbeit mit fortschrittlichen Intellektuellen entsprach den im selben Jahr vom Komintern formulierten Vorstellungen ebensowenig wie den ebenfalls 1928 verkündeten kulturpolitischen Normen, die in der Gründung einer russischen Vereinigung proletarischer Schriftsteller (R.A.P.P.) umgesetzt wurden, die eine ausschließlich proletarische Literatur forderten und die Bildung von Arbeiterkorrespondenten (Rabcor) zu fördern trachteten. Statt diese Norm einfach zu verkünden, führte Barbusse ab Juni 1928 in seiner Zeitschrift *Monde* eine Umfrage zum Thema 'Littérature prolétarienne?' durch. 'Kompetente Persönlichkeiten' – es waren ausschließlich Schriftsteller – sollten die *Frage* nach einer möglichen proletarischen Literatur beantworten. Dadurch verlieh *Monde*, wie Jean-Michel Péru betont, dem Problem 'proletarischer Literatur' einen literarischen Status, machte daraus eine literarische Frage, konstituierte sich selber als eine – relative – literarische Autorität und zwang andere Sektoren des literarischen Feldes dazu Stellung zu beziehen;[9] so griff die Zeitschrift Romain Rollands *Europe* die Debatte auf und veröffentlichte Antworten von 'demokrati-

---

8   Zu dieser Gruppe siehe auch Franziska Sick, *Literaturpolitik und politische Literaten. Zum Selbstverständnis der französischen Romanschriftsteller im Umkreis der Volksfront.* Heidelberg, C. Winter, 1989, S. 28-37: "Kultur der Arbeiterklasse und proletarische Literatur".

9   Siehe dazu Franziska Sick, *Literaturpolitik*, S. 149-158: "Barbusse und *Monde*: Literaturprogrammatik als Bündnispolitik".

schen' oder 'humanistischen' Schriftstellern. Die Debatte ermöglichte aber auch einer Gruppe von jungen autodidaktischen Schriftstellern und ehemaligen kommunistischen Journalisten, sich darzustellen und über eine eigene Denomination zu einer sozialen Existenz zu gelangen (die Gruppe um Poulaille). Dies war notwendig, weil ab 1929 eine konkurrierende Gruppe auf den Plan trat: die 'Populisten' (um L. Lemonnier und André Thérive), denen man vorwarf, bourgeoise Schriftsteller zu sein, für die das Volk bloß ein Sujet sei. Poulaille formulierte gegen diese Konkurrenz das Manifest *Nouvel âge littéraire* (1930), im Gefolge dessen sich die Mitglieder der Gruppe als 'écrivains prolétaires' bezeichneten.

Mit dieser Bezeichnung trat die Gruppe in den Kampf um das Monopol der revolutionären Literatur ein, welcher sich seit der Gründung von *Monde* im Konflikt zwischen Barbusse und den Surrealisten zuspitzte. Diese hatten, indem sie auf die Umfrage – oft in sehr aggressiver Weise – antworteten, *Monde* anerkannt, selbst wenn auch bloß als Gegner. Die wichtigste Folge dieser Auseinandersetzung war, daß man sich nun an eine feldexterne Instanz – die KPF – wandte, damit als eine Art Schiedsrichter oder letzte Instanz über den revolutionären Charakter dieser oder jener literarischen Gruppe entscheide. Jean-Michel Péru listet eine ganze Litanei von theoretischen und polemischen Texten von Breton auf, die sich an die KPF wenden, um die Anerkennung des politischen Revolutionscharakters der Gruppe anzuhalten, welche dann das Monopol der intellektuellen 'révolutionnarité' garantieren sollte. Diese Anerkennung zu bekommen, bedeutete für jeden Protagonisten der Auseinandersetzung, von der KPF den Auftrag zu erhalten, legitim im Namen der Partei im Bereich der Intellektuellen tätig zu sein. Breton unterstrich die Spezifität der Mittel, die die Surrealisten in den Dienst der Revolution stellen könnten, währenddem Barbusse die Einigung der Intellektuellen um ein soziales Programm vorschlug. Die Führer der KPF vertrauten aber mehr dem 'sicheren' literarischen Wert, den Barbusse verkörperte, als den Surrealisten, denen man wegen ihrer bürgerlichen Herkunft und ihres hohen Ausbildungskapitals mißtraute und die man letztlich als Chaoten einstufte.

Die Surrealisten, die nicht auf die direkte Unterstützung der KPF zählen konnten,[10] spielten die internationalistische Karte aus und beriefen sich nun ohne Hemmungen auf Instanzen wie die UdSSR, die kommunistische Internationale und vor allem auf das Bureau international de la

---

10 Jean-Michel Péru erwähnt, wie die *Humanité* 1930 eine Attacke gegen Barbusse verurteilte, die in einer Photomontage in *Le Surréalisme au service de la Révolution* publiziert wurde.

littérature révolutionnaire (BIRL). Davon zeugte der Wechsel des Titels der Zeitschrift der Bewegung, der ab 1930 *Le Surréalisme au service de la Révolution* lautete; auf der ersten Seite der Zeitschrift war eine Antwort auf ein Telegramm dem BIRL abgebildet, um zu unterstreichen, daß es hier nicht bloß um eine 'surrealistische Revolution' ging.[11] Aragon und Sadoul gingen noch weiter und pilgerten in die UdSSR, um im November 1930 am Kongreß der Internationalen Vereinigung Revolutionärer Schriftsteller in Charkow teilzunehmen, wo sich Barbusse und Poulaille, die eingeladen waren, nicht einfanden. Die Beziehungen zwischen Barbusse und des BIRL hatten sich verschlechtert, weil dieser für eine breite Einigung Intellektueller im Westen auf der Basis politischer Positionen plädierte und im übrigen die Autonomie der eigentlichen schriftstellerischen Tätigkeit gelten lassen wollte.[12] Der Kongreß von Charkow verabschiedete zwei Resolutionen zur Situation in Frankreich: Zum einen wurde festgestellt, daß es in diesem Land auch nicht die geringste Spur einer proletarischen Literatur gebe. Die Gruppe der 'écrivains prolétaires' um Poulaille wurde verurteilt.[13] Die Entwicklung der Surrealisten hin zur 'proletarischen Ideologie' begrüßte man jedoch, wenn auch mit gewissen Reser-

---

11 Siehe dazu Maurice Nadeau, *Histoire du surréalisme*. Paris, Seuil, 1970, S. 134.

12 "La seule condition que nous devions exiger des intellectuels pour les groupes en un mouvement unifié, c'est d'adhérer aux revendications sociales du prolétariat" schrieb Barbusse in seinem Brief an den Kongreß von Charkow (zitiert bei Jean-Michel Péru, "Une crise", a.a.O., S. 57). Barbusse hatte sich im selben Brief auch gegen die Institution der Arbeiterkorrespondenten ausgesprochen: "Il n'est pas bien fondé à mon sens de chercher à constituer la nouvelle littérature en faisant appel aux correspondants ouvriers des journaux. Ces correspondants ouvriers peuvent incorporer dans le mouvement une forte 'garantie' de bon sens prolétarien et une activité intéressante, mais ils n'ont pas les ressources suffisantes pour donner de dignes bases à la littérature prolétarienne révolutionnaire" (zitiert bei J.-P. Bernard, "Le Parti communiste français et les Problèmes littéraires", *Revue française de science politique*, XVII, Juni 1967, S. 526; siehe dazu auch J. Relinger, "Les conceptions de Barbusse sur la littérature prolétarienne", *Europe*, 55, März-April 1977, S. 193-203).

13 "Amalgame d'éléments de toutes tendances depuis les débris opportunistes du PC [...] jusqu'aux fascistes déclarés." Das letztere eine Anspielung auf die Beziehungen Poulailles zum Verleger Georges Valois (zitiert nach Jean-Michel Péru, "Une crise", a.a.O., S. 58).

ven.[14] In einer zweiten Resolution wurde der 'Konfusionismus' von *Monde* als rechtsopportunistisch verurteilt und ein Ultimatum an Barbusse gerichtet. Die Surrealisten hatten so, wie Jean-Michel Péru schreibt, vor diesem internationalistischen Forum Punkte gewonnen. Der Preis war aber hoch. Sie waren gezwungen, die Idee einer proletarischen Literatur zu akzeptieren, deren Motor die Arbeiterkorrespondenten sein sollten.

Die Entwicklung der surrealistischen Haltung zur Frage der proletarischen Literatur indizierte, so wie Jean-Michel Péru ausführt, eine zunehmende Schwächung ihrer Position. In der schon genannten Umfrage, die 1928 von *Monde* durchgeführt wurde, hatte Breton die Debatte um eine proletarische Literatur noch als eine rein kontingente Frage abgetan und stützte sich dabei auch auf Trotzki.[15] In einer Erklärung am Vorabend des Kongresses von Charkow nahm er die Frage der proletarischen Literatur schon ernster und 1933 akzeptierte er schlicht deren Existenz.

Aragon zwischen Surrealismus und KPF

Eine Schwächung der surrealistischen Position bedeutet jedoch vor allem der Bruch Aragons mit der Bewegung oder anders gesagt: Dieser Bruch war auch ein Ausdruck der Schwächung der Bewegung.[16] In den Augen von Anna Boschetti läßt sich dieser Bruch auch aus der Situation des Surrealismus erklären, der wegen seiner Intransigenz nur auf ein begrenztes Publikum von Eingeweihten zählen konnte. Aragons Situation innerhalb der Gruppe habe wohl auch zum Bruch beigetragen und der politi-

---

14 "A condition qu'ils abandonnent toutes les erreurs qui ont trouvé leur expression dans le *Second Manifeste du surréalisme*" (zit. nach Jean-Michel Péru, "Une crise", a.a.O., S. 58).

15 Trotzki lehnte die ästhetische Bilderstürmerei des Proletkultes ab und vertrat die Ansicht, eine proletarische Kunst könne es nicht geben, weil das unterentwickelte Proletariat, dessen Analphabetentum man zunächst zu bekämpfen habe, von sich aus nicht in der Lage sei, eine neue Kunst zu schaffen; aber auch in Zukunft werde es keine proletarische Kultur geben, weil die Diktatur des Proletariates nur eine Übergangsphase sei (siehe dazu Leo Trotzki, *Literatur und Revolution*. Berlin 1969, sowie Leo Trotzki, *Literaturtheorie und Literaturkritik*, hrsg. von Ulrich Mölk. München, UTB, 1973).

16 Siehe dazu auch R. Short, "The Politics of Surrealism 1920-1936", *Journal of Contemporary History*, 1 (2), 1966, S. 3-25.

sche Dissens mit Breton wäre dann eher Folge als Ursache gewesen.[17] Um 1930, als diese Entscheidung reifte, zählte Aragon zu den Schriftstellern, die dem Gruppenideal am meisten geopfert hatten. Er hatte auf eine berufliche Position verzichtet, die ihm aufgrund seiner Ausbildung und seiner Fähigkeiten sicher gewesen wäre. Breton hatte ihn über die surrealistische Norm überdies vom Roman abgehalten, der ihm eigentlich als Gattung sehr lag. Dieses 'Verbot' erklärt vielleicht auch, warum er 1927 seinen ersten umfangreichen Versuch in dieser Richtung, *La Défense de l'infini*, zerstörte. Seiner Anlage nach tendierte er eher zur Darstellung der Außenwelt als zur Introspektion.[18] Seine eigentlichen Anlagen, die unter dem surrealistischen Gruppendruck nicht zur Entfaltung kommen konnten, schienen mit der realistischen Tradition, wie sie in Rußland gepflegt wurde, nicht unvereinbar zu sein. Gerade aufgrund seiner intimen Kenntnis der neueren russischen Kunst- und Literaturentwicklung – er war sehr vertraut mit Majakowski – war er sich bewußt geworden, daß es möglich sein sollte, eine Linie zu verfolgen, die über die Alternative 'reine Kunst' – 'Propagandakunst' hinausführte. In dem wichtigen Aufsatz "La Peinture au défi" vom März 1930, in dem er sich auf die Erfahrungen der revolutionären sowjetischen Kunst (Fotomontage) bezog, wies er darauf hin, daß avantgardistische Techniken wie die Collage nicht bloß Selbstzweck sein mußten, sondern zu eigentlichen Bedeutungsträgern werden konnten.[19]

17 Nach Anna Boschetti, "Légitimité littéraire", a.a.O., S. 511.
18 Zum konstitutiven Zusammenhang zwischen Roman-Gattung und Realismus äußerte sich Aragon in seinem 1964 geschriebenen Vorwort zu *Les Cloches de Bâle*: "Pourquoi la décision réaliste, la conscience du réel fondent-elles la nécissité du roman? Tout roman n'est pas réaliste. Mais tout roman fait appel à la croyance du monde tel qu'il est, même pour s'y opposer [...] le roman est une machine inventée par l'homme pour l'appréhension du réel dans la complexité" (Aragon, *Les Cloches de Bâle*. Paris, Gallimard, 1976, S. 12) In einer späteren Re-Interpretation gestand Aragon aber auch dem Surrealismus realistische Züge zu: [...] je n'ai jamais cessé de penser [...], que dans le surréalisme, il y a réalisme. Ce qui n'est pas une boutade. En tout cas, c'est par ce chemin là que j'ai accédé au surréalisme [...]" (Aragon, "Postface" zu *Le Monde réel*, in: L. Aragon/E. Triolet, *Oeuvres croisées*, Band 26. Paris, 1967, S. 319). Siehe dazu auch Joseph Jurt, "Schriftsteller und Politik im Frankreich der dreißiger Jahre", in: P. Brockmeier/H.H. Wetzel (Hrsg.), *Französische Literatur in Einzeldarstellungen*, Band 3. Stuttgart, Metzler, 1982, S. 147-157: "Louis Aragon". Diese Untersuchung operierte allerdings noch nicht mit dem Feldbegriff.
19 "Il ne m'appartient pas de négliger un phénomène, sur lequel les peintres purs

Aragon hatte aber auch, wie Anna Boschetti weiter ausführt, die Position eingebüßt, die er vorher bei Gallimard innehatte. Er hatte sich mit dem Verlag im Gefolge der Publikation seines radikal-ikonoklastischen surrealistischen Werkes *Le Traité du style* (1928) überworfen, in dem er nicht nur die Kirche und die Armee, sondern auch die etablierten literarischen Werte 'erledigte', so die *N.R.F.* und ihre Schriftsteller, indem er Gide einen widerlichen Kerl nannte, Valéry als Betrüger, Benda und Morand als Clowns bezeichnete. Der Konflikt mit Gallimard dauerte zehn Jahre und führte sogar vor Gericht, was für die damalige Zeit zwischen Autoren und Verlegern relativ selten war. Es war so, als ob Aragon mit *Le Traité du style* noch einen letzten Beweis seiner surrealistischen Überzeugung geben wollte, dann aber das Gefühl hatte, der Preis sei zu hoch; er könne so nicht weiterfahren. In einem wichtigen Aufsatz, in dem er 1931 die surrealistische Gruppe zu den Positionen zu überreden trachtete, die er in Charkow vertreten hatte, insistierte er lange auf den Verfemungen, deren Opfer die Surrealisten geworden waren und suggerierte damit implizit auch, es gelte, einen Ausweg zu finden.[20]

Angesichts dieser tristen Zukunftsperspektive habe für Aragon das kommunistische Lager eine Lösung für seine eigene Problematik dargestellt, dies zu einer Zeit, da die Revolution bei den angesehensten Vertretern des intellektuellen Feldes zunehmend an Prestige gewann. Er habe so geglaubt, einen Konsens zu finden, von dem er so lange abgeschnitten war, ohne deswegen den Surrealismus völlig aufgeben zu müssen.[21]

---

se prononceront assurément avec dédain, mais qui marque une des oscillations de la peinture de notre temps, et qui est avant tout un symptôme de la nécessité de signifier, caractéristique des formes en évolution de la pensée à ce stade où nous sommes de la réflexion humaine" (L. Aragon, *Les collages.* Paris, 1965, S. 60; siehe dazu Wolfgang Babilas, "Le collage dans l'oeuvre critique et littéraire d'Aragon", *Revue des sciences humaines*, Juli-September 1973, S. 329-454).

20 "Crevel et moi-même ne *pouvons* plus être imprimés [...]; on a fait retirer des étalages *l'Immaculée conception*". Aragon wehrt sich dann vor allem gegen den Vorwurf, die Surrealisten schrieben für die Snobs: "Si on nous confine (par des moyens coercitifs dans le domaine pécuniaire) à ce public que nous n'avons jamais considéré qu'avec mépris, ce confinement même est une forme perfectionnée de la répression" (Aragon, "Le surréalisme et le devenir révolutionnaire", *Le Surréalisme au service de la Révolution*, 3, Dezember 1931; zitiert bei Maurice Nadeau, *Histoire du surréalisme*, S. 141-142).

21 Anna Boschetti, "Légitimité littéraire", a.a.O., S. 512.

Während *Le Traité du style* noch völlig der surrealistischen Radikalität verpflichtet war, schien sich eine Wende im Aufsatz "Introduction à 1930" anzudeuten im Sinne einer Bewußtwerdung der Tatsache, daß der Mensch immer mehr vom Subjekt zum Objekt sozialer Kräfte geworden sei und daß so die alten Konzepte des Individualismus nicht mehr griffen.[22] Beim Kongreß von Charkow trat Aragon für die proletarische Literatur ein, der die Surrealisten bisher, wie gesehen, skeptisch gegenüberstanden.[23] Aragon präzisierte jedoch, eine echte proletarische Literatur könne nur von Arbeiterkorrespondenten geschaffen werden, die sich vor allem der 'kleinen Formen' des Flugblattes oder des revolutionären Gedichtes bedienten, in dem jedes einzelne Wort zum Kampf für den Weltoktober aufrufe; er schien aber die Möglichkeit einer anderen Literatur nicht auszuschließen, so die der Surrealisten, "die in Frankreich eine ganz besondere Agitationsarbeit durchführen [und die] niemals mit dem Anspruch der proletarischen Literatur aufgetreten seien"[24]. Am Schluß des Kongresses unterschrieb

22 "L'individu qui a pris notion de son propre déterminisme est soudain placé devant le déterminisme social qui le comprend [...] Ce qui a marqué ces dernières années sur le plan moderne est l'agonie et la mort de l'individualisme essentiel aux hommes d'il y a vingt ans [...] A partir du moment où le déterminisme social tient la scène, ce n'est plus à moi de résoudre, c'est au monde d'imposer ce qui est" (Aragon, "Introduction à 1930", *La Révolution surréaliste*, Dezember 1929, S. 64; zur Bedeutung dieses Aufsatzes siehe auch K.-H. Barck, "Eine Bilanz der historischen Avantgarden. Anmerkungen zu Aragons Essay 'Introduction à 1930'", *Beiträge zur Romanischen Philologie*, XVII, 1978, S. 43-53). Der Primat der äußeren Welt, der in Aragons Text angedeutet wurde, stand schon im Gegensatz zu den Prinzipien, die Breton im *Second Manifeste du Surréalisme* im selben Jahre formuliert hatte: "Dire que cette production [de la pensée] peut ou doit être le reflet des grands courants qui déterminent l'évolution économique et sociale de l'humanité serait porter un jugement assez vulgaire, impliquant la reconnaissance purement circonstantielle de la pensée et faisant bon marché de sa nature foncière; tout à la fois inconditionnée et conditionnée, utopique et réaliste, trouvant sa fin en elle-même et n'aspirant qui à servir, etc." (zitiert nach Pierre Daix, *Aragon – une vie à changer*. Paris, 1979, S. 244).

23 Siehe dazu die Ausführungen im *Second Manifeste du surréalisme*: "Aussi fausse que toute entreprise d'explication sociale autre que celle de Marx est pour moi tout essai de défense et d'illustration d'une littérature et d'un art dits 'prolétariens' à une époque où nul ne saurait se réclamer de la culture n'a pu encore être réalisé, même en régime prolétarien."

24 Nach Arno Münster, *Antifaschismus, Volksfront und Literatur*. Hamburg/

Aragon zusammen mit Sadoul ein Papier, das so etwas wie eine Selbstkritik darstellte; die beiden Delegierten distanzierten sich darin von einzelnen surrealistischen Produktionen und vor allem auch von jenen Passagen
des *Second Manifeste du Surréalisme*, die dem dialektischen Materialismus
widersprächen; ebenso distanzierten sie sich vom Idealismus und insbesondere vom 'Freudianismus', aber auch vom Trotzkimus und anerkannten die Überhoheit der Partei auch in literarischen Belangen. Aufgrund dieser doch sehr substantiellen Zugeständnisse war der Surrealismus
in Charkow nicht verurteilt worden. Im *Second Manifeste du surréalisme*
war noch die geistige Revolution, die Revolution des Bewußtseins, als
eine zentrale Aufgabe betrachtet worden, die sich gerade der Surrealismus
in eigenständiger Weise zum Ziel gesetzt hatte; es wurde der sozialen
Revolution keineswegs der Primat zugeordnet.[25] Jetzt aber akzeptierte
Aragon inhaltlich diesen Primat und formal die Unterordnung unter die
Direktiven der III. Internationalen, wodurch er die literarische Autonomie
inhaltlich wie formal aufgab.[26] In dem schon erwähnten Aufsatz "Le
surréalisme et le devenir révolutionnaire" vom Dezember 1931 versuchte
er die Quadratur des Zirkels, glaubte er, der Surrealismus sei mit der
Parteilinie in Einklang zu bringen, erklärte, die Surrealisten würden auch
gemessen an den Prinzipien von Charkow die richtige Linie vertreten,
seien "außer den militanten Kommunisten" die einzigen revolutionären

---

Westberlin, VSA, 1977, S. 183-184. Die Rede Aragons in Charkow ist in
diesem Band abgedruckt.

25 "Je ne vois vraiment pas, n'en déplaise à quelques révolutionnaires d'esprit
borné, pourquoi nous nous abstiendrions de soulever pourvu que nous les
envisagions sous le même angle que celui sous lequel ils envisagent – et nous
aussi – la Révolution: des problèmes de l'amour, du rêve, de la folie, de l'art,
et de la religion. Or, je ne crains pas de dire qu'avant le surréalisme, rien de
systématique n'avait été fait dans le sens, et qu'au point où nous l'avons
trouvée, pour nous aussi, sous sa forme hégélienne, la méthode dialectique
était inapplicable." Und dann in einem späteren Abschnitt: "Le problème de
l'action sociale n'est, je tiens à y revenir et j'y insiste, qu'une des formes
d'un problème plus général que le surréalisme s'est mis en devoir de soulever
et qui est celui de *l'expression humaine sous toutes ses forces*" (André Breton, *Manifestes du surréalisme*. Paris, Gallimard, 1970, S. 95-96, S. 108-109).

26 "Notre seul désir est de travailler de la façon la plus efficace suivant les
directives du Parti à la discipline et au contrôle duquel nous nous engageons à
soumettre notre activité littéraire" (der ganze Text der Intervention von
Aragon ist abgedruckt in: Maurice Nadeau, *Documents surréalistes*. Paris,
Seuil, 1948, S. 221-223).

Schriftsteller. Im selben Aufsatz forderte er jedoch die Anerkennung des dialektischen Materialismus als einzige revolutionäre Philosophie und ließ im praktischen Bereich nur die Aktivität der III. Internationalen gelten.[27] Er gab danach die Idee einer möglichen Synthese als Illusion auf und wurde sich der Inkompatibilität der Positionen bewußt.[28] Mit der Veröffentlichung des Gedichtes "Front rouge" im August 1931 – nicht mehr in einem Organ der Surrealisten, sondern in der in Moskau erscheinenden Zeitschrift der Internationalen Vereinigung revolutionärer Schriftsteller *La littérature de la Révolution mondiale* – wollte er offensichtlich ein Zeichen des Einschwenkens auf die Parteilinie setzen. Wenn es dem Vokabular der surrealistischen Radikalität verpflichtet war, die aber auch an Majakowski erinnerte, so entsprach es inhaltlich der politischen Linie der Kommunistischen Internationale, die in der Sozialdemokratie ihren Hauptfeind sah. Die Kritik der bourgeoisen Welt war im Gedicht durchaus von surrealistischem Zuschnitt; der Bannstrahl wurde aber nicht im Namen der Poesie geschleudert, sondern im Namen des Proletariats und der Sowjetunion. Vor allem in seiner Hinwendung zur Außenwelt entsprach das Gedicht nicht dem surrealistischen Verständnis; Breton bezeichnete es aus seiner Sicht als poetische Regression. Als Aragon wegen des Gedichtes der Anstiftung des Mordes angeklagt wurde – Breton und andere Linksintellektuelle versuchten, ihn mit Hilfe des Kunstvorbehalts vor juristischer Verfolgung zu bewahren –, wies er dies zurück, weil für ihn nun Dichtung nicht mehr ein Universum eigener Ordnung war, sondern ein Medium des unmittelbaren Kontakts zur Wirklichkeit.[29] Aragon distanzierte sich in

---

27 Siehe Maurice Nadeau, *Histoire du Surréalisme*, S. 141.

28 In der Re-Interpretation von 1935 erklärte er die Idee einer möglichen Synthese aus den emotionalen Bindungen an seinen surrealistischen Freundeskreis: "On trouverait dans un article écrit à mon retour de l'U.R.S.S. pour la revue *Le Surréalisme au service de la Révolution* les derniers sursauts d'un homme qui se défend, qui, revenant à l'ancien milieu d'où il était parti, a peut-être même bien honte aux yeux de ses anciens amis de ce qui maintenant d'eux le sépare [...] Ceux qui ont un peu suivi mon histoire savent que l'article dont je parle fut une tentative désespérée, de connaître l'attitude qui avait été la mienne pendant des années et la réalité à laquelle je m'étais heurté" (Louis Aragon, *Pour un réalisme socialiste*. Paris, Denoël, 1935, S. 15-16).

29 Siehe dazu den Kommentar von Hermann H. Wetzel: "Was in den Augen Bretons ästhetische Regression ist, ist aus Aragons Perspektive ideologische Progression. Tatsächlich kann man ein solches ästhetisches Urteil kaum fällen, ohne sich auf den jeweiligen ideologischen Standpunkt der Autoren zu stellen.

einer kurzen Mitteilung, die in der *Humanité* (vom 10. März 1932) erschien, ausdrücklich von der Verteidigungsschrift Bretons, die mit der Idee
des Klassenkampfes nicht vereinbar sei. Aragon wurde nach diesem Bruch,
der zunächst die Trennung von vielen seiner Freunde bedeutete, von den
Kommunisten, die gegenüber dem ehemaligen surrealistischen 'Chaoten'
keineswegs ihr Mißtrauen aufgegeben hatten, nicht mit offenen Armen
aufgenommen. Nach einem Jahr in der UdSSR wurde ihm eine beschei-
dene Redaktionsstelle bei der Rubrik 'Unglücksfälle und Verbrechen' bei
der *Humanité* angeboten; im Herbst 1933 erhielt er als Vertrauensbeweis
einen Posten als Redaktionssekretär bei der Zeitschrift *Commune*.

Die 'Konversion' von Aragon war, wie Anna Boschetti schreibt,
zweifellos ehrlich und schmerzhaft, wenn man an die Opfer denkt, die er
gebracht hatte, um bei der surrealistischen Gruppe zu bleiben; sie war auf
der Ebene des symbolischen Kapitals jedoch nicht unbedingt ein Gewinn.
Wenn er nun über die Kommunistische Presse jenen Zugang zum breiten
Publikum fand, von dem er träumte, so mußte er doch auf jene literarische
Legitimität verzichten, über die seine alten Freunde verfügten; denn einer
Überzeugung anzuhängen, die ihr Prestige nicht vom Feld selber ableitete,
bedeutete, die Autonomie zu kompromittieren, die den zentralen Wert für
einen Schriftsteller darstellte.[30] Aragon mußte darum ein Interesse daran
haben, mindestens eine gewisse Handlungsfreiheit zurückzugewinnen,
wenn er den Status eines kommunistischen *Schriftstellers* beanspruchen

Die ästhetische Weiterentwicklung und Verabsolutierung des metaphorischen
Prozesses ist auch in den Augen Bretons kein Selbstzweck, die Poesie muß
auch nach ihm 'irgendwo hinführen'. Gerade aber von diesem 'irgendwo'
hängt auch die ästhetische Form ab. Je genauer ein Autor zu wissen meint,
'wohin' seine Poesie 'führen' soll, desto metonymischer, d.h. realistischer
kann er sich innerhalb eines relativ stabilen Weltmodells bewegen. Je weniger
er es weiß, desto metaphorischer, destabilisierender wird er reden und schreiben" (Hermann H. Wetzel, "Zur Bedeutung des metaphorischen Prozesses im
Surrealismus", in: Peter Brockmeier/Hermann H. Wetzel (Hrsg.), *Französische
Literatur in Einzeldarstellungen*. Stuttgart, Metzler, 1982, S. 119). So genau
hier auch die Schreibweisen von Breton und Aragon nach der Wende von
1930 beschrieben werden, so denke ich doch nicht, daß man die Schreibweisen metaphorisch/metonymisch-realistisch derart ontologisieren darf. Die
Entscheidung für eine 'realistische' Schreibweise verdankt sich hier einer
Norm, die von einer feldexternen Instanz verordnet wurde, was keineswegs
generell der Fall zu sein braucht; sie kann ebenso von einer feldinternen
Legitimationsinstanz als *literarische* Norm vorgegeben werden.
30 Anna Boschetti, "Légitimité littéraire", a.a.O., S. 511.

und sich nicht mit dem eines schreibenden Kommunisten bescheiden wollte.

Die gefährdete Autonomie des Feldes

Die Wende von Aragon war ein symptomatischer Fall für die massive Fremdbestimmung, welche die Autonomie des literarischen Feldes in den dreißiger Jahren bedrohte, nicht bloß weil hier ein Zwang von außen ausgeübt wurde, sondern weil die Referenz auf eine feldexterne Autorität auch eingesetzt wurde, um eigene Interessen zu vertreten. Die Direktiven von Charkow waren eindeutig gewesen, fanden aber in der kommunistischen Kulturpolitik in Frankreich zunächst keine unmittelbare Umsetzung, weil, wie Jean-Michel Péru schreibt, die Parteigrößen dem 'proletarischen' Fieber der Intellektuellenkreise mißtrauten; zudem wog das Prestige von Barbusse noch zu stark, als daß man es gewagt hätte, sich mit ihm anzulegen. Die Thesen von Charkow wurden so in der *Humanité* erst mit einem Jahr (!) Verspätung am 20. Oktober und 3. November 1931 veröffentlicht. Unter der Ägide von Vaillant-Couturier, der aus der UdSSR zurückgekehrt war, wurde im März 1932 die 'Association des écrivains et artistes révolutionnaires' (A.E.A.R.) gegründet, die sich auf den (dogmatischen) Geist von Charkow berief, Barbusse nicht zuließ und die Surrealisten bloß als Einzelmitglieder, nicht aber als Gruppe. Es ging darum, wie Jean-Michel Péru ausführt, eine Literatur zu entwickeln, deren Kern die Arbeiterschriftsteller darstellen sollten; gleichzeitig galt es, im Kontakt mit ihnen die kleinbürgerlichen Schriftsteller, die mit ihrer Klasse gebrochen hatten, umzuerziehen. Um das zu erreichen, organisierte die A.E.A.R. und die *Humanité* im November 1932 einen großen Wettbewerb der proletarischen Literatur. Der Partei war es gelungen, den Schriftstellern eine normative Vorgabe aufzuzwingen und selbst ein Breton kam nicht darum herum, die Resultate dieses Wettbewerbs zu kommentieren und von der proletarischen Literatur als einer Evidenz zu sprechen, die er seit 1928 in Frage gestellt hatte. Damit wurde im literarischen Feld ein autonomes Urteil zugunsten des 'Appells an die Profanen' aufgegeben.

Diese Gefahr erkannte vor allem Gide, dem es als 'großem Schriftsteller' ganz besonders an der Autonomie des Feldes liegen mußte, das ihm ja in erster Linie diesen 'Rang' verlieh. Durch seinen Schriftstellerfreund Eugène Dabit kam er um 1931 mit der Frage der 'proletarischen Literatur' in Kontakt, wollte sich aber nicht öffentlich äußern (weil dazu "in seinem Geist noch nichts reif" sei). Trotz der Sympathie für die Sowjetunion, die er 1932 öffentlich kundtat, trat er der KPF bewußt nicht bei,[31] weil ihm die Unterordnung unter eine Parteidisziplin oder gar unter ein ästhetisches Dogma mit einer literarisch-schöpferischen Tätigkeit unvereinbar erschien; aus denselben Skrupeln war er der jungen 'Association des Ecrivains et Artistes Révolutionnaires' (A.E.A.R.) nicht beigetreten, weil sein Sympathiezeugnis als nicht-organisierter Schriftsteller dann ein um so größeres Gewicht habe.[32] In Gides Augen nahm jede Ausrichtung auf ein Urteil außerhalb literarischer Interessen einem literarischen Werk jeden Wert. Er vermochte dank seiner dominanten Stellung die Gefahr, die die Autonomie bedrohte, zu erfassen, was, wie Jean-Michel Péru schreibt, jedoch bei den dominierten Schriftstellern oder den Avantgardisten 1932 (noch) nicht der Fall war.

Die Wiedergewinnung der Autonomie

Nach dieser Phase der Dominanz des Feldes durch feldexterne Interessen setzte nach 1932 ein Prozeß der sukzessiven Wiedergewinnung der Autonomie ein. Ein wichtiges Faktum war zunächst die Auflösung der Panrussischen Vereinigung der Proletarischen Schriftsteller (R.A.P.P.) durch ein Dekret des Zentralkomitees der KP vom 27. April 1932. Die R.A.P.P. hatte eine dominante Rolle innerhalb der Internationalen Union der Revolutionären Schriftsteller gespielt. Es ging jetzt darum, die westlichen

---

31 Enzensbergers Behauptung "Dieser berühmte Mann [Gide] war mit 63 Jahren der Kommunistischen Partei beigetreten" (*Kursbuch*, 30, 1972, S. 168) ist so offensichtlich falsch. Siehe dazu auch Joseph Jurt, "André Gide und die kommunisitische Bewegung. Berichtigung eines Mißverständnisses", *Neue Zürcher Zeitung*, 290, 13./14. Dezember 1975.

32 So schrieb Gide am 13. Dezember in einem Brief an die A.E.A.R.: "Je crois que mon concours (et dans mon cas très précisément) peut être de plus réel profit à votre (à notre) cause, si je l'apporte librement et si l'on me sait *non* enrôlé. Ecrire désormais d'après les 'principes' d'une 'charte' (je prends les expressions de votre circulaire), cela ferait perdre toute valeur réelle à ce que je pourrais écrire désormais; ou plus exactement, ce serait pour moi la stérilité" (André Gide, *Littérature engagée*. Paris, Gallimard, 1950, S. 18) Wenn Arno Münster (*Antifaschismus*, S. 54) vom "Eintritte André Gides in die A.E.A.R." redet, dann entspricht das nicht den Tatsachen, und darum ist seine Behauptung, "die so begeistert gefeierte Aufnahme André Gides in die A.E.A.R. implizierte in theoretischer Hinsicht bereits eine erste leichte Rechtsschwenkung [der Vereinigung]" (S. 57) auch nicht schlüssig.

Schriftsteller, welcher literarischen Tendenz sie auch waren, um die politische Losung "Verteidigung der UdSSR" zu sammeln.[33] Barbusse profitierte von der Ambivalenz dieses neuen Konzepts, um eine eigene Strategie der Sammlung der Intellektuellen zu entwickeln. Er schlug zusammen mit Romain Rolland die Abhaltung eines großen internationalen Kongresses aller Parteien gegen den Krieg in Amsterdam vor. Die Leitung der KPF vermochte gegen Barbusse noch ihr politisches Losungswort "Kampf gegen den imperialistischen Krieg und für die Verteidingung der UdSSR" durchzusetzen.[34] Nach dem Kongreß von Amsterdam schrieb Vaillant-Couturier in der *Humanité* vom 'Front culturel contre la guerre impérialiste'. Die Intellektuellen waren nicht mehr bloß ein intellektueller Abschnitt der allgemeinen politischen Front, sondern eine Gruppe, der man nun auch eine eigene Identität zuerkannte. In dieselbe Richtung ging, wie Jean-Michel Péru ausführt, die Anerkennung der Figur Gorkis, dessen Größe über literarische Qualität definiert werden mußte. Der 'große Schriftsteller' fungierte als Aushängeschild für eine Sache; diese Funktion wurde auch Gide zugesprochen, dann Romain Rolland und später Barbusse. Die Inthronisierung von Gide fand am Ersten Jahrestag der Gründung der A.E.A.R. (am 21. März 1933) statt; Gide hielt die Einführungsansprache ("Fascisme"). Die Rede war von der *Humanité* auf der Titelseite des Blattes groß angekündigt worden ("André Gide parlera ce soir, Salle Cadet"). Vaillant-Couturier hatte das Ereignis allerdings noch im Rahmen des Programmes der proletarisch-revolutionären Literatur situiert. Er sprach von Schriftstellern, die von ihrer "Abscheu vor der verfaulenden bürgerlichen Kultur" angetrieben würden und denen man durch den Kon-

---

33 Die Auflösung der R.A.P.P. bedeutet die Ablösung der engen Norm der proletarischen Literatur durch das weitere Konzept des sozialistischen Realismus, Ablösung aber erst nach der Vollendung, was den Literaturkritikern der *Humanité* in Frankreich erlaubte, sich immer noch auf das noch nicht vollendete frühere Konzept zu beziehen; es bedeutete aber auch die Öffnung gegenüber den 'compagnons de route', die nicht Parteimitglieder waren.

34 Bedeutsam beim Kongreß von Amsterdam (1932), der von Leuten außerhalb der Parteiapparate propagiert wurde, war, daß sich die Manifestation als eine Sammlung verstand – traten doch zum ersten Mal Mitglieder der KP offiziell zusammen mit Pazifisten, Sozialdemokraten und Linksliberalen auf; die 830 (von 2200) Teilnehmer umfassende kommunistische Fraktion hatte allerdings keinen Grund, der Schlußresolution fernzustehen, die die Aggressivität des Kapitalismus anklagte, die Pflicht zur Verteidigung der Sowjetunion proklamierte und die Massen zum Kampf gegen den Krieg aufrief.

takt mit Arbeiterkorrespondenten neue Perspektiven eröffnen müsse.[35]
Die Interpretation des Ereignisses *post festum* war jedoch anders. Der
Abend hatte – so die *Humanité* – nicht Schriftsteller und Arbeiterkorrespondenten zusammengeführt, sondern gab Anlaß zu "einer denkwürdigen
Manifestation von Schriftstellern und Intellektuellen, die in Massen herbei-
strömten". Der Eindruck eines Gruppenphänomens von Intellektuellen, das
durch ein politisches Ziel hervorgerufen wurde (Kampf gegen den deutschen Faschismus und den französischen Chauvinismus) drängte sich bei
den Veranstaltern auf. Nunmehr galt es, diese Intellektuellen-Bewegung zu
fördern, was auch bedeutete, daß man deren Spezifität anerkennen mußte.
    Diese Entwicklung, die 1933 einsetzte, gipfelte in der Durchführung
des I. Internationalen Schriftstellerkongresses zur Verteidigung der Kultur
(vom 21. bis 25 Juli 1935) in Paris, der auf Initiative französischer Schriftsteller durchgeführt wurde. 1935 bedeutet aber auch die Reintegration der
KPF in die Nation.[36] Die Schriftsteller unterstützten durch ihr Renommee

---

35 Die Verantwortlichen übten dabei auch 'sanften' Druck auf Gide aus, der sich
    vom Präsidium der besagten Versammlung der A.E.A.R. wieder zurückziehen
    wollte; er wurde von Vaillant-Couturier dazu überredet, mit dem Argument,
    sein Auftritt sei schon angekündigt. Bezeichnend waren auch hier wieder die
    Skrupel von Gide, der sehr auf seine Unabhängigkeit bedacht war: "Com-
    prenez que ce qui m'effraie c'est d'être entraîné par sympathie à dépasser ma
    pensée et puis, je me connais, je ne pourrai m'empêcher de faire des mises au
    point qui auront fatalement l'air de reculades, et j'ai horreur de ça" (in:
    [Maria van Rysselberghe], *Les Cahiers de la Petite Dame*, Band 2: 1929-
    1937. Paris, Gallimard, 1974, S. 292). Wenn der Abdruck des Romans *Les
    Caves du Vatican* im Feuilleton-Teil der *Humanité* (Juni/Juli 1933) als ein
    Zeichen der engen Bindung des Schriftstellers an die KPF interpretiert wurde,
    so wissen wir heute aus den Aufzeichnungen von Maria van Rysselberghe,
    daß auch hier die Partei Gide 'nachgeholfen' hatte. Am selben Tag, als man
    den Schriftsteller um die Erlaubnis zum Abdruck in der *Humanité* bat, wurde
    die Publikation angekündigt, obwohl Gide dazu noch gar nicht entschlossen
    war. Er gab vor dem fait accompli klein bei, um einen Skandal zu vermeiden.
36 Anfang Mai 1935 unterzeichnete Frankreich einen Defensivpakt mit Rußland,
    gemäß der von Barthou initiierten Außenpolitik, die dahin zielte, das nationa-
    listische Deutschland durch ein System der kollektiven Sicherheit zu isolieren.
    Nach der Paraphierung des Vertrags durch den Außenminister Laval in
    Moskau bewegte dieser Stalin zur Billigung der französischen Verteidigungs-
    maßnahmen. Die französischen Kommunisten, nur zu froh, aus ihrem Ghetto
    ausbrechen zu können, gaben ihren Antimilitarismus auf und ließen einem
    lang verdrängten Patriotismus freien Lauf.

diese Reintegration, währenddem die KPF auf die Intervention im Feld der Intellektuellen verzichtete, die Autonomie anerkannte und eine eigene Kulturpolitik zugunsten einer Allianzpolitik aufgab.

Diesem Kurswechsel ging, wie Jean-Michel Péru ausführt, ein interner Machtkampf voraus. Auf der einen Seite standen die Literaturkritiker der *Humanité*, Fréville[37] und René Garmy, die noch lange am Dogma der 'proletarische Literatur' festhielten, sowohl dem politischen und dem literarischen Feld angehörten, ihre Literaturrubrik in der kommunistischen Tageszeitung aber einzig dem Wohlwollen politischer Verantwortlicher verdankten.

Auf der anderen Seite standen diejenigen kommunistischen Schriftsteller, deren Renommee nicht von der Partei, sondern von der Anerkennung durch ihresgleichen abhing. Aragon hatte zunächst, wie wir gesehen haben, seinen guten proletarischen Willen nach Charkow durch den Aufsatz "Le surréalisme et le devenir révolutionnaire", durch sein 'revolutionäres Gedicht' "Front rouge" und die Ablehnung von Bretons idealistischer Interpretation bewiesen. Auch Nizan hatte noch 1933 von der Integration der kleinbürgerlichen Schriftsteller durch den Kontakt mit den Arbeiter-Schriftstellern gesprochen. Beide hatten eine Position erreicht, mußten aber politische Argumente in literarischen Debatten akzeptieren. Danach ging es jedoch darum, wie Péru schreibt, das Politische aus dem Literarischen auszuschließen, was jedoch nicht hieß, politische Dimensionen des Literarischen zu vernachlässigen, sondern die Einmischung der Vertreter des politischen Feldes zu verhindern. Der Konflikt zwischen beiden konkurrierenden Gruppen artikulierte sich 1935 anläßlich der 50-Jahr-Feier des Todes von Victor Hugo. Die Literaturkritiker stuften den Verfasser der *Misérables* aus rein politischer Perspektive als Klassenfeind ein. Im Rahmen der sich abzeichnenden Volksfront-Bündnis-Politik organisierten jedoch KPF und SFIO einen gemeinsamen Abend zu Ehren Hugos ("Das Volk von Paris ehrt Hugo"), der von der extremen Rechten scharf angegriffen worden war. Aber auch Aragon und Nizan intervenierten in Artikeln der *Humanité* zugunsten von Hugo. Die beiden Literaturkritiker Garmy und Fréville verloren ihre Stelle bei der *Humanité* und in der neuen Rubrik der Zeitung 'Les Lettres et les Arts' kamen auch Schriftsteller selber zu Wort, hatten sich so ein Stück Autonomie zurückerobert. Aragon argumentierte immer mehr aus literarischer Warte. Im Namen

---

37 Zu Fréville siehe auch Franziska Sick, *Literaturpolitik*, S. 63-70: "Proletariat und sozialer Fortschritt".

literarischer Werte war der Antifaschismus (als 'Verteidigung der Kultur') möglich und notwendig, der in seinen Augen den eigentlichen Markstein darstellte, und nicht der Marxismus.[38] Wenn der sozialistische Realismus vor allem auch für Aragon zum neuen Leitbegriff wurde, dann darf das, nach Jean-Michel Péru, keineswegs auf dieselbe Ebene wie die Norm der 'proletarischen Literatur' gestellt werden. Denn zum einen wurde der sozialistische Realismus den Schriftstellern der A.E.A.R. nicht als Dogma vorgeschrieben. Zudem ging es nicht mehr darum, aus politischer Perspektive eine bestimmte Literatur zu fordern. Hier schlug ein *Schriftsteller* eine neue literarische Technik vor.[39]

Die Schriftsteller dachten nicht mehr daran, im Proletariat aufzugehen, sondern sich in dessen Dienst zu stellen. Das, was die Schriftsteller einbringen konnten, war, wie Péru betont, ein intellektuelles Kapital und ein Prestige-Kapital. Die 'kleinbürgerlichen Schriftsteller', die mit noch nicht so großem literarischem Kapital ausgestattet waren, sollten 'revolutionäre Schriftsteller' werden, um so das intellektuelle Kapital der KPF zu bereichern; die 'großen Schriftsteller' hingegen, deren sozialer Ursprung nicht präzisiert wurde, sollten das Prestige-Kapital der Partei erweitern.

Als Aragon mit seinen Romanen immer bekannter wurde, vermochte er sein intellektuelles Kapital in ein Prestige-Kapital umzuwandeln und konnte so die Bedingungen seines Beitrages mit den Führern der KP neu verhandeln. Die Partei profitierte in ihrer Phase der Integration in die Nation von der Autorität des großen Intellektuellen. Andererseites gab sie ihre Autonomie des Urteils in allen anderen Bereichen der symbolischen Güter – außer dem der Politik – aus den Händen. Der heutige Kult, den

---

38 Zur äußerst dynamisierenden Wirkung des Antifaschismus bei den Schriftstellern, die über die Antikriegstendenz der zwanziger Jahre und die antibürgerliche Revolte der Surrealisten weit hinausging, siehe auch André Malraux, der den Antifaschismus als eine jener "passions négatives" bezeichnete, "celles qui vivent moins de leur objet que de leur ennemi [...] En 1934, les fascismes pèsent plus lourd que les droites. Ils s'occupent mieux des chars d'assault. Et l'antifascisme n'est pas seulement le vaste champ où les libéraux se mêlent aux communistes [...] C'est un sentiment; c'est une attitude; c'est aussi une politique" (André Malraux, "Préface", in: *L'Indépendance de l'esprit*, Correspondance Guéhenno/R. Rolland (1919-1944). Paris, Gallimard, 1975, S. 7.).

39 "Pour Aragon, le réalisme socialiste est notamment affaire purement littéraire – et il s'attache à l'inscrire uniquement dans une tradition littéraire, française, incluant par exemple le romantisme – qui ne regarde que les écrivains" (Jean-Michel Péru, "Une crise", a.a.O., S. 64).

Kommunisten Aragon und Picasso widmen, ist nach Péru der Schlußpunkt einer Entwicklung, die 1935 begann. Die kommunistischen Schriftsteller konnten so bei der Führung der KPF die Idee der notwendigen Spezifität des Schriftstellers durchsetzen, um so behaupten zu können, Kommunisten unter den *Schriftstellern* zu sein. Sie hatten die Delegierung dieser Funktion erreicht. Eine bedeutsame Rolle hatte dabei die Zeitschrift der A.E.A.R., *Commune*, gespielt, die zu einem wichtigen Intellektuellen-Forum geworden war.[40] Die Debatte um die 'proletarische Literatur' war dergestalt obsolet geworden. Letztlich hatten die Vertreter dieser Norm das beschriebene Milieu mit dem Standpunkt des Beschreibers gleichgesetzt und den absoluten Primat des Inhalts postuliert. Die Position der proletarischen Literatur war, nach Jean-Michel Péru, die heftigste, aber letzte Reaktion *gegen* die wachsende Autonomisierung des literarischen Feldes, für welche die surrealistische Ablehnung des Inhaltsprinzips in der Dichtung ebenso symptomatisch war wie der Primat, der Fragen der 'Schreibweise' zugeschrieben wurde.[41]

Der Außenseiter und das Gesetz des Feldes: Céline

Wie sehr aber die Frage der proletarischen Literatur das literarische Feld Anfang der dreißiger Jahre bestimmt hatte, ist auch an Céline abzulesen, der den 'proletarischen' Schriftsteller Eugène Dabit sehr schätzte und der, wie Péru schreibt, auch zunächst eine 'proletarische' Strategie wählte und sich eine Biographie mit proletarischem Ursprung konstruierte. Er schlug jedoch in einem noch stärkeren Maße als die Surrealisten eine anti-institutionelle Strategie ein, und sein Fall scheint, zunächst, wie Anna Boschetti schreibt, den Gesetzen des Feldes zu widersprechen.[42] Während avantgardistische Werke, wie die der Surrealisten, relativ schnell Anerkennung im engen Kreis der Eingeweihten und erst später, oder manchmal auch nie, Resonanz beim breiten Publikum fanden, so war es bei Céline fast umgekehrt. Vom Roman *Voyage au bout de la nuit*, der zweifellos äußerst innovativ war, wurden schon vier Monate nach dem Erscheinen

---

40 Siehe dazu Nicole Racine, " L'A.E.A.R., la revue *Commune* et la lutte idéologique contre le fascisme (1932-1936)", *Le mouvement social*, 51, März 1966, S. 29-47.

41 Jean-Michel Péru, "Une crise", a.a.O., S. 65.

42 Anna Boschetti, "Légitimité littéraire", a.a.O., S. 512; wir fassen im folgenden die Thesen der Autorin zum 'Fall' Céline zusammen.

1932 100 000 Exemplare abgesetzt, währenddem seine literarische Legitimität noch Gegenstand heftiger Kontroversen war. Der Verlag Gallimard hatte Verbesserungen am Manuskript verlangt, und beim Prix Goncourt, für den er als sicherer Kandidat galt, fiel er durch.

Um die Logik dieser Position zu begreifen, muß man, nach Anna Boschetti, diese mit derjenigen der legitimen Avantgarde – der Surrealisten – vergleichen. Wenn Céline zur selben Generation zählte, ja noch etwas älter war, so trat er erst fünfzehn Jahre nach ihnen auf der literarischen Bühne auf. Die Surrealisten widmeten sich sehr früh dem Schreiben, waren mit der Pariser Literaturszene vertraut, gaben – zumeist – ihr Studium auf, um sich ausschließlich ihren Experimenten zu widmen, waren so geprägt vom literarischen Leben, so daß sie noch in ihrer Revolte legitim blieben und sich stets auf ein Erbe bezogen, das sie überholen wollten.[43] Für Céline hingegen war diese Welt, mindestens bis zur Publikation von *Voyage au bout de la nuit* völlig fremd; er hatte verschiedenste Tätigkeiten außerhalb der Literatur ausgeübt. Der Beruf des Arztes, auf den Breton und Aragon verzichtet hatten, war für ihn ein wesentlicher Bestandteil seiner sozialen Identität, dies um so mehr, da er seine Gymnasialstudien zu einem Zeitpunkt wiederaufnahm, zu dem andere schon ihren Doktor machten. Erst mit dreißig Jahren, 1926, widmete er sich ernsthaft der Literatur – mit der Abfassung von *L'Eglise*. Er stand aber auch im Gegensatz zu den Surrealisten in seiner Art, das Schreiben zu praktizieren: allein und fast geheim und keinesfalls in einer Gruppe. Die Surrealisten waren für ihn die Fortsetzer einer klassischen französischen Literaturtradition.[44]

In allen seinen Erfahrungen, die er in seinen Werken ab *L'Eglise* transponieren wird – bei der Armee, im Hinterland, in Afrika, in Amerika, im medizinischen Milieu, war Céline immer ein Dominierter, überzeugt, daß die Macht ein Komplott darstellt gegen diejenigen, die von ihr ausgeschlossen sind. In seiner autodidaktischen Lektüre wählte er immer die Autoren, die möglichst weit vom distinguierten Kanon der Surrealisten

---

43 Siehe im vorliegenden Band S. 251.
44 "Le surréalisme. Là, plus rien à craindre! Aucune émotivité nécessaire [...] [Les surréalistes] lancés, embusqués, délirants d'impunité [...] Les tenants de la grande culture, les continuateurs des classiques, sont à tel point avachis, parvenus, à force de constipation, stylistiforme, à un tel degré d'affaiblissement, qu'ils se ressemblent maintenant tous horriblement." (Céline, *Bagatelles pour un massacre*. Paris, Denoël, 1937, S. 170-171; zitiert bei Anna Boschetti, "Légitimité littéraire", a.a.O., S. 512).

entfernt waren: Barbusse, Dabit, Ramuz, Schriftsteller, die sich in ihrer
Literatur zu den Sprechern der Ausgeschlossenen der Gesellschaft machten
und die sich darum mit der Frage der Sprache auseinandersetzen mußten,
der sie sich bedienen sollten, um das Sprechen ihrer Personen zum Ausdruck zu bringen.

Célines Position war aber weit radikaler; weder Hoffnung noch Resi-
gnation dämpften seine Erfahrung der sozialen Welt. Gerade weil er seine
hoffnungslose Sicht für die Wahrheit der Gesellschaft hielt, hob er die
Distanz auf, die die genannten Autoren gegenüber ihren Figuren wahrten,
eine Distanz, die sich in der Sprache und im Blickwinkel manifestierte.
Bei Céline läßt sich vom Theaterstück *L'Eglise* bis zum Roman *Voyage au
bout de la nuit* ein entscheidender Wandel feststellen. Wenn auch die –
weitgehend autobiographisch fundierten – Themenbereiche fast identisch
waren – , so unterschieden sich die beiden Werke in formaler Hinsicht
doch grundlegend.[45] Die Personen sind im Theaterstück durch ihr spezifisches Profil und ihre Sprache genau voneinander abgegrenzt; einzig die
Figur Pistil spricht eine Sprache, die dem gesprochenen Französisch
nahekommt. Im Roman *Voyage au bout de la nuit* hatte Céline jedoch
einen einheitlichen Blickwinkel gefunden über die Figur des Erzählers
Ferdinand Bardamu, die es ihm erlaubte, sich mit der Perspektive des
Entrechteten zu identifizieren, aus der Sicht eines sozial und moralisch
Elenden zu berichten. Das Geschehen wird aber nicht nur durch diesen
konsequenten Blickwinkel vermittelt, sondern durch eine Sprache, die
'Stimme' der Entrechteten, für die Céline einen neuen unnachahmlichen
Stil fand und erfand, der der Sprechsprache nahekommen sollte.[46] Die
Anspielungen an die Sprache des Volkes – im Bereich des Lexikons, der
gesprochenen Wendungen, vor allem aber in der sprechsprachlichen
Syntax – fielen unmittelbar auf und erklären, warum man Célines Sprache
als eine schlichte Transkription des gesprochenen Französisch betrachtete.[47] Kompetente Zeitgenossen entdeckten indes den außerordentlichen

---

45 Siehe dazu Joseph Jurt, "Tanz und Tod bei Céline", in: Franz Link (Hrsg.),
   Tanz und Tod in Kunst und Literatur. Berlin, Duncker und Humblot, 1993,
   S. 445-461; ders., "Autobiographische Fiktion – Fiktionale Autobiographie",
   Literaturwissenschaftliches Jahrbuch, 34. Band, 1993, S. 347-359.
46 Siehe dazu Andreas Blank, *Literarisierung von Mündlichkeit. Louis-Ferdinand
   Céline und Raymond Queneau.* Tübingen, G. Narr, 1991, S. 119-168: "Der
   emotionaole Diskurs in *Voyage au bout de la nuit*".
47 Siehe dazu Andreas Blank: "Insgesamt bleibt *Voyage* trotz der expressiven
   Syntax Schriftsprache, im Jahre 1932 jedoch galten schon diese relativ harm-

Reichtum der innovativen Verfahren, die Kenntnis und die Virtuosität, die
notwendig waren, um eine solche Kunstsprache der fingierten Mündlichkeit zu schaffen.[48]
   Dieser Aspekt war für Céline zentral; er wollte sichtbar machen, daß
sein Werk sich nicht in der sozialen Anklage erschöpfte, sondern vor
allem einen ehrgeizigen Versuch der literarischen Subversion darstellte.
Mit seiner Literatur suchte er sich von der etablierten Literatur absetzen,
eine lebendige Literatur einer erstarrten entgegensetzen.[49] Durch die
Sprache und die Erzählperspektive wurde offensichtlich, daß *Voyage au
bout de la nuit* nicht mit den Unternehmungen eines Barbusse oder eines
Dabit gleichzusetzen war, die mindestens einen wichtigen Aspekt der
sozialen Ordnung nicht in Frage stellten: den überkommenen Platz und die
geltende Definition der Literatur.[50]

---

losen Abweichungen als revolutionäre, 'unerhörte' Tat [...] Céline beurteilte
seinen ersten Roman später eher kritisch: 'In *Voyage* mache ich noch gewisse
Zugeständnisse an die Literatur, an die 'gute Literatur'. Man findet allein
darin noch ausgesparte Sätze. Für mein Verständnis [...] ist das ein wenig
zurückgeblieben." (Gespräch mit Madeleine Chapsal) (zitiert nach Andreas
Blank/Joseph Jurt, "Die Modernität Célines", in: Hans-Joachim Piechotta/
Ralph-Rainer Wuthenow/Sabine Rothemann [Hrsg.], *Die literarische Moderne
in Europa*, Band 3. Opladen, Westdeutscher Verlag, 1994, S. 29, 35.

48 Siehe dazu schon die frühe Analyse von Leo Spitzer, "Une habitude de style.
   Le rappel chez Céline", *Le Français moderne*, 3, 1935, S. 193-208.

49 In einem Interview nach der Veröffentlichung von *Voyage au bout de la nuit*
   fällte er ein vernichtendes Urteil über die Gegenwartsliteratur: "La littérature
   actuelle les trois quarts ne valent pas une note d'observation clinique, plus
   sûre." In einem Brief an André Rousseaux schrieb Céline: "Je ne peux pas
   lire un roman en langage classique. Ce sont là des projets de romans. Ce ne
   sont jamais des romans. Tout le travail reste à faire... Leur langue est impossible. Elle est *morte* [...] La langue des romans habituels est morte, syntaxe
   morte, tout mort. Les miens mourront aussi, bientôt sans doute. Mais ils
   auront la petite supériorité sur tant d'autres, ils auront pendant un an, un
   mois, un jour, *vécu*" (zitiert in *Cahiers Céline* 1: Céline et l'actualité littéraire.
   Paris, Gallimard, 1976, S. 32, 106).

50 Siehe hingegen Céline: "Qu'importe mon livre? Ce n'est pas de la littérature.
   Alors? C'est de la vie, la vie telle qu'elle se présente. La misère humaine me
   bouleverse, qu'elle soit physique ou morale" (*Cahiers Céline* 1, S. 21). Auf
   die rituelle Frage, wer ihn beeinflußt habe, antwortete er, er habe gar keine
   Zeit zum Lesen gehabt, er habe auch kein Gymnasium besucht. Kein Schriftsteller habe ihn geprägt. "Non, je crois que je ne dois rien à aucun écrivain –

Voyage au bout de la nuit, so betont Anna Boschetti, stellte sich
außerhalb der geltenden Schreibweisen; seine ideologischen und ästhetischen Intentionen hatten wenig zu tun mit den legitimen Fragen im literarischen Feld, sondern richteten sich mit Heftigkeit gegen die Hierarchien,
die das Feld begründeten. Die Surrealisten bewegten sich hingegen auch
mit ihren größten Provokationen noch innerhalb der Geschichte des Feldes,
aus dem sie die Zielscheiben ihrer Polemiken wählten. In den Augen von
Anna Boschetti war es kein Zufall, daß Céline vom Verlag Denoël publiziert wurde. Denn Denoël nahm im Feld eine ähnliche Position ein wie
Céline; auch er war Außenseiter (er stammte aus Belgien), ein Neuling im
Feld, ohne eigenes Kapital außer seinem Talent. Wie Céline konnte er sich
nur einen Namen machen, wenn er die bestehende literarische Ordnung in
Frage stellte, die durch die großen Verlagshäuser Gallimard und Grasset
bestimmt war. Denoël versuchte darum auch, den Skandal, den Célines
Roman ausgelöst hatte, auszuwerten. Weil Céline unterstrich, sein Werk
sei keine 'Literatur', erzielte er große Resonanz bei einem nicht-literarischen Publikum; vom Kreis derjenigen, die die literarische Legitimität
definierten, wurde er indes kaum akzeptiert. Nizans Worte "Céline ist
keiner der Unsrigen, und es ist unmöglich, seine tiefgehende Anarchie,
seine Verachtung und seine allgemeine Zurückweisung, die das Proletariat
keineswegs ausschließen, zu akzeptieren"[51] markierten nach Anna Boschetti nicht nur eine ideologische, sondern auch eine soziale Distanz.

Der folgende Roman *Mort à crédit* fiel dann auch bei der Kritik durch.
Der Verleger Robert Denoël verteidigte das Buch in seiner *Apologie de
'Mort à crédit'*, ein Vorgehen, das eher ungewöhnlich und letztlich ein
Zeichen der Schwäche war. Wenn er von der paradoxen Situation Célines
sprach, der vom großen Publikum, nicht aber von der Kritik unmittelbar

---

ce qui m'a influencé c'est le cinéma." Dann aber stellte er die Literatur,
mindestens die überkommene Literatur, wieder völlig in Frage: "Car si la
littérature a une excuse (je crois bien d'ailleurs que nous arrivons à la fin de
la littérature [...]) [...] si la littérature donc a une excuse, c'est de raconter nos
délires. Le délire, il n'y a que cela et notre grand maître actuellement à tous,
c'est Freud." Formale Einflüsse von anderen Schriftstellern stellte er indes
radikal in Abrede, um nur die Erfahrung der gesprochenen Sprache gelten zu
lassen: "[...] mais influences du style parlé de gens que j'ai rencontrés: des
Américains [...], des militaires, des gens de la rue (car j'aime beaucoup le
style trivial)" (*Cahiers Céline* 1, S. 87-88).
51 Paul Nizan, *Für eine neue Kultur*. Reinbek, Rowohlt, 1973, S. 27. [Bespre-
chung von *Voyage au bout de la nuit*, *L'Humanité*, 9. Dez. 1932.]

akzeptiert wurde, obwohl sein Werk so innovativ war, dann deckte er damit auch den objektiven Widerspruch gegenüber den ungeschriebenen Gesetzen des Feldes auf, der sowohl seine als auch Célines Haltung charakterisierte. Beide versuchten, die Eingeweihten zu überzeugen, indem sie auf die Resonanz bei den 'Profanen' verwiesen; sie verkannten dabei, daß die Macht der Konsekration sich gerade in Abgrenzung zum Urteil der Profanen konstituierte. Es war keineswegs zufällig, daß Denoël in seiner Schrift eine Parallele zwischen Céline und Zola entwickelte. Zolas Werk wurde auch vom großen Publikum, das sich nicht um seine ästhetischen Intentionen kümmerte, positiv aufgenommen und von den offiziellen Konsekrationsinstanzen zurückgewiesen, die ihm – mit Erfolg – den Weg zur Akademie verbauten.[52]

Célines Antisemitismus, der sich massiv im Pamphlet *Bagatelles pour un massacre* achtzehn Monate nach dem Fiasko von *Mort à crédit* manifestierte, hatte nach Anna Boschetti etwas mit dieser negativen Rezeption zu tun. Denn das Pamphlet setzte ein mit einer Breitseite gegen die Literaturkritiker. Im Augenblick, als er hoffte, als Schriftsteller anerkannt zu werden, war er von ihnen ins Abseits gestellt worden.[53] Das Ressenti-

---

52 Die Analogie der Position der beiden Schriftsteller im Feld ist offensichtlich. Die Kritik hatte 1932 ebenfalls eine inhaltliche Verwandtschaft zwischen den Werken Célines und Zolas postuliert; er war darum 1932 eingeladen worden, die Zola-Rede in Médan zu halten. Céline betonte indes vor allem die Unterschiede zum naturalistischen Programm, das 1932 nicht mehr "gehe": "Aujourd'hui, le naturalisme de Zola, avec les moyens que nous possédons pour nos renseiner, devient presque impossible [...]. La réalité d'aujourd'hui ne serait permise à personne. A nous donc les symboles et les rêves [...] Car, enfin, c'est dans les symboles et les rêves que nous passons les neuf dixièmes de notre vie." Céline sah auch die Methode der 'wissenschaftlichen Analyse' eines Zola nicht mehr als vorbildlich: "Nous travaillons à présent par la sensibilité et non plus par l'analyse, en somme, 'du dedans'. Nos mots vont jusqu'aux instincts et les touchent parfois, mais, en même temps, nous avons appris que là s'arrêtait, et pour toujours, notre pouvoir." Céline teilte vor allem den Optimismus eines Zola nicht: "Avons-nous encore, sans niaiserie, le droit de faire figure dans nos écrits une Providence quelconque?" (*Cahiers Céline* 1, S. 78-81).

53 "Céline a tout misé sur la littérature. Par la gloire littéraire, il aurait enfin pu accéder au royaume des élus de la société, auquel il avait toujours aspiré, en dépit de ses dénégations, comme le prouve son ascension sociale. Alors revient à la surface l'obsession du complot, de la persécution, à laquelle aboutit souvent la trajectoire des ambitieux frustrés, temporairement suspen-

ment Célines war aber auch Eingeständnis einer enttäuschten Ambition, die implizit eine Anerkennung jener Wertkriterien des literarischen Feldes war, die auch er verinnerlicht hatte. Die Zielscheibe seines Hasses in den späteren Werken blieb die Welt, die ihn zurückgewiesen hatte, die er mit der Figur Gallimards identifizierte, für den er äußerst satirische Worte fand, währenddem ihn mit Denoël, dem Außenseiter der Verlagslandschaft, der antisemitische Pamphlete und Hitlertexte, aber auch Aragon veröffentlichte und letzteren auch während der Besatzungszeit beschützte, eine echte Affinität verband.[54]

Die literarische Legitimität in den dreißiger Jahren wurde nicht von einem Céline – trotz seiner Innovationen – verkörpert, sondern von den engagierten Linksintellektuellen. Die politische Indifferenz oder eine Rechtsposition waren zum negativen Stigma innerhalb des literarischen Feldes geworden, das so seine Wertehierarchie gegenüber dem ersten Viertel des Jahrhunderts radikal modifiziert hatte.[55] Die Befreiung nach 1944 vertiefte diesen Graben zwischen einer Rechten, die durch Faschismus und Kollaboration kompromittiert war, und einer Linken des Widerstandes und des Martyriums. Die soziale Verantwortung des Schriftstellers sollte mit Sartre und seiner Generation zu einem Kernpunkt der Debatte im literarischen Feld werden. Es wäre falsch, das Konzept des 'Engage-

dus par le succès de *Voyage au bout de la nuit*. Et tout, son passé comme l'humeur idéologique de l'époque, porte Céline à faire des juifs les boucs émissaires de sa rancune" (Anna Boschetti, "Légitimité littéraire", a.a.O., S. 521). Jean-Michel Péru fragt sich, ob die ideologische Wende Célines nicht auch im Zusammenhang mit der Aufgabe des Modells der proletarischen Literatur stand: "Il faudrait voir de plus près quels liens il y a entre l'abandon de la littérature prolétarienne par le PCF (abandon auquel Céline réagit vivement), et, pour dire vite, son passage au fascisme (où il fut accompagné d'un nombre non négligeable 'd'ouvriers qui écrivent' déçus), reconversion provisoirement valorisante (dans les années 30), au moment où la littérature prolétarienne ne payait plus" (Jean-Michel Péru, "Une crise", a.a.O., S. 50-51). Siehe dazu auch Joseph Jurt, "Céline – Ideologieverdacht oder literarischer Rang?", *RZLG*, 1-4, 1984, S. 261-288.

54 Davon zeugen auch die Zeilen eines Briefes an Maria Canavaggio anläßlich des Todes von Denoël: "Pauvre Denoël, son Renaudot! Nous deux si misérables alors déjà .. et puis cette espèce de gloire si menacée si périlleuse si méchante si précaire déjà toute pétrie de venins, de haines [...]." (zitiert bei Anna Boschetti, "Légitimité littéraire", a.a.O., S. 521).

55 Siehe hier und zum Folgenden auch Anna Boschetti, "Légitimité littéraire", a.a.O., S. 524-525.

ments' mit dem Verlust der Autonomie des Feldes gleichzusetzen. Zweifellos übte jetzt die Gesellschaft einen großen Legitimationsdruck auf die Schriftsteller aus, die über ihre soziale Funktion Rechenschaft abzulegen hatten. Trotzdem wurden die dominanten Positionen im literarischen Feld des Nachkriegsfrankreich nicht von kommunistischen Schriftstellern besetzt, sondern von Camus und Sartre, die am besten den literarischen und ideologischen Erwartungen ihrer Schriftstellerkollegen entsprachen, vor allem jener Vorstellung von Freiheit, die die Funktion der Intellektuellen seit Beginn bestimmte hatte.

11

Jean-Paul Sartre und die Hegemonie
im intellektuellen Feld nach 1945

Jean-Paul Sartre hat zweifellos in den fünfzehn Jahren, die dem Kriegs-
ende folgten, in der intellektuellen Öffentlichkeit eine einzigartig dominante Rolle gespielt. Die Resonanz, die er auch heute noch findet, belegt, daß
er nach wie vor als der bekannteste zeitgenössische Intellektuelle Frankreichs gilt. Nun erweisen sich gerade die Kategorien Sartres als höchst
ungeeignet, um die Dominanz zu *erklären*. Gemäß seiner (voluntaristischen) Philosophie des Subjekts, der Freiheit, des Bewußtseins wird diese
Resonanz fast ausschließlich zurückgeführt auf Qualitäten des Individuums, wodurch die strukturellen und konjunkturellen *Bedingungen* dieses
Erfolgs vertuscht werden. "Man kann von Sartre im gleichen Maße sagen,
daß er das intellektuelle Feld seiner Epoche dominiert hat und er aber auch
von ihm mehr als ein anderer dominiert wurde", wandte Pierre Bourdieu
zu Recht ein.[1] Anna Boschetti versuchte die Hegemonie Sartres nicht über
die Identifikation mit dessen Selbstverständnis darzustellen, sondern über
eine sozialanalytische Objektivation mittels der Feldtheorie.[2] Der Philo-

---

1   Siehe dazu Pierre Bourdieu, "L'invention de l'intellectuel total", *RZLG*, V, 4,
    1981, S. 385: "Et si Sartre n'avait été que l'idéologue de l'intellectuel, assuré
    d'obtenir d'eux qu'ils se reconnaissent dans l'image d'eux-mêmes qu'il leur
    renvoie, celle de l'intellectuel total à qui rien de ce qui est intellectuel n'est
    étranger, celle de l'intellectuel libre, irréductible à toutes les déterminations?
    Et si celui qui a exercé sur tout l'univers intellectuel une domination sans
    partage avait été totalement dominé par ce qu'il dominait?" Der Aufsatz
    "L'invention de l'intellectuel total" erschien zuerst in der *London Review of
    Books*, vol 2, 22, 20. November-3. Dezember 1980, S. 11-12; ich übersetzte
    ihn für die *Romanistische Zeitschrift für Literaturgeschichte*, 4, 1981, S. 385-
    391: "Die Erfindung des totalen Intellektuellen". Die französische Version
    erschien in *Libération*, 31 März 1983, S. 20-21. Der Aufsatz wurde wieder-
    aufgenommen im Band *Les règles de l'art* unter dem Titel "L'intellectuel
    total et l'illusion de la toute-puissance de la pensée" (S. 293-297).
2   Siehe Pierre Bourdieu, "L'invention de l'intellectuel total", a.a.O., S. 385: "La

soph ist nach der Analyse, die Anna Boschetti in ihrem Buch *Sartre et 'Les Temps Modernes'*[3] vorlegte, das vollendete Produkt dieses Feldes: "Seine Laufbahn enthält das ganze Repertoire der Fragen, die sich bei der Analyse der Intellektuellen und ihrer Praktiken stellen."[4]

Denn er verkörperte mindestens während der Nachkriegszeit die kulturelle Legitimität. Es ging Anna Boschetti darum hier nicht um die soziale Biographie eines Individuums, sondern um die Analyse der Bedingungen, die diese außergewöhnliche Hegemonie Sartres möglich machten, die offensichtlich einem kollektiven Bedürfnis entgegenkam.

Mit der Zeit der Libération situierte die Verfasserin zu Recht den Beginn der intellektuellen Dominanz von Sartre. Der Schriftsteller-Philosoph wurde nicht nur von seinesgleichen, sondern auch von einer breiten Öffentlichkeit anerkannt, von der Kulturelite ebenso wie von der Presse, von den Philosophen *und* den Literaten, die alle – von den Katholiken bis zu den Marxisten – nicht darum herum kamen, sich in bezug auf ihn zu definieren. Diese Suprematie läßt sich nach Anna Boschetti nicht allein aus den konjunkturellen Bedingungen der unmittelbaren Nachkriegszeit erklären. Sie erkläre sich aus einer außergewöhnlichen Übereinstimmung zwischen seiner Position und der Nachfrage auf dem 'Markt', auf dem er erschien. Diese Übereinstimmung zwischen den Erwartungen des Feldes und der persönlichen Disposition sei indes schon in der Laufbahn Sartres angelegt gewesen. Durch die Absolvierung der Ecole Normale Supérieure und die Agrégation de philosophie zählte er zur Elite des Professorats. In der kollektiven Vorstellung wurde indes die Gruppe der Professoren streng von derjenigen der Schriftsteller getrennt. Die Professoren wurden, wie wir ausgeführt haben, seit der Dreyfus-Affaire mit dem Begriff der 'intellectuels' assoziiert, die wesentlich zur Legitimation der republikanischen Werte des Fortschritts beitragen sollten, während die Schriftsteller eher dem Lager der Tradition zugerechnet wurden und sie die Intellektuellen gerade auch als Kritiker der literarischen Produktion als Rivalen empfanden. Anna Boschetti sieht aber auch eine Opposition des sozialen Ursprungs der

science sociale n'a pas à prendre parti sur ce verdict, mais à le prendre pour ce qu'il est, c'est-à-dire un *fait social* indiscutable, et à tâcher d'en rendre raison, de le rendre intelligible."

3   Anna Boschetti, *Sartre et 'Les Temps Modernes'. Une entreprise intellectuelle.* Paris, Editions de Minuit, 1985 (Coll. 'Le Sens Commun'). Das Buch war zunächst in Italien erschienen: *L'impresa intellettuale. Sartre e 'Les Temps Modernes'.* Bari, Edizioni Dedalo, 1984.

4   Anna Boschetti, *Sartre*, S. 10.

Vertreter der beiden Gruppen (die Schriftstellerkarriere sei eine langfristige, riskante Investition und verlange darum einer breite soziale Grundlage, während das Professorat aufgrund der Sicherheit des Beamtenstatus risikolos sei).

In den dreißiger Jahren wurden die Grenzen zwischen den beiden Bereichen jedoch durchlässiger. Bei den berühmten Décades de Pontigny fanden sich Schriftsteller und Professoren ein; mit den Verlagshäusern Gallimard und Grasset sowie mit der *N.R.F.* hatten sich neue Konsekrationsinstanzen gebildet, und eine ganze Reihe von Schriftstellern stammte nun auch aus den Reihen der 'normaliens' (Romain Rolland, Jules Romains, Giraudoux, Nizan). Mit Nizan deutete sich das Projekt einer Generation von *lectores* an, die die Grenze, die sie von den *auctores* trennt, überwindet. Vollzogen hat diese Synthese aber erst Sartre.

Der Schriftsteller-Philosoph

In der Tat versuchte Sartre, Philosoph und Schriftsteller im Vollsinn des Wortes zu sein; es war kein Zufall, wenn er in einem der ersten Aufsätze, die ihm galten, als 'romancier philosophe' (C. Chonez) apostrophiert wurde. Er scheint ganz bewußt diese Doppelstrategie verfolgt zu haben. So veröffentlichte er den bedeutenden Aufsatz "Une idée fondamentale de la phénoménologie de Husserl: l'intentionnalité" von Januar 1939 nicht in einer philosophischen Fachzeitschrift, sondern in der (literarisch ausgerichteten) *N.R.F.* Die Philosophie Husserls wurde darum valorisiert, weil sie den Weg zur intendierten Synthese eröffnete: "Er hat uns die Welt der Künstler und der Propheten wiedergegeben." Die existentielle Analyse führte in den philosophischen Diskurs die Aktualität und die Alltagsthematik ein und erzielte durch ihre Konkretheit literarische Effekte.[5] Andererseits deutete sich die Entwicklung einer philosophischen Literatur schon in den dreißiger Jahren mit dem 'roman métaphysique' von Malraux oder Bernanos an, denen es weniger darum ging, literarische Formen zu erneuern als ein Weltbild zum Ausdruck zu bringen.[6] Die Innovation Sartres

---

5 Jean-Paul Sartre, *Critiques littéraires (Situations, 1)*. Paris, Gallimard, 1975, S. 42. Sartre eröffnete hier auch einen Weg für Robbe-Grillets Absicht, nur die Dinge an sich zu erfassen, aber auch für Roland Barthes' Untersuchung der Alltagsmythen.

6 Siehe dazu Joseph Jurt, "Malraux et Bernanos", *André Malraux 3, RLM*, n° 425-431, 1975 (2), S. 7-30. Siehe auch ders., "Le grand romancier de l'entre-

bestand darin, die beiden Stränge (Literatur und Philosophie) zu vereinen, was nach Anna Boschetti in der Tat nichts Subversives in sich barg, da er die Spielregeln beider Felder voll befolgte. Sein Werk erscheint so als "eine Art Summe all dessen, was in beiden Feldern legitim war"[7].

Anna Boschetti sieht die Wurzeln dieser Synthese schon im Frühwerk Sartres nach und deutet seine Entwicklung im Zusammenhang mit den Modifikationen des intellektuellen Feldes. Die Idee der Kontingenz bestimmte zweifellos seine frühen Schriften. Doch wäre es hier wiederum verfehlt, von Originalität zu sprechen; denn die Thematik war der spiritualistischen französischen Philosophietradition durchaus vertraut (Kontingenz als Bollwerk gegen einen materialistischen Determinismus). "Freiheit und Kontingenz" lautete bezeichnenderweise das Thema des Agrégation-Aufsatzes von Sartre. Nach Raymond Aron hatte er die Kontingenz-Thematik erstmals im Zusammenhang mit einem Aufsatz "Nietzsche est-il philosophe?" in der Ecole Normale Supérieure behandelt. In Nietzsche konnte er die Praxis der literarisch-philosophischen Synthese schon vorgezeichnet finden.[8]

Der Roman *La Nausée*, der schon 1931 begonnen wurde, sollte die philosophische Erfahrung der Kontingenz zum Ausdruck bringen, dadurch daß das kartesianische Denkmuster des *Discours de la méthode* mit der narrativen Struktur der Autobiographie verbunden wurde; überdies wurden Elemente des Kriminalromans eingeführt: "Eine häufige Innovations-Strategie in der Literatur; die Verfahren einer noch nicht legitimen oder umstrittenen Gattung werden in eine 'noble' Gattung eingeführt.[9] In *La*

deux-guerres", in: Michel Cazenave, *André Malraux*. Paris 1982, L'Herne, S. 108-115.

7   Anna Boschetti, *Sartre*, S. 36.

8   Siehe dazu S. Kofmann, *Nietzsche et la métaphore*, Payot, Paris 1972; Nietzsche, *Menschliches, Allzumenschliches II, 2, Der Wanderer und sein Schatten*, 252, n°145: "Mit Bildern und Gleichnissen *überzeugt* man, aber *beweist* nicht. Deshalb hat man innerhalb der Wissenschaft eine solche Scheu vor Bildern und Gleichnissen; man will hier gerade das Überzeugende, das *Glaublich*-Machende *nicht* und fordert vielmehr das kälteste Mißtrauen auch schon durch die Ausdrucksweise und die kahlen Wände heraus." (Friedrich Nietzsche, *Kritische Gesamtausgabe*, hrsg. v. G. Colli und M. Montinari, Vierte Abteilung, Dritter Band. W. de Gruyter, Berlin 1967).

9   Zum Transfer nicht-legitimer Formen in legitimen Gattungen siehe Pascal Durand, "D'une rupture intégrante. Avant-garde et trans-actions symboliques", *Pratiques*, 5, Juni 1986, 31-44.

Nausée findet sich überdies die Atmosphäre der Filme Marcel Carnés und Renoirs. Kurz: "*La Nausée* schöpft aus allen kulturellen Moden der Zeit."[10] Der Roman konnte vor allem auch darum zum Erfolg werden, weil er auf der Höhe der formalen Innovationen der Avantgarde stand. Céline hatte den Weg geöffnet für eine literarische Sprache, die dem gesprochenen Wort nahekam, und Joyce hatte gezeigt, daß man originell sein konnte, ohne die eigene Bibliothek zu vergessen. Sartre erkannte schließlich im Werk Kafkas, das eben in Frankreich entdeckt worden war, eine Legitimation seines eigenen literarischen Projektes, das die Distanz zwischen Mensch und Dingen zu übersetzen gedachte. Die Romantechnik der amerikanischen Autoren Faulkner, Dos Passos, Hemingway, die versuchten, auch bedeutungs- und formlose Segmente des Zeitkontinuums wiederzugeben, schien besonders geeignet für einen Roman der Kontingenz. "Das Buch faßt mehrere Tendenzen der zeitgenössischen Literatur und Psychologie zusammen" – mit diesem Fazit erkannte der bedeutende zeitgenössische Literaturkritiker André Thérive auf Anhieb den synthetischen Charakter von *La Nausée*. Anna Boschetti unterstreicht aber auch die philosophische Fundierung des Romans in Jaspers Grenzsituation und vor allem in Husserls Phänomenologie, die Sartre als philosophische Revolution einschätzte, sowohl gegenüber der französischen Schulphilosophie als auch gegenüber der Psychologie der Innerlichkeit im Sinne Prousts. Er kondensierte in seinem Roman nicht nur die philosophischen und literarischen Tendenzen, die im Begriff waren, sich durchzusetzen, er bemächtigte sich auch des literarischen Diskurses über Interviews, vor allem aber über Aufsätze zu seinen Meistern und schriftstellerischen Zeitgenossen, in denen er seine eigene Literaturkonzeption zur Norm erhob. Berühmt ist seine scharfe Attacke gegen das Prinzip des allwissenden Autors im Werke Mauriacs geblieben.[11] Mit dem Axiom – "Eine Romantechnik verweist immer auf die Metaphysik des Romanciers. Aufgabe der Literaturkritiker ist es, diese herauszukristallisieren, bevor er die Technik beurteilt"[12] – verabsolutierte er sein eigenes Romanverständnis,

---

10 Anna Boschetti, *Sartre*, S. 49.
11 "Il faut attendre trente ans pour qu'il [Mauriac] ose à nouveau publier un roman, en 1969" (65), schreibt A. Boschetti. Mauriac hatte indes nach der Attacke Sartres 1941 noch den Roman *La Pharisienne* veröffentlicht, in dem er versuchte, Sartres romantechnischen Forderungen gerecht zu werden. Zu dieser Debatte siehe auch Joseph Jurt, "François Mauriac und Jean-Paul Sartre", *Schweizer Monatshefte*, 50. Jg., Heft 9, Dezember 1970, S. 775-786.
12 Jean-Paul Sartre, *Critiques littéraires (Situations 1)*, S. 86.

ohne sich indes in seinen Literaturkritiken an dieses heuristische Prinzip zu halten.

In den Werken, die *La Nausée* folgten (*Enfance d'un chef, Les chemins de la liberté*), überlagert nach Anna Boschetti der inhaltliche Aspekt den formalen. Nicht mehr so sehr die Problematik der Kontingenz als vielmehr diejenige der menschlichen Freiheit in ihrem sozialen Umfeld stand nun im Vordergrund. Die neue Ausrichtung wird vor allem auf die Entdeckung der Kategorien der Historizität und Authentizität bei Heidegger zurückgeführt. Sartre bezeichnete sich selber in einem Brief an Simone de Beauvoir schon im April 1940 als eifriger Anhänger von Heidegger.

Die philosophische Entwicklung

Anna Boschetti zeichnet nicht nur die literarische, sondern auch die philosophische Entwicklung Sartres im Zusammenhang mit den Bedingungen des intellektuellen Feldes nach. Sie betont dabei die spiritualistische Ausrichtung der französischen Schulphilosophie der dreißiger Jahre. Die existentialistische und phänomenologische Philosophie, die die neue legitime Position markierte, war jedoch demselben Spiritualismus verpflichtet, selbst wenn sie sich mit einem neuen Pathos dem Alltag und den Dingen an sich näherte. Entscheidend war der Beitrag der deutschen Philosophie über die Vermittlung von Groethuysen und Kojève.[13] In Sartres Philosophie ist die spiritualistische Tradition am Werk, wenn etwa das Bewußtsein zum zentralen Wert erhoben wird, der die physischen Fakten immer überragt, selbst wenn dieses Bewußtsein mit dem 'Nichts' gleichgesetzt wird. Sartre erwies sich nicht so sehr als Neuerer, sondern vielmehr als ein Erbe der großen französischen Tradition. Von dieser Konzeption her erklären sich seine Widerstände gegen die Psychoanalyse, der er vorwarf, sie reduziere das Bewußtsein auf eine Sache und deute die menschlichen Handlungen bloß als Wirkungen der Vergangenheit. Demgegenüber versuchte Sartre, das heroische Bild der Freiheit und der (freien) Wahl des einzelnen zu retten. Dieselbe Position begründete aber auch den Anti-Marxismus in *L'Être et le Néant*, wo die soziale Dimension mit

---

13 "Il est important de souligner ce travail collectif, parce qu'il révèle dans l'existentialisme français une pensée au deuxième degré, dont les sources étrangères orientent fortement les préoccupations, le langage et le choix des ancêtres" (Anna Boschetti, *Sartre*, S. 90).

dem Körper und der Materie assoziiert wird, die die Reinheit des Bewußtseins bedrohten. Sartre wandte sich darum auch gegen eine objektivistische Konzeption der sozialen Klasse und der Revolution.[14] Er setzte sich mit Husserl und Heidegger als den einzigen zeitgenössischen Philosophen auseinander und reduzierte deren Position auf die post-kantianische Alternative eines subjektivistischen Idealismus (Husserl) und eines Realismus ohne transzendentales Subjekt (Heidegger). Seine eigene Position wurde gemäß der Methode des 'dépassement' als 'Aufhebung' der beiden Tendenzen definiert.[15]

Anna Boschetti warnt indes davor, im Menschen, der in *L'Être et le Néant* beschrieben wird, eine universelle anthropologische Kategorie zu sehen, die das Weltbild der fiktionalen Werke begründe. Sartres' zentrale Figuren waren letztlich immer Intellektuelle, die als sozial-professionell undeterminiert erscheinen. Der Intellektuelle als reines Bewußtsein schien das 'Pour-Soi' zu verkörpern, während die Bourgeoisie ebenso wie das Proletariat dem 'En-Soi' zugerechnet wurde. Anna Boschetti bezeichnet diese Sichtweise zu Recht als eine spezifische intellektuelle Sicht der sozialen Welt: "Der Mensch, dessen Größe er ohne Unterlaß in *L'Être et le Néant* auf so pathetische Weise preist, ist nicht der Mensch an sich. Es ist ein Sonderfall, der Intellektuelle, oder genauer, der Intellektuelle, so wie er von Sartre gesehen wird, ein sublimer Paria, frei und ohnmächtig, hellsichtig und elend."[16]

Diese implizite Valorisierung des Intellektuellen ist nach Anna Boschetti schon durch feldinterne Entwicklungen vorbereitet worden. Die Intellektuellen, die oft als Beamte keine unmittelbare Beziehung zur wirtschaftlichen Realität hatten und vor allem für ein Publikum von Professoren und Studenten schrieben, setzten entweder der Gesellschaft die Kunst entgegen oder engagierten sich in Zeiten der Krise unmittelbar. Beiden Haltungen lag dasselbe Selbstverständnis zugrunde (die charismatische Vorstellung des Schriftstellers, wie wir gesehen haben). Die direkte

---

14 "Ce n'est pas l'exploitation qui décide l'action révolutionnaire, mais une prise de conscience, individuelle, de la part des exploités, de la possibilité de la révolution" (Anna Boschetti, *Sartre*, S. 105).

15 "Il revendique le mérite d'avoir réalisé l'ambition de la phénoménologie [...]: sauver, en la fondant sur le Cogito, la transcendance du sujet, et porter dans la philosophie 'les choses mêmes'"(Anna Boschetti, *Sartre*, S. 110).

16 Anna Boschetti, *Sartre*, S. 130. Dieser Traum des nicht-determinierten Intellektuellen erinnert stark an das Selbstverständnis Flauberts, so wie er es über die Figur Frédérics in *L'Education Sentimentale* zum Ausdruck brachte.

schriftstellerische Intervention artikulierte sich in Phasen, wo das Gleichgewicht der Klassen in Frage gestellt wurde (Affäre Dreyfus, Volksfrontzeit). Die Periode der Libération ist dieser zweiten, 'prophetischen' Zeit zuzurechnen, die gemeinhin durch den Eindruck des Bruchs bestimmt wurde, den man damals ohne zu zögern revolutionär nannte. Die alte Rechte hatte Schiffbruch erlitten, und die Kommunistische Partei war zur stärksten politischen Kraft geworden. Gerade diese war aber auf die intellektuelle Legitimation angewiesen, weil sie von der gegnerischen Propaganda als Feindin der Nation und der Kultur dargestellt wurde. Sartre antwortete auf diese Erwartung durchaus auf spezifische Art, indem er sich engagierte, ohne indes seine Freiheitsphilosophie einem materialistischen Determinismus zu opfern. Die politische Bewegung, die er zusammen mit David Rousset gründete, trug den bezeichnenden Namen *Socialisme et liberté*, und in der Präsentation der *Temps Modernes* umriß er sein Ideal durch die prägnante Formel: "Der totale Mensch. Völlig engagiert und völlig frei." Die Konzeption der engagierten Literatur, so wie sie von Sartre in *Qu'est-ce que la littérature?* vorgestellt wurde, bedeutete nicht Unterordnung der Literatur unter die Politik, sondern Verteidigung der Eigenständigkeit der Literatur durch den Hinweis, diese sei implizit immer schon politisch.

"Sartre ist unsere Erwartung; eine Erwartung, von der wir sicher sind, daß sie immer erfüllt wird", mit diesen Worten brachte Christian Grisoli die Erwartungshaltung vieler Zeitgenossen von 1945 zum Ausdruck. In der Tat war er zum Inbegriff des totalen Intellektuellen geworden, der in sich das philosophische Prestige eines Bergson und das literarische eines Gide vereinte, der über die Literaturkritik auch die Deutung orientierte, durch das Medium des Theaters jene breite Schicht erreichte, die Berühmtheit verleiht und schließlich auch in der Presse präsent war. Durch diese Präsenz an allen Fronten vermochte er sich auch von den anderen bekannten Intellektuellen abzusetzen. Camus verfügte nicht über dieselbe philosophische Kompetenz, und Merleau-Ponty war ausschließlich Philosoph.

Die wichtigste Bedingung für den Erfolg war nach Anna Boschetti die Existenz eines Sprachrohrs, das eine individuelle Erscheinung zum Gruppenphänomen werden ließ. Camus stand der berühmtesten Tageszeitung vor, die aus der Résistance hervorgegangen war: *Combat. Les Lettres françaises* um Aragon verstanden sich als Organ der intellektuellen Säuberung, und Gide betreute die Wochenzeitung *Terre des hommes*. Zeitschriften trugen so zur Institutionalisierung der Gruppen bei. Die Zeitschrift *Les Temps Modernes* reproduzierte und amplifizierte die spezifischen Charakteristika Sartres und orientierte gleichzeitig seine weitere Laufbahn. In den

Augen von Anna Boschetti verlor Sartre als Herausgeber der Zeitschrift etwas von der früheren intellektuellen Stringenz, und er entwarf kühne Synthesen, die vor allem der Selbstlegitimation dienten.

'Les Temps Modernes' im literarischen Feld

Im berühmten Präsentationstext der ersten Nummer der *Temps Modernes* sah man später vor allem ein Manifest für das 'Engagement'. Sartre knüpfte aber, was man etwas vergaß, auch an die Tradition der *N.R.F.* der Vorkriegszeit an, die nun nicht mehr erscheinen konnte; der Literatur sollte in der Zeitschrift der erste Rang zukommen. Es ging darum, die Literatur zu verteidigen gegenüber dem so mächtigen Einfluß der KP, die den Primat der militanten Aktion verkündete.[17] Für Sartre war die Literatur indes eine Form der sozialen Aktion, weil die Aufdeckung der Realität auch implizit den Appel an den Leser enthalte, diese zu verändern. In der 'Présentation' war der 'literarische Wert' darum auch ein Kriterium für die Annahme von Texten in der Zeitschrift. Das Konzept des Engagements sollte der Literatur dienen und ihr "neues Blut zuführen". So war es kein Zufall, daß Sartre schon 1957 in seiner Zeitschrift *Qu'est-ce que la littérature?* veröffentlichte, wo er versuchte, eine Definition der legitimen neuen Literatur zu geben. In der ersten Phase veröffentlichten *Les Temps Modernes*, wie Anna Boschetti ausführt, eine stattliche Anzahl von interessanten literarischen Texten, so die erste Arbeit von Beckett auf französisch: "Suite" (in der Nummer vom Juli 1946), aber auch Texte von Genet, Sarraute, Duras, Cayrol, Vian, Queneau und Michel Leiris, der zum ersten Redaktionskomitee der Zeitschrift zählte. Das erstaunt nicht so sehr, weil die Zeitschrift bis 1953 über ein Quasi-Monopol verfügte; es gab kaum eine vergleichbare Plattform. Angesichts des Prestiges, das damals die KPF und das mythische Bild eines Proletariats als Verkörperung des Sinns der Geschichte genossen, kam kaum ein Schriftsteller um die Frage der sozialen Funktion seines Schreibens herum. Das Konzept einer 'engagierten Literatur', das eine ethische oder gar politische Finalität des Schreibens postulierte, erinnerte an nicht unumstrittene Modelle der Zwischenkriegszeit wie die populistische Literatur oder die Versuche, die sich auf das Konzept des sozialistischen Realismus bezogen. Für den engen Kreis der

17 Wir fassen hier die Resultate eines Aufsatzes von Anna Boschetti zusammen:" *Les Temps Modernes* dans le champ littéraire 1945-1970", *La Revue des revues*, 7, 1989, S. 6-13.

Schriftsteller und Kritiker, die über die eigentliche literarische Norm bestimmetn und am Autonomie-Anspruch des Feldes festhielten, konnte sich Literatur jedoch nur über ein ästhetisches Engagement legitimieren.

Bedeutende Schriftsteller teilten so keineswegs Sartres Konzeption einer 'engagierten Literatur', allerdings mit einer großen Ausnahme: Michel Leiris, für den jede authentische künstlerische Arbeit auch ein sozial revolutionärer Akt war. Ähnlich wie die Surrealisten vom Mythos der Revolution fasziniert, aber nicht bereit, die künstlerische Autonomie zu opfern, setzte auch er künstlerische Revolution und politische Tat gleich. Die formal innovativen Werke waren für ihn auch die engagiertesten. So trug er dazu bei, Autoren wie Raymond Roussel und Butor, die sich durch formale Experimente auszeichneten, bekannt zu machen. Er tat dies aber in der Zeitschrift *Critique*, die 1946 von Georges Bataille gegründet worden war, und nicht in *Les Temps Modernes*. Leiris stand, wie Anna Boschetti zu Recht betont, der Literaturkonzeption eines Bataille oder eines Maurice Blanchot von der Gruppe um *Critique* näher als derjenigen Sartres. *Critique* war zum Sammelpunkt für alle diejenigen geworden, die die Idee vertraten, die Literatur müsse gegenüber jeder praktischen Zielsetzung unabhängig bleiben. 1953 wurde die Front der Oppositionen gegen eine engagierte Literautr im Namen des Prinzips der Autonomie noch verstärkt durch zwei neue Zeitschriften, die *Lettres nouvelles* von Maurice Nadeau und die wiederauferstandene *Nouvelle Nouvelle Revue française*. Alain Robbe-Grillet, Autor der Editions de Minuit, Mitarbeiter von *Critique* und der *Nouvelle N.R.F.* wurde im literarischen Milieu durch Aufsätze dieses Kreises bekannt gemacht: durch Roland Barthes in *Critique* und Maurice Blanchot in der *Nouvelle N.R.F.*[18] Zum Bild des Nouveau Roman als einer eigentlichen Gruppe trug vor allem ein Aufsatz von Maurice Nadeau in *Critique* (September 1957) unter dem Titel "Nouvelles formules pour ce roman" bei.

Anfang der fünfziger Jahre überließ Sartre gleichsam das Terrain der Literatur den Gegnern des Engagements und stellte die in der Präsentation der *Temps Modernes* behauptete Rolle der Literatur als höchste Form der Aktion in Frage. Nach Anna Boschetti entsprang diese Krise bei Sartre dem Gefühl der Ohnmacht der Intellektuellen angesichts des Kalten Krieges. Mit der Veröffentlichung der Artikelserie "Les Communistes et la

---

18 Zur Auseinandersetzung Blanchots mit dem Sartreschen Konzept der 'littéra-ture engagée' siehe auch Gerhard Poppenberg, *Ins Ungebundene. Über Literatur nach Blanchot*. Tübingen, Niemeyer, 1993 (MIMESIS, 20).

Paix" in seiner Zeitschrift ab Juli 1952 näherte er sich für Jahre der KPF; der von ihnen behauptete Primat der Aktion weckte in ihm offenbar Schuldgefühle, die in *Les Mots* ihren Ausdruck fanden, wo der Glaube an die Macht der Literatur als eine Neurose dargestellt wurde, von der man sich durch die Anamnese der der Kindheit lösen müsse.[19]

In den fünfziger Jahren stellten die Nouveaux Romanciers nun eine Art Avantgarde dar, selbst wenn sie auch vieles Sartre verdankten, den sie aber zu 'überholen' gedachten. Sie nahmen seine frühen literarischen Experimente und Entdeckungen auf, um sie zu radikalisieren, während Sartre sich kaum mehr um Fragen der literarischen Innovation kümmerte und so auch sein Vorhaben, den französischen Roman zu erneuern, nicht realisierte. Es ist kennzeichnend, daß er seinen Romanzyklus *Chemins de la liberté* nie vollendete.

Wenn Sartre für Nathalie Sarraute – vor dem Bruch mit ihr – ein Vorwort zu ihrem Roman *Portrait d'un inconnu* schrieb, dann sah er in dem Werk nicht so sehr eine technische Innovation, sondern einen Weg, um jenseits der Psychologie, "die menschliche Realität in ihrer Existenz selbst" zu treffen.[20] Sartre fand nach wie vor die Aufmerksamkeit seines intellektuellen Publikums; er war aber im engen literarischen Kreis nicht mehr präsent. So äußerte er sich nun zusehends negativ über den Nouveau Roman. Er maß die Literatur am Kriterium, ob sie die Realität und ihre fundamentalen Probleme erfaßte und zu einer Veränderung beitrug. Vor dieser Maßgabe hatten weder Beckett ("Er sucht überhaupt keine Verbesserung") noch Robbe-Grillet Bestand ("Glauben Sie, daß ich Robbe-Grillet in einen unterentwickelten Land lesen kann?").[21]Anläßlich eines Kon-

---

19 "Longtemps j'ai pris ma plume pour une épée: à présent je connais notre impuissance [...] La culture ne sauve rien ni personne, elle ne justifie pas. Mais on se défait d'une névrose, on ne se guérit pas de soi" (Jean-Paul Sartre, *Les Mots*. Paris, Gallimard, 1987, S. 211).

20 "Elle a mis au point une technique qui permet d'atteindre, par-delà le psychologique, la réalité humaine, dans son existence même" (Jean-Paul Sartre, "Préface", in: Nathalie Sarraute, *Portrait d'un inconnu*. Paris, U.G.E., 1962, S. 14).

21 "J'admire Beckett mais je suis totalement contre lui. Il ne cherche aucune amélioration. Mon pessimisme à moi n'a jamais été mou [...] Croyez-vous que je puisse lire Robbe-Grillet dans un pays sous-developpé? Il ne se sent pas mutilé. Je le tiens pour un bon écrivain, mais il s'adresse à la bourgeoisie confortable. Je voudrais qu'il se rende compte que la Guinée existe" ("Jean-Paul Sartre s'explique sur *Les Mots*", *Le Monde*, 18. April 1964).

gresses von 1965 in Rom über die Avantgarde in Rom stufte er Joyce, Céline, Solschenizyn, André Breton und Robbe-Grillet als eine falsche Avantgarde ein. Die Bedingungen einer echten Avantgarde, die "eine Sprache schaffe und nicht nur mit ihr spiele", fänden sich nur mehr außerhalb Europas.[22] Damit gestand er auch das Scheitern seines Projekts von 1945 ein; es war ihm nicht gelungen, eine eigentliche Bewegung von Schriftstellern ins Leben zu rufen, die sich auf das Konzept des Engagements berufen hätten. Bernard Pingaud datierte das Ende von Sartres literarischem Projekt mit dem Erscheinen von Becketts *Molloy* 1951.[23] Nach 1970 wich der Platz der Literatur in *Les Temps Modernes* immer mehr der ideologischen Auseinandersetzung. Die Zeitschrift nahm sich in großzügiger Weise der Sache der Diskriminierten in aller Welt an; eine literarische Debatte fand in ihren Spalten jedoch nicht mehr statt.

Analog entwickelte sich die philosophische Debatte in *Les Temps Modernes* und der sukzessiven Entfremdung von Merleau-Ponty; dieser hatte in der Zeitschrift den universitären Flügel des Existentialismus verkörpert. Während Sartre sich zunehmend dem Kommunismus näherte, wurde Merleau-Ponty immer skeptischer gegenüber einer teleologischen Geschichtskonzeption und kritisierte, sich auf die Kategorien Max Webers stützend, auch Sartres Theorie des Engagements. Der Primat des Subjekts und des Bewußtseins wurde von ihm über die Lektüre Montaignes und der ersten strukturalistischen Arbeiten in Frage gestellt. Mit der Verabschiedung von Merleau-Ponty von den *Temps Modernes* begann die Zeitschrift ihre hegemoniale Position zu verlieren. Gegen Ende der fünfziger Jahre mehrten sich die Indizien, die das Ende der Dominanz des engagierten Existentialismus anzeigten. Mit dem Aufstieg der Humanwissenschaften artikulierte sich eine neue Legitimität, die sich in der Publikation von Werken wie *L'Anthropologie structurale* (1958) von Lévi-Strauss, *Mythologiques* (1957) von Roland Barthes und *Histoire de la folie* (1961) von Foucault äußerte. Das Ende des voluntaristischen Engagements wird von

---

22 Jean-Paul Sartre, "Avant-garde? de quoi et de qui?", *Le Nouvel Observateur*, 20.-26. Oktober 1965, S. 29.
23 "1951, ou les illusions perdues: la guerre froide au dehors; au dedans, l'effritement des espérances qu'avait suscitées la Libération [...] Certains, comme Sartre, franchissent résolument le pas; [...] la politique sera désormais au premier plan de ses préoccupations [...] C'est la fin de ce qu'on a appelé un peu vite le roman 'engagé' [...] Une littérature différente se dessine, pour laquelle, un an ou deux plus tard, on inventera les mots de 'nouveau roman'" (zitiert bei Anna Boschetti, *"Les Temps Modernes"*, a.a.O., S. 13).

Anna Boschetti auch mit Veränderungen des gesamtgesellschaftlichen Kontextes in Zusammenhang gebracht: mit der Konsolidierung des Gaullismus, dem Ende des Algerienkrieges und dem Prestigeverlust des utopischen Kommunismus: Die Zeit sei reif gewesen für eine neue optimistische Sozialphilosophie, die den ökonomischen Mechanismen eine ihnen innewohnende Tendenz zur Rationalität zuschrieben sowie für die Überzeugung, die Wissenschaft könne besser als die Politik den Fortschritt fördern, den die Modernisierung zu verheißen schien.[24] Mit dem Verlust der universitären Mitarbeiter orientierten sich die *Temps Modernes* in journalistischer und essayistischer Richtung, verloren damit auch ihren spezifischen Charakter und verkörperten nun kaum mehr die intellektuelle Legitimität. Die Figur des totalen Intellektuellen, die Sartre vollendet darstellte und die auch seinen Erfolg erklärt, war – so lautet das Fazit der Untersuchung von Anna Boschetti – intim mit den objektiven Bedingungen einer bestimmten Epoche verbunden und konnte darum nicht als ein universalisierbares Modell gelten. Während Anna Boschetti es in der französischen Ausgabe mit diesem historisierenden Fazit bewenden läßt, gesteht sie in der italienischen Fassung dem totalisierenden Ansatz Sartres gegenüber heutigen partialen Betrachtungsweisen, wenn nicht eine normative Funktion, so doch einen gewissen Aktualitätsgrad zu.[25]

---

24 Anna Boschetti, *Sartre*, S. 300.

25 "Ma, se perde forza e arroganza, il richiamo alla consapevolezza teorica e all'unità del sapere, quel richiamo che Sartre et Merleau-Ponty non hanno smesso di opporre alle scienze umane, mantiene di fronte agli inconvenienti della cultura settoriale una perfetta attualità" (Anna Boschetti, *Sartre*, S. 380). In analoger Weise hatte auch Bourdieu in seinem Aufsatz "L'invention de l'intellectuel total" am Schluß Sartres Haltung gegenüber heutigen Bedingungen und Haltungen positiv valorisiert: "Ceux qui, victimes de leurs rêves d'adolescence, se pressent aujourd'hui pour briguer la succession de l'intellectuel par excellence ont tort d'oublier que les conditions conjoncturelles, mais aussi structurales, qui l'ont rendu possible, sont aujourd'hui en voie de disparition: les pressions de la bureaucratie d'Etat et les séductions de la presse et du marché des biens culturels, qui se conjuguent pour réduire l'autonomie du champ intellectuel et de ses institutions propres de reproduction et de consécration, menacent ce qu'il y avait sans doute de plus rare et de plus précieux dans le modèle sartrien de l'intellectuel et de plus réellement antithétique aux dispositions 'bourgeoises', c'est-à-dire le refus des pouvoirs et des privilèges mondains (s'agirait-il du Prix Nobel) et l'affirmation du pouvoir et du privilège proprement intellectuel de dire non à tous les pouvoirs temporels."

12

Tel Quel im intellektuellen Feld nach 1960

Das literarische Feld war im 17. Jahrhundert im Laufe eines Prozesses, den Alain Viala analysiert hat,[1] zum dynamischsten und einflußreichsten Teil des kulturellen Raumes geworden – und das war spezifisch für Frankreich. Das literarische Feld konnte diese Hegemonie auch später behaupten, weil es den Akteuren immer wieder gelang, wichtige Elemente konkurrierender Felder zu integrieren. Dem im 19. Jahrhundert aufsteigenden Paradigma der Wissenschaft entnahm ein Flaubert eine spezifische Methode sowie die Konzeption der Vorurteilslosigkeit; der Naturalismus definierte unter der Feder von Zola Literatur als solche durch Wissenschaftlichkeit.[2] In der Nachkriegszeit sicherte Sartre die Hegemonie der Literatur, indem er die Philosophie integrierte und diese zugleich auch 'literarisierte'.[3] Dieses Modell wurde, wie wir im Abschnitt 'Kontexte' ausführten,[4] zu Beginn der sechziger Jahre durch die humanwissenschaftliche Wende in Frage gestellt. Wiederum entwickelte sich im literarischen Feld eine Gruppe, die sich bemühte, das dominante humanwissenschaftliche Paradigma in ihrem Programm zu absorbieren: die Gruppe *Tel Quel*, die ebenfalls ihren Kristallisationspunkt in einer Zeitschrift fand, eben in *Tel Quel*, die eine analoge Rolle zu der *Temps Modernes* für die 'existentialistische' Periode spielen sollte. Zeitschriften hatten schon eine zentrale Funktion als Sozialisations- und Manifestations-Plattformen für die Surrealisten etwa mit *Littérature* und *La Révolution surréaliste* oder *Clarté* und *Europe* für die Barbusse- und die Romain-Rolland-Gruppe, eine Funktion, die im 19. Jahrhundert durch die Salons wahrgenommen wurde.[5]

---

1   Siehe dazu im vorliegenden Band Kapitel III.1, S. 111 ff.
2   Siehe dazu im vorliegenden Band S. 178 f. und S. 212.
3   Siehe dazu die im vorigen Kapitel referierte Analyse von Anna Boschetti, S. 283 ff.
4   Siehe S. 32 f.
5   Louis Pinto unterstrich zu Recht die Bedeutung der Analyse der Zeitschriften, um die Kräfteverhältnisse zwischen den Intellektuellen zu einem gewissen Zeitpunkt zu erfassen: "L'étude des revues intellectuelles présente donc un

Die Gruppe *Tel Quel* wurde erstmals von Michel Condé aus der Perspektive der Logik des intellektuellen Feldes analysiert.[6] Wir verdanken dann Niilo Kauppi eine sehr eingehende Monographie zur *Tel Quel*-Gruppe,[7] deren Resultate in einem Artikel von Louis Pinto zusammengefaßt wurden.[8]

Ein neuer intermediärer intellektueller Sektor

Niilo Kauppi sieht die Entstehung der Gruppe *Tel Quel* im Zusammenhang mit der Expansion einer 'mittleren' intellektuellen Kultur, die gegenüber der legitimen Kultur in einem ambivalenten Verhältnis steht. Diese Entwicklung ging einher mit dem Auftreten eines neuen Typus von Intellektuellen, die nicht mehr der geschlossenen Gruppe der universitären Fachdisziplin zuzurechnen waren, aber auch nicht dem traditionellen Bild des Schriftstellers entsprachen: Universitätsdozenten und Publizisten in einer Randposition, die gleichzeitig Literaturkritiker, Essayisten und Journalisten waren. In derselben Zeit entstanden neue Kommunikationsformen wie das Taschenbuch, das gelehrte und Breitenkultur zu vermitteln versuchte, oder Radio und Fernsehen, welche eine neue Form von Kulturjournalismus hervorbrachten. Mit der Ausweitung der Zahl der Hochschulabsolventen[9] weitete sich auch das in der Zwischenkriegszeit noch zahlenmäßig einge-

intérêt majeur pour qui veut saisir l'état des rapports de force entre intellectuels à un moment donné: à travers la sélection des collaborateurs et celle des contenus les revues remplissent une fonction symbolique de structuration du pensable, elles opèrent une conversion au terme de laquelle la contingence des classements sociaux réunissant des agents dotés temporairement d'intérêts semblables est dissimulée dans l'apparente nécessité des classements théoriques tels que le 'structuralisme', l''antihumanisme'" (Louis Pinto, "*Tel Quel*. Au sujet des intellectuels de 'parodie'", *Actes de la recherche en sciences sociales*, 89, September 1991, S. 67).

6 Michel Condé, "*Tel Quel* et la littérature", *Littérature*, 44, Dezember 1981, S. 21-32.

7 Niilo Kauppi, *Tel Quel: la constitution sociale d'une avant-garde*. Helsinki, Societas Scientarum Fennica, 1991; englische Version: *The Making of an Avantgarde: Tel Quel*. Berlin, New York, Mouton/de Gruyter, 1994.

8 In den *Actes de la recherche en sciences sociales*, 89, September 1991.

9 Die Zahl der Studenten in den Facultés des Lettres verdoppelte sich in den fünfziger Jahren (von 35 000 1950/51 auf 75 000 im Jahr 1960/61). In den sechziger Jahren verdreifacht sich diese Zahl (N. Kauppi, *Tel Quel*, S. 17).

schränkte intellektuelle Publikum als potentielles Rezipienten-Reservoir stark aus.[10]

In den Augen von Kauppi fand in dieser Periode eine bedeutsame Veränderung der Struktur des intellektuellen Feldes statt, die, wie gesagt, in der Ausbildung eines intermediären Bereichs zwischen der wissenschaftlichen und belletristischen Kultur, zwischen 'Gelehrten' und 'Dichtern' bestand.

Die Entstehung dieses neuen Sektors verdankte sich auch der bedeutenden sozialen Mobilität, die das französische, zentralistisch orientierte intellektuelle Feld bis heute prägt, im Unterschied etwa zu den dezentralen Strukturen in Deutschland. Der intermediäre Bereich zog hier Marginalisierte des universitären und des literarischen Feldes in einer zentripetalen Bewegung an, die so ihr symbolisches Kapital aus beiden Bereichen kumulieren konnten. Das, was nach Kauppi den neuen Bereich kennzeichnete, war aber dessen geringe Stabilität und gleichzeitig der schnellere Rhythmus bei der Erlangung symbolischen Kapitals (der intellektuellen Berühmtheit).

Sehr wichtig für die Expansion des intermediären Sektors, dessen vollendetsten Ausdruck die *Tel Quel*-Gruppe darstellte, war das Vorhandensein einer materiell-logistischen Basis in der Gestalt eines Verlagshauses. Dieses Verlagshaus, das *grosso modo* eine homologe intermediäre Position zwischen dem dominanten Haus Gallimard und den dominierten Editions de Minuit einnahm, war der Verlag Seuil.[11] Der Verlag, der

---

10 Die Zahl der publizierten Bücher steigt im genannten Jahrzehnt ebenfalls massiv an: von 167 122 im Jahre 1960 auf 322 489 1970 (Kauppi, *Tel Quel*, S. 17).

11 Pierre Bourdieu untersuchte die Struktur der Verlagslandschaft in seinem Aufsatz "La production de la croyance: contribution à une économie des biens symboliques" (*Actes de la recherche en sciences sociales*, 13, Febr. 1977, S. 4-43). Elemente dieser Analyse sind im Buch *Les règles de l'art* (S. 201-243) wieder aufgenommen. Analysiert wird hier die Verlagslandschaft, die durch die Privilegierung ökonomischer oder symbolischer Gewinne bestimmt ist. Die letzteren implizieren eine Strategie des Risikos, die sich erst langfristig 'auszahlt', während der unmittelbare ökonomische Gewinn auf der kurzfristigen Anpassung an die Nachfrage des Marktes beruht. Ein Bestseller der Editions de Minuit erzielte im ersten Jahr eine Verkaufsziffer von über 6 000 Exemplaren, die dann aber ständig sank, während von Alain Robbe-Grillets *La Jalousie* im ersten Jahr (1957) bloß 746 Exemplare verkauft wurden, eine Ziffer, die dann kontinuierlich pro Jahr um 20% stieg. Bei den Verlagen, die langfristig denken, wird der eine Pol von den Editions de

1935 gegründet worden war, wurde nach dem Krieg geprägt durch Emmanuel Mounier, den Gründer der Bewegung und der Zeitschrift *Esprit*, die sich durch eine Ideologie des Engagements auszeichnete. Der Verlag Seuil, der sich politisch links situierte, dessen Stärke jedoch nicht der Bereich der Fiktion war, setzte sich stark für die in den sechziger Jahren dominant werdenden 'sciences humaines' ein. Davon zeugte neben der Lancierung von *Tel Quel* (1960) diejenige von *Communications* (1961 von Roland Barthes angeregt), dann die von Lacan geleitete Zeitschrift *Scilicet*, Jean-Pierre Fayes *Change* (1968) und schließlich 1970 *Poétique*, die von Gérard Genette und Tzvetan Todorov gegründet wurde.[12]

Das Haus Seuil, das gute Beziehungen zu katholischen Financiers und Bankleuten aus dem französischen Südwesten pflegte – auch Jean Cayrol und Philippe Sollers waren in dieser Region verankert –, versuchte sich Ende der fünfziger Jahre zu diversifizieren angesichts der Tatsache, daß traditionelle Zeitschriften wie *La Nouvelle Revue Française* und *Les Temps Modernes*, die vorher das literarische und intellektuelle Feld bestimmt hatten, rapide an Resonanz verloren.[13] Während die literarischen Mitarbeiter Luc Estang und François-Régis Bastide den traditionellen Bereich betreuten, suchten Jean Cayrol und François Wahl den Verlag zu öffnen für experimentelle literarische Versuche sowie für die neuen Ent-

Minuit gebildet (Avantgarde auf dem Weg zur Konsekration), und auf der anderen Seite stehen Gallimard (dominante Position, ehemalige Avantgarde, die von den Schätzen der Vergangenheit lebt) und der Verlag Seuil, der eine Zwischenposition einnimmt. Pierre Bourdieu publizierte seine Bücher seit 1964 fast ausschließlich bei den Editions de Minuit; 1992 erschien *Réponses* bei Seuil, ebenso *Les règles de l'art*. Zur Entwicklung der Editions de Minuit schrieb er dies: "Les Editions de Minuit parvenus au statut d'institution sacrée (avec, notamment le prix Nobel de Samuel Beckett et de Claude Simon), peuvent tenter de cumuler, pour un moment [...], les prestiges de l'ascétisme avant-gardiste et les profits de la réussite commerciale, par des stratégies de double jeu dont le roman de Jean Rouaud couronné par le prix Goncourt constitue un bon exemple" (*Les règles de l'art*, S. 207).

12 Finanziell möglich gemacht wurden diese Investitionen nach N. Kauppi durch den großen Erfolg von *Le Petit Monde de Don Camillo*, das bis 1960 eine Verkaufsziffer von einer Million Exemplaren erzielt hatte (N. Kauppi, *Tel Quel*, S. 16). Über den Verlag Seuil aus mehr deskriptiver Perspektive siehe auch Rémy Rieffel, *La tribu des clercs. Les intellectuels sous la Ve République 1958-1990*. Paris, Calmann-Lévy/CNRS Editions, 1993, S. 480-488.

13 Die Auflage der *Nouvelle Revue Française* sank in den fünfziger Jahren von 26 000 auf 10 500, diejenige der *Temps Modernes* von 15 000 auf 9 500.

wicklungen im Bereich der Humanwissenschaften, der erstere mit der Reihe 'Ecrire', der letztere mit denjenigen von 'L'ordre philosophique', 'Des travaux' und 'Le champ freudien'. Das Erscheinungsbild des Verlagshauses war so relativ disparat: der Bogen spannte sich vom Personalismus Mouniers bis zu Lacans Psychoanalyse. Die einzelnen Herausgeber verfügten über eine relativ große Unabhängigkeit. Die ursprüngliche linkskatholische Ausrichtung erklärte die Sympathie des Hauses für Dritte-Welt-Positionen, schloß andererseits Publikationen mit deutlichen 'rechten' oder 'integristischen' Tendenzen aus.

Der Verlag Seuil stand aber nicht allein in seiner Suche nach neuen literarischen Werten. Neben den Linkskatholiken, die nach einer Alternative zur engagierten Literatur à la Sartre suchten, trachteten auch konservative katholische Kreise um Mauriac und seine Zeitschrift *La Table ronde* (1948-1969), die nach dem Krieg den Platz der *N.R.F.* einnehmen wollte, neue Namen für sich zu gewinnen; aber auch die marxistische Intelligenzia mit Aragons Organ *Les Lettres françaises* (1942-1972) bemühte sich um den 'Nachwuchs'. Kauppi spricht in diesem Zusammenhang von einer 'Logik der Nachfolge'. Die älteren Schriftsteller standen untereinander in einem Verhältnis der Konkurrenz, weil jeder bei den jungen Autoren auf der Suche nach Nachfolgern war, die so auch als künftige 'Hoffnungen' früh gefördert wurden. Sie hofften so, daß einer von ihnen die alte Tradition des großen Schriftstellers à la Barrès oder Anatole France weiterführe, die nach dem Krieg vom Modell des 'totalen Intellektuellen', den Sartre verkörperte, verdrängt worden war.[14]

Generell ließ sich eine Beschleunigung des Konsekrationsrhythmus' feststellen. Gefördert und gefordert wurde nicht mehr ein langsamer Reifungsprozeß, der zuerst Gehversuche in Zeitschriften-Essays verlangte und erst später zu einer Buchpublikation führte. Gefragt war der frühreife Autor; Verlage rissen sich um jugendliche Genies. Beispielhaft war der Riesenerfolg der achtzehnjährigen Françoise Sagan mit *Bonjour Tristesse* im Jahre 1954, ein Roman, der eine Auflage von 50 000 Exemplaren

---

14 Siehe dazu Louis Pinto: "Ces auteurs qui ont en commun de survivre dans le seul secteur du champ intellectuel négligé depuis ce milieu des années 50 par la domination universelle de Sartre et qui entendent maintenir la tradition du grand écrivain illustrée, de façon différente, par Zola, Barrès, Anatole France et Gide, trouvent dans un jeune écrivain doué le moyen de prendre leur revanche sur la figure du grand intellectuel dominant, et ceci, au moment même où Sartre a cessé d'imposer la doctrine de l'engagement" (Louis Pinto, *"Tel Quel"*, S. 69).

erreichte, ein Erfolg, den ein Literaturkritiker mit demjenigen von Brigitte Bardot im Film verglich,[15] die im übrigen nur ein Jahr älter als Françoise Sagan war.

Auch andere Verlage, nicht nur Seuil, schufen neue Reihen, gerade um erste Texte junger Autoren zu lancieren. So gründete Gallimard 1960 die Reihe 'Le chemin' (unter der Leitung von Georges Lambrichs) und ein Jahr danach diejenige der 'Jeune Prose', Grasset lancierte 'Le chemin de l'écriture' unter der Leitung von Dominique Fernandez.

Die erste 'Tel Quel'-Gruppe

In diesem Kontext ist die Gründung der Zeitschrift *Tel Quel* zu sehen, deren erste Nummer im März 1960 erschien. N. Kauppi charakterisiert genau das soziale und kulturelle Kapital der ersten Gruppe. Zu den eigentlichen Gründern zählten Jean-René Huguenin, Jean-Edern Hallier und Philippe Sollers, die sich schon zuvor kannten. Hallier und Huguenin hatten dasselbe vornehme Gymnasium des XVI. Arrondissements besucht, wo sie enge Kontakte zu ihrem Lehrer-Schriftsteller Julien Gracq pflegten.

Jean Huguenin (geboren 1936), Sohn eines Medizinprofessors, auch bekannt mit Claude Simon, gab seine Studien an der ENA nach einer Licence de philosophie auf und war schon früh publizistisch tätig im *Figaro littéraire*, in den *Lettres françaises* von Aragon und in der *Table ronde* von Mauriac, der ihn protegierte. Jean-Edern Hallier (ebenfalls 1936

---

15 Philippe Sollers berichtet in der Rekonstruktion seiner Laufbahn von diesem Akzelerationsprozeß: "J'étais surpris. J'avais fait, comme ça, des petites gammes, et tout le monde applaudit: j'étais très gêné [...] Tout le monde, ou presque, semblait me trouver doué, en avance, alors que je ne me sentais pas au point, en retard" (Philippe Sollers, *Vision à New York*. Entretien avec David Hayman. Paris, Denoël, 1981, S. 59, 61). Der Schriftsteller François Nourissier beklagte seinerseits die exzessive Suche der Verlage nach jungen Talenten: "Tout jeune homme ayant vu quelques-unes de ses pages acceptées dans une publication de cette sorte serait lié, mis en réserve, au frais 'mis sous contract' [...] Désormais, dix ou vingt pages suffiraient. Une promesse ne fut-elle encore que balbutiée, serait à coup sûr entendue [...] Plus c'est jeune, plus c'est beau [...] Jamais pour l'inconnu les conditions n'ont été plus belles. On ne tire plus la sonnette de l'éditeur: l'éditeur est descendu sur le trottoir" (François Nourissier, "Le recrutement littéraire", *France-Observateur*, 7. April 1960, S. 7, zitiert bei Niilo Kauppi, *Tel Quel*, S. 23).

geboren) als Sohn eines Generals und Präfekten, der auch einen literarischen Salon hielt, hatte sich ein Oxford-Diplom in Komparatistik, klassischer Philologie und Philosophie erworben, widmete sich dann dem
Kulturjournalismus. Philippe Sollers, dessen eigentlicher Name Joyaux ist,
wurde ebenfalls 1936 geboren, und zwar in Bordeaux als Sohn eines
Industriellen. Er absolvierte auf Wunsch des Vaters, der ihn als Nachfolger
im Familienunternehmen vorsah, die Ecole supérieure des sciences économiques (E.S.S.E.C.) am Institut catholique. Mit Hallier freundschaftlich
verbunden, dachte er bald an eine literarische Laufbahn, legte seine Texte
Francis Ponge vor, der ihn mit Jean Paulhan von der *N.R.F.* bekannt
machte; gleichzeitig nahm er Kontakt mit Mauriac und Cayrol auf. Ermun-
tert durch so berühmte literarische 'Paten' veröffentlichte er 1957 in der
Reihe 'Ecrire' von Seuil seinen ersten Text *Le Défi* und dann im März
1958 eine Novelle *Une curieuse solitude*, Texte, die sofort eine außergewöhnliche Resonanz fanden.

Die erste *Tel Quel*-Gruppe war, was den sozialen Ursprung ihrer
Mitglieder angeht, relativ homogen; alle verfügten über ein hohes soziales
Kapital, stellten junge 'Hoffnungen' der Literatur oder des Kulturjournalis-
mus dar. Sie verkörperten nach Kauppi das, was in der Sartre-Zeit ein
Problem des literarischen Feldes darstellte: die Möglichkeit einer Karriere
als freier Intellektueller im Unterschied zu den Intellektuellen, die eine
Universitätslaufbahn einschlugen. In der Tat hatten die jungen Autoren
nicht den klassischen Weg der universitären Elite – Ecole Normale Supérieure, Agrégation – eingeschlagen. Die 'freien' Schriftsteller Aragon und
Mauriac begrüßten Sollers als einen, der ihre Tradition weiterführte, in
dem sie ihre eigene Jugend wiedererkannten und der so in einem gewissen
Sinne auch die Kontinuität des literarischen Nachfolgemechanismus
garantierte.[16] Sollers wurde mit den Vertretern des traditionellen psychologischen Romans verglichen und dadurch als Karte gegen den Nouveau

---

16 Siehe dazu Aragon in bezug auf Sollers' Text: "Mais cela ressemble, comme
cela ressemble à ma propre jeunesse [...] Est-ce que je m'intéresse vraiment à
ce Philippe de seize ans qui ressemble à l'auteur comme un frère, ou à moi-
même, à cette enfance de moi-même?" (Louis Aragon, "Un perpétuel printemps", *Les Lettres françaises*, 748, 20.-26. November, 1958) und Mauriac:
"Ce Philippe retrouve dans mes livres l'odeur de la banlieue où, en 1936, il
est né, des adolescents qui lui ressemblent et qui souffrent et s'irritent au
contact de la même faune ce jour doré, l'année de ses dix-neuf ans, où il vint
pour la première fois à Malagar" (F. Mauriac, *L'Express*, 12. Dezember
1957). Beide Zitate nach N. Kauppi, *Tel Quel*, S. 27.

Roman und das Sartresche Engagement ausgespielt. Von diesem äußerst frühen Erfolg verwöhnt, mußte er diese Patenschaften abschütteln, um ein eigenes Profil zu bekommen; er reorientierte sich zwischen 1958 und 1960 in Richtung der Avantgarde des Augenblicks: des Nouveau Roman.

Für den Verlag Seuil war die Gründung der Zeitschrift *Tel Quel* als Organ einer Gruppe von jungen Schriftstellern, von denen einzig Sollers bekannt war, eine Investition in die Zukunft, eine Möglichkeit, spätere bekannte literarische Größen an den Verlag zu binden. Die Zeitschrift funktionierte dank ihres regelmäßigen Erscheinungsrhythmus auch als eine Legitimationsinstanz, die die dominante literarische Legitimität in Frage stellte.

Die erste Nummer von *Tel Quel* begann mit einem Nietzsche-Zitat: "Je veux le monde et le veux TEL QUEL"[17]. Der Begriff *Tel Quel* verwies auf Nietzsche, den radikalen Philosophen, aber auch auf Valéry[18], den etablierten Schriftsteller, der im Programm-Text ebenfalls zitiert wurde. Wichtig war vor allem die inhaltliche Aussage, die Welt zu wollen, so wie sie ist, nicht um sie in Frage zu stellen, sondern um sie darzustellen.[19] Das war nun eine deutliche Absage an Sartre und jede engagierte Literatur. Sollers sollte selber später die hier vorgeschlagene formalistische Konzeption der Literatur als ein Plädoyer für eine "immanente Praxis des Textes und einen Bruch mit den außerliterarischen Rechtfertigungen der Literatur"[20] bezeichnen. Die Zielrichtung gegen eine politisch motivierte engagierte Literatur war eindeutig. Wenn man sich im Bereich der reinen Literatur situierte gegen eine philosophisch oder politisch konzipierte Literatur-Auffassung, so sprach man sich gleichzeitig für die Poesie aus, der der "höchste Rang des Geistes" zukomme und die in sich alle Gattungen enthalte. Damit zeichnete sich implizit eine Distanzierung gegenüber dem Nouveau Roman ab, der sich ausschließlich der einen Gattung, dem

---

17 "Déclaration", *Tel Quel*, 1, 1960, S. 3.
18 Siehe Paul Valéry, *Tel Quel*, 2 Bände. Paris, N.R.F., 1941-1943.
19 Louis Pinto unterstreicht die gesellschaftlich äußerst konservative Tendenz dieses Programms: "La littérature pure, [...] s'oppose à la littérature engagée et, en général, à toute une constellation politico-philosophique marquée par l'esprit de sérieux, le volontarisme activiste et le sens progressiste de l'histoire se faisant. Il faudra toute la turbulence ultérieure d'un avantgardisme tous azimuts pour dissimuler, aux yeux des contemporains, le mouvement de réaction conservatrice dont la nouvelle revue était porteuse" (Louis Pinto, "*Tel Quel*", a.a.O., S. 68).
20 'Tel Quel', *Théorie d'Ensemble*. Paris, Seuil, 1968, S. 392.

Roman, widmete. Wenn die Abgrenzungen relativ klar waren, so legte man sich für das eigene Programm inhaltlich noch wenig fest. Es gelte, das Beste, was geschrieben werde, zu sammeln, um sich in alle Richtungen vorzuwagen. N. Kauppi sieht in der Grundsatzerklärung von *Tel Quel* mehrere Analogien zur ersten Nummer der *Révolution surréaliste* 36 Jahre zuvor. Auch dort hob man auf eine Offenheit ab, die nichts für die Zukunft präjudiziere: Der Surrealismus präsentierte sich nicht als eine Doktrin. Von bestimmten Ideen, auf die man sich jetzt stütze, könne man keineswegs auf die künftige Entwicklung schließen, eine Logik des Beginns, die offenbar auch eine gewisse Permanenz einer Gruppe garantieren sollte.

Wenn die *Tel Quel*-Gruppe, die aus jungen Schriftstellern und Publizisten bestand, die alle weniger als 25 Jahre zählten, erklärte, sich nur um Literatur zu kümmern, ohne die Welt verändern zu wollen, so war das eine Provokation mitten im Algerienkrieg, der das literarische Feld innerlich gespalten hatte. Diese idealistische Konzeption entsprach nach Kauppi dem sozialen Habitus der *Tel-Quel*-Leute, die alle der Oberklasse entstammten. Als Protagonisten einer reinen Kunst situierten sie sich in der Linie der *N.R.F.*[21], was angesichts des Stellenwerts der *N.R.F.* im literarischen Feld der ersten Hälfte des Jahrhunderts[22] in sich schon symbolischen Gewinn versprach, selbst wenn es sich hier erst um ein Postulat handelte, das keineswegs durch Werke abgedeckt war. Die *Tel Quel*-Gruppe und die Kulturjournalisten schufen so in einer Bewegung gemeinsamer Komplizität ein Markenzeichen, das die neue Zeitschrift schon als Nachfolgerin des Surrealismus[23] oder der *N.R.F.* sah.

---

21 Die *N.R.F.* sah ihrerseits in den Protagonisten einer nicht engagierten Literatur sofort Geistesverwandte; so konnte man schon in der Mai-Nummer der *N.R.F.* folgendes lesen: "Il faut souhaiter grand succès et longue vie. Enfin! Une revue de jeunes désengagés, qui ne se réclame ni de la morale ni de la politique: ni d'un Age d'or passé, ni d'un Age d'or à venir, qui veut comme Nietzsche le monde tel qu'il est, qui témoigne de la renaissance permanente de la littérature, oui même ce mot ne les effraie pas" (*N.R.F.*, 89, Mai 1960, S. 983-984, zitiert nach N. Kauppi, *Tel Quel*, S. 48).

22 Zur Bedeutung der *N.R.F.* in den zwanziger Jahren siehe S. 229.

23 "C'est sans doute le surréalisme qui m'a touché le plus", erklärte Sollers im *Figaro littéraire* vom 22. September 1962 (zitiert bei N. Kauppi, *Tel Quel*, S. 32). In der kommunistischen Presse (etwa in der *Humanité*) wurde *Tel Quel* im negativen Sinne als bloße Wiederholung des Surrealismus apostrophiert.

In den ersten Nummern von *Tel Quel* wurden die literarischen Optionen der Gruppe klar; sie sprach sich für die moderne Poesie (namentlich für Francis Ponge) aus, die vom Nouveau Roman nicht beachtet worden war,[24] aber auch für den Nouveau Roman (Simon, Ollier, Pinget) und den 'modernen' Roman (Cayrol, Claude Durand). Bald weitete sich das Interesse von der Literatur auf die bildende Kunst aus, und *Tel Quel* definierte sich so als intellektuelle, und nicht mehr bloß als literarische Zeitschrift. *Tel Quel* führte, so Kauppi, Intellektuelle mit unterschiedlichen Ausrichtungen zusammen, verbreitete für ein neu entstehendes kultiviertes Publikum eine Art 'Vulgata', die durch die Beziehung zur neuen literarischen Realität *up to date* war. Der strukturelle Widerspruch bestand indes nach demselben Autor darin, den Anspruch einer neuen Avantgarde mit der intermediären Position im Feld der Zeitschriften zu verbinden, die homolog war zur intermediären Lage des Hauses Seuil im Feld der Verlage.

Die zweite 'Tel Quel'-Gruppe

Von der ersten Gruppe der Gründermitglieder von *Tel Quel* (Boisrouvray, J. Coudol, J.-E. Hallier, J.-R. Huguenin, R. Matignon) blieb indes nur Sollers bei der Stange. J.-R. Huguenin und R. Matignon wollten eine ausschließlich literarische Zeitschrift, plädierten überdies für eine klassisch-psychologische Literatur, was keineswegs den Vorstellungen Sollers entsprach. Huguenin wurde schon Ende Mai 1960 aus der Gruppe ausgeschlossen. Boisrouvray, Coudol und Matignon demissionierten selber. Zwischen Sollers und Hallier entbrannte ein Machtkampf, den Sollers, der

---

24 Alain Robbe-Grillet hatte 1958 einen sehr kritischen Aufsatz über Ponge unter dem Titel "Nature, humanisme, tragédie" in der *Nouvelle Nouvelle Revue Française* (Nr. 70) veröffentlicht. In den Augen von Louis Pinto erklärt sich der kometenhafte Aufstieg der jungen Gruppe auch aus der Rivalität der älteren Schriftsteller, die man ausspielen konnte: "La rivalité des aînés est au principe de la consécration rapide des jeunes qui, [...] tout en obtenant les profits d'une reconnaissance de provenance multiple, peuvent jouer sur les relations de concurrence (Paulhan, Ponge contre Robbe-Grillet, le 'nouveau roman' contre la *N.R.F.*....) en ménageant l'avenir, l'assurance d'élu engendrée par l'accès précoce à la visibilité intellectuelle étant toujours combinée avec la gestion prudente des réseaux d'alliance" (Louis Pinto, *"Tel Quel"*, a.a.O., S. 69).

über einen weit größeren Bekannheitsgrad verfügte, für sich entschied. Hallier hatte damals noch kein Werk publiziert, während Sollers' dritter Text *Le Parc* 1961 mit dem Prix Medicis ausgezeichnet wurde; Hallier wurde Anfang 1963 aus der *Tel Quel*-Gruppe ausgeschlossen.[25]

Neu zur Gruppe stieß noch im Herbst 1960 Jean Thibaudeau, der nicht über dasselbe soziale und schulische Kapital verfügte wie die Mitglieder des Gründer-Teams.[26] Seit der Studentenzeit in der Ecole normale d'instituteurs mit Jean Ricardou bekannt, trat er mit Robbe-Grillet in Kontakt und veröffentlichte 1960 seinen ersten Roman *Une cérémonie royale* im Verlag Editions de Minuit. Seine soziale Herkunft erklärt seine deutlichen politischen Interessen sowie den Beitritt zur PCF nach Mai 1968; er hatte so auch Zugang zu den *Lettres françaises* von Aragon. Ganz ähnlich war das soziale und schulische Profil von Jean Ricardou (geboren 1932), Sohn eines Handwerkers: Grundschullehrerausbildung; ab 1959 engagierte er sich in der kleinen Linkspartei P.S.U., veröffentlichte einige Aufsätze vor allem über den Nouveau Roman in der Zeitschrift *Critique* und in der *Nouvelle Revue française* und erhielt für seinen Roman *La Prise de Constantinople* den Prix Fénéon im Jahre 1965. Thibeaudeau und Ricardou, die beide in den Editions de Minuit veröffentlichten, wurden zur zweiten Generation des Nouveau Roman gezählt und galten als dessen Theoretiker. Das Profil von Jean Pierre Faye (geboren 1925) unterschied sich deutlich von demjenigen der beiden anderen 'Neuen'. Der Linksintellektuelle, Sohn eines Bankiers, war Absolvent der Ecole Normale Supérieure und agrégé de philosophie; er brachte aufgrund seiner auch institutionell abgesicherten philosophischen Kompetenz seine intellektuelle Autorität in die Gruppe ein, die bisher ausschließlich literarisch orientiert war; Faye, der über gute Kenntnisse der Heideggerschen Philosophie verfügte, wurde überdies für seinen Roman *Battement* 1963 mit dem Preis der Société des gens de lettres ausgezeichnet. Aufgrund seines 'hohen' Profils stellte Faye eine Gefahr für Sollers dar, und während einer bestimmten Periode erschienen beide gemeinsam als *leader* der Gruppe, bis Faye aufgrund der internen Konflikte *Tel Quel* 1967 verließ, um im Jahr darauf seine eigene Zeitschrift *Change* zu gründen. Denis Roche (1937 als Sohn eines Ingenieurs

---

25 "Ceux qui, désireux de perpétuer la figure d'un grand écrivain original, s'en font exclure pour excentricité, tel Jean-Edern Hallier, fils de famille turbulent que la nostalgie des grandeurs d'autrefois prépare mal aux subtilités doctes" (Louis Pinto, *"Tel Quel"*, a.a.O., S. 71).

26 Sein Vater war Polizeioffizier; er selber hatte ein Diplom als Grundschullehrer.

geboren) gab sein Medizinstudium auf, schrieb vor allem Lyrik und publizierte den ersten Artikel 1962 in *Tel Quel*, war dann in verschiedenen Verlagshäusern tätig, seit 1971 bei Seuil, wo er bis heute die Reihe 'Fiction et Cie' leitet; *Tel Quel* verließ er 1973. Marcelin Pleynet (geboren 1933) stammt aus einfachen Verhältnissen, verließ die Schule mit vierzehn Jahren, lebte von Gelegenheitsarbeiten, wurde persönlicher Sekretär von Jean Cayrol im Seuil-Verlag, um dann 1962 zum Sekretär des Herausgebergremiums von *Tel Quel* aufzusteigen. Wie Roche war er vor allem Lyriker. Seine Tätigkeit für *Tel Quel* wurde für ihn zu einem Instrument des sozialen Aufstiegs: 1986 wurde er auf eine Professur für Ästhetik an der Ecole des Beaux-Arts berufen. Jean-Louis Baudry (Sohn eines Arztes und selber Zahnchirurg) betrachtete sich als literarischen Autodidakten und publizierte den ersten Roman *Le Pressentiment* 1962 bei Seuil.

Bei seiner Analyse der zweiten *Tel Quel*-Gruppe stellt Kauppi den hohen Anteil von Autodidakten fest. Damit war auch außer bei J.P. Faye eine große Abhängigkeit gegenüber der Gruppe gegeben, welche die Basis für Sollers' Macht bedeutete.[27] Er vereinte die Funktionen des Schriftstellers, des Herausgebers und des Leiters einer Reihe und genoß innerhalb des Verlagshauses als einziger totale Entscheidungsfreiheit gegenüber der Verlagsleitung. Aus der dominanten Fraktion des Bürgertums stammend, das aber nicht über ein hohes kulturelles Kapital verfügte, verbanden sich in Sollers, wie N. Kauppi betont, gegensätzliche Tendenzen, die ihn zwischen aufgeklärtem Konservatismus und revolutionärer Radikalität oszillieren ließen. Der soziale Hintergrund von Sollers, aber auch von Hallier, der mit dem der anderen *Tel Queliens* kontrastierte, erklärt deren Lebensstil, der sich durch den Sinn für Luxus, kühne Entscheidungen, Leichtigkeit, mit den Regeln zu brechen, auszeichnete – dominante Werte im Feld der Macht, aber dominierte innerhalb einer intellektuellen Hierarchie. Diese ungezwungene Art und die Eleganz der beiden stand im Gegensatz zur Bescheidenheit, zum Ernst, dem moralischen Rigorismus und der Vorsicht von Pleynet, Thibaudeau und Ricardou. Sollers, so führt Kauppi aus, stand in enger Beziehung zu Intellektuellen, denen ein ähnlicher Habitus eigen war, beispielsweise Jean-Edern Hallier, wie gesagt,

---

27 Siehe dazu wieder Louis Pinto: "Ceux qui, d'origine sociale peu élevée et dépourvus de titres scolaires importants, s'attachent d'autant plus à la revue qu'elle constitue pour eux un raccourci inespéré pour la notoriété intellectuelle, les programmes et les manifestes servant à cristaliser en leur faveur les différences (Marcelin Pleynet, Jean Ricardou, Jean Thibaudeau)" (Louis Pinto, "*Tel Quel*", a.a.O., S. 71).

aber auch Jacques Lacan, Roland Barthes und später Bernard-Henri
Lévy.[28]

Filiation und Abgrenzung

Die Strategie, die die Gruppe und vor allem Sollers verfolgte, war eine
Strategie des Erfolges. Das bedeutete, daß man Bewegungen und Tendenzen, die *en vogue* waren, nicht verpassen durfte. So erklärt es sich, daß
sich die Gruppe schon 1960 vom 'klassischen' Stil löste, um sich der
literarischen Avantgarde des Augenblicks anzuschließen: dem Nouveau
Roman; gleichzeitig berief man sich auf 'sichere' avantgardistische Werke
der Vergangenheit, namentlich die Surrealisten. Ricardou und Thibaudeau,
beide aus dem Hause der Editions de Minuit stammend, standen dem
Nouveau Roman am nächsten. Die Stellungnahme für diese Tendenz war
aber das, was Kauppi eine "reconversion" nannte. Die Literaturkritik stufte
Thibaudeaus und Ricardous Werke als Robbe-Grillet-Imitationen ein.
Vertreter des Nouveau Roman publizierten in der ersten Phase Texte in
Tel Quel; die Zeitschrift selber veröffentlichte Besprechungen ihrer Werke.
Doch bald schon sollten sich die Bindungen zwischen beiden Gruppen
lösen. Ihr Profil war keineswegs identisch; die Vertreter des Nouveau
Roman fanden fast alle relativ spät zur Literatur, zumeist nachdem sie in
einem anderen Bereich tätig gewesen waren. Sie hatten im Durchschnitt
ihr erstes Buch mit etwa 34 Jahren veröffentlicht, die *Tel Queliens* jedoch
mit 26 Jahren; überdies waren sie alle beim Verlag Editions de Minuit
beheimatet, der eine dominierte Position einnahm. Schon 1963 definierten
die *Tel Quel*-Romanciers sich als Vertreter eines Nouveau Nouveau Roman und versuchten so, die etablierte Schule zu überholen, eine Strategie,
die für den Avantgardismus bezeichnend war. Dann aber ging man über
zum direkten Angriff. In den Augen von Sollers hatte sich der Nouveau
Roman mit *L'année dernière à Marienbad* nach 1961 von externen Betrachtungsweisen vereinnahmen lassen; der kommerzielle Erfolg sei Beleg

---

28 Lévy stammt wie Sollers aus einer Industriellenfamilie; beide sind Herausgeber und Leiter von Reihen; den ähnlichen Stil unterstrich Guy Scarpetta:
   "Sa façon presque pasolinienne, d'aller à contre-courant, de procéder par
   provocations calculées, de mettre les pieds dans le plat, sans trop se soucier
   des éclaboussures" (Guy Scarpetta, "Le style B.H.L.", *Le Magazine littéraire*,
   225, Dezember 1985, S. 53, zitiert bei N. Kauppi, *Tel Quel*, S. 54).

für die literarische Bedeutungslosigkeit.[29] In einem Vortrag vom Dezember 1963 suggerierte Sollers unverhohlen, der Nouveau Roman sei ins Konventionelle zurückgefallen.

Die Gruppe bezog sich auf 'sichere' avantgardistische Werte (im Bereich der Poesie) wie Lautréamont und Mallarmé als dem Begründer einer "Revolution der poetischen Sprache". Sehr enge Beziehungen bestanden vor allem zu Francis Ponge, der als bedeutendster Dichter der Gegenwart eingestuft wurde. Ähnlich wie die Symbolisten und die Surrealisten berief sich *Tel Quel* auch auf seine 'poètes maudits', verkannte Schriftsteller, die es 'wiederzuentdecken' galt, eine Geste, die die bisherige Traditionsbildung als partiell blind denunzierte und gleichzeitig den Entdeckern symbolischen Gewinn brachte.[30] Zu diesen verkannten Schriftstellern, die *Tel Quel* in den Vordergrund rückte, zählten Antonin Artaud[31], Georges Bataille und der Marquis de Sade. Die 'Entdeckung' reihte sich ein in die Logik der Filiation und der Grenzüberschreitung, ermöglichte doppelten Gewinn ohne Risiko, da die genannten Schriftsteller schon auf dem Weg der öffentlichen Anerkennung waren. (In den sechziger und siebziger Jahren wurden die gesammelten Werke von Artaud und Bataille vom dominanten Verlagshaus Gallimard herausgegeben.) Durch die Valorisierung dieser Autoren ließ sich gleichzeitig eine Affinität zu Blanchot und Klossowski zum Ausdruck bringen. Bataille und Artaud wurden, nach

---

29 Siehe dazu Rémy Rieffel, *La tribu des clercs*, S. 362-363; derselbe Autor zitiert eine Aussage von Sollers von 1970, die belegt, daß das Verhältnis der Gruppe zum Nouveau Roman bloß instrumenteller Natur war: "Nous pratiquons une alliance objective avec les forces littéraires à ce moment encore subversives comme le Nouveau Roman, ce qui ne sera plus le cas par la suite" (S. 362).

30 Zur 'Entdeckung' der 'poètes maudits' bei Verlaine siehe im vorliegenden Band S. 165 f.

31 Artaud zählt nach wie vor zu den 'Heiligen' von Sollers, dem er sich in einer ehrfürchtigen Haltung nähert. Siehe dazu seine Ausführungen in "L'Affaire Artaud" in bezug auf den angekündigten Vortrag Artauds "un des plus grands poètes français" im Théâtre du Vieux Colombier am 13. Januar 1947. "Tout le monde est persuadé d'avoir vécu un moment historique, mais lequel? Il faudra des années et des années, nous ne le savons que trop, pour oser poser la question. Est-elle en cours de résolution? Rien de sûr [...] C'est à cause de cette folle raison montrant à la raison raisonnante sa folie latente qu'il n'a pas pu s'exprimer, à l'époque au Vieux Colombier. Pourra-t-il être mieux perçu aujourd'hui? Comment? Jusqu'où? Par qui? On le demande" (Philippe Sollers, "L'Affaire Artaud", *Le Monde [des livres]*, 16. September 1994).

Kauppi, auch darum herausgehoben, weil sie Randfiguren des Surrealismus waren.[32] Die Bezugnahme auf sie erlaubte es, gleichzeitig auf Distanz zu gehen zum intellektuellen Modell der Surrealisten, Sartres und des Nouveau Roman.[33]

Der strukturalistische universitäre Pol

Wenn sich *Tel Quel* mit Avantgarde-Literaturproduzenten gegen die etablierten Literaten identifizierte, so drückten sie gleichzeitig auch ihre Übereinstimmung mit den Avantgarde-Produzenten in benachbarten Feldern, etwa im intellektuellen Feld, aus. So begegnete die Zeitschrift mit Sympathie den Analysen von Lévi-Strauss, die nach einem Aufsatz von J.L. Baudry (über *La pensée sauvage* in *Tel Quel* 1962) sich mit den Versuchen einer Reihe zeitgenössischer Schriftsteller überschnitten und

32 Auch in der heutigen Retrospektive der Gruppe wird diese 'Entdeckung' als eine der großen Leistungen von *Tel Quel* eingestuft: "Une grande partie du travail de *Tel Quel* aura d'ailleurs servi à cela: rendre lisible les textes. Soit, comme pour Artaud, Lautréamont et Sade en proposant une lecture autre que surréaliste, soit en publiant des textes inédits (Artaud, Bataille, Joyce, Ponge ou Gadda), soit en défendant des écrivains méconnus ou marginalisés (Ponge, Sanguineti, Guyotat), en réclamant et en encourageant la publication d'oeuvres complètes (Artaud, Bataille), ou une nouvelle traduction de Dante (par Jacqueline Risset). Mais, toujours, en proposant des lectures, des interprétations" (Christiane Lemire, Olivier Renault, "La littérature hors de prix", *L'Infini*, 39, 1992, S. 79-80).

33 Michel Condé unterstreicht ebenfalls den Distinktions-Wert der literarischen Referenzpunkte von *Tel Quel*: "Le groupe se réfère aussi à une tradition multiple, regroupant romanciers mais aussi essayistes et poètes: Joyce, Bataille, Ponge, Artaud et d'autres. L'ésotérisme et le formalisme du genre poétique, depuis Mallarmé jusqu'au Surréalisme [...] ne seront pas sans influence sur la pratique telquelienne dans le sens d'une illisibilité accrue, qui la distinguera finalemant des tentatives du Nouveau Roman" (Michel Condé, "*Tel Quel*", a.a.O., S. 24). Philippe Sollers sollte die erste Periode der Gruppe von 1960 bis 1963 in seiner Rekonstruktion der Geschichte der Gruppe vor allem auch neben der immanenten Textpraxis durch "la tentative de désenfouissement d'Artaud, Bataille, Ponge" charakterisieren (Philippe Sollers, "Interview", *Le Magazine littéraire*, 65, Juni 1972, S. 13; zitiert bei Condé, "*Tel Quel*", a.a.O., S. 21).

diese erhellten. Man könne an eine Art Universalisierung des Denkens, ja an eine neue Renaissance glauben.

Der 'Strukturalismus' erschien im Bereich des intellektuellen Feldes (neben dem Nouveau Roman) als eine Alternative zur dominanten Literatur; über die strukturalistische Linguistik und Anthropologie drang die Richtung auch in den Bereich der Literatur ein. Der symbolische Gewinn der Ansätze, die sich an diesem neuen Paradigma orientierten, war nach N. Kauppi sehr hoch. Die Beziehungen literarischer und wissenschaftlicher Kultur veränderten sich nun radikal. Mehrere vorher dominierte Strömungen stellten jetzt im Bereich des philosophischen Feldes eine Alternative zu dem nun schon mondän gewordenen Existentialismus dar, so vor allem die Epistemologie und die Wissenschaftsgeschichte (mit Gaston Bachelard, Georges Canguilhem, Alexandre Koyré) sowie die Phänomenologie Merleau-Pontys. Diese 'humanwissenschaftliche Wende' war zweifelsohne von großer Bedeutung für *Tel Quel*. Unter dem Begriff 'Strukturalismus' war innerhalb des intellektuellen Feldes ein bedeutsamer Wandel eingetreten.[34] Diese Bewegung bedeutete nicht bloß eine epistemologische Erneuerung, sondern eine Veränderung der Hierarchie der legitimen kulturellen Güter. Schriften, die vorher nur vom beschränkten Feld der Spezialisten der Humanwissenschaften gelesen wurden, überschritten nun den engen Kreis der Fachleute und erreichten das gesamte intellektuelle Publikum. Die Folge davon war auch eine Modifikation der Hierarchie zwischen den einzelnen Feldern der symbolischen Produktion. Sartre stellte, wie schon oft betont, vorher die emblematische Figur der Intellektuellen dar, der die Gruppe als solche repräsentierte. Mit ihm nahmen Literatur und Philosophie, die sich als universell definierten, eine dominante Stellung ein. Die anderen intellektuellen Felder, vor allem das wissenschaftliche Feld, waren Angelegenheiten von reinen Fachleuten.[35] Mit Lévi-Strauss, Lacan, Foucault und Barthes traten nun Anfang der sechziger Jahre die 'Strukturalisten' auf den Plan, nahmen die dominante Position nicht nur in ihren eigenen Feldern ein, sondern innerhalb des gesamten intellektuellen Feldes. Philosophen und Schriftsteller konnten

---

34 Wir folgen hier Michel Condé, "*Tel Quel* , a.a.O., S. 24-25.

35 Siehe dazu Marcel Gauchet: "L'existentialisme déniait à la science le pouvoir de saisir l'effectivité de l'éxpérience – réaction de clerc qui défend l'autonomie de son domaine. Le structuralisme, lui, s'empare de la science jusqu'à prétendre au monopole *épistémologique* de sa définition – la meilleure défense, c'est l'attaque" (Marcel Gauchet, "Discours, structure", *Le Débat*, 50, Mai-August 1988, S. 178).

sich an der Bewegung beteiligen, die jedoch ihren Ursprung im Feld der Humanwissenschaften hatte; jedes Sicheinschreiben bedeutete die Anerkennung des Primats der Wissenschaft und namentlich der neuen Pilot-Disziplin, der Linguistik. Selbst ein Marxist wie Althusser versuchte, die Wissenschaftlichkeit des Marxismus, dessen strukturalen Charakter aufzuzeigen.

Im Januar 1959 wurde an der Ecole Pratique des Hautes Etudes ein interdisziplinäres Kolloquium zum Begriff 'Structure' durchgeführt, das unter dem Patronat von E. Benveniste, M. Merleau-Ponty und C. Lévi-Strauss stand. Hier zeichnete sich eine neue Konfiguration ab, und die Medien betrachteten Lévi-Strauss als denjenigen, der Sartre entthronen werde. Die Antrittsvorlesung von Lévi-Strauss am Collège de France zum Thema "L'anthropologie sociale devant l'histoire" am 5. Januar 1960 bedeutete die Konsekration der strukturalen Anthropologie und damit eines Denkmodelles, das sich an der Linguistik als einer Leitwissenschaft orientierte,[36] die synchrone Perspektive gegenüber der Diachronie favorisierte und (Tausch-)Strukturen als wichtiger erachtete als (Tausch-)Subjekte oder Objekte.

Diese Transformation implizierte, wie Michel Condé ausführt, eine Konkurrenzsituation zwischen den Vertretern des Strukturalismus und den Repräsentanten der symbolischen Produktion (Literatur und Philosophie), die nun als überholt galten. Diese Situation rief zwei verschiedene und gegensätzliche Reaktionen hervor; auf der einen Seite das, was Condé ein Nachhutgefecht nennt, das überholte Positionen zu verteidigen versuchte, so Sartre, der den technokratischen Charakter des Strukturalismus ver-

---

36 Zur Universalisierung des phonologischen Modells der Linguistik auf die Sozialwissenschaften im Kontext des 'Strukturalismus' siehe Pierre Bourdieu: "Née de l'automatisation de la langue par rapport à ses conditions sociales de production, de reproduction et d'utilisation, la linguistique structurale ne pouvait devenir la science dominante dans les sciences sociales sans exercer un effet idéologique, en donnant les dehors de la scientificité à la naturalisation de ces produits de l'histoire que sont les objets symboliques: le transfert du modèle phonologique hors du champ de la linguistique a pour effet de généraliser à l'ensemble des produits symboliques, taxinomies de parenté, systèmes mythiques ou oeuvres d'art, l'opération inaugurale qui a fait de la linguistique *la plus naturelle des sciences sociales* en séparant l'instrument linguistique de ses conditions sociales de production et d'utilisation" (Pierre Bourdieu, *Ce que parler veut dire. L'économie des échanges linguistiques.* Paris, Fayard, 1982, S. 8-9).

dammte.[37] Anders war die Reaktion der Avantgarde, die die 'Errungen-schaften' des Strukuralismus aufnahm, mit der Absicht, diese noch zu überholen. Diese Haltung wurde von *Tel Quel* eingenommen.

Um gegen den dominanten Intellektuellen, Jean-Paul Sartre, ankom-men zu können, mußte man, wie ein Zeitzeuge meinte, wirklich etwas Neues vorlegen. Dieser neue Referenzpunkt war, wie gesagt, die struktura-le Linguistik und, daraus abgeleitet, die Semiologie als Wissenschaft aller Zeichensysteme.[38] In der Praxis verbanden sich, wie N. Kauppi ausführt, Szientismus und Ultrarationalismus mit der Psychoanalyse sowie einer Axiomatik der Transgression (im Namen von Artaud, Bataille, Nietzsche, Sade). Philosophen, Schriftsteller und Literaturwissenschaftler bezogen sich gleichzeitig auf diese Autoren. Kauppi erklärt den durchschlagenden Erfolg des neuen Paradigmas auch aus der Schockwirkung bestimmter Formeln ("l'homme est mort", "l'inconscient est structuré comme un langage"), aus den neuen Positionen, die sich Intellektuellen an Schnitt-punkten der verlegerischen, journalistischen und universitären Tätigkeit eröffneten, sowie aus der Entstehung neuer Plattformen der intellektuellen Produktion, Diffusion und Legitimation.[39] Mit dem Aufstieg der Psycho-analyse und der neuen Sprachwissenschaft (und der damit einhergehenden

---

37 "Jean-Paul Sartre répond", *L'Arc*, 30, 1966, S. 87-96. Siehe dazu auch Didier Eribon, *Michel Foucault et ses contemporains*. Paris, Fayard, 1994, S. 163-184: "Sartre et Beauvoir".

38 Siehe dazu die programmatischen Züge, die Roland Barthes schon 1957 im Nachwort zu seinen *Mythologies* formulierte: "Comme étude d'une parole, la mythologie n'est en effet qu'un fragment de cette vaste science des signes que Saussure a postulée il y a une quarantaine d'années sous le nom de *sémiolo-gie*. La sémiologie n'est pas encore constituée. Pourtant, depuis Saussure même et parfois indépendemment de lui, toute une partie de la recherche contemporaine revient sans cesse au problème de la signification: la psych-analyse eidétique, certaines tentatives de critique littéraire dont Bachelard a donné l'exemple, ne veulent plus étudier le fait en tant qu'il signifie" (Roland Barthes, *Mythologies*. Paris, Seuil, 1970, S. 195-196). Zum Anspruch der Semiologie als einer Superwissenschaft siehe auch L. Pinto: "Discipline de référence, la sémiologie (science des signes) emprunte sa scientificité à la linguisitique mais elle lui ajoute l'attrait d'une généralité opératoire quasi illimitée puisqu'elle prétend s'appliquer à l'univers indéfini des symboles et remplir à elle seule le programme des sciences sociales" (Louis Pinto, "*Tel Quel*", a.a.O., S. 70).

39 Kauppi verweist hier auf *Critique, Tel Quel*, E.N.S., Paris-VIII, *Le Nouvel Observateur, La Quinzaine littéraire*, France-Culture, *Apostrophes*.

Abwertung der traditionellen Disziplinen wie Psychologie und Philologie) wurden neue Universitätsstellen geschaffen. Die Vortragsreihen, die *Tel Quel* in den sechziger Jahren organisierte, gehorchten dieser Logik, so das Kolloquium von Cerisy-la-Salle "Une nouvelle littérature", das 1963 unter der Leitung von Michel Foucault durchgeführt wurde, aber auch mehrere Pariser Kolloquien.

Louis Pinto spricht von einer Homologie der Position von bestimmten Hochschullehrern und den Intellektuellen von *Tel Quel* in ihren jeweiligen Feldern. Die ersteren galten als 'Freischärler' in der Universität, weil sie die kanonische Disziplinenhierarchie (der Philosophie und der Literatur) in Frage stellten und andererseits die Enge der rein wissenschaftsinternen Kommunikationsformen überschreiten wollten. Die Intellektuellen, die nach der Manie der Hochschullehrer theoretisierten, wurden ihrerseits von den traditionellen Schriftstellern scheel angesehen. Zwischen den beiden Gruppen in ihrer analogen Position drängte sich, wie Pinto schreibt, eine "strukturelle Allianz" auf.

Roland Barthes

Zu diesen Hochschullehren zählte zunächst Roland Barthes, der 1950 in Ägypten mit Greimas und durch ihn mit der Linguistik in Kontakt kam. Er hatte als Stipendiat beim C.N.R.S. gearbeitet und nicht die klassische Hochschullehrerlaufbahn eingeschlagen.[40] Sein erstes Werk *Le degré zéro de l'écriture* von 1953, in dem er für ein Engagement eintrat, das sich nicht am Inhalt orientierte, sondern dem die Schreibweise als Ort der Freiheit galt, war von Gallimard abgelehnt worden, wurde aber vom Verlag des intermediären Sektors – Seuil – in der Reihe 'Pierres vives' veröffentlicht. Dem Verlag blieb Barthes treu, selbst wenn er 1966 mit *Critque et vérité* die Reihe wechselte, zur Collection 'Tel Quel' von Sollers, dem er erstmals 1963 begegnet war. Barthes war sich seiner marginalen Situation innerhalb des Universitätssystems bewußt und schien darunter gelitten zu haben.[41] Seine Position war marginal, weil er nicht

---

40 Zu Roland Barthes siehe Ottmar Ette, "Roland Barthes", in: *Kritisches Lexikon zur fremdsprachigen Gegenwartsliteratur*, April 1994; ders., "Der Schriftsteller als Sprachendieb. Versuch über Roland Barthes und die Philosophie", in: L. Nagl/H.J. Silvermann (Hrsg.), *Textualität der Philosophie*. München, 1994, S. 161-189.

41 N. Kauppi zitiert dazu einen Hinweis von Barthes in einem Interview, das

wie Foucault oder Derrida den 'Königsweg' über die Ecole Normale Supérieure, die Agrégation und die Thèse d'Etat eingeschlagen hatte; erst 1960 erhielt er dank Fernand Braudel eine Stelle als Chef des travaux an der Ecole Pratique des Hautes Etudes. Als Typ des neuen Intellektuellen stand er am Schnittpunkt mehrerer Felder. Er publizierte seine Bücher in der Reihe 'Tel Quel'; er war der einzige lebende Schriftsteller, dem die Zeitschrift eine Sondernummer widmete (die Nummer 47, 1971). Als directeur d'études (ab 1962) und später als Lehrstuhlinhaber am Collège de France (seit 1977) zählte Barthes zu den von der Gruppe *Tel Quel* privilegierten Personen. Er war aber auch präsent im Bereich der intellektuellen Zeitschriften und des Kulturjournalismus (*Nouvel Observateur, La Quinzaine littéraire, Le Magazine littéraire*) wie in den professionellen Periodika (*Communications* und *Critique*). Durch diese Polypräsenz – Kauppi spricht von 'multipositionalité' – verfügte Barthes über eine bedeutende symbolische Macht[42] und trug so zur intellektuellen Ausstrahlung von *Tel Quel* bei; er schrieb gleichzeitig mehrere Aufsätze über Sollers, die 1979 im Buch *Sollers, écrivain* zusammengefaßt wurden, und widmete ihm eine Vorlesung am Collège de France.

Julia Kristeva

Wenn Roland Barthes eine Brückenfunktion zwischen *Tel Quel* und den Hochschullehrern (namentlich der E.P.H.E.) wahrnahm, so wurde der

---

1985 in der Zeitschrift *Lire* veröffentlicht wurde: "J'ai toujours eu une envie forte et pulsionnelle de faire partie de l'université [...] Or, je n'ai pas pu m'intégrer par un cursus normal à l'université ne serait-ce parce que j'ai été malade à chaque fois qu'il fallait franchir un échelon [...] On n'est pas entraîné dans un système de pouvoir, ce qui crée une marginalité objective" (zitiert bei Kauppi, *Tel Quel*, S. 98). Siehe dazu auch Didier Eribon: "L'entrée au Collège de France, c'était enfin la reconnaissance par l'institution universitaire du travail qu'il menait depuis un quart de siècle, cette reconnaissance à laquelle il aspirait tant et dont l'absence ou le retard avaient gravé en lui des 'blessures' auxquelles Foucault fera allusion au moment de sa mort" (Didier Eribon, *Foucault et ses contemporains*, S. 230).

42 Siehe dazu Louis Pinto: "Barthes est à la fois [pour *Tel Quel*] un allié doté d'un capital important et l'incarnation de l'intellectuel nouveau style auquel se réfère une revue qui le célèbre largement" (Louis Pinto, "*Tel Quel*", a.a.O., S. 70).

Kontakt der Gruppe zu den neuen Universitätsdisziplinen in noch intensiverer Weise durch Julia Kristeva hergestellt, die erste Hochschullehrerin, die zum inneren Kreis von *Tel Quel* gehörte. 1941 in Sofia in einem frankophilen Milieu geboren, besuchte sie die von den Dominikanerinnen geleitete französische Schule, kam 1965 nach Paris, begann auf Anraten ihres Landsmannes Tzvetan Todorov eine Doktorarbeit bei Lucien Goldmann, um sich dann bald schon bei Roland Barthes in Richtung Semiotik umzuorientieren. Ihr großes Plus bestand in ihrer Kenntnis der Texte des Marxismus-Leninismus, der russischen Linguistik und des russischen Formalismus; sie machte in Frankreich Bakhtine bekannt (namentlich mit ihrem Aufsatz in *Critique* im April 1967). 1967 wurde sie für das Laboratorium von Lévi-Strauss im C.N.R.S. angeworben, 1969 in das Département des textes et documents der Universität Paris VII aufgenommen und 1974 zur Professorin ernannt. Sie brachte in die Gruppe *Tel Quel*, die vor allem aus Schriftstellern bestand, eine ausgesprochen universitäre Kompetenz ein;[43] sie war nicht kulturjournalistisch tätig, sondern publizierte ausschließlich in Fachzeitschriften (*Langanges*, *L'Homme*). Durch Gérard Genette lernte sie im Seminar von Barthes Philippe Sollers kennen, mit dem sie sich 1967 verheiratete. Die beiden stellten für eine junge Generation, ein neues Paar Sartre-de Beauvoir dar, das Literatur und Wissenschaft vereinte, ein Mythos, der von Julia Kristeva bewußt gepflegt wurde durch ihren Schlüsselroman *Les Samourais* von 1990, der sich schon im Titel als Replik auf Simone de Beauvoirs *Les Mandarins* (1954) verstand. Das Paar Sollers-Kristeva nahm innerhalb der Gruppe *Tel Quel*, wie Louis Pinto ausführt, eine zentrale Position ein, weil es jene sozialen und intellektuellen Errungenschaften vereinte, die unabdingbar waren, um den äußeren Anziehungskräften zu widerstehen und ein kollektives Orientierungsprinzip darzustellen. Diese zentrale Position einzunehmen bedeutete, die Freizone abzudecken zwischen Literatur und Wissenschaft, zwischen Originalität und Ernsthaftigkeit, zwischen der genialen Exzentrik à la Jean-Edern Hallier und den sehr 'gemäßigten' Kühnheiten der Hochschullehrer.[44]

---

43 Siehe dazu Louis Pinto: "Grâce à elle, le groupe et Sollers en premier lieu peut avoir le sentiment de disposer de l'ensemble du répertoire des instruments symboliques indispensables pour réaliser un projet intellectuel fondé sur la combinaison de la littérature et de la science" (Louis Pinto, "*Tel Quel*", a.a.O., S. 70).

44 Louis Pinto, "Tel Quel", a.a.O., S. 71. Michel Condé unterstrich seinerseits, daß Julia Kristeva in ihrer theoretischen Produktion (etwa in *La Révolution du langage poétique*) den 'Strukturalismus' eines Lévi-Strauss zu überwinden

Jacques Lacan

Julia Kristeva war seit den siebziger Jahren neben reiner Hochschultätigkeit auch als Psychoanalytikerin tätig; allerdings nicht innerhalb Lacans Ecole freudienne de Paris, die von Machtkämpfen zerrissen war, sondern im Rahmen der 'legitimeren' Association internationale de psychanalyse. Die Gruppe *Tel Quel* stand indes in einem intensiven Verhältnis zur Lacanschen Spielart der Psychoanalyse. Lacans Seminare an der Ecole Normale Supérieure (Rue d'Ulm) waren seit Mitte der sechziger Jahre, wie Kauppi zu Recht ausführt, zu mondänen Ereignissen geworden. Diese Lehrveranstaltungen, die in den siebziger Jahren im größten Pariser Hörsaal an der Faculté de droit an der Place du Panthéon stattfanden, gehörten zu einem *must* der bourgeoisen Intelligenzia.[45] Lacan hatte seinen psychoanalytischen Ansatz wie Lévi-Strauss die strukturale Anthropologie und Barthes seine Literatur-Semiotik auf der Linguistik zu begründen versucht, um die Psychoanalyse vom Ruf des reinen Pragmatismus zu befreien und ihr ein strenges wissenschaftliches Fundament zu geben.[46] Er stützte sich

trachtete, indem sie wieder zum Einzeltext zurückkehrte und nicht wie Lévi-Strauss im Universum der Mythen eine geschlossene Welt sah, sondern die Unendlichkeit der poetischen Sprache betonte. Condé sieht eine ähnliche Tendenz beim späteren Roland Barthes: "Et Barthes aussi va jouer la différence contre la structure, l'infini contre le fini, le texte contre la science de la littérature" (Michel Condé, *"Tel Quel"*, a.a.O., S. 32).

45 "Lundi, je ne peux pas venir, j'ai Lacan" – ein Refrain von Pariser Freunden in den siebziger Jahren, die den ersten Montag im Monat jeweils in ihrem Terminkalender rot angestrichen hatten. Dieses 'Seminar' hatte den Charakter eines Rituals. Lacan, der zunächst leise mit räuspernder Stimme begann, ließ sich durch den Begeisterungssturm der Zuhörerschaft zu wahren Wortkaskaden hinreißen, die von großen Trauben von Aufnahmegeräten, die an den Saalmikrophonen hingen, getreulich aufgezeichnet wurden.

46 "La linguistique peut [...] nous servir de guide, puisque c'est là le rôle qu'elle tient en flèche de l'anthropologie contemporaine, et nous ne saurions y rester indifférent" (Jacques Lacan, *Ecrits*, I. Paris, Seuil, 1966, S. 156). Für Lacan war der Rekurs auf die Linguistik nach Foucault auch eine Möglichkeit, das Konzept des Subjekts zu überwinden: "Armé de tout cela, rencontre de Lacan avec la linguistique qui montrait sur un matériau objectivable en termes de connaissance un jeu de significations qui n'était plus du tout assimilable aux intentionalités de la conscience: quelque chose se passait dans le sujet à travers le sujet... ce qui permettait à Lacan de reposer la question du sujet" (zitiert nach: Didier Eribon, *Michel Foucault et ses contemporains*, S. 262).

aber auch unmittelbar auf Lévi-Strauss' *Structures élémentaires de la pensée*, die die Allianz (und nicht das Inzestverbot) als primäres Gesetz der Verwandtschaftsbeziehungen postulierten und damit eine Kultur- und nicht eine Naturordnung favorisierten, die der Ordnung der Sprache gleiche.[47] Mit Klossowski, Leiris und Bataille war Lacan aber auch den Avantgarde-Kreisen der Zwischenkriegszeit (wie *Minotaure*) nahegestanden und fungierte nun als eine Art Brücke zur neuen selbsterklärten Avantgarde von *Tel Quel*.[48] Nachdem Lacan 1969 vom Direktor der Ecole Normale Supérieure, Robert Flacelière, Gegner der 68er-Bewegung, aus seiner Hochschule vertrieben wurde, wurde er mit Roland Barthes, der mit der Racine-Affäre einen ähnlichen Strauß mit der traditionellen Universität (R. Picard) ausgetragen hatte, zu einer der emblematischen Figuren einer neuen Radikalität.[49] Das, was den Vertretern des sogenannten Strukturalismus gemeinsam war, das war die Opposition gegen die Subjekt- und Bewußtseinsphilosophie Sartres.[50] Die neue Generation der

---

47 Lacan leitete auch sein Struktur-Konzept von Lévi-Strauss ab: "Nous-mêmes nous faisons du terme de structure un emploi que nous croyons pouvoir autoriser de celui de Claude Lévi-Strauss" (Jacques Lacan, *Ecrits*, I, S. 648).

48 Foucault sah die genannten Autoren ebenfalls in Verbindung mit Lacan, die alle dazu beigetragen hätten, das französische Denken von den dominanten Tendenzen des cartesianischen Subjekts und der Hegelschen Dialektik zu befreien: "C'est tout de même ces gens-là [Bataille, Blanchot, Klossowski] qui, vers les années cinquante, ont été les premiers à commencer à nous faire sortir de la fascination hégélienne dans laquelle on était enfermé, en tout cas qui nous surplombait. Deuxièmement, c'est eux qui ont fait les premiers apparaître le problème du sujet comme problème fondamental pour la philosophie et pour la pensée moderne." Foucault kommt dann in diesem Kontext auf Lacan zu sprechen: "Lacan a fait remarquer que Sartre n'a jamais admis l'inconscient dans le sens freudien [...] il a fallu que Lacan le fasse apparaître clairement. D'où l'importance de Lacan" (Gespräch von 1978 zitiert bei Didier Eribon, *Michel Foucault et ses contemporains*, S. 248).

49 Zur Analyse dieser Debatte siehe Pierre Bourdieu, *Homo academicus*. Paris, Editions de Minuit, 1984, S. 149-155: "Des adversaires complices".

50 Siehe dazu Lacan: "On voudrait que je sois une espèce de successeur de Sartre! Laissez-moi vous dire que c'est là se faire une plaisante idée de ce qui peut 'cuber', mais qui n'a aucun rapport avec les travaux que je mène. Sartre est plus jeune que moi et j'ai suivi avec beaucoup de sympathie et d'intérêt son ascension. Mais je ne me suis jamais situé, je ne me situe pas du tout par rapport à lui" (Interview mit Jacques Lacan, *Figaro littéraire*, 29. Dezember 1966, zitiert in *Magazine littéraire*, 127-128, September 1977, S. 72-73).

sechziger Jahre suchte sich unter den neuen 'Meistern' des Strukturalismus Nachfolger für Sartre. Sollers war Lacan 1965 zum ersten Mal begegnet, und er verband mit ihm auch die Erinnerung an G. Bataille.

Jacques Derrida

Zu den neuen 'Meistern' der *Tel Quel*-Generation zählte auch Jacques Derrida, der zunächst als Philosophie-Lehrer an der Ecole Normale Supérieure (rue d'Ulm) nur einem kleinen Kreis bekannt war. 1967 veröffentlichte er sein Buch *L'écriture et l'expérience* in der Reihe 'Tel Quel', *De la grammatologie* bei den Editions de Minuit und ein drittes Werk in den Presses Universitaires de France. 1972 erschienen *La dissémination* in der Reihe 'Tel Quel' und zwei andere Bücher bei den Editions de Minuit. Sollers trat mit Derrida 1965 in Kontakt, um ihn um einen Beitrag zur Artaud-Nummer der Zeitschrift zu bitten. Die Zusammenarbeit lag, wie Kauppi betont, im beiderseitigen Interesse. Derrida trug zum intellektuellen Prestige der Zeitschrift bei; er, der bisher nur in philosophischen Zeitschriften publiziert hatte, konnte seinerseits seine Resonanz dank der Plattform der Zeitschrift von Sollers ausweiten. Zwischen 1965 bis 1972 beteiligte er sich aktiv an den Aktivitäten von *Tel Quel* durch seine Zeitschriften-Beiträge und Veröffentlichungen in der 'Tel Quel'-Reihe. Wenn er in *Tel Quel* und in *Critique* schrieb, so war er indes nicht kulturjournalistisch tätig, wie Kauppi schreibt, eher ein 'artisanaler Hochschullehrer' als ein 'Allround-Intellektueller' im Stil von Barthes und Foucault. Derrida zeichnete sich vor allem durch seine in der Philosophie eher ungewöhnliche Diktion, die Methode der 'déconstruction' aus, die, nach Kauppi, eine Avantgarde-Position mit Methoden der Schulphiloso-

Siehe dazu auch Foucault in einem Interview, das die *Quinzaine littéraire* im Mai 1966 veröffentlichte: "Nous avons éprouvé la génération de Sartre comme une génération certes courageuse et généreuse, qui avait la passion de la vie, de la politique, de l'existence. Mais nous, nous nous sommes découverts autre chose, une autre passion, la passion du concept et de ce que je nommerai un système [...] Le point de rupture s'est situé le jour où Lévi-Strauss pour les sociétés, et Lacan pour l'inconscient ont montré que le 'sens' n'était probablement qu'une sorte d'effet de surface, un miroitement, et ce qui nous traversait profondement, ce qui était avant nous, ce qui nous soutenait dans le temps et dans l'espace, c'était le système" (zitiert bei Didier Eribon, *Michel Foucault et ses contemporains*, S. 237).

phie vereinte (Methode der explication de texte) und letztlich für sein Schreiben einen literarischen Status beanspruchte. Die hermetische Redeweise war bei ihm wie bei Lacan eine Form der symbolischen Dominanz.[51] Derrida nahm eine radikale Position ein, indem er der gesamten klassischen Philosophie Logozentrismus vorwarf, ähnlich wie *Tel Quel* 'littérature' im klassischen Sinn ablehnte, um nur mehr 'le texte' gelten zu lassen. Die Übereinstimmung mit *Tel Quel* fußte in den Augen von Michel Condé auf der Homologie der Position im intellektuellen Feld, die die 'écriture' als 'différance' valorisierten und im Text von Mallarmé ebenso wie in dem von Sollers die Subversion des 'Seienden' am Werke sahen.[52] Nach N. Kauppi spielte Derrida zu einem bestimmten Zeitpunkt für *Tel Quel die* entscheidende Rolle aufgrund seines intellektuellen Prestiges als legitimer Erbe der Autorität der Philosophie; überdies brachte er Schlüsselbegriffe ein, die eine totemische Wirkung hatten ('différance', 'autorité du sens', 'altérité radicale'). Wegen seines relativ eng begrenzten Beziehungskreises war Derridas Abhängigkeit von Sollers größer als diejenige von Barthes oder von Foucault. Als aber Derrida 1972 in *Positions* eine harte Kritik gegen Lacan formulierte, kam es zum Bruch mit Sollers.

Michel Foucault

Die Nähe von Foucault zur *Tel Quel*-Gruppe dauerte noch weniger lang als die von Derrida. In einer Besprechung in der Sommer-Nummer 1962 von *Tel Quel* wurde Foucault als einer der besten Kritiker seiner Generation präsentiert. Zu der in den fünfziger Jahren dominierten philosophischen Tradition der Epistemologie eines Bachelard und Canguilhem zählend, hatte er mit seiner Thèse *Histoire de la folie à l'âge classique* (1960) aufgezeigt, wie die Herrschaft der Vernunft den Wahn ausgrenzte und über die Institutionen der Klinik und der Psychiatrie zu domestizieren suchte, daß aber die verdrängte Wahrheit des Wahns sich bei Nietzsche, Artaud, Goya wieder Gehör verschaffte. Die Arbeit wurde von intellektuellen Zeitschriften wie *Les Temps modernes* und *Esprit* nicht beachtet,

---

51 Kauppi zitiert in diesem Zusammenhang Julia Kristevas Transposition im Roman *Les Samourais* (S. 83): "Lauzum [Lacan] et Said [Derrida] ont participé à un colloque sur la psychanalyse. Obscurs, personne n'a rien compris. Mais, ils sont en passe de devenir des gourous, surtout Said."
52 Michel Condé, "*Tel Quel*", a.a.O., S. 28-29. Condé verweist hier auf *La Dissémination*.

wohl aber von Barthes (mit einer sehr positiven Rezension in *Critique*) und von Maurice Blanchot (in der *N.R.F.*). Ähnlich wie Barthes und vorher Lévi-Strauss hatte Foucault mehrere Jahre im Ausland gelehrt (in Uppsala, Hamburg und Warschau), befand sich dann als Hochschullehrer in Clermont-Ferrand in einer eher marginalen Situation. 1963 nahm er am Kolloquium in Cerisy-la-Salle zum Thema "Une littérature nouvelle?" teil, das von *Tel Quel* organisiert wurde.[53] Foucault veröffentlichte auch in *Critique* 1963 einen Aufsatz über einige Autoren der Gruppe.[54] Sollers versuchte, ihn von Gallimard abzuwerben, um ihn für 'sein' Verlagshaus, Seuil, zu gewinnen, was ihm allerdings mißlang. Im Unterschied zu Barthes und Derrida blieb er Sollers gegenüber mißtrauisch, was dann 1969 zur apodiktischen Sentenz des Meisters von *Tel Quel* über Foucault führte: dessen Vokabular gehöre in einem gewissen Sinne schon einer theoretischen Vergangenheit an.[55]

---

53 Foucault leitete bei diesem Kolloquium eine Debatte über den Roman und erklärte zunächst, daß er nicht nur die Zeitschrift *Tel Quel*, sondern alle Romane der Gruppe lese. Er sah in den Werken eine bestimmte Kohärenz, da sie sich auf ein Set von Erfahrungen bezögen: Traum, Wahn, Wiederholung, Wiederkehr, Auflösung der Zeit, Doppelgänger. Wenn sich diese Erfahrungen schon bei den Surrealisten fänden, so seien diese hier nicht mehr auf die Psyche bezogen, sondern auf das Denken; sie träfen sich damit mit dem Antipsychologismus der zeitgenössischen Philosophie. Während für die Surrealisten die Sprache ein Instrument sei, sei diese für Sollers der Raum selber, innerhalb dessen sich die Erfahrungen vollzögen. Foucault situierte Sollers' Werk am Schnittpunkt von Sprechen und Denken: "Au fond, votre problème comme celui de la philosophie actuellement, c'est bien penser *et* parler, et vos oeuvres se situent exactement dans la dimension de cette petite particule de liaison ou conjonction de ce *et*, qui est entre penser et parler; et c'est peut-être ça à peu près que vous appelez l'*intermédiaire*. Toutes vos oeuvres, c'est cet intermédiaire, c'est cet espace vide et plein à la fois de la pensée qui parle, de la parole pensante" (Michel Foucault, *Dits et écrits*, Band I: 1954-1969. Paris, Gallimard, 1994, S. 340).
54 "Michel Foucault, Distance, aspect, origine", *Critique*, 198, November 1963, S. 931-945 [über Werke von J.-L. Baudry, M. Pleynet und Ph. Sollers], wieder aufgenommen in Michel Foucault, *Dits et écrits*, Band I, S. 272-285.
55 "Quand Sollers apitoyé dit de Foucault devenu indésirable: 'En fait, le vocabulaire employé par Foucault nous parait d'une certaine façon appartenir déjà à un certain passé théorique.' [*Tel Quel*, 36, 1969, nach N. Kauppi, *Tel Quel*, S. 112], il énonce la sentence d'un tribunal invisible ('nous') sur des délits innommés ('un certain passé théorique') comme dans des conditions obscures

'Tel Quel' und die Wissenschaft

Die Position von *Tel Quel* im literarischen Feld war so gekennzeichnet einerseits durch den Willen, den Nouveau Roman hinter sich zu lassen,[56] andererseits durch das Bestreben, Hochschullehrer zu gewinnen, die sich (noch) in einer Randposition befanden und die die Möglichkeit einer solchen Plattform begrüßten. Einige dieser Hochschullehrer arbeiteten indes nur in der ersten Phase bei *Tel Quel* (1960-1967) mit, so, wie gesagt, Foucault und Genette. Derrida, Jakobson und Todorov lieferten noch Beiträge bis 1972, während Roland Barthes und Julia Kristeva *Tel Quel* bis zum Ende (1982) treu blieben.[57] Das Bemühen um Wissenschaftlichkeit erschöpfte sich nicht in den Beiträgen der genannten Hochschullehrer zur Zeitschrift; die theoretische Reflexion stellte ab 1963 einen eigentlichen Schwerpunkt von *Tel Quel* dar; dieses Bemühen mündete 1968 in die Publikation eines kollektiven Werkes der Gruppe mit dem Titel *Théorie d'ensemble*. Es wurde im Gefolge von Althusser unterschieden zwischen einer wissenschaftlichen Ideologie und der eigentlichen Wissenschaft oder Theorie; die erstere wurde den dominanten Institutionen und Praktiken zugeschrieben, die zweite den Avantgarden. Die Mitglieder der *Tel Quel*-Gruppe konzipierten ihre eigene, sich als radikal alternativ verstehende Wissenschaftlichkeit vor allem durch den Bezug auf die Lacansche Wissenschaft. Diese neuen *Tel Quel*-'Wissenschaften' waren die 'Sémanalyse' von Julia Kristeva, die Numismatik eines Jean-Joseph Goux, die Materiologie von Jean-Louis Baudry. Derselben Tendenz gehorchten die Ansätze der Mitarbeiter von *Tel Quel*: Derrida mit seiner 'Grammatologie'; Barthes und seine Schüler entwickelten die Semiologie weiter. Die einen, die dem literarischen Pol näher waren, brachten wissenschaftliche Termini meist in metaphorischem Sinn ein; die anderen trachteten danach,

('d'une certaine façon') mais irrémédiables (le fatal 'déjà')" (Louis Pinto, *"Tel Quel"*, a.a.O., S. 73-74).

56 Eine Haltung, die offenbar bis heute vertreten wird; so schrieb Sollers unlängst " on laissera donc de côté tout romantisme ou néo-surréalisme; un épisode dépressif et contraint comme celui du 'nouveau roman'" (Philippe Sollers, *La guerre du goût*. Paris, Gallimard, 1994, S. 10-11).

57 Nach N. Kauppi, *Tel Quel*, S. 114.

eine neue Richtung innerhalb des wissenschaftlichen Feldes zu begründen.[58]

'Tel Quel' und das politische Feld

Um die Wirksamkeit von *Tel Quel* ermessen zu können, ist es aber auch notwendig, die Zeitschrift in bezug auf das politische Feld, namentlich der Kommunistischen Partei, zu bestimmen. Schon zu Zeiten des Surrealismus suchte die literarische Avantgarde die Nähe der politischen Avantgarde, und wie bei Sartre war man auch jetzt bestrebt, ästhetische Positionen aus revolutionärer Perspektive zu legitimieren. Diese Annäherung erwies sich in der zweiten Hälfte der sechziger Jahre auch wegen der zunehmenden Politisierung der Studenten als notwendig. In *Théorie d'ensemble* von 1968 wird die 'littérature' als Produkt der dominanten Ideologie eingestuft, während dem 'texte' eine kritische Funktion zugeschrieben und die 'écri-

---

58 Siehe dazu den Kommentar von Louis Pinto: "La formule de *Tel Quel* consiste à permettre à des individus disposant de capital littéraire de faire valoir ce capital en donnant les apparences inédites de scientificité à une activité d'écrivain somme toute bien très traditionnelle [...] L'effet *Tel Quel* c'est le produit d'une illusion collectivement entretenue à laquelle ont participé tous les auteurs qui avaient intérêt, à des titres divers, à brouiller les frontières entre disciplines et en particulier entre sciences et philosophie [...], entre genres, entre science et prophétisme, etc." (Louis Pinto, *"Tel Quel"*, a.a.O., S. 70). Im retrospektiven Selbstbild, das *Tel Quel* von sich entwirft, wird gerade die Aneignung und schließlich die Überholung des theoretischen Diskurses als Herzstück der Bewegung betrachtet, was auch ein Licht wirft auf die instrumentelle Konzeption von Wissenschaft und Theorie. Sollers schrieb so in einem Vorwort zur Neuauflage von *Théorie d'ensemble*: "Non pas: la littérature au service de la théorie (comme presque tout le monde semble l'avoir cru de *Tel Quel*) mais très exactement le contraire. Les sciences du langage, la philosophie, la psychanalyse aident à dégager un tissu de fictions à proprement parler infini" (zitiert in *L'Infini*, 39, 1992, S. 58). Siehe dazu auch Philippe Forest: "Toute l'entreprise de *Tel Quel* qu'elle se soit exprimée sur le mode romanesque (Sollers), poétique (Pleynet) ou strictement théorique (Kristeva), si on se risque à la définir en une phrase aura consisté dans la confrontation de ces deux discours dans l'espace variable du texte: ni l'écriture sans le savoir, ni le savoir sans l'écriture" (*L'Infini*, 39, 1992, S. 64).

ture' als die Fortsetzung der Politik mit anderen Mitteln betrachtet wird. Michel Condé unterstreicht indessen, daß die politischen Positionsbezüge von *Tel Quel* innerhalb der Strategie der Zeitschrift sekundär und im Unterschied zu dem innovativen literarisch-philosophischen Konzepten Akte der Annäherung oder des Anschlusses an bestehende Positionen waren.[59] *Tel Quel* näherte sich 1967 der KPF. Diese Annäherung steigerte die moralisch-politische Legitimität der Gruppe und eröffnete ihr gleichzeitig ein neues Publikum und den Zugang zum Netzwerk der kommunistischen Publikationen; andererseits diente sie auch den jungen Intellektuellen der Partei. Die Annäherung vollzog sich vor allem über die linkskommunistische intellektuelle Zeitschrift *La Nouvelle Critique*. Als im Mai 68 Schriftsteller sich mit den studentischen Forderungen solidarisierten, die 'Union des écrivains' gründeten und den Sitz der 'Société des gens de lettres', das Hôtel de Massa, besetzten, machten sich Sollers und *Tel Quel* zum Sprachrohr der KPF. Sollers schrieb der Partei eine wissenschaftliche Theorie zu und trat gegen den studentischen 'Spontaneismus' auf. 1969 folgte die maoistische Phase von *Tel Quel*, die 1972 zur Polemik mit der KPF führte, wegen Maria-Antoinetta Macciocchis Buch *De la Chine*. Im Mai 1974 kulminierte die Begeisterung für das Reich der Mitte in einer Chinareise wichtiger Mitglieder der Gruppe mit Roland Barthes. 1976 verabschiedete *Tel Quel* sich auch vom Maoismus. Louis Pinto unterstreicht den 'Nachhinkeffekt' dieser politischen Stellungnahme. Weil Sollers auf 'sichere' Werte bauen wollte, ging er zuerst eine Allianz mit der KPF, ihrer Presse und ihren Zeitschriften ein, zu einem Zeitpunkt, als mehrere angesehene Intellektuelle sich auf Seiten der politischen Avantgarde des Augenblicks stellten: Trotzkisten und Maoisten. Dieselbe Ungleichzeitigkeit gelte für die Parteinahme Sollers' für den Maoismus, als dieser von der jungen Generation schon zugunsten eines libertären Gauchismus aufgegeben wurde.[60]

59 "Le Comité de Rédaction est traversé par les mêmes conflits politiques que l'ensemble de l'intelligentsia française du rapprochement difficile avec le Parti Communiste à la radicalisation maoïste de certains pour arriver finalement à des positions néo-liberales et cela sans se renier fondamentalement (même si ces changements ont entraîné nombre de ruptures)" (Michel Condé, *"Tel Quel"*, a.a.O., S. 27).
60 Louis Pinto, *"Tel Quel"*, a.a.O., S. 75.

Absetzbewegungen

Angesichts der wachsenden theoretischen Differenzierung im Bereich der Humanwissenschaften ging den reinen 'Literaten' von *Tel Quel* wie Sollers eine spezifische Legitimität ab. Diese Legitimität sollte nach 1967 durch die politische Theorie, durch die Inhaberin des Monopols dieser Theorie, namentlich des dialektischen Materialismus, – die KPF – gesichert werden. Die Gruppe legitimierte sich als Avantgarde, wie Kauppi schreibt, in der Gestalt einer nur noch politischen Avantgarde. Damit wurde das Prinzip der Autonomie des intellektuellen Feldes geopfert. Dies führte zu unausweichlichen Abspaltungen. Jean-Pierre Faye, der als agrégé de philosophie und Schriftsteller über ein 'gefährlich' hohes Bildungskapital verfügte, dadurch für Sollers zu einem potentiellen Rivalen wurde, verließ 1967 die Gruppe, nahm 1968 eine studentenfreundlichere Position ein und gründete eine eigene Zeitschrift *Change*, die der KPF weniger nahestand als die von Sollers, der sich auch persönlich gut mit Aragon und Althusser verstand. Die Zeitschrift *Change*, die Chomskys Arbeiten in Frankreich vertraut machte, wurde zu einer ernstzunehmenden Konkurrentin von *Tel Quel*; darum wurde sie auch von Sollers vehement angegriffen.

Mitarbeiter, die im Bereich des sich ausdifferenzierenden Semiologie-Feldes tätig waren, wie Genette und Todorov, hatten ein Interesse daran, sich von einer immer ausschließlicheren literarischen, politischen, mondänen Plattform abzusetzen. Gérard Genette, Jean-Pierre Richard, Tzvetan Todorov und Hélène Cixous gründeten dann 1970 die Reihe und die Zeitschrift *Poétique* (mit dem bezeichnenden Untertitel 'revue de théorie et d'analyses littéraire'), die von Sollers als reformistisch und universitär eingestuft wurde.[61]

Wenn in den siebziger Jahren die universitären Mitarbeiter wie Foucault und Derrida, die über eine eigene institutionelle Garantie verfügten, bei *Tel Quel* fehlten, aber auch Ricardou und Thibaudeau, die der KPF nahestanden, ihren Abschied nahmen, so traten nun neue Mitarbeiter auf wie Pierre Guyotat, Pierre Daix und Guy Scarpetta, die aus der KPF ausgetreten waren; die Beziehungen zur Lacan-'Sekte' wurden noch

---

61 *Tel Quel* versteht sich auch heute noch als Zwischenposition zwischen dem Kulturjournalismus und der universitären Kritik: "Entre la critique littéraire journalistique (rapide, occasionnelle et superficielle) et la critique universitaire (parfois solide, mais lente, prudente et souvent ennuyeuse), *Tel Quel* a créé un lieu *autre* qui [...] pouvait (peut toujours) analyser la société dans son ensemble" (Christiane Lemire, Olivier Renault, *L'Infini*, 39, 1992, S. 80).

intensiver. *Tel Quel* wurde ausschließlich durch Julia Kristeva und Sollers dominiert, die auch die legitimen Kommentare der Geschichte der Gruppe sicherte durch die Romane *Femmes* (1983) und *Les Samourais* (1990).

Der akzeptierte Non-Konformismus

Die Auflagenhöhe der Zeitschrift war in den sechziger Jahren ständig gestiegen (1960: 3 000 Exemplare, 1965: 4 000, 1970: 6 000), um dann 1976 auf 3 900 Exemplare zu sinken.[62] Die Avantgarde-Positionen wurden nun auch in die Hochschullehre integriert. Die Zeitschrift suchte sich ihr radikales Image zu bewahren, indem sie politische Methoden in die intellektuellen Debatten einführte. Der Avantgardismus wandelte sich, wie Kauppi schreibt, zu einem Konformismus der Avantgarde, der ununterbrochen Symbole des radikalen Bruches um des Bruches willen produzierte; letztlich ging es Sollers darum, stets auf der Höhe der intellektuellen Moden zu sein, was auf jeden Fall einen bestimmten mondänen Erfolg sicherte. Zuerst war dies der Nouveau Roman, dann der Marxismus-Leninismus, der Maoismus und in der zweiten Hälfte eine gewisse liberale Ideologie oder ein aufklärerischer Konservatismus. In den siebziger Jahren näherte er sich den 'Nouveaux Philosophes', die durch eine verbale Radikalität *Tel Quel* den Rang abzulaufen schienen. 1977 schrieb der 'nouveau philosophe' Philippe Nemo in *Tel Quel*, und im Herbst 1978 erschien ein langes Interview mit Bernard-Henry Lévy, der Sollers von seinem Habitus her sehr nahestand und steht. 1976 fand Sollers Zugang zum Feld der Macht, wurde von Valéry Giscard d'Estaing zu Intellektuellen-Diners eingeladen und schrieb sich in Giscards Intellektuellen-Organisation C.I.E.L. ein. 1995 bescheinigte er Balladur, er sei "objektiv gesehen ein Revolutionär"![63] Mit seinem autobiographischen Roman *Femmes*, in dem auch der 1980 verstorbene Roland Barthes 'vermarktet' wurde, wechselte Sollers vom Verlag Seuil zum dominanten Verlagshaus Gallimard.[64]

---

62 Nach Rémy Rieffel, *La tribu des clercs*, S. 369, 374.
63 Siehe dazu den polemischen Kommentar von Pierre Bourdieu, "Sollers tel quel", *Liber*, 21-22, März 1995, S. 40.
64 Der Roman *Femmes* wurde auch als eine Rückkehr zu einem konventionellen Schreiben interpretiert, was Sollers offenbar bis heute noch wurmt. Darum seine heftige Reaktion in seinem letzten Buch: "Je saisis donc cette occasion pour préciser que, contrairement à une opinion 'politiquement correcte', malveillante et, par conséquent, répandue, il n'y a eu, de ma part, aucun

Die letzte Nummer von *Tel Quel* erschien im Herbst 1982, um dann unter dem Titel *L'Infini* bei einer Filiale von Gallimard (Denoël) wieder aufzutauchen. Nunmehr ließ sich bei Sollers die Wende hin zur legitimen Kultur, die mit Gallimard identifiziert wird, genau verfolgen. Seit 1988 erschien er immer häufiger auf den offiziellen Plattformen, so bei Pivots 'Apostrophes' und bei France-Culture; er schrieb jetzt regelmäßig in *Le Monde* Literaturkritiken, die nachher noch in *L'Infini* erschienen und schließlich auch als Buch verwertet wurden.[65] Innerhalb dieser Stategie der neuen Positionierung rationalisierte er im Rückblick seine 'Wandlungen' als die eines Schriftstellers, der den Intellektuellen mimte. "Die Macht versucht immer rechts zu sein. Der Intellektuelle ist darum *per definitionem* links. Dies gesagt, betrachtete ich mich nicht als einen Intellektuellen (ein typisches Machtwort), sondern als Schriftsteller. Ein Schriftsteller ist offensichtlich immer weniger konformistisch als ein Intellektueller. Darum steht er noch mehr links. Selbst wenn er ein Rechter ist! (Balzac) Versucht Euch das klar zu machen!"[66] Das maoistische

changement, aucun revirement, abandon ou relâchement subjectif, aucun 'retour à', dans la publication (qui semble obséder certains), en 1983, de mon roman *Femmes*" (Philippe Sollers, *La guerre du goût*, S. 11).

65 So Philippe Sollers, *La guerre du goût*. Sollers versuchte aber auch, einer solchen Textsammlung noch einen nicht-institutionellen, ja subversiven Charakter zu geben: "Ce travail [...] ne vise à aucune respectabilité institutionnelle. Il n'est pas un 'recueil' de textes déjà publiés mais un véritable inédit puisqu'il a toujours été calculé pour avoir, trait par trait, sa signification comme ensemble. Il n'appartient à aucun parti; ne prêche aucune issue collective [...] Il est habitué depuis longtemps, ce travail, à être traîté comme secondaire ou superflu par les pouvoirs économiques et politiques, par le réflexe paternaliste et la dérision populiste." (S. 13-14). *Le Monde des livres* war namentlich von Jean-Edern Hallier angegriffen worden, weil er Sollers als Mitarbeiter verpflichtet hatte, dem man vorwarf, zusammen mit der Leiterin der Literaturbeilage Josyane Savigneau und Kundera eine Art Literatur-Mafia zu bilden. Josyane Savigneau verteidigt 'ihren' Mitarbeiter in ihrer Rezension in *Le Monde*: "Au lieu de dénigrer *Le Monde* pour avoir donné cette occasion à Sollers, pourquoi d'autres journaux n'ont-ils pas fait de même avec les écrivains qu'ils préféraient? On aurait aujourd'hui plusieurs livres nés de ces expériences, et on pourrait les comparer. Craignaient-ils ces comparaisons, ceux qui reprochent au *Monde* de publier Sollers?" (Josyane Savigneau, "Sollers à l'offensive", *Le Monde [des livres]*, 28. Oktober 1994).

66 *Le Magazine littéraire*, 183, April 1983, S. 47, zitiert bei Kauppi, *Tel Quel*, S. 237 (übersetzt von J.J.).

Abenteuer wird dann in diesem Kontext als reines Spiel re-interpretiert: "Was war das, 'Maoist'? [...] Es war die amüsante Masche, die man damals machen mußte [...] Ich habe den Intellektuellen gespielt, weil die Karten zu einem gewissen Zeitpunkt so verteilt waren. Und da ich überzeugend wirken kann, wenn ich mich bemühe, hat man mich für einen Intellektuellen gehalten. Und dann ist der Schwindel recht bald aufgedeckt worden: Man weiß sehr wohl, daß ich nicht ein Intellektueller bin, der dieses Namens würdig ist. Ich bin ein Schriftsteller, sogar in einer ganz typischen Weise."[67] Julia Kristeva erklärte in einem gewissen Sinn in ihrem Schlüsselroman *Les Samourais* den sozialen Sinn dieser Option für den Schriftsteller (gegen den Intellektuellen).[68] Er entspreche letztlich der Tradition der Familie viel mehr. Die Erzählerin wendet sich an den Protagonisten Sinteuil, in dem man unschwer Sollers erkennen kann, um ihm zu sagen, die Leute seines Milieus seien Botschafter, Bankdirektoren und einige wenige Schriftsteller gewesen; die Intellektuellen von heute seien hingegen Söhne von Metzgern, Lehrern und Postbeamten. Was er denn mit diesen Leuten zu tun habe.[69]

---

67 *Le Magazine littéraire*, 3, April 1983, S. 47 (übersetzt von J.J.) Die Annäherung an die KPF wird von Sollers in derselben Weise als ein Akt intellektueller Neugier, als eine Art ethnologische Feldforschung re-interpretiert: "A l'époque, j'ai trente ans et je découvre que le Parti Communiste est la clef de voûte secrète de la société française [...] D'où ma visite du marxisme: je m'approche, je renifle, j'étudie les classiques sans *jamais* jamais prendre ma carte de militant [...] c'était de l'ethnologie" (Philippe Sollers, "Entretiens". *De Sartre à Foucault, vingt ans de grands entretiens dans le Nouvel Observateur*. Paris, Hachette, 1981, S. 303, zitiert bei N. Kauppi, S. 237).

68 Siehe dazu auch das Kolloquium "L'écrivain et l'intellectuel: un dialogue français" vom Oktober 1993 mit dem Eröffnungsvortrag von Sollers; dazu der Bericht: Joseph Jurt, " Le colloque parisien", *Liber*, 18. Juni 1994, S. 16-18.

69 "Tout Sinteuil que tu sois, tu as des airs de Montlaur qui se mêle aux pauvres. Les gens de ton milieu sont ambassadeurs de France ou directeurs de banque. Il reste, il est vrai, quelques rares écrivains. De droite. Mais les intellectuels d'aujourd'hui sont fils de bouchers, d'instituteurs, de postiers, tout ça. Qu'est-ce que tu fais là-dedans avec tes manières de Montlaur et un discours de gauche par-dessus le marché?" (Julia Kristeva, *Les Samourais*. Paris, Fayard, 1990, S. 407). Zur Re-Interpretation der ideologischen Abenteuer durch Sollers, die keineswegs eine Selbstkritik darstellt, meint Louis Pinto: "L'intellectuel parodique rejette le passé de subversion intellectuelle et politique, mais de telle sorte qu'il peut le récupérer dans la logique de l'image publique désormais revendiquée (libertinage, sensualité, séduction, femmes,

Die Geschichte von *Tel Quel* ist so vor allem die Geschichte von Sollers. Er begann damit, schreibt N. Kauppi[70], daß er die Legitimität des 'klassischen' Schriftstellers und der kanonischen Literatur verneinte, selbst wenn er zunächst innerhalb dieser Tradition als Nachfolger Mauriacs präsentiert wurde. Diese Weigerung, sich durch gegebene Modelle prägen zu lassen, artikulierte sich in den Werken durch einen Stil, der jede Autorität und jede Institution in Frage zu stellen suchte, im Einklang mit den Interessen verschiedener sozial dominierter Schichten. Seine Option für die Literatur gehorchte einer Strategie der Interesselosigkeit und der Annäherung an die neuen Strömungen des französischen Geisteslebens. Die noble literarische Laufbahn wandelt sich in eine Sublimierung der Marginalität und der Pluralität durch die Universalisierung verschiedenster Diskurse, die in ihren jeweiligen Feldern eine dominierte Position einnahmen. Sollers war zunächst derjenige, der nicht den Regeln des intellektuellen Feldes entsprach, war die Antithese zu Sartre, dem Philosophen, der den klassischen Eliteausbildungsgang durchlaufen hatte. Aber gerade, weil er nicht dem Regelfall entsprach, wurde Sollers zu einer Alternative und konnte sich durchsetzen, da er selber die Nicht-Konformität kanonisierte und dergestalt voraussehbar machte. Non-Konformismus wurde zur Norm, und Sollers gelang es schließlich, gleichzeitig subversiv und akzeptabel zu sein.[71]

etc.): S'il n'a oeuvré ni pour la science ni pour la Révolution, du moins a-t-il permis, par ses détours exquisément drôles et extravagants rétrospectivement, que soit engendré ce chef-d'oeuvre qu'il est lui-même devenu" (Louis Pinto, *"Tel Quel"*, a.a.O., S. 77).

70 N. Kauppi, *Tel Quel*, S. 241.
71 Dem Aufsatz von Louis Pinto über *Tel Quel*, der die Thesen von N. Kauppi noch pointierte, folgte eine heftige Replik in der Nachfolgezeitschrift von *Tel Quel*, so in einem Aufsatz von Philippe Forest, "L'éternel réflexe de réduction", *L'Infini*, 39, 1992, S. 56-73. Forest störte sich vor allem auch an der Begrifflichkeit der Analyse, die mit Termini wie 'Kräfteverhältnisse', 'Markt', 'Kampf, um den Vordergrund der Szene zu besetzen', die er der "klaren und brutalen Sprache der Gesellschaft des Spektakels" zuschreibt, vergessend, daß es sich hier um analytische Konzepte handelt, die nicht wörtlich, sondern in einem analogen Sinn verwendet werden. Dasselbe gilt auch für den Begriff der Strategie, die entgegen den Vorgaben der Feldtheorie als zynisches Kalkül und nicht als meist unbewußte Anpassung an die Strukturen des Feldes verstanden wurde: "Le scandale ne commence que lorsqu'on affirme ou laisse entendre, sans le moindre commencement de preuves, que l'oeuvre se résorbe

71(...Fortsetzung)

entièrement dans la stratégie qui la double" (S. 71). Diese These, die in der Strategie etwas dem Werk Äußerliches sieht, wird aber im folgenden Satz wieder zurückgenommen: "Toute oeuvre véritable est indissociablement texte et stratégie. La stratégie porte le texte et vise selon les modalités variables, à en assurer l'inscription dans le champ social, le passage à l'intérieur du temps" (S. 71). Auf den Text von Pinto reagierten auch Christiane Lemire et Olivier Renault, "La littérature hors de prix. A propos d'une parodie d'analyse", *L'Infini*, 39, 1992, S. 74-85.

Literaturverzeichnis

1.1 Deutsche Ansätze einer historisch-soziologischen Literaturbetrachtung

Baldinger, Kurt: "Die Begründung der Literatursoziologie: Das Lebenswerk Erich Köhlers", *Ruperto Carola*, Band 67/68, S. 158-171.

Berschin, Walter/Arnold Rothe (Hrsg.): *Ernst Robert Curtius. Werk, Wirkung, Zukunftsperspektiven*. Heidelberg, Carl Winter, 1989.

Bollnow, Otto Friedrich: *Französischer Existentialismus*. Stuttgart, Kohlhammer, 1965.

Bürger, Peter: *Theorie der Avantgarde*. Frankfurt a.M., Suhrkamp, 1974.

Bürger, Peter: "Institution Kunst als literatursoziologische Kategorie", *RZLG*, 1, 1977, S. 50-76.

Bürger, Peter: "Naturalismus-Ästhetizismus und das Problem der Subjektivität", in: Christa Bürger/Peter Bürger/Jochen Schulte-Sasse (Hrsg.), *Naturalismus/ Ästhetizismus*. Frankfurt a.M, Suhrkamp, 1979, S. 18-55.

Bürger, Peter: "Zum Funktionswandel der Literatur in der Epoche des entstehenden Absolutismus: La querelle du *Cid*", in: *Bildung und Ausbildung in der Romania I: Literaturgeschichte und Texttheorie*. München, Fink, 1979, S. 43-58.

Bürger, Peter: "Adorno, Bourdieu and the sociology of literature", *Stanford Literature Review*, Frühjahr 1986, S. 75-90.

Enzensberger, Hans Magnus: "Die Aporien der Avantgarde", in: *Einzelheiten*. Frankfurt a.M., Suhrkamp, 1962, S. 290-315.

Fügen, Hans Norbert: *Wege der Literatursoziologie*. Neuwied, Luchterhand, ²1971.

Fügen, Hans Norbert: *Die Hauptrichtungen der Literatursoziologie und ihre Methoden. Ein Beitrag zur literatursoziologischen Theorie*. Bonn, Bouvier, ⁴1990.

Gumbrecht, Hans Ulrich: "'Zeitlosigkeit, die durchscheint in der Zeit'. Über E.R. Curtius' unhistorisches Verhältnis zur Geschichte", in: Walter Berschin/Arnold Rothe (Hrsg.), *Ernst Robert Curtius*, Heidelberg, Carl Winter, 1989, S. 227-241.

Jauß, Hans Robert: *Literaturgeschichte als Provokation*. Frankfurt a.M., Suhrkamp, 1970.

Jauß, Hans Robert: "Die Partialität der rezeptionsästhetischen Methode", *Neue Hefte für Philosophie*, 4, 1973, S. 1-46.

Jurt, Joseph: "De l'analyse immanente à l'histoire sociale de la littérature. A propos des recherches littéraires en Allemagne depuis 1945", *Actes de la recherche en sciences sociales*, 78, juin 1989, S. 94-101.

Jurt, Joseph: "*L'esthétique de la réception* – une nouvelle approche de la littérature?", *Les Lettres Romanes*, XXXVII, n°3, 1983, S. 199-220.

Jurt, Joseph: "Für eine Rezeptionssoziologie", *RZLG*, 3, 1979, S. 214-231.

Jurt, Joseph: "Erich Köhlers Schichtenmodell und die Theorie des literarischen Feldes", *RZLG*, 16, 1992, S. 288-302.

Köhler, Erich: "Einige Thesen zur Literatur-Soziologie", *G.R.M.*, N.F. 24, 1974.

Köhler, Erich: "In memoriam Werner Krauss", *RZLG* I, 1, 1977, S. 107-111.

Köhler, Erich: *Der literarische Zufall, das Mögliche und die Notwendigkeit.* München, Fink, 1973.

Köhler, Erich: *Literatursoziologische Perspektiven.* Heidelberg, Carl Winter, 1982.

Köhler, Erich (et alii): "Präambel", *RZLG*, 1, 1977, S. 1-2.

Krauss, Werner: "Literaturgeschichte als geschichtlicher Auftrag", *Sinn und Form*, II, 1950, S. 65-126.

Krauss, Werner: "Über die Träger der klassischen Gesinnung im 17. Jahrhundert", in ders.: *Gesammelte Aufsätze zur Literatur- und Sprachwissenschaft*. Frankfurt a.M., V. Klostermann, 1949, S. 321-338.

Lepenies, Wolf: *Die drei Kulturen. Soziologie zwischen Literatur und Wissenschaft.* München, Hanser, 1985.

Lukács, Georg: *Balzac und der französische Realismus*, Berlin, Aufbau-Verlag. (Französische Version: *Balzac et le réalisme français*. Paris, Maspero, 1969).

Lukács, Georg: *Essays über den Realismus.* Neuwied, Luchterhand, 1971.

Lukács, Georg: *Schriften zur Literatursoziologie.* Neuwied, Luchterhand, [3]1968.

Lukács, Georg: *Solschenizyn.* Neuwied, Luchterhand, 1970.

Metscher, Thomas: "Ästhetik als Abbildtheorie", *Das Argument*, 14, September 1972, S. 919-976.

Neuschäfer, Hans-Jörg: "Sermo humilis. Oder, was wir mit Erich Auerbach vertrieben haben" in: Hans Helmut Christmann/Frank-Rutger Hausmann (Hrsg.), *Deutsche und österreichische Romanisten als Verfolgte des Nationalsozialismus.* Tübingen, Stauffenburg Verlag, 1989, S. 85-94.

Orlich, Wolfgang: "Prospettivi e problemi di una scienza storico-sociologica della letteratura. Note sull'opera di Köhler, Erich:", in: Carlo Bordoni (Hrsg.), *La pratica sociale del testo.* Bologna, Clueb, 1982, S. 291-320.

Piché, Claude: "Expérience esthétique et herméneutique philosophique", *Texte*, 3, 1984, S. 179-191.

Pike, David: *Lukács und Brecht*, Tübingen, Niemeyer, 1986.

Rahner, Mechtild: *"Tout est neuf ici, tout est à recommencer...". Die Rezeption des französischen Existentialismus im kulturellen Feld Westdeutschlands (1945-1949).* Würzburg, Königshausen und Neumann, 1993.

Schlobach, Jochen: "Aufklärer in finsterer Zeit: Werner Krauss und Herbert Dieckmann", in: Hans-Helmut Christmann/Frank-Rutger Hausmann (Hrsg.), *Deutsche und österreichische Romanisten*, S. 115-144.

Thibaudeau, Jean: "Lukács, *le Roman historique* et Flaubert", in: *Littérature et idéologie*. Colloque de Cluny II, Paris, La Nouvelle Critique, 1971, S. 276-289.

Thoma, Heinz: "Pour une science historico-sociologique de la littérature. Quelques remarques sur l'oeuvre d'Erich Köhler", *Littérature*, 43, Okt.1981, S. 100-119.

Uhlig, Claus: "E.R. Curtius und T.S. Eliot. Zur kritischen Affirmation der Überlieferung", in: Walter Berschin/Arnold Rothe (Hrsg.), *Ernst Robert Curtius*, S. 115-134.

1.2 Literatursoziologische Ansätze im französischen Kontext

Angenot, Marc: "L'intertextualité: enquête sur l'émergence et la diffusion d'un champ notionnel", *Revue des sciences humaines*, 189, 1983, S. 130-131.

Bernard, Michel: "L'oeuvre romanesque de Malraux vue à travers la presse de l'entre-deux-guerres", *Revue de l'Institut de Sociologie*, 2, 1963, S. 393-429.

Barthes, Roland: "Histoire et littérature: à propos de Racine", *Annales* 3, Mai-Juni 1960, S. 524-537.

Barthes, Roland: "Texte (Théorie du)", *Encyclopedia Universalis*, Bd. 17, Paris, 1985, S. 996-1000.

Biasi, Pierre-Marc de: "Vers une nouvelle science de la littérature. L'analyse des manuscrits et la genèse de l'oeuvre", *Encyclopedia Universalis*, Symposium, 1988, S. 466-467.

Bozon, Alfred: *La nouvelle critique et Racine*. Paris, Nizet, 1970.

Duchet, Claude: "La manoeuvre du bélier. Texte, intertexte et idéologie dans *L'Espoir*", *Revue des sciences humaines*, LXXV, 264, Okt.-Dez. 1986, S. 107-131.

Duchet, Claude: "Positions et perspectives", in: Claude Duchet (Hrsg.), *Sociocritique*. Paris, Nathan, 1979, S. 3-8.

Duchet, Claude: "Pour une socio-critique ou variations sur un incipit", *Littérature*, 1, Febr. 1971, S. 5-11.

Escarpit, Robert: *L'écrit et la communication*. Paris, P.U.F., 1973.

Escarpit, Robert: *Sociologie de la littérature*. Paris, P.U.F., 1958 ('Que sais-je', 777).

Escarpit, Robert: "Succès et survie littéraires", in: Robert Escarpit (Hrsg.), *Le littéraire et le social. Eléments pour une sociologie de la littérature*. Paris, Flammarion, 1970, S. 129-163.

Ette, Ottmar: "Intertextualität. Ein Forschungsbericht mit literatursoziologischen Anmerkungen", *RZLG*, 3/4, 1985, S. 479-522.

Evans, Mary: *Lucien Goldmann: Une Introduction*. New Jersey Humanities Press, 1981.

Falconer, Graham/Henri Mitterand (Hrsg.): *La lecture sociocritique du texte romanesque*. Toronto, Hakert & Company, 1975.

Fayolle, Roger: *La critique littéraire*. Paris, Armand Colin, 1964.

Fayolle, Roger: "Défense et illustration de la socio-critique". Entretien avec Roger Fayolle [par Françoise Reiss], *Le Monde*, 5. Sept. 1970.

Fayolle, Roger: Les procédés de la critique beuvienne et leurs implications", *Littérature*, 1, Febr. 1991, S. 82-91.

Fayolle, Roger: "Quelle sociocritique pour quelle littérature", in: Claude Duchet (Hrsg.), *Sociocritique*, S. 215-217.

Genette, Gérard: *Figures*. Paris, Seuil, 1966 (Coll. 'Tel Quel' 48).

Genette, Gérard: *Palimpsestes. La littérature au second degré*. Paris, Seuil, 1992.

Goldmann, Lucien: *La communauté humaine et l'univers chez Kant*. Paris, P.U.F., 1948.

Goldmann, Lucien: *Le Dieu caché. Etude sur la vision tragique dans les 'Pensées' de Pascal et dans le théâtre de Racine*. Paris, Gallimard, 1955.

Goldmann, Lucien: *Pour une sociologie du roman*. Paris, Gallimard, 1964.

Goldmann, Lucien: *Weltflucht und Politik. Dialektische Studien zu Pascal und Racine*. Neuwied, Luchterhand, 1967.

Goldmann, Lucien: *Structures mentales et création culturelle*. Paris, Anthropos, 1970.

Hay, Louis (Hrsg.): *La Naissance du Texte*. Paris, Minard, 1989.

Hay, Louis (Hrsg.): *De la lettre au livre. Sémiotique du manuscrit littéraire*, Paris, C.N.R.S., 1989.

Jenny, Laurent: "La stratégie de la forme", *Poétique*, VII, 1976, S. 257-281.

Kristeva, Julia: "Bakhtine: le mot, le dialogue et le roman", *Critique*, 239, 1967, S. 438-465.

Kristeva, Julia: "Idéologie du discours sur la littérature", in: *Littérature et idéologies*. Colloque de Cluny II, Paris, La Nouvelle Critique, 1971, S. 122-127.

Kristeva, Julia: *La Révolution du langage poétique*. Paris, Seuil, 1974.

Kristeva, Julia: *Sémêiotikè. Recherches pour une sémanalyse*. Paris, Seuil, 1969.

Lanson, Gustave: "L'histoire littéraire et la sociologie, in: *Essais de méthode, de critique et d'histoire* herausgegeben von H. Peyre. Paris, Hachette, 1965, S. 62-66.

Leenhardt, Jacques: "Lucien Goldmann", *Littérature*, 1, Februar 1971, S. 106-107.

Leenhardt, Jacques: "Introduction à la sociologie de la littérature", *Mosaic* [Winnipeg] V/2, Winter 1971-72.

Leenhardt, Jacques: "Lecture critique de la théorie goldmanienne du roman", in: Claude Duchet (Hrsg.), *Sociocritique*. Paris, Nathan, 1979, S. 172-182.

Leenhardt, Jacques: *Lecture politique du roman 'La Jalousie' d'Alain Robbe-Grillet*. Paris, Editions de Minuit, 1973.

Memmi, Albert: "Le littéraire et le social", *Le Monde [des livres]*, 25. Juli 1970, S. 12.

Oliver, Andrew (Hrsg.): "Intertextualité, intertexte, autotexte, intratexte", *texte* [Toronto], 2, 1983.

Orecchioni, Pierre: "Pour une histoire sociologique de la littérature", in: Robert Escarpit (Hrsg.), *Le littéraire et le social*. Paris, Flammarion, 1970, S. 43-53.

Robin, Regine: "Pour une socio-poétique de l'imaginaire social", in: Jacques Neefs/Marie-Claire Ropas (Hrsg.), *La politique du texte. Enjeux sociocritiques*. Presses universitaires de Lille, 1992, S. 95-121.

Sanders, Hans: *Institution Literatur und Roman. Zur Rekonstruktion der Literatursoziologie*. Frankfurt a.M., Suhrkamp, 1981.

Starobinski, Jean: "Sur les conditions de travail de la sociologie littéraire", *Etudes françaises*, III, 1970, S. 167-172.

Stierle, Karlheinz: "Werk und Intertextualität", in: Wolf Schmid/Wolf-Dieter Stempel (Hrsg.), *Dialog der Texte*. Hamburger Kolloquium zur Intertextualität. Wiener slawistischer Almanach, Wien, 1983, S. 7-26.

Vachon, Stéphane/Isabelle Tournier: "Sociocritique", in: Jacques Neefs/Marie-Claire Ropars (Hrsg.), *La politique du texte. Enjeux sociocritiques*. Presses universitaires de Lille, 1992, S. 249-250.

Viala, Alain: "Sociopoétique", in: Georges Molinié/Alain Viala, *Approches de la réception*. Paris, P.U.F., 1993, S. 137-157.

2. Zur Theorie des literarischen Feldes

Bohn, Cornelia: *Habitus und Kontext. Ein kritischer Beitrag zur Sozialtheorie Bourdieus*. Opladen, Westdeutscher Verlag, 1991.

Bourdieu, Pierre: *Ce que parler veut dire. L'économie des echanges linguistiques*. Paris, Fayard, 1982.

Bourdieu, Pierre: "Champ du pouvoir, champ intellectuel et habitus de classe", *Scolies*, 1, 1977, S. 7-26.

Bourdieu, Pierre: "Le champ intellectuel: un monde à part" in ders.: *Choses dites*, Paris, Editions de Minuit, 1987, S. 167-177.

Bourdieu, Pierre: "Champ intellectuel et projet créateur", *Les Temps Modernes*, 246, Nov. 1966, S. 865-906.

Bourdieu, Pierre: "Le champ littéraire", *Actes de la recherche en sciences sociales*, 89, Sept. 1991, S. 4-46.

Bourdieu, Pierre: "Le champ littéraire. Préalables critiques et principes de méthode", *lendemains*, 9. Jg., Nr. 36, 1984, S. 5-20.

Bourdieu, Pierre: "Le champ scientifique", *Actes de la recherche en sciences sociales*, 2-3, Juni 1976, S. 88-104.

Bourdieu, Pierre: "Condition de classe et position de classe", *Archives européennes de sociologie*, VII, 4, 1966, S. 508-517.

Bourdieu, Pierre: "Disposition esthétique et compétence artistique", *Les Temps Modernes*, 295, 1971, S. 1345-1378.

Bourdieu, Pierre: "Existe-t-il une littérature belge? Limites d'un champ et frontières politiques", *Etudes de lettres*, 4, Okt.-Dez. 1985, S. 3-6.

Bourdieu, Pierre: "Genèse et structure du champ religieux", *Revue française de sociologie*, XII, 1971, S. 295-334.

Bourdieu, Pierre: "The Genesis of the concepts of *Habitus* and of *Field*", *Sociocriticism*, 2, 1985, S. 11-24.

Bourdieu, Pierre: "Habitus, illusio et rationnalité", in: Pierre Bourdieu (mit Loïc J. D. Wacquant): *Réponses. Pour une anthropologie réflexive*. Paris, Seuil, 1992, S. 91-115.

Bourdieu, Pierre: "Une interprétation de la sociologie religieuse de Max Weber", *Archives européennes de sociologie*, XII, 1, 1971, S. 3-21.

Bourdieu, Pierre: "Der Kampf um die symbolische Ordnung. Pierre Bourdieu im Gespräch mit Axel Honneth, Hermann Kocyba und Bernd Schwibs", *Ästhetik und Kommunikation*, 16, Heft 61/62, 1986. (Französische Fassung: Pierre Bourdieu: *Choses dites*. Paris, Editions de Minuit, 1987, S. 13-46).

Bourdieu, Pierre/Hans Haacke: *Libre-Echange*. Paris, Seuil, 1994.

Bourdieu, Pierre: "Mais qui a créé les 'créateurs'?" in: *Questions de sociologie*. Paris, Editions de Minuit, 1980, S. 209-221.

Bourdieu, Pierre: "Le marché des biens symboliques", *L'année sociologique*, 22, 1971, S. 49-126.

Bourdieu, Pierre: "Pour une science des oeuvres" in: *Raisons pratiques. Sur la théorie de l'action*. Paris, Seuil, 1994, S. 53-97.

Bourdieu, Pierre: "La production de la croyance: contribution à une économie des biens symboliques", *Actes de la recherche en sciences sociales*, 13, Febr. 1977, S. 4-43.

Bourdieu, Pierre: "Quelques propriétés des champs" in: *Questions de sociologie*. Paris, Editions de Minuit, 1980, S. 113-120.

Bourdieu, Pierre: *Les règles de l'art. Genèse et structure du champ littéraire*. Paris, Seuil, 1992.

Bourdieu, Pierre: *Sozialer Raum und 'Klassen'. Leçon sur la leçon*. Frankfurt a.M., Suhrkamp, 1985.

Bourdieu, Pierre: "Tartuffe ou le drame de la foi et de la mauvaise foi", *Revue de la Méditerrannée*, Bd. 19, Nr. 4-5, 1959, S. 453-458.

Bourdieu, Pierre: "Tout est social." Gespräch mit Pierre-Marc de Biasi, *Magazine littéraire*, 303, Oktober 1992, S. 110.

Bourdieu, Pierre: *Zur Soziologie der symbolischen Formen*. Frankfurt a.M., Suhrkamp, 1974.

Dörner, Andreas/Lundgera Vogt: "Kultursoziologie (Bourdieu – Mentalitätsgeschichte – Zivilisationstheorie)", in: Klaus Michael Bogdal (Hrsg.), *Neue Literaturtheorien*. Opladen, 1990, S. 131-153.

Dubois, Jacques: *L'institution de la littérature*. Brüssel, Labor, 1978.

Dubois, Jacques: "Sociologie des textes littéraires", *La Pensée*, 215, Oktober 1980, S. 82-94.

Dubois, Jacques: "Champ, appareil ou institution?", *Sociocriticism*, 2, 1985, S. 25-29.

Dubois, Jacques/Pascal Durand: "Champ littéraire et classes de textes", *Littérature*, 70, 1988, S. 5-23.

Eder, Klaus (Hrsg.): *Klassenlage, Lebensstil und kulturelle Praxis. Beiträge zur Auseinandersetzung mit Pierre Bourdieus Klassentheorie.* Frankfurt a. M., Suhrkamp, 1989.

Fischer, Ludwig/Klaas Jarchow: "Die soziale Logik der Felder und das Feld der Literatur", *Sprache im technischen Zeitalter*, 25, 1987, S. 164-172.

Gebauer, Gunter: "Bourdieus Hermeneutik", *lendemains*, 75/76, 1994, S. 27-40.

Honneth, Axel: "Die zerrissene Welt der symbolischen Formen. Zum kultursoziologischen Werk Pierre Bourdieus", *Kölner Zeitschrift für Soziologie und Sozialpsychologie*, 36, 1984, S. 149-150.

Jarchow, Klaas/Hans-Gerd Winter: "Pierre Bourdieus Kultursoziologie als Herausforderung der Literaturwissenschaft", in: Gunter Gebauer/Christoph Wulf (Hrsg.), *Praxis und Ästhetik. Neue Perspektiven im Denken Pierre Bourdieus.* Frankfurt a.M., Suhrkamp, 1993, S. 93-134.

Jurt, Joseph: "Autonomie ou hétéronomie: Le champ littéraire en France et en Allemagne", *Regards sociologiques*, 4, 1992, S. 3-16.

Jurt, Joseph: "Für eine Wissenschaft der Genese kultureller Werke. Versuch einer Rekonstruktion des literatursoziologischen Ansatzes von Pierre Bourdieu in *Les règles de l'art*", *Archiv für das Studium der neueren Sprachen und Literaturen*, 231. Band, 1994, S. 319-347.

Jurt, Joseph (Hrsg.): "Das literarische Feld. Eine literatursoziologische Kategorie in Theorie und Praxis", Sondernummer von *lendemains*, 9, Nr. 36, 1984.

Jurt, Joseph: "Die Theorie des literarischen Feldes. Zu den literatursoziologischen Arbeiten Bourdieus und seiner Schule", *RZLG*, 5, 1981, S. 454-479.

Liebau, Eckart/Sebastian Rolli (Hrsg.): 'Lebenstil und Lernform', Sonderheft der Zeitschrift *Neue Sammlung*, 25. Jg. Heft 3, 1985.

Luhmann, Niklas: *Gesellschaftsstrukturen und Semantik. Studien zur Wissenssoziologie der modernen Gesellschaft.* Bd. 1. Frankfurt a.M., Suhrkamp, 1980.

Luhmann, Niklas: *Soziale Systeme. Grundriß der allgemeinen Theorie.* Frankfurt a.M., Suhrkamp, 1984.

Müller, Hans-Peter: "Kultur, Geschmack und Distinktion. Grundzüge der Kultursoziologie Pierre Bourdieus", in: Friedhelm Neidhardt/Mario Rainer Lepsius/ Johann Weiss (Hrsg.), *Kultur und Gesellschaft.* Opladen, 1986, S. 165-169.

Schmeiser, Martin: "Pierre Bourdieu – Von der Sozio-Ethnologie Algeriens zur Ethno-Soziologie der französischen Gegenwartsgesellschaft", *Ästhetik und Kommunikation*, 16, Heft 61/62, S. 167-183.

Schwingel, Markus: *Analytik der Kämpfe. Macht und Herrschaft in der Soziologie Bourdieus.* Hamburg, Argument-Verlag, 1993.

Suard, Charles: "Création artistique et objectivation sociologique: Remarques à partir de *Règles de l'Art* de Pierre Bourdieu", *lendemains*, 75/76, 1994, S. 14-26.

Viala, Alain: "Effets de champ, effets de prisme", *Littérature*, 70, 1988, S. 64-71.

3. Empirische Untersuchungen zum literarischen Feld Frankreichs

3.1. Klassik

Auerbach, Erich: "La cour et la ville", in: *Vier Untersuchungen zur Geschichte der französischen Bildung*. Bern, Francke, 1951, S. 12-50.

Galle, Roland: "Honnêteté und sincérité", in: Fritz Nies/Karlheinz Stierle (Hrsg.), *Französische Klassik. Theorie – Literatur – Malerei*. München, Fink, 1985, S. 33-60.

Jouhaud, Christian: "Histoire et histoire littéraire: naissance de l'écrivain", *Annales ESC*, Juli-August 1988, 4, S. 849-860.

Jurt, Joseph: "Les arts rivaux. La description littéraire – le temps pictural (Homère, Poussin, Le Brun)", *Neophilologus*, 72, 1988, S. 168-169.

Jurt, Joseph: "La peinture et le paradigme littéraire au XVIIe siècle", *Papers on French Seventeenth Century Literature*, XIV, 26, 1987, S. 61-81.

Kirchner, Thomas: *L'expression des passions. Ausdruck als Darstellungsproblem in der französischen Kunsttheorie des 17. und 18. Jahrhunderts*. Mainz, Verlag Philipp von Zabern, 1991.

Pevsner, Nikolaus: *Academies of Art. Past and Present*. Cambridge, University Press, 1940.

Scherer, Jacques: *Dramaturgie classique en France*. Paris, Nizet, 1959.

Viala, Alain: "Argent, littérature et propagande: les écrivains du Roi-Soleil", *L'Histoire*, 145, Juni 1991, S. 14-22.

Viala, Alain: "L'auteur et son manuscrit dans l'histoire de la production littéraire", in: Michel Contat (Hrsg.), *L'auteur et le manuscrit*. Paris, P.U.F., 1991, S. 95-118.

Viala, Alain: "L'histoire des institutions littéraires", in: H. Béhar/R. Fayolle (Hrsg.), *L'histoire littéraire aujourd'hui*. Paris, Armand Colin, 1990, S. 118-128.

Viala, Alain: *Naissance de l'écrivain. Sociologie de la littérature à l'âge classique*. Paris, Editions de Minuit, 1985.

Viala, Alain: *Racine. La stratégie du caméléon*. Paris, Seghers, 1990.

3.2 Zum 19. Jahrhundert

Angenot, Marc: "Le champ littéraire et le discours social en 1889", in: Albert Halsall (Hrsg.), *Text and ideology*. Ottawa, Tadarc, 1986.

Aubéry, Pierre: "L'intelligence des Juifs chez Maurice Barrès", *The Romanic Review*, LL, 3, Oktober 1969, S. 192-205.

Barre, André: *Le Symbolisme. Essai historique sur le mouvement poétique en France de 1885 à 1900*. Paris, Jouve, 1911.

Barthes, Roland: *Le degré zéro de l'écriture*, Paris, Gonthier, 1970.

Bouillon, Jean-Paul: "Mise au point théorique et méthodologique", *Revue d'Histoire littéraire de la France*, 80, 6, 1980, S. 886-887.

Bourdieu, Pierre: "L'institutionalisation de l'anomie", *Les Cahiers du Musée national d'art moderne*, 19-20, Juni 1987, S. 6-19.

Bourdieu, Pierre: "L'invention de la vie d'artiste", in: *Actes de la recherche en sciences sociales*, 2, S. 67-93.

Bourdieu, Pierre: "La révolution impressionniste", *Noroit*, 303, Sept.-Okt. 1987, S. 2-19.

Bredin, Jean-Denis: *Bernard Lazare*. Paris, Editions de Fallois, 1992.

Brookner, Anita: *The Genius of the Future. Studies in French Art Criticism.* London/New York, Phaidon, 1971.

Charle, Christophe: "Champ littéraire et champ du pouvoir: les écrivains et l'Affaire Dreyfus", *Annales*, 32/2, März-April 1977, S. 252-253.

Charle, Christophe: *La crise littéraire à l'époque du Naturalisme. Roman, Théâtre et Politique*. Paris, Presses de L'Ecole Normale Supérieure, 1979.

Charle, Christophe: "Les intellectuels en France depuis un siècle: naissance perpétuelle ou mort annoncée?", *Noroit*, 319, 1991.

Charle, Christophe: "La lutte des classes en littérature: *L'Etape* de Paul Bourget et *Vérité* de Zola", in: Géraldi Leroy (Hrsg.), *Les écrivains et l'Affaire Dreyfus*. Paris, P.U.F., 1983, S. 225-233.

Charle, Christophe: *Naissance des 'intellectuels' (1880-1900)*. Paris, Editions de Minuit, 1990.

Charle, Christophe: "La science et les savants: le début de l'âge d'or?", in: Laurent Gervereau/Christophe Prochasson (Hrsg.), *L'affaire Dreyfus et le tournant du siècle (1894-1910)*. Nanterre, BDIC, 1994, S. 66-71.

Charle, Christophe: "Situation spatiale et position sociale. Essai de géographie sociale du champ littéraire à la fin du 19e siècle", *Actes de la recherche en sciences sociales*, 13, 1977.

Charle, Christophe: "Situation de Zola dans le champ littéraire", *lendemains*, 36, 1984, S. 42-46.

"Dossier: Bernard Lazare et l'Affaire Dreyfus", *Les cahiers de l'Alliance Israélite universelle*, 3, August 1992, S. 7-19.

Dubois, Jacques: "Emergence et position du groupe littéraire", in: Pierre Cogny (Hrsg.), *Le Naturalisme*. Colloque de Cerisy-la-Salle. Paris, U.G.E., 1978, S. 75-92.

Duchatelet, Bernard: "L'écho de l'Affaire Dreyfus dans l'oeuvre romanesque de Romain Rolland", in: Géraldi Leroy (Hrsg.), *Les écrivains et l'Affaire Dreyfus*. Paris, P.U.F., 1983, S. 287-294.

Einfalt, Michael: *Zur Autonomie der Poesie. Literarische Debatten und Dichterstrategien in der ersten Hälfte des Second Empire*. Tübingen, Niemeyer, 1992 (MIMESIS, 12).

Gamboni, Dario: "'Après le régime du sabre, le régime de l'homme de lettres'. La critique d'art comme pouvoir et comme enjeu", in: J.-P. Bouillon (Hrsg.), *La critique d'art en France 1850-1900*. Actes du colloque de Clermont-Ferrand. Saint Etienne, CIEREC, 1989, S. 205-220.

Gamboni, Dario: "A travers champs. Pour une économie de rapports entre champs littéraire et champs artistique", *lendemains*, 36, 1984, S. 21-32.

Gamboni, Dario: "Paris et l'internationalisme symboliste", in: *Künstlerischer Austausch. Artistic Exchange*. Akten des XXVIII. Internationalen Kongresses für Kunstgeschichte, Berlin 1992. Berlin, Akademie Verlag, 1993, S. 277-280.

Gamboni, Dario: *La plume et le pinceau. Odilon Redon et la littérature*. Paris, Editions de Minuit, 1989.

Gamboni, Dario: "Propositions pour l'étude de la critique d'art du XIXᵉ siécle", *Romantisme*, 71, 1991, S. 9-17.

Gamboni, Dario: "Odilon Redon et ses critiques. Une lutte pour la production de la valeur", *Actes de la recherche en sciences sociales*, 66/67, März 1987, S. 25-34.

Gamboni, Dario: "Redon, écrivain et épistolier", *Revue de l'art*, 48, 1980, S. 68-71.

Gamboni, Dario: "Remarques sur la critique d'art, l'histoire de l'art et le champs artistique à propos d'Odilon Redon", *Revue suisse d'art et d'archéologie*, Bd. 39, 1982, S. 104-108.

Gamboni, Dario: "Le 'symbolisme en peinture' et la littérature", *Revue de l'art*, 1992, S. 13-23.

Gumbrecht, Hans-Ulrich: *Zola im historischen Kontext*. München, Fink, 1978.

Heitmann, Klaus: *Der Immoralismusvorwurf gegen die französische Literatur im 19. Jahrhundert*. Bad Homburg, 1970.

Jasinski, René: *A travers le XIXᵉ siècle*. Paris, Minard, 1975.

Jurt, Joseph: "Agitation und Aufklärung – die Bedeutung der öffentlichen Meinung, der publizistischen und schriftstellerischen Intervention bei der Affäre Dreyfus", *Mainzer Komparatistische Hefte*, 3, 1979, S. 29-48.

Jurt, Joseph: "Huysmans entre le champ littéraire et le champ artistique", in: *Huysmans: une esthétique de la décadence*. Genève-Paris, Slatkine, 1987, S. 115-126.

Jurt, Joseph: "Les mécanismes de constitution de groupes littéraires: l'exemple du symbolisme", *Neophilologus*, 70, 1986, S. 20-33.

Jurt, Joseph: "Politisches Handeln und ästhetische Transposition. Proust und die Dreyfus-Affäre", in: *Marcel Proust. Lesen und Schreiben*. Frankfurt a.M., Insel-Verlag, 1983, S. 85-107.

Jurt, Joseph: "Status und Funktion der Intellektuellen in Frankreich im Vergleich zu Deutschland", in: Henning Krauß (Hrsg.), *Offene Gefüge. Literatursystem und Lebenswirklichkeiten*. Festschrift Fritz Nies. Tübingen, Narr, 1994, S. 329-345.

Jurt, Joseph: "Le statut de la littérature face à la science: le cas de Flaubert", in: Graziella Pagliano/Antonio Gómez-Moriana (Hrsg.), *Ecrire en France au XIXᵉ siècle*. Actes du Colloque de Rome 1987. Montréal, Longueil, Editions du Prémabule, 1989, S. 175-192.

Jurt, Joseph: "Synchronie littéraire et rapports de force; le champ poétique des années 80, *Oeuvres et Critiques*, XII, 2, 1987, S. 19-33.

Jurt, Joseph: "Die Wertung der Geschichte in der *Education sentimentale*", *RZLG*, 7, 1983, S. 141-168.

Kahn, Gustave: *Symbolistes et Décadents*. Paris 1902 (Genève, Slatkine Reprints 1977).

Lethève, Jacques: *Impressionnistes et Symbolistes devant la presse*. Paris, Armand Colin, 1959.

Lidsky, Paul: *Les écrivains contre la Commune*. Paris, Maspero, 1970.

Maingon, Charles: *L'Univers artistique de J.-K. Huysmans*. Paris, Nizet, 1977.

Michaud, Guy: *Le Message poétique du symbolisme*. Paris, Nizet, 1947.

Mitterand, Henri: "Pourquoi Zola a écrit *J'accuse*", *L'Histoire*, 173, Januar 1994, S. 44-47.

Moulin, Raymonde: *Le marchée de la peinture en France*. Paris, Editions de Minuit, 1967.

Ory, Pascal/Jean-François Sirinelli: *Les intellectuels en France, de l'Affaire Dreyfus à nos jours*. Paris, Armand Colin, 1986.

Pagès, Alain: "L'intellectuel et la littérature nationale à l'époque de l'Affaire Dreyfus. Le cas d'Emile Zola", in: Michel Espagne/Michael Werner (Hrsg.), *Philologiques III. Qu'est-ce qu'une littérature nationale? Approches pour une théorie interculturelle du champ littéraire*. Paris, Editions de la Maison des Sciences de l'Homme, 1994, S. 248.

Parkhurst Ferguson, Priscilla: *La France, nation littéraire*. Bruxelles, Labor, 1991.

Ponton, Rémy: *Le champ littéraire en France de 1865 à 1905 (recrutement des écrivains, structure des carrières et production des oeuvres)*. Paris, EHESS, 1977.

Ponton, Rémy: "De la morale à la lecture: une analyse du changement", *Littérature*, 70, 1988, S. 40-53.

Ponton, Rémy: "Les images de la paysannerie dans le roman rural à la fin du 19e siècle", *Actes de la recherche en sciences sociales*, 17-18, Nov. 1977, S. 62-71.

Ponton, Rémy: "Naissance du roman psychologique. Capital culturel, capital social et stratégie littéraire à la fin du 19e siècle", *Actes de la recherche en sciences sociales*, 4, 1975, S. 66-81.

Raynaud, Ernest: *La Mêlée symboliste (1870-1890)*, I. Paris, La Renaissance du Livre, 1918.

Richard, Noël: *Profils symbolistes*. Paris, Nizet 1978.

Sartre, Jean-Paul: "L'engagement de Mallarmé", *Obliques*, 18-19, 1979, S. 169-194.

Sartre, Jean-Paul: *L'idiot de la famille*. Paris, Gallimard, 1972.

Sartre, Jean-Paul: *Qu'est-ce que la littérature?* Paris, Gallimard, 1970.

Schalk, Fritz: 'Fin de siècle', in Roger Bauer u.a. (Hrsg.), *Fin de siècle. Zur Literatur und Kunst der Jahrhundertwende.* Frankfurt a.M., Klostermann, 1977.

Schmidt, Lieselotte.: *Edouard Drumont – Emile Zola.* Berlin, 1962.

Schultz, Joachim: *Literarische Manifeste der 'Belle Epoque' Frankreichs 1886-1905.* Frankfurt a.M., Verlag Peter Lang, 1981.

Stenzel, Hartmut: *Der historische Ort Baudelaires.* München, Fink, 1980.

Sternhell, Zeev: "Le nationalisme organique de Maurice Barrès", in: Géraldi Leroy (Hrsg.), *Les écrivains et l'Affaire Dreyfus,* S. 123-136.

Thiesse, Anne-Marie: "L'éducation sociale d'un romancier. Le cas d'Eugène Sue", *Actes de la recherche en sciences sociales,* 32-33, April-Juni 1980, S. 51-64.

Thomas, Marcel: "Le cas Valéry", in: Géraldi Leroy (Hrsg.), *Les écrivains et l'Affaire Dreyfus.* Paris, P.U.F., 1983, S. 103-112.

Trudgian, Helen: *L'Esthétique de J.-K. Huysmans.* Genève, Slatkine Reprints, 1970.

White, Harrison/Cynthia White: *La carrière des peintres du XIX* siècle. Paris, 1991.

3.3 Zum 20. Jahrhundert

Anglès, Auguste: *André Gide et le premier Groupe de la Nouvelle Revue française.* Paris, Gallimard, 1978.

Assouline, Pierre: *Gaston Gallimard. Un demi-siècle d'édition française.* Paris, Seuil, 1983 ('Points'-Biographies).

Babilas, Wolfgang: "Le collage dans l'oeuvre critique et littéraire d'Aragon", *Revue des sciences humaines,* Juli-September 1973, S. 329-454.

Bandier, Norbert: Analyse sociologique du groupe surréaliste et de sa production de 1924 à 1929. Lyon, Thèse de doctorat, 1988.

Bandier, Norbert: "André Breton et la culture classique", *Europe,* 743, März 1991, S. 22-30.

Bandier, Norbert: "Man Ray, les surréalistes et le cinéma des années 20", *Actes de la recherche en sciences sociales,* 88, Juni 1991, S. 48-60.

Bandier, Norbert: "L'usage surréaliste des cafés", *Cahiers de l'Institut d'Histoire du Temps présent,* 1991, S. 112-124.

Barck, Karl-Heinz: "Eine Bilanz der historischen Avantgarden. Anmerkungen zu Aragons Essay 'Introduction à 1930'", *Beiträge zur Romanischen Philologie,* XVII, 1978, S. 43-53.

Bernard, Jean-Pierre: "Le Parti communiste français et les Problèmes littéraires", *Revue française de science politique,* XVII, Juni 1967, S. 520-544.

Bernard, Jean-Pierre: *Le parti communiste et la question littéraire 1921-1930.* Grenoble, Presses universitaires de Grenoble, 1972.

Bertrand, Jean-Pierre/Jacques Dubois/Pascal Durand: "Approche institutionnelle du premier surréalisme (1919-1924)", *Pratiques,* 38, Juni 1983, S. 27-53.

Boillat, Gabriel: *La librairie Bernard Grasset et les lettres françaises*. Paris, Champion, 1974.

Boschetti, Anna: "Légitimité littéraire et stratégies éditoriales", in: Henri-Jean Vivel (Hrsg.), *Histoire de l'édition française*, Bd. IV: *Le livre concurrencé 1900-1930*. Paris, Promodis, 1986, S. 481-527.

Boschetti, Anna: *Sartre et 'Les Temps Modernes'. Une entreprise intellectuelle*. Paris, Editions de Minuit, 1985.

Boschetti, Anne: "*Les Temps Modernes* dans le champ littéraire 1945-1970", *La Revue des revues*, 7, 1989, S. 6-13.

Bourdieu, Pierre: "Die Erfindung des totalen Intellektuellen", *RZLG*, V, 4, 1981, S. 385-391.

Bourdieu, Pierre: "L'illusion biographique", *Actes de la recherche en sciences sociales*, 62-63, Juni 1986, S. 69-72.

Bourdieu, Pierre: "Sollers tel quel", *Liber*, 21-22, März 1995, S. 40.

Charle, Christophe: "Situation du champ littéraire", *Littérature*, 44, Dezember, 1981, S. 8-20.

Condé, Michel: "*Tel Quel* et la littérature", *Littérature*, 44, Dezember 1981, S. 21-32.

Crastre, Victor: *Le drame du surréalisme*. Paris, Les Editions du temps, 1963.

Daix, Pierre: *Aragon – une vie à changer*. Paris, Seuil, 1975.

Durand, Pascal: "D'une rupture intégrante. Avant-garde et trans-actions symboliques", *Pratiques*, 5, Juni 1986, S. 31-44.

Durand, Pascal: "Stratégies d'argumentation et argumentation stratégique dans le *Manifeste du Surréalisme*", in: *5ᵉ colloque d'Albi. Argumentation et valeurs*. Albi, 1984, S. 199-220.

Eribon, Didier: *Michel Foucault et ses contemporains*. Paris, Fayard, 1994.

Ette, Ottmar: "Der Schriftsteller als Sprachendieb. Versuch über Roland Barthes und die Philosophie", in: L. Nagl/H.J. Silvermann (Hrsg.), *Textualität der Philosophie*, München, 1994, S. 161-189.

Forest, Philippe: "L'éternel réflexe de réduction", *L'Infini*, 39, 1992, S. 56-73.

Gauchet, Marcel: "Discours, structure", *Le Débat*, 50, Mai-August 1988.

Georghiu, Mihai: "La construction littéraire d'une identité nationale", *Actes de la recherche en sciences sociales*, 98, Juni 1993, S. 34-44.

Jurt, Joseph: "Céline – Ideologieverdacht oder literarischer Rang?", *RZLG*, 1984, S. 261-288.

Jurt, Joseph: "Une parole prophétique dans le champ littéraire", *Europe*, 789-790, Januar-Februar 1995, S. 75-88.

Jurt, Joseph: "Schriftsteller und Politik im Frankreich der dreißiger Jahre", in: Peter Brockmeier/Hermann H. Wetzel (Hrsg.), *Französische Literatur in Einzeldarstellungen*. Band 3: *Von Proust bis Robbe-Grillet*. Stuttgart, Metzler, 1982, S. 133-216.

Kauppi, Niilo: *Tel Quel: la constitution sociale d'une avant-garde.* Helsinki, Societas Scientarum Fennica, 1991. (Englische Version: *The Making of an Avantgarde: Tel Quel.* Berlin/New York, Mouton/de Gruyter, 1994).

Kupfermann, Fred (Hrsg.): *Au pays des Soviets. Le voyage français en Union soviétique 1917-1939.* Paris, Gallimard/Juillard, 1979.

Lemire, Christiane/Olivier Renault: "La littérature hors de prix", *L'Infini*, 39, 1992.

Magny, Claude-Edmonde: *Histoire du roman français depuis 1918.* Paris, Seuil, 1971.

Münster, Arno: *Antifaschismus, Volksfront und Literatur.* Hamburg/Westberlin, VSA, 1977.

Nadeau, Maurice: *Documents surréalistes.* Paris, Seuil, 1948.

Nadeau, Maurice: *Histoire du surréalisme.* Paris, Seuil, 1970.

Péru, Jean-Michel: "Une crise du champ littéraire français. Le débat sur la 'littérature prolétarienne' (1925-1935)", *Actes de la recherche en sciences sociales*, 89, September 1991, S. 47-56.

Pinto, Louis: *"Tel Quel.* Au sujet des intellectuels de 'parodie'", *Actes de la recherche en sciences sociales*, 89, September 1991.

Ponton, Rémy: "Traditions littéraires et tradition scolaire. L'exemple des manuels de lecture de l'école primaire française", *lendemains*, 36, 1984, S. 53-63.

Racine, Nicole: " L'AEAR, la revue *Commune* et la lutte idéologique contre le fascisme (1932-1936)", *Le mouvement social*, 51, März 1966, S. 29-47.

Relinger, Jean: "Les conceptions de Barbusse sur la littérature prolétarienne", *Europe*, 55, März-April 1977, S. 193-203.

Rieffel, Rémy: *La tribu des clercs. Les intellectuels sous la Ve République 1958-1990.* Paris, Calmann-Lévy/CNRS Editions, 1993.

Riesz, János/Alain Ricard (Hrsg.): *Le champ littéraire togolais.* Bayreuth, African Studies, 1994.

Sartre, Jean-Paul: "Avant-garde? de quoi et de qui?", *Le Nouvel Observateur*, 20.-26. Oktober 1965, S. 29.

Sartre, Jean-Paul: *Critiques littéraires (Situations, 1).* Paris, Gallimard, 1975.

Schultz, Joachim: "Das literarische Manifest zwischen Symbolismus und Surrealismus", *lendemains*, 36, 1984, S. 49-52.

Short, Robert: "The Politics of Surrealism 1920-1936", *Journal of Contemporary History*, 1 (2), 1966, S. 3-25.

Sick, Franziska: *Literaturpolitik und politische Literaten. Zum Selbstverständnis der französischen Romanschriftsteller im Umkreis der Volksfront.* Heidelberg, Winter, 1989.

Sick, Franziska: "Mythos und poetische Erkenntnis: *Le Paysan de Paris* (1926) von Louis Aragon", in: Eduard Reichel/Heinz Thoma (Hrsg.), *Zeitgeschichte und Roman im Entre-deux-guerres.* Bonn, Romanistischer Verlag, 1993, S. 71-84.

Sirinelli, Jean-François: *Intellectuels et passions françaises. Manifestes et pétitions au XX*e *siècle.* Paris, Fayard, 1990.

Sollers, Philippe: *"Entretiens".* De Sartre à Foucault, vingt ans de grands entretiens dans le Nouvel Observateur. Paris, Hachette, 1981.

Sollers, Philippe: *La guerre du goût.* Paris, Gallimard, 1994.

Sollers, Philippe: *Vision à New York.* Entretien avec David Hayman. Paris, Denoël, 1981.

Tel Quel: *Théorie d'Ensemble.* Paris, Seuil, 1968.

Thiesse, Anne-Marie: *Ecrire la France: le mouvement littéraire régionaliste de langue française entre la Belle Epoque et la Libération.* Paris, P.U.F., 1991.

Valéry, Paul: *Tel Quel,* 2 Bände. Paris, N.R.F., 1941-1943.

Wetzel, Hermann Hubert: "Zur Bedeutung des metaphorischen Prozesses im Surrealismus", in: Peter Brockmeier/Hermann Hubert Wetzel (Hrsg.), *Französische Literatur in Einzeldarstellungen.* Stuttgart, Metzler, 1982, S. 71-131.

Personenregister